En antena

Cadena SER

En antena

Libro de estilo del periodismo oral

TAURUS

PENSAMIENTO

Papel certificado por el Forest Stewardship Council®

MIXTO
Papel procedente de fuentes responsables
FSC® C117695

Primera edición: octubre de 2017

Comité redactor: Josep María Martí, Lluís Pi, José Luis Rojas y Álex Grijelmo

Printed in Spain – Impreso en España

ISBN: 978-84-306-1904-7
Depósito legal: B-17.036-2017

Compuesto en Arca Edinet, S. L.
Impreso en Unigraf
Móstoles (Madrid)

TA 1 9 0 4 7

SER | Penguin Random House Grupo Editorial | PRISA RADIO

A Alejandro Nieto
In memoriam

Índice

Presentación

La radio de la gente

Antonio Hernández-Rodicio
Director de la Cadena SER

¿Cómo será la radio dentro de 20 años? Dígame cómo será la sociedad española dentro de 20 años y le diré cómo será la radio. Iñaki Gabilondo, certero y pedagógico, como siempre, explica con esta respuesta por qué la radio sigue viva, arrastrando su ya mítica mala salud de hierro y desafiando los nuevos retos.

Este venerable medio de comunicación es, como ningún otro, el resultado de una larga complicidad de quienes hacen la radio y de los oyentes. Pegada a la piel de las ciudades, partícipe de las alegrías y tragedias de la gente, la radio sigue siendo un actor importante en el día a día de los ciudadanos, a los que informa, entretiene, divierte, escucha y, sobre todo, acompaña. Acompañar es la misión más popular, honda y balsámica de la radio. Así ha sido desde que salió al aire la primera emisión en Radio Barcelona, el 14 de noviembre de 1924, y así ocurre cada día a lo largo y ancho de la red de emisoras de la Cadena SER.

La radio se hace con códigos aprendidos en el oficio, poniendo atención y aguzando el oído. Pero también con la información que se transmite mediante un lenguaje no escrito; con pautas que se transmiten oralmente. Se hace radio con un conjunto de hábitos y experiencias; se trabaja ante el micrófono mirando al futuro —innovando, creando y atreviéndose— y entendiendo, antes que nada, que la radio se hace para los oyentes, igual que sabemos que el derecho a la información pertenece a los ciudadanos, que confían tácitamente en los periodistas para su transmisión rigurosa.

Hacer radio, como ocurre con otras disciplinas, es mitad arte y mitad ciencia. Vivimos tiempos de desafíos tecnológicos muy interesantes. Experimentamos cambios vertiginosos en nuestro trabajo diario. Y lo hacemos con ese paquete de información codificada, aprendida y aplicada. Pero no siempre somos conscientes del valor del conocimiento. De la misma forma que no percibimos cómo el ejercicio diario, la práctica y la emisión continua nos impide detenernos e interrogarnos por nuestro trabajo. Pero los aprendizajes y los códigos, con el uso intensivo, también sufren la fatiga de los materiales. Por eso creemos que ha llegado el momento de revisar nuestros procedimientos. De clarificar muchas de nuestras pautas, corregir algunas, ratificar otras y añadir aquellas que se hacen necesarias.

El objetivo es mejorar nuestro trabajo, armonizar la antena y fijar para otros muchos años el *sonido SER*. Usted habrá escuchado hablar alguna vez del *sonido SER*. Sepa que es el conjunto de buenas prácticas formales, periodísticas y de emisión que permite identificar a cualquiera de las emisoras de esta cadena de radio a "simple oído". Con este manual pretendemos, queda dicho, limpiar y resanar aquellos elementos que se han deteriorado con el uso, y lograr que ese sonido perdure. Y nos disponemos a añadir otras pautas —fruto de un trabajo colectivo que ha llevado su tiempo— que nos permitan afrontar con éxito las nuevas demandas de una sociedad informada, moderna, comprometida y exigente, que sabe que si la radio ofrece un trabajo de calidad ayudará a organizar mejor el espacio común de convivencia. Éste es el propósito de este *Libro de estilo,* pensado para mejorar nuestro trabajo con el fin de ofrecer un mejor servicio a los oyentes.

Prólogo

Por 100 años más de honradez

Vicente Jiménez Navas
Director general de la Cadena SER
y de las emisoras musicales de Prisa Radio España

Un medio de comunicación es un ser vivo. En el caso de la radio, un ser vivo de sangre caliente. La radio es un diálogo encendido y permanente con su audiencia, a todas horas, en cualquier lugar. Nada le es indiferente porque todo le afecta: goza con quienes en ella gozan, sufre con quienes en ella sufren. La radio no admite trampas porque se muestra como es, en sus aciertos y en sus errores. Y la radio es también el lugar donde se produce un milagro único: cuando alguien habla por los micrófonos de la SER, sea quien sea, sin importar condición o rango, sea profesional del medio o ciudadano de a pie, en ese preciso momento, en esos minutos únicos, esa voz es toda la SER. Todos sus trabajadores, todos sus equipos, todo lo que es la SER están reunidos en esa persona, en sus palabras. La radio es esa persona. Somos esa persona.

Desde ese compromiso íntimo e ineludible llega a sus manos este *Libro de estilo,* nuestro compromiso profesional hecho documento público.

La radio comercial privada nació en España hace casi un siglo con la primera licencia, la de Radio Barcelona (EAJ1). Desde aquellas palabras de la locutora María Sabater en noviembre de 1924 hasta ahora, la radio se ha mostrado como el medio de comunicación más resistente. Una y mil veces ha salido reforzado de cuantos desafíos ha afrontado, esquivando las sucesivas condenas a muerte dictadas por los agoreros de la modernidad.

¿Por qué ahora, pues, un libro de estilo? Por ser más necesario que nunca, por nuestro compromiso ético con la audiencia. Se trata de un contrato hacia dentro y hacia fuera. Cualquier oyente de nuestros programas, lector de nuestras webs o espectador de nuestros vídeos tiene ya una hoja de reclamaciones con la que ayudarnos a hacer mejor nuestro trabajo. No pretendemos ser neutrales ni objetivos, sino honestos. Este libro es nuestra renovada declaración de intenciones en esa misión diaria de conformar la opinión pública, pilar indispensable de cualquier democracia.

La crisis de los medios es la crisis de la democracia representativa. Como comprobamos cada día, la mitad del mundo no está interesada en la democracia. Mucha gente, incluso en los países más avanzados, considera que la democracia ya no resuelve sus problemas ni ofrece estímulos suficientes. En ese contexto, los periodistas vemos amenazado nuestro principal papel, nuestra tarea fundamental, la conformación de la opinión pública, en favor de las redes sociales, salvaje ágora de lo mejor y de lo peor.

En 2016, en España, tres de las noticias más comentadas en las redes eran falsas. Tres informaciones deliberadamente falsas, con el aspecto de noticias, para ser consumidas en una web que se dedica a crear falsedades. ¿Qué es más peligroso para el periodismo, un profesional asesinado en algún conflicto bélico por hacer su trabajo o una sociedad capaz de poner en lo más alto tres historias mendaces?

El modelo de negocio de los medios también está en el ojo del huracán. Muchos sitios digitales, nativos o transformados, pelean por los clics en busca de ingresos. Otros, por las suscripciones. Los menos, por ambas cosas. Es una vieja encrucijada: elegir entre espectaculares historias, sin importar que sean falsas o inventadas, para ser vendidas por niños en las calles al grito de ¡extra, extra!, como sucedía en el siglo XIX, o apostar por informaciones veraces y útiles por las que merece la pena pagar. Añadamos a este dilema el impacto brutal, para lo bueno y para lo malo, de plataformas como Facebook y Google y tendremos el terremoto perfecto.

El trabajo de un medio es reforzar la responsabilidad de los poderes públicos y privados. Frente al empuje de las redes sociales y sus aspectos más indeseables (anonimato, campañas de descrédito, insolvencia, manipulación…), los medios que apuestan por el buen periodismo libran una batalla cruenta.

¿Crisis del periodismo o crisis de los medios? Información y periodismo son cosas distintas. Una nota de prensa o un comunicado no es periodismo, aunque sea información. Información y comunicación tampoco son lo mismo. La mayor parte de lo que sucede en las redes es comunicación, no información, y mucho menos periodismo. Un vídeo de un ciudadano tomado en la calle y colgado en la red no es, por sí mismo, periodismo. El periodismo exige procedimientos, métodos, criterios, rigor... De esta confusión salen mal parados los periodistas. En esa sopa caliente crecen las noticias falsas, las peores manipulaciones, el ruido y la desinformación.

Los medios sufren una grave crisis, pero no está tan claro que el periodismo, el buen periodismo, esté agonizando. Tal vez sea ahora más necesario que nunca, como se está comprobando con Donald Trump en EE UU. Muchos periodistas tienen la sensación de que están perdiendo la batalla, pero es el momento de reivindicarse y soltar el lastre de malos hábitos del pasado, como esa malsana promiscuidad con el poder, con los poderes. ¿Acaso no hay periodistas corruptos?

La mayor parte de la información original que circula por las redes sociales procede de medios tradicionales, como la radio. Es una buena noticia. Las noticias falsas no son algo nuevo, pero sí lo son las redes sociales, los algoritmos, la crisis de gobernanza que sufren los países desarrollados y las sociedades desintermediadas que tanta fascinación despiertan entre determinadas formaciones políticas.

Es en este contexto gaseoso donde tiene sentido una obra como esta. Con humildad, los profesionales de Prisa Radio aspiramos a un ejercicio sano y honesto de nuestro trabajo. Una radio no es solo lo que emite, sino también lo que decide no emitir. Una radio no es solo quienes en ella hablan, sino también quienes no tienen sitio en ella. Una radio no son solo sus aciertos, sino también sus errores y cómo los corrige. La grandeza de un medio se mide, también, por la sinceridad con la que admite y publica sus equivocaciones.

Este libro establece obligaciones, muchas, pero también es un compendio de derechos, los de los profesionales y los de los oyentes, sentido y fin de todo nuestro trabajo. Con la publicación de este *Libro de estilo,* la SER da un paso adelante para escribir otros 100 años de radio, otros 100 años de honradez.

PREÁMBULO

ÉPOCA DE TURBULENCIAS

AUGUSTO DELKÁDER
Presidente de PRISA Radio

La publicación de estas normas de estilo coincide con un mundo turbulento para el periodismo. El ejercicio profesional está lleno de contradicciones; cada día la información es objeto de manipulaciones diversas y la confusión es la característica más destacada de los tiempos actuales.

Estas normas tratan de identificar y personalizar un medio con unas convenciones y reglas que sirvan para singularizar sus contenidos.

No son dogmas de fe y están sujetas a evolución permanente, pero su cumplimiento es obligatorio y su cambio precisa de unos requisitos formales que le confieren el carácter de constitución profesional de un medio.

Su virtud es identificar la práctica del periodismo a partir de un código, que no sólo tiene reflejo gramatical o sintáctico, sino que se adentra en la deontología de la profesión, los rudimentos del oficio y la relación de intermediación del periodista con el medio y los lectores.

El periodismo no es una ciencia exacta, es más bien un oficio de intermediación entre los hechos y el conocimiento de los lectores, para lo que el periodista selecciona, jerarquiza y difunde esa creación subjetiva en los distintos géneros de la actividad profesional.

Ahora en el Mato Grosso de la Red caben todo tipo de mercancías y se elaboran y difunden sin sujeción a ningún tipo de reglas ni códigos, y por eso la posverdad va ocupando un campo más amplio en la vida pública y política, contribuyendo así a la formación de una opinión viciada en su origen y en su elaboración.

Precisamente por eso iniciativas como éstas son bienvenidas, porque suponen entroncar el periodismo con la era de la disrupción digital, de acuerdo con unas normas y con unas técnicas comprobables y públicas. Estamos entonces ante un medio de comunicación con un sistema transparente en sus actuaciones, que le concede los valores de la credibilidad y la limpieza de los procedimientos.

Los redactores de la SER tienen en este *Libro de estilo* una herramienta valiosa para fortalecer su capacidad de influencia y llegar a difusiones en amplias capas sociales y que, al ser respetada por toda la Redacción, concede unos rasgos identificativos al medio, que le hacen reconocible por una audiencia dispersa.

Introducción

Un contrato ético y profesional

Álex Grijelmo

La Cadena SER ha decidido dotarse de un *Libro de estilo* para plasmar en él su contrato ético y profesional con los oyentes y los lectores; compromiso que se refuerza por la mera circunstancia de hacerlo público.

La época en la que este libro sale al mercado se caracteriza por lo que eufemísticamente se denomina "era de la posverdad"; palabra esta última que ocupa el lugar de lo que veníamos llamando mentira, manipulación o bulo.

Las noticias falsas circulan ahora, eso sí, a mayor velocidad que nunca, gracias a ese gran catalizador que han constituido las redes informáticas. A ello contribuye la credulidad de muchas personas y, sobre todo, la inexistencia de mecanismos de verificación estructurales en esos ámbitos. A veces, se produce la rectificación o la corrección (generalmente a cargo de terceros, casi nunca de quien inocula el veneno de la mentira); pero se sabe desde hace mucho tiempo que la falsedad encuentra menos resistencias que su anulación.

Nadie niega que esas redes tejidas por las aplicaciones del teléfono móvil o del ordenador aportan información, datos, indicios, relaciones. Es decir, producen una rica vida social y ensanchan los espacios de comunicación de una persona. Pero al mismo tiempo están exentas de responsabilidad; no necesitan mantener una reputación y permiten actuar desde la oscuridad del anonimato.

Algunos políticos han sabido sacarle partido a esa comunicación directa con los electores. Si no hay periodistas que intermedien, que filtren, que cuestionen, que comprueben, la manipulación se abre paso como la cuchara en la sopa. Y si los destinatarios de los mensajes mentirosos no acceden normalmente a medios donde tales afirmaciones se contrasten, el engaño parece irremediable.

Por eso las empresas informativas y sus profesionales acreditados se hacen cada vez más imprescindibles ante ese maremágnum donde todo vale; y pueden constituirse en el refugio de las noticias contrastadas y de las narraciones elaboradas con una perspectiva ética al servicio de la sociedad. Ahora bien, para que esa diferencia entre unos medios y otros se perciba, los periodistas deben dotarse de instrumentos que garanticen un ejercicio honrado de la profesión y establecer unos mecanismos que les obliguen a rectificar y a dar explicaciones cuando se equivocan o actúan con una práctica antiética.

Todo instrumento que genera información debería responder a una pregunta básica: ¿Cómo gestiona sus errores? La asunción de responsabilidades cuando se produce un fallo da la medida de la dignidad y de la honradez de un medio. Esas rectificaciones no sirven sólo para reponer la verdad en su lugar; al mismo tiempo, señalan el camino recto y provocan que los corregidos tomen conciencia de lo que han hecho y refuercen su compromiso ético. Y si los errores se repiten, el medio pagará con ellos el desprestigio de su marca. Algo que rara vez sucede en los mares de Internet o de las redes, sobre todo si se hace imposible identificar el origen y la intención de lo que se ha manipulado.

Elaborar un libro de estilo no entraña especiales problemas. Pero su aplicación sí suele suponer una dificultad mayor. Algunos periodistas perciben estos manuales como un corsé que los constriñe en sus posibilidades expresivas, y no les falta cierta razón.

Lo mismo podría pensar el solista de una orquesta que debe seguir la partitura y la batuta del director, sin que por ello renuncie a su impronta personal que lo diferenciará de cualquier otro instrumentista ni se anule su talento en la interpretación. Incluso en un aire musical tan reconocible como el bolero caben muchas canciones distintas, muchas formas de entenderlo y cientos de compositores que siguen su propio estilo respetando los cánones del género.

Así pues, un manual como éste marca una ruta de ancho camino. Después cada periodista la recorrerá como mejor le parezca siempre que no se salga de sus márgenes. Porque los oyentes y los lectores suelen identificar unos rasgos concretos del medio que eligen y les gusta reconocerlos, y también reconocerse en ellos. Cualquier vulneración del estilo común causará que el público perciba que alguien de la orquesta ha desafinado.

Igual que sucede con todo trabajo colectivo de calidad, el periodismo de radio en una emisora concreta debe responder a unas características que lo presenten como homogéneo, coherente, sólido. La audiencia no entendería bien que un comunicador mostrara unas formas chabacanas y que el siguiente escogiera un lenguaje relamido; que un programa respetara la división de géneros periodísticos y otro mezclara sin embargo la información con la opinión sin solución de continuidad; que un narrador llenase de anglicismos sus comentarios y su compañero ofreciera las alternativas adecuadas para la comprensión de los oyentes; que un locutor hablara atropelladamente durante un boletín informativo y que a la siguiente hora apareciera otro de pronunciación pausada; que unas noticias se redactasen con esmero y otras se improvisaran sin necesidad.

Por tanto, un libro de estilo sí que impone unos límites, en efecto. También la gramática y el solfeo restringen la libertad del escritor o del músico; pero lo hacen para garantizar la eficacia y la afinación de sus creaciones.

Por otro lado, un libro de estilo que incluye normas éticas hace que tanto los periodistas como los destinatarios de su trabajo dispongan de un marco que establece sus respectivos derechos, y unos y otros podrán hacerlos valer cuando los vean conculcados.

El presente manual de la Cadena SER no abarca solamente sus emisiones en audio (por la antena o por Internet, en directo o accesibles en diferido), sino también toda la actividad informativa que se recoge y actualiza a cada instante en *cadenaser.com.*

Y los principios que aquí se definen son compartidos, obviamente, por las cadenas de este grupo empresarial en América. Estas emisoras podrán adaptar los restantes preceptos a sus costumbres y a su propia tradición, incluida la variedad del español que se hable en su país.

En algunos de esos puntos éticos, el compromiso profesional y moral de la Cadena SER va más allá de lo que marcan la ley y la jurisprudencia. No basta con que una información sea irreprochable desde el punto de vista legal, sino que debe cumplir también con los principios de veracidad y contraste.

La información veraz es la que no puede ser fuente de engaño. Eso excluye la media verdad, es decir, la construcción de un relato con datos verdaderos pero incompletos; lo cual suele derivar en mentira.

La información veraz no acepta disfraces, no provoca inferencias falsas. Es decir, huye del subterfugio, la imprecisión, la vaguedad, el engaño, la manipulación.

La información veraz necesita que los datos transmitidos sean verdaderos, por supuesto. Pero un conjunto de datos verdaderos puede comunicar una información inveraz. Para ello sólo hace falta omitir otros hechos igualmente relevantes, cuya ausencia modifique el mensaje.

Si llevásemos esas ideas al terreno de la moralidad, deberíamos decir que la información veraz es la información sincera. Porque la sinceridad está reñida con el engaño.

Pero 'información veraz' significa también, conforme a la jurisprudencia del Tribunal Constitucional español, 'información comprobada' (sentencia 105/1990). Es decir, tratada con la diligencia necesaria.

A este respecto, el primer capítulo del presente *Libro de estilo* describe los distintos grados de comprobación exigibles legalmente a un periodista, que han de extremarse cuando están en juego el honor, la imagen o el prestigio de una persona (o de una entidad, en los dos últimos casos). Pero añade que el informador no queda eximido en ningún momento, desde el punto de vista ético, de comprobar, contrastar y completar lo que cuenta. Ni siquiera cuando se acoge a la doctrina del mal llamado 'reportaje neutral', definida por el Tribunal Constitucional español a partir de la jurisprudencia norteamericana (como se menciona en el apartado 1.24 de este libro).

El segundo capítulo de la obra recoge las normas esenciales del lenguaje radiofónico en la Cadena SER. La palabra, la música, los efectos sonoros y el silencio deben combinarse al servicio del oyente.

El tercero se adentra ya en las reglas que habrán de seguirse para escribir en las ciberpáginas de este medio. Ahí se explica la necesidad de alcanzar una nueva narrativa multimedia mediante una sintaxis que combine la palabra, los audios, las imágenes y las fotografías, siempre al servicio de la mejor comprensión por el público.

El lenguaje y sus variedades componen el contenido del cuarto capítulo, en el que se detalla un pequeño diccionario con diversas equivalencias de palabras en España y América.

Las cadenas de emisoras que engloba Prisa Radio enriquecen el idioma de todo el grupo. Así, un periodista español puede elaborar una crónica para Argentina o para Colombia, y lo mismo sucede en sentido inverso. Eso precisa de la implantación de ciertos criterios, que en ningún caso atentan ni contra la unidad del idioma ni contra su diversidad, dos términos que parecen antitéticos pero conviven sin dificultad en el concepto de lo que entendemos por idioma español. Porque, como escribió el lingüista mexicano Antonio Alatorre, el español es la suma de todas las maneras de hablarlo.

De otra parte, el lenguaje guarda relación a menudo con la ética. Por ejemplo, el llamado 'condicional del rumor' no sólo admite discusión desde el punto de vista gramatical, sino que constituye un error profesional. Los periodistas deben transmitir noticias comprobadas, y por tanto no necesitan acudir a expresiones como "el consejero habría adjudicado irregularmente el contrato". En tales casos, hay que reflejar lo que se sabe que es cierto, sin caer en la conjetura propia: "La policía cree que el consejero adjudicó irregularmente el contrato".

Los distintos géneros radiofónicos se definen en el capítulo quinto, siguiendo el criterio que los distingue en función de la mayor o menor presencia del comunicador en ellos. De nuevo, una cuestión aparentemente formal se relaciona con un enfoque ético: el oyente y el lector tienen derecho a saber en qué registro se les comunica algo. Es decir, si el mensaje refiere unos hechos objetivos o si en él se manifiestan la interpretación o la opinión del periodista, para deducir si aquello que se le comunica tiene un sesgo personal mayor o menor.

Finalmente, el capítulo sexto explicita los formatos de programas que se ordenan en la parrilla de la Cadena SER. Quedan definidos ahí los espacios de información, de entretenimiento, las retransmisiones o los debates.

Los anexos incluyen una guía de pronunciación de nombres extranjeros y unas normas internas sobre el uso de redes sociales y también una serie de entrevistas mantenidas por Pedro Blanco, periodista de la Cadena SER, con los más destacados comunicadores de la emisora.

Esta obra incluye asimismo un amplio vocabulario de términos, igual que otros libros de estilo. Pero en la presente oportunidad, ese léxico ha sido enriquecido con la incorporación de nuevos vocablos y con la actualización de aquéllos sobre los que por lo común se plantean dudas tanto los periodistas como los oyentes o los lectores.

Para llegar a la publicación de este libro se acometieron unos trabajos previos en los que participaron Josep Maria Martí, Lluís Rodríguez Pi y José Luis Rojas, todos ellos periodistas con dedicación o experiencia docente universitaria, quienes hicieron acopio de la bibliografía precisa y elaboraron unos informes teóricos que han conducido a la codificación definitiva. Sin su iniciativa y sus conocimientos, no habría sido posible ofrecer a los lectores este trabajo.

Además, han aportado ideas, sugerencias y correcciones los directivos de la Cadena SER y algunos de los miembros de sus Redacciones de informativos y de programas.

La presente obra es deudora también del *Libro de estilo* de *El País,* del que ha tomado criterios, principios, consejos, normas y definiciones. No podía ocurrir de otra manera, puesto que tanto ese diario como la Cadena SER pertenecen al mismo grupo empresarial, y resultaría difícil de comprender que dieran respuestas diferentes a preguntas iguales. Además, en la elaboración y supervisión de este manual específico para la radio han participado algunas personas que hoy ocupan cargos directivos en la red de emisoras pero estuvieron antes relacionadas con el periódico. Por tanto, se trata de profesionales que aplicaron durante gran parte de su carrera las obligaciones y recomendaciones que imponía aquel primer gran código ético del periodismo español.

El acabado de este libro ha contado además con la profesionalidad y el entusiasmo de las editoras Pilar Reyes (directora editorial de la división Alfaguara del grupo Penguin Random House) y Elena Martínez Bavière (del sello Taurus), así como del redactor Oriol Roca y de los correctores de textos Pascual Amigot y Carmen Izquierdo Álvarez.

Por tanto, se han aunado en el presente *Libro de estilo* de la Cadena SER muchas personas. Con un único propósito, encaminado a que la antena y las ciberpáginas de esta empresa sean siempre un lago de agua tranquila y transparente donde se pueda observar el fiel reflejo del mundo.

MANUAL

1

PRINCIPIOS GENERALES

1.1. Ámbito. Este libro de estilo incluye en primer lugar unos principios generales que abarcan aspectos éticos y que son aplicables a todas las emisoras de Prisa Radio enclavadas tanto en España como en América y cualquier otro país donde en su momento pueda operar este grupo, sea en español o en cualquier otra lengua.

1.2. Todas las emisoras de Prisa Radio que desarrollen libros de estilo específicos incluirán en primer lugar estos principios generales, como elemento unificador de los comportamientos deontológicos y profesionales de sus periodistas; y podrán incorporar en los restantes capítulos las adaptaciones formales y actualizaciones que consideren pertinentes para su país, siempre que no contradigan el criterio esencial plasmado en esos principios. También podrán establecer las características propias que consideren oportunas, con arreglo a sus costumbres, a las de la propia empresa y, por supuesto, en consonancia con la variedad del español que usen.

1.3. Los preceptos recogidos en este libro de estilo serán de obligado cumplimiento para los profesionales de Prisa Radio, tanto los relacionados con los contenidos que se transmiten al aire como los que se publican en sus medios de Internet, incluidos los publicitarios en ambos soportes.

1.4. Los principios éticos recogidos a continuación conciernen a todas las emisoras del Grupo Prisa.

PRINCIPIOS ÉTICOS

1.5. Información veraz. Los periodistas de Prisa Radio se esfuerzan por presentar una información de interés para sus oyentes y lectores, verificada y completa, que incorpora todos los hechos relevantes para comprender la realidad y omite los irrelevantes.

1.6. Los programas de entretenimiento, tanto en la radio hablada como en la musical, sí pueden incorporar información secundaria y trivial, siempre que no se presente como relevante.

1.7. El periodista transmite a los oyentes de las emisoras y a los lectores de las ciberpáginas de Prisa Radio noticias comprobadas, y se abstiene de incluir en ellas sus opiniones personales. Los rumores no son noticia.

1.8. Expresiones como 'al parecer' o 'no se descarta', o las noticias basadas en verbos condicionales como 'sería' o 'habría' y similares deben desecharse siempre, porque sólo sirven para transmitir hechos no contrastados o rumores. En ese caso, el periodista deberá aportar los datos ciertos que le inducen a creer que algo 'podría' ocurrir o que ha sucedido 'al parecer', sin utilizar estas fórmulas. Y, por tanto, contar los datos previos a la conjetura, sin manifestar esta última. Debe decirse "la policía sospecha que el autor disparó dos veces" (lo cual es un hecho cierto, pues la policía sospecha eso), y no directamente "el autor habría disparado dos veces" (lo cual en sí mismo constituye un hecho no comprobado).

1.9. El oyente tiene derecho a saber siempre cuándo se le transmite una opinión y cuándo una información, para lo cual las emisoras de Prisa Radio adoptarán las convenciones que consideren más oportunas (separadores sonoros, sintonías, presentaciones específicas) o, en caso de intercalarse la opinión en un espacio de entretenimiento, mediante la simple mención de que se trata de un juicio personal. Son válidas para ello expresiones como 'yo creo', 'me parece a mí', 'yo opino', y otras similares. No es lo mismo decir "el Gobierno aprobará la reforma" (información) que "yo creo que el Gobierno aprobará la reforma" (opinión). Si se formula una creencia sin expresar un verbo de pensamiento, se puede confundir al oyente o al lector.

1.10. Las emisoras de Prisa Radio acogen todas las posiciones políticas y corrientes de opinión presentes en la sociedad, excepto aquellas que propugnen la violencia, el racismo, la xenofobia o la discriminación por sexo.

1.11. El respeto y atención a las minorías (étnicas, religiosas, políticas, lingüísticas, etcétera) es condición básica de la democracia y un valor de primera magnitud para los medios de Prisa Radio. Las posiciones minoritarias también tienen interés informativo.

1.12. Errores. Todos los errores cometidos en antena serán rectificados igualmente en antena y en un horario equivalente al del momento en que se produjo el error, sin que el autor se pueda refugiar en disculpas privadas. Lo mismo sucederá con los errores en las ciberpáginas de cada medio, que serán rectificados con proporción similar a la importancia que se le dio en la noticia original. La emisora ha de ser la primera en subsanar los fallos cometidos, y debe hacerlo lo más rápidamente posible y sin tapujos. Esta tarea recae de manera muy especial en los responsables de cada área informativa.

1.13. El autor o los autores de una información deben revisarla antes de emitirla, pues son los primeros responsables de los errores que hayan introducido en ella, seguidos de quienes hayan autorizado su difusión o editado la noticia.

1.14. Aquellas informaciones en las que se hayan deslizado equivocaciones graves o significativas incorporarán en su versión digital, y en lugar visible, el siguiente aviso: "Este texto ha sido corregido mediante fe de errores, que figura al pie". Tal fe de errores se añadirá, por tanto, al final de la información, sin apostillas ni comentarios.

1.15. Estas correcciones se vincularán de ese modo a las noticias en el momento en que el autor sea consciente del error, incluso aunque hayan pasado años desde la publicación inicial.

1.16. Incompatibilidades. Los periodistas de Prisa Radio pueden dar paso con su voz a espacios publicitarios siempre que no se impliquen en respaldar el contenido del anuncio. No se podrá simultanear una tarea periodística con actividades en el mundo de la comunicación política o empresarial. El periodista que ingrese en Prisa Radio o regrese a ella tras haber ejercido cualquiera de esas funciones se ocupará de tareas que no guarden relación con ellas. Un periodista asalariado en cualquier emisora de Prisa Radio deberá pedir autorización a sus superiores para cualquier otro trabajo remunerado.

1.17. Los periodistas de Prisa Radio no aceptan regalos, atenciones u otro tipo de dádivas de cualquier persona o entidad cuyo valor sea superior a lo que se considera un gesto de cortesía.

El Código ético del Grupo Prisa señala a este respecto:

"Con carácter general se consideran regalos de valor irrelevante los que no excedan de cincuenta euros (50 €) (o su equivalente en moneda extranjera). Se usará el sentido común para determinar el valor de los regalos y, en caso de duda, los profesionales deberán consultar con su superior jerárquico o, en su caso, con su Dirección de Recursos Humanos".

Como es obvio, habrá de considerarse también la frecuencia de estas atenciones, de tal modo que no podrá darse por aceptable un regalo de 50 euros repetido cada semana.

En todo caso, los periodistas de Prisa Radio estarán obligados a comunicar a la dirección todos los regalos recibidos y ponerlos a disposición de la empresa si sus superiores los consideran inadecuados.

1.18. Conflictos de intereses. Los trabajadores de Prisa Radio no utilizarán en beneficio propio informaciones privilegiadas que hayan podido obtener como consecuencia del ejercicio profesional.

1.19. Los periodistas no deben dejarse llevar por sus manías personales ni por sus gustos al enfocar una información. Tampoco deben narrar las dificultades que hayan podido encontrarse para conseguir una noticia.

1.20. Los informadores deberán abstenerse de abordar cualquier información o trabajo periodístico que pueda verse influido por sus intereses personales, ya sean políticos, sindicales, económicos o familiares.

1.21. En las informaciones relevantes de contenido económico o financiero referidas a cualquier empresa integrada o participada por el Grupo Prisa se hará constar que se trata del grupo propietario de Prisa Radio.

1.22. Las coberturas de informaciones como fruto de una invitación con gastos pagados serán autorizadas expresamente por la dirección del medio. Y a la hora de difundirlas se advertirá de que el viaje ha sido patrocinado, con expresión del nombre de la empresa o personas que abonaron los gastos.

1.23. Los profesionales de Prisa Radio nunca obtendrán la información mediante engaño, disfraz o enmascaramiento.

1.24. Intimidad y honor. Las informaciones que afecten a la intimidad, el prestigio, el honor o la propia imagen de una persona requieren siempre una mayor diligencia de comprobación y contraste.

Estas obligaciones quedan en un segundo plano, desde el punto de vista estrictamente legal, si se trata de lo que los tribunales han venido llamando 'reportaje neutral' (usando inadecuadamente el término 'reportaje'). Esta doctrina se basa en la jurisprudencia norteamericana *(neutral reportage doctrine)* y parte de considerar que si un artículo periodístico recoge datos u opiniones de fuentes conocidas y sin expresar añadido alguno está protegido constitucionalmente por el derecho a la información veraz. Tal criterio coincide con las sentencias del Tribunal Europeo de Derechos Humanos de 7 de diciembre y 8 de julio de 1986 (casos Handyside y Linpens, respectivamente).

Así pues, de ese modo se pueden difundir legalmente declaraciones de terceros que atenten contra el honor o la imagen de una persona, sin añadir comentarios adicionales. El Tribunal Supremo español, interpretando la doctrina del Constitucional, ha señalado al respecto (sentencia 774/2000, de 26 de julio): "El medio de comunicación ha de acreditar la veracidad del hecho de que determinada persona ha realizado determinadas manifestaciones".

Aspectos legales y éticos. Esta protección desde el punto de vista legal no exime al periodista, desde el punto de vista ético, de acudir a la parte perjudicada por la información o la declaración, para obtener su versión de los hechos o su respuesta; ni de contrastar o ampliar los detalles que se facilitan mediante la vía del 'reportaje neutral'.

La protección legal del periodista en estos casos se produce, por tanto, cuando lo que escribe o dice queda atribuido a una fuente concreta y conocida (quien es a su vez responsable de lo dicho), no cuando se adjudica a fuentes indeterminadas. Y cuando, además, es capaz de acreditar la cita, bien mediante el testimonio judicial de la persona informante o bien con documentos escritos o sonoros.

El Tribunal Constitucional español ha establecido también que una de las circunstancias que obligan a mayor o menor grado de comprobación y verificación de una noticia es la fuente que la proporciona (sentencias 41/1994; 6/1996, 52/1996 y 190/1996). Así, una nota policial, o la información oficial del Ministerio del Interior sobre detenciones de delincuentes no obligan a una comprobación adicional del periodista, sino sólo a la verificación de la fuente y la exactitud del mensaje reproducido.

En función del acusado. Por otro lado, se debe diferenciar entre distintos tipos de perjudicados por acusaciones u opiniones. Así, cuando se trata de 'personas públicas' —señala la jurisprudencia española—, éstas "deben soportar un cierto mayor riesgo de injerencia en sus derechos de la personalidad que las personas privadas" (sentencia 19/1996), siempre teniendo en cuenta "la relevancia pública del hecho divulgado; es decir que, siendo verdadero, su comunicación a la opinión pública resulte justificada en función del interés público del asunto sobre el que se informa".

Por tanto, la protección constitucional de la libertad de información se ve reducida si no se refiere a personalidades públicas que, al haber optado libremente por tal condición, deben soportar un cierto riesgo de una afectación de sus derechos de la personalidad.

En función del contenido. Asimismo, están más protegidas aquellas informaciones que se refieren a una cuestión de 'interés público' que las que sólo atienden a la 'curiosidad del público'.

Resumen de criterios. En resumen, el Tribunal juega con estos cinco criterios cuya combinación debe ponderarse siempre en una noticia: la veracidad de los datos (sin la cual no se puede avanzar en la defensa del derecho a la información), la existencia o no de una fuente que se responsabiliza del mensaje emitido, la relevancia de lo narrado, el carácter público o privado del sujeto pasivo sobre el que se informa y, finalmente, la diligencia que haya empleado el periodista en comprobar o contrastar los hechos.

No todas las noticias son iguales. Hay algunas informaciones más delicadas que otras, y la exigencia constitucional no es la misma en todas ellas.

Siguiendo los criterios expresados por el Tribunal Constitucional español, podemos establecer una lista de condiciones que obligan en mayor o menor medida al periodista en relación con la naturaleza de lo que escribe.

En primer lugar, no requieren que se extreme la diligencia del periodista aquellas noticias que no afectan a la dignidad, la intimidad, y al derecho al honor y la imagen de las personas. Aunque todas las informaciones deben ser veraces, no es lo mismo confundirse en el título de una película que en la atribución de un delito o de una negligencia profesional a una persona.

En cuanto a las informaciones que sí pueden perjudicar a una persona física o jurídica en esos supuestos, se establece la siguiente escala en sentido ascendente: de menor a mayor protección de ese derecho y, por tanto, de menor a mayor obligación de diligencia del informador a la hora de contrastar la noticia.

1. Entidades jurídicas públicas acusadas, sin cita concreta de personas, en lo relativo a su gestión y en virtud del 'reportaje neutral'; es decir, acusados por un tercero cuyo nombre se cita y que finalmente es el responsable de aquello que se dice en la noticia.

2. Personas físicas con cargo público acusadas en lo relativo a su gestión y en virtud del 'reportaje neutral'; es decir, acusados por un tercero cuyo nombre se cita y que finalmente es el responsable de aquello que se dice en la noticia.

3. Personas físicas con cargo público acusadas por el periodista o por fuentes anónimas manejadas por él en una información referida a un caso de interés general.

4. Personajes de relevancia pública pero del sector privado, acusados por el periodista o por fuentes anónimas manejadas por él en relación con su actividad profesional o artística (nunca en su actividad personal).

5. Entidades privadas que son acusadas en función de su actividad como sociedades, sin cita concreta de personas y por un tercero cuyo nombre se menciona y que es finalmente el responsable de aquello que se dice, cuando el tema es de interés público.

6. Personajes del ámbito privado cuya actividad no se muestra ante el público, acusados en el terreno personal y no profesional por un tercero cuyo nombre se cita, cuando el tema es de interés público.

7. Personajes del ámbito privado cuya actividad no se muestra ante el público, acusados en el terreno personal y no profesional por una información con fuentes anónimas cuando el tema es de interés público.

8. Entidades privadas acusadas en función de su actividad como sociedades, sin cita concreta de personas y por un tercero cuyo nombre se cita y que es finalmente el responsable de aquello que se dice, cuando el tema es sólo de curiosidad pública.

9. Personas del ámbito privado cuya actividad no se muestra ante el público, acusadas en su ámbito personal y no profesional por un tercero cuyo nombre se cita, cuando el tema es sólo de curiosidad pública.

10. Personas del ámbito privado cuya actividad no se muestra ante el público, acusadas en su ámbito personal y no profesional por una información con fuentes anónimas cuando el tema es sólo de curiosidad pública.

Se insiste en que, desde el punto de vista ético, en todos los casos hay que buscar la versión de la otra parte; pero no es necesaria la misma diligencia desde el punto de vista legal.

1.25. Propiedad intelectual. Es ilícito apropiarse de noticias de paternidad ajena. Los despachos de agencia se firmarán siempre, a no ser que la noticia se confirme o amplíe con medios propios o que el texto del teletipo haya sufrido retoques que afecten al fondo de la información.

1.26. Se debe citar siempre al primer medio que ha informado de un hecho relevante, incluso aunque después se haya obtenido la información por medios propios. No hay problema en hacerse eco de una exclusiva de otro medio, evidentemente citándolo, siempre que se trate de una noticia de auténtica relevancia. Cuando la información provenga de un medio internacional poco conocido, será preciso no sólo citarlo sino también contextualizar la mención especificando su país de procedencia y su tendencia ideológica o informativa.

No obstante, puede ocurrir que no se haya conocido la noticia a través del medio que la dio en primer lugar, y que por tanto no se hayan emprendido las averiguaciones pertinentes a partir de esa información inicial, sino antes. En casos así, y siempre que medie poco tiempo entre la primicia y la información propia, y cuando se añadan datos respecto a aquélla, no es necesario citar al medio que adelantó la noticia.

No obstante, el párrafo anterior no puede convertirse en una gatera para malas prácticas de pirateo de la autoría o de plagio.

1.27. Fotografías. Está prohibida toda manipulación de las fotografías en las ciberpáginas del grupo Prisa Radio que no sea estrictamente técnica (edición periodística, eliminación de defectos de luz o de transmisión) o esté destinada a preservar la identidad de menores o personas amenazadas expresa o potencialmente. Ni siquiera se podrá invertir una imagen con el propósito de que la cara de la persona fotografiada dirija su mirada a la información a la que acompaña.

1.28. Entrevistas. El entrevistado para la antena tiene derecho a reclamar y recibir una copia de la transcripción antes de que sea publicada en la página *cadenaser.com*, para corregir expresiones que hubieren sido mal transcritas. Pero no podrá modificar el diálogo. Cualquier conflicto sobre la correcta transcripción se resolverá con la grabación. Esto es extensible a entrevistas hechas exclusivamente para una ciberpágina.

1.29. Salvo en situaciones muy excepcionales, no deben realizarse entrevistas mediante cuestionarios previos o supervisados. Y, en ese caso, se ha de advertir al oyente.

1.30. Las fuentes. Las emisoras de Prisa Radio no pagan a cambio de obtener información o determinados testimonios. (Se exceptúan, lógicamente, los contratos con agencias y proveedores profesionales de noticias, así como el suministro de fotografías o vídeos por testigos de un suceso).

1.31. Los periodistas de Prisa Radio citarán la fuente por la que conocen un hecho, siempre que no hayan estado presentes en su desarrollo.

1.32. La narración de una noticia conflictiva o polémica requiere del uso de al menos dos fuentes independientes entre sí.

1.33. Toda persona acusada tiene derecho a defenderse y a que figure su versión.

1.34. No se debe transmitir la sensación de que se ha intentado sin éxito localizar a la parte acusada por una información si no se ha hecho con diligencia. Cuando no sea posible obtener esa versión, se acudirá a personas próximas que, en su caso, puedan defenderla.

1.35. Cuando una información acusatoria todavía no publicada sea desmentida por el acusado y el periodista no disponga de pruebas irrefutables o fuentes que la sigan sosteniendo después de escuchar esa versión, se debe desechar difundirla, salvo que la persona o institución informante se hagan responsables de ella, o se trate de una fuente oficial, o los hechos imputados se hayan expresado en público.

1.36. La confidencialidad de las fuentes es irrenunciable. El periodista sólo está legitimado para revelar sus fuentes cuando tenga pruebas de que éstas le han engañado deliberadamente.

1.37. Ante informaciones especialmente importantes o delicadas, el director de los servicios informativos podrá pedir las fuentes a un redactor, con el compromiso expreso de no revelarlas. Si el redactor se niega, legítimamente, a darle esos datos, el responsable informativo tendrá derecho a vetar la difusión de la noticia.

1.38. La mención de las fuentes debe ser lo más aproximada posible, y nunca engañosa: 'fuentes de la dirección del partido', 'una fuente del Gobierno', 'una fuente jurídica', etcétera.

1.39. Una fuente no puede condicionar el trabajo de un periodista, ni su imparcialidad.

1.40. La atribución de la noticia a una fuente o fuentes no exime al periodista de la responsabilidad de haberla difundido, sobre todo si se trata de fuentes anónimas que transmiten informaciones calumniosas o injuriosas. De este modo, una nota policial no obliga a mayor comprobación por el periodista (si bien los datos oficiales se deben contrastar en la medida de lo posible), mientras que una denuncia anónima precisa todo tipo de confirmaciones y contrastes.

1.41. Si se acepta recibir una información *off the record* (la información facilitada por una fuente con la petición de que no sea difundida), debe respetarse; pero si se obtiene la misma información por otras fuentes cuya identidad se pueda facilitar, es legítimo ofrecerla a la audiencia.

1.42. La protección de confidencialidad de las fuentes es un principio clave del periodismo. Por eso, si se ofrece a una fuente la garantía del anonimato debe respetarse incluso frente a presiones judiciales.

1.43. Las referencias a la exclusividad de una información y las autocitas del propio medio deben usarse con cuentagotas. Sólo se podrán emplear cuando se trate de primicias importantes.

1.44. Fotografías en la web. Las imágenes desagradables sólo se publicarán cuando añadan información.

1.45. Se protegerá a los miembros de las fuerzas de seguridad y similares (escoltas, vigilantes...) de modo que no pueda identificarse su rostro.

1.46. No se debe mostrar esposadas a las personas que no han sido declaradas culpables.

1.47. Debe protegerse la identidad de los menores cuando aparecen en fotos o imágenes en contextos de delincuencia o marginación, o cuando la escena pueda perjudicar a su intimidad o a su propia imagen, ya sea en la actualidad o en un futuro. No hacen falta estas cautelas al captar momentos de normalidad, como el comienzo del curso escolar o una competición deportiva infantil.

Del mismo modo, no se deben utilizar nombres y apellidos cuando sean prescindibles y no le quiten el sentido a la información, ya se trate de menores o de adultos; sobre todo si la información concierne a personas que no tengan relevancia social ni sea previsible que la alcancen.

1.48. Las tomas generales de manifestaciones intentarán reflejar el grado de concurrencia sin subterfugios técnicos (teleobjetivos, grandes angulares...) destinados a ofrecer una mayor o menor densidad de la real.

1.49. Está prohibido reproducir imágenes ajenas, así como ilustraciones de enciclopedias, revistas, etcétera, sin autorización previa de sus propietarios o agentes. En todo caso deberá aparecer el nombre de la fuente. Toda fotografía estará acompañada de un pie que explicite los datos más interesantes relativos a ella. Si se trata de fotos ilustrativas, se informará de la fecha y circunstancias a las que corresponden.

Tampoco se utilizarán fotos tomadas de Facebook, Twitter o cualquier otra red social, o de Internet en general, para ilustrar noticias, salvo que se trate de personas muy notorias.

1.50. Grabaciones. Se prohíben las grabaciones subrepticias de las palabras de otra persona, tanto de audio como de vídeo. Es obligatorio informar a nuestro interlocutor de que la conversación que se va a mantener con él será grabada para su posible emisión.

1.51. La grabación oculta aportada por una fuente no se puede difundir sin el conocimiento de las personas afectadas, que tienen derecho a añadir explicaciones adicionales. Y ello siempre que se trate de un hecho de muy relevante interés general, pues en otro caso no deberá emitirse.

1.52. El montaje de una entrevista grabada no debe alterar nunca el sentido de las respuestas del entrevistado. Si se pretende eliminar lo innecesario para reducir su duración, debe respetarse siempre escrupulosamente el sentido de las declaraciones.

1.53. No se presentarán como entrevistas en directo las que han sido grabadas.

1.54. Cámara oculta. En el caso específico de las ciberpáginas de Prisa Radio, no se empleará el sistema de cámara oculta para obtener información mediante el engaño o la vulneración de derechos. El sistema de cámara oculta es el último recurso posible para lograr una información de indudable interés general. No se podrá en ningún caso suplantar una personalidad ajena, ni allanar lugares privados ni vulnerar el derecho a la intimidad, al honor y a la propia imagen.

1.55. El uso legítimo de la cámara oculta (grabar hechos delictivos en la calle, por ejemplo, para su denuncia por impunidad o falta de vigilancia, sin que el periodista intervenga en ellos o los provoque) deberá preservar en todo caso la identidad de las personas o entidades implicadas (salvo que se trate de personas con responsabilidad pública), sin ofrecer datos que conduzcan a ellas. El periodista no es un policía, pero puede ofrecer información que invite a la policía a tomar cartas en el asunto.

1.56. Una cosa es obtener información mediante cámara oculta y otra difundir su contenido. Entre ambas acciones se interpone un proceso de edición que ha de ejercerse con responsabilidad. En esa segunda fase (la edición y difusión), se puede decidir incluso no publicar las imágenes obtenidas, y tal vez solamente escribir los datos que conduzcan al público a formarse una idea de los hechos, pero respetando los derechos individuales de las personas.

1.57. Vídeos. Los vídeos y las transmisiones de imágenes en directo constituyen un elemento útil en determinados momentos para los cibermedios de Prisa Radio. Los vídeos serán representados, junto a la noticia a la cual acompañen, mediante una imagen congelada en la que estará sobreimpresionado el logo o aviso que los simboliza. Siempre se hará constar la firma de los autores de las imágenes.

1.58. Cuando se ofrezca una entrevista en vídeo, el personaje entrevistado deberá saber a partir de qué momento está siendo grabado y cuándo termina la grabación. No se emplearán frases o gestos tomados antes o después de ese aviso.

1.59. En los denominados 'mudos' (imágenes complementarias tomadas para ilustrar una información), no se podrán oír las palabras de quienes han sido grabados si ellos no tenían conocimiento de que tales expresiones estaban siendo registradas. Estas imágenes se archivarán tras haberles borrado el sonido, a fin de evitar accidentes posteriores.

1.60. El periodista que toma imágenes de un hecho objetivo no debe intervenir en esa realidad para alterarla (colocar a las personas, cambiar de sitio algún elemento...), salvo que se trate de un posado o una entrevista.

1.61. El texto que sirva para presentar un vídeo no debe inducir al lector a creer que encontrará imágenes distintas de las que realmente se ofrecen.

1.62. Gráficos. Los gráficos informativos deberán ser claros, y se sacrificarán las posibilidades artísticas en aras de una mayor facilidad de comprensión.

1.63. Ilustraciones. Las ilustraciones y dibujos (sean de humor o no) se consideran elementos de opinión y, por tanto, responden al criterio de sus autores. No obstante, no se permitirán los que ofendan la intimidad de las personas ni los que ofrezcan imágenes desagradables. Tampoco los que esta blezcan como hechos aquellos que no han sido demostrados.

1.64. Encuestas. Las encuestas o sondeos de opinión que se difundan por encargo de la emisora (tanto en las ondas como en Internet) deberán acompañarse siempre de la ficha técnica correspondiente, de acuerdo con las normas de las empresas demoscópicas.

1.65. Cuando se recojan encuestas ajenas, también se aportará alguno de los principales datos, como la muestra, la fecha de realización, la empresa encargada y la que hizo el encargo, etcétera.

1.66. La publicación de datos parciales de una encuesta puede constituir una manipulación. A veces ese falseamiento procede de la fuente, que facilita una parte de un sondeo pero oculta el resto. Por tanto, el periodista procurará obtener la encuesta completa; y, en caso de no conseguirlo, advertirá a su público de que no dispone del trabajo íntegro.

1.67. Expresiones malsonantes. Se desaconsejan las expresiones vulgares, se prohíben las obscenas o blasfemas.

1.68. Nunca deben utilizarse palabras o frases que resulten ofensivas para una comunidad. Por ejemplo, "le hizo una judiada", "le engañó como a un chino", "eso es una gitanería", "es una merienda de negros", "le tiene un odio africano".

1.69. Los textos informativos sobre cualquier acontecimiento que provoque repulsa social habrán de mantener un lenguaje correcto para con los protagonistas del suceso, por muy execrable que pueda ser su conducta.

1.70. Respeto al dolor y la intimidad. Abordar acontecimientos trágicos, tanto en programas puramente informativos como en los magacines y en los espacios de entretenimiento, requiere del respeto a la intimidad de las personas afectadas por el sufrimiento y el dolor.

1.71. Nunca se presionará a heridos o afectados para conseguir información, declaraciones o entrevistas. Tampoco se emitirán grabaciones que afecten a su intimidad si no añaden información de interés general que sea muy relevante.

1.72. Menores. Nunca se facilitarán los nombres de menores de edad relacionados con un delito, ya sea como víctimas o como agresores.

1.73. Cualquier entrevista con un menor requiere del permiso expreso de sus padres o tutores legales. Véanse los apartados **1.27** y **1.47.**

1.74. Las emisoras de Prisa Radio asumen en su integridad la Convención sobre los Derechos del Niño, aprobada por la Asamblea General de las Naciones Unidas en 1989, y la Ley de Protección del Menor aplicable en cada país.

1.75. Violencia machista. Los medios de Prisa Radio combaten todo tipo de violencia. En los casos de agresiones machistas, no se mostrará nunca una imagen normalizada del agresor que atenúe su responsabilidad en los hechos. Para ello, se evitará dar cabida a opiniones de su círculo más próximo (familiares, vecinos o compañeros de trabajo) que lo muestren como un ciudadano ejemplar y den la falsa sensación de que se trata de un suceso aislado e imprevisto. La violencia en el hogar y en la pareja suele permanecer oculta a los ojos de todos hasta que se desencadena el crimen. (Véase en el diccionario de este manual la entrada **género**).

1.76. En este tipo de informaciones se respetará el derecho a la intimidad de las víctimas y se dará voz, siempre que se pueda, a las fuentes policiales y de la investigación y a testimonios procedentes de portavoces de instituciones públicas y organizaciones, gubernamentales o no gubernamentales, comprometidas con la lucha contra la violencia machista.

1.77. Como política preventiva de estos delitos, Prisa Radio evitará emitir mensajes de corte sexista que puedan contribuir a proyectar una visión estereotipada y deformada de la realidad en la cual la mujer aparezca como objeto o ser dependiente del hombre.

1.78. Toda noticia relacionada con los malos tratos a la mujer irá acompañada de información eficaz y precisa sobre las entidades públicas o privadas que prestan asistencia para este tipo de problemas. (En el caso de España, se dirá: “Teléfono contra la violencia machista: 016, es gratuito y no deja huella en la factura”).

1.79. Las emisoras del grupo darán gran relevancia a las sentencias ejemplares contra el crimen machista y recogerán las campañas y las iniciativas novedosas de sensibilización ciudadana.

1.80. Protección de las minorías. Prisa Radio protege en sus informaciones a los más desfavorecidos, y se abstiene de hacer alusiones o comentarios despectivos sobre raza, credo, orientación sexual, nacionalidad o cualquier característica que pueda promover la discriminación de personas o colectividades, o incitar a cualquier tipo de violencia.

1.81. El dato de la raza o la etnia de una persona involucrada en una noticia sólo se aportará cuando esa información carezca de sentido sin él. Lo mismo cabe decir sobre el país de origen, la religión o la condición social.

1.82. Las personas no son en sí mismas legales o ilegales, sino sus actos. Por tanto, no hay inmigrantes legales o ilegales, sino con documentos o sin ellos. Tampoco se debe llamar 'inmigrantes de segunda generación' a los hijos de personas que se establecieron en un país procedentes de otro, pues se trata de ciudadanos nativos con nacionalidad de pleno derecho.

1.83. Los inmigrantes que entran en otro país no lo 'asaltan', sino que solamente ingresan en él.

1.84. Los inmigrantes que hayan obtenido la nacionalidad de su nuevo país de residencia son ciudadanos de pleno derecho, y esa condición debe primar en cualquier texto noticioso. Por tanto, se hablará (cuando sea necesario para comprender la información) de un estadounidense de origen mexicano, de un mexicano de origen argentino, de un español de origen marroquí, etcétera.

1.85. Los profesionales de Prisa Radio contribuirán a la integración social de las minorías potenciando la difusión de sus logros y principales aportaciones a la mejora económica, social o cultural de un barrio, ciudad o país.

1.86. De manera especial, se difundirán noticias positivas que tengan a las mujeres inmigrantes como protagonistas.

1.87. Discapacidades y enfermedades. Las personas con algún tipo de discapacidad o enfermedad deberán aparecer en las informaciones como cualquier otro ciudadano cuando éstas no tengan relación con la discriminación que sufran o con una desatención médica o social. Estas personas son relevantes por las cosas que hacen o dicen, y no sólo por su circunstancia física.

1.88. En el caso de abordarse informaciones sobre personas con alguna discapacidad o problema social, se deben resaltar sus valores de lucha y superación, y no presentarlas como personas dependientes o dignas de lástima. Por tanto, se destacarán más sus capacidades que sus limitaciones. Los testimonios que se incorporen no han de provocar compasión, sino respeto y admiración.

1.89. Nunca se harán conjeturas que vinculen una enfermedad mental con la comisión de un acto violento. Sí se informará de ello cuando el dato haya sido comprobado.

1.90. Las emisoras de Prisa Radio usarán el sustantivo 'discapacidad' o el adjetivo 'discapacitado' cuando se refieran a personas concretas con alguna carencia física o mental, y no 'minusvalía' ni 'disminuido', 'deficiente', 'incapacitado', 'subnormal', 'anormal', 'inválido', 'perturbado', 'mutilado', 'tullido', 'lisiado' o 'loco'.

1.91. Es preferible hablar de 'persona con discapacidad' o 'persona discapacitada', 'persona sorda', 'persona ciega', etcétera, a etiquetar a los individuos como 'el discapacitado', 'el sordo' o 'el ciego'. De la misma forma, será más oportuno hablar de 'enfermo de cáncer' o 'paciente con sida' que de 'canceroso' o 'sidoso'.

1.92. Detenciones y procesos. Todas las informaciones de Prisa Radio respetarán el principio de presunción de inocencia. Sólo una sentencia firme puede alterarlo.

1.93. La información de sucesos o de tribunales nunca se transformará en un espectáculo. Las personas que opinen sobre esos procesos en las ondas o en las ciberpáginas de Prisa Radio serán las partes presentes en la causa, o acreditados expertos y juristas independientes. Los periodistas no usurparán los papeles que corresponden a acusaciones y acusados.

1.94. Se preservará el anonimato de las víctimas cuando se trate de actos contra su intimidad o su libertad sexual; y la de los supuestos autores cuando se trate de menores de edad.

1.95. Cuando se usen fragmentos sonoros de la grabación de un testimonio previo a la vista pública o conversaciones incluidas en el sumario, se hará saber si la selección de un pasaje concreto ha sido decisión del periodista (que para ello ha tenido acceso al conjunto de la prueba) o si se trata de una elección de la fuente (que puede descontextualizar la noticia o desechar otros fragmentos que la expliquen o contradigan).

1.96. Terrorismo. Los terroristas no son 'guerrilleros', ni 'gudaris' o 'soldados', ni 'revolucionarios', ni 'extremistas' ni 'activistas' ni 'radicales'. Y cometen asesinatos y crímenes, no 'acciones armadas'. Y no reivindican sus acciones sino que se atribuyen su autoría.

1.97. Las bandas armadas no exigen un 'impuesto revolucionario' sino que perpetran una extorsión económica o chantaje. Y cometen asesinatos, no 'dan de baja', 'causan bajas', 'eliminan' o 'matan'.

1.98. Los testimonios que se emitan tras un atentado excluirán aquellos que invadan la intimidad de las víctimas y sus allegados. También se evitarán las declaraciones de víctimas o familiares que sean pronunciadas bajo un tremendo estado de tensión o conmoción.

1.99. Los comunicados de los grupos terroristas únicamente se emitirán cuando añadan información, y sólo en esos fragmentos (no necesariamente textuales).

1.100. Manifestaciones y reuniones políticas. Los datos de asistencia a manifestaciones sólo se emitirán si van acompañados del sistema de medición empleado y de la hora en que se tomaron los datos. Si los organizadores facilitan una cifra pero sin explicar cómo han llegado a ella, no podrá tenerse en cuenta como información fiable.

1.101. Los medios de Prisa Radio deberán ofrecer sus propios cálculos, y detallarán el procedimiento aplicado.

1.102. Cuando se difundan en los cibermedios de Prisa Radio imágenes facilitadas por partidos políticos, empresas o cualquier otra entidad ajena al medio informativo, se hará constar.

1.103. Derecho al olvido. Las informaciones archivadas y con acceso desde la ciberpágina de la emisora que den cuenta de investigaciones, imputaciones, acusaciones, detenciones, encarcelamientos o condenas, que hayan sido revocados por una decisión policial o judicial posterior, deberán contener una advertencia al respecto y un enlace con la última información disponible sobre el caso.

1.104. Si esa última información no se hubiera publicado en su momento, la persona perjudicada podrá reclamar y conseguir que la noticia en cuestión incluya un texto aclaratorio y un enlace con la notificación o la sentencia de que se trate.

1.105. Las emisoras de Prisa Radio aplicarán los siguientes criterios a aquellos casos en que un particular, en aplicación del llamado 'derecho al olvido', reclame el borrado de una noticia, crónica o reportaje veraz que afecte a su imagen:

a. Nunca se producirá el borrado de los archivos digitales, pero se puede considerar la posibilidad de ocultar esa información a los buscadores de Internet.

b. La información debe haber sido publicada más de 15 años atrás respecto del momento en que se reclama su borrado.

c. La información ha de perjudicar en su vida familiar o profesional a la persona que reclama.

d. No se considerarán las reclamaciones que afecten a hechos que figuren en sentencias firmes de los tribunales de justicia y se refieran a actos de violencia.

2

NORMAS GENERALES DE GRABACIÓN, LOCUCIÓN Y EMISIÓN

2.1. El lenguaje radiofónico. Elementos y funciones. El lenguaje radiofónico se configura con cuatro elementos: la palabra, la música, los efectos sonoros (artificiales o reales) y el silencio. Todos ellos se relacionan entre sí conforme a su ordenación en antena. La canción que se emite tras un mensaje verbal tiende a completarlo, calificarlo, explicarlo o ilustrarlo si entre ambos se da algún tipo de relación descodificable por el oyente. El sonido que sigue a cualquiera de los otros elementos puede producir ese mismo efecto. Una música fúnebre emitida después de comentarse determinado nombramiento será tomada como una forma de calificar lo dicho. El sonido de una botella que se descorcha produciría el efecto contrario. Ambos sonidos, por tanto, forman parte del mensaje emitido, aunque éste no se complete con palabras. Por tanto, las emisoras de Prisa Radio cuidarán de que la aparente yuxtaposición de elementos sonoros (palabra, música, efectos) no emita mensajes no controlados, o imprevistos, o falsamente chistosos.

2.2. El lenguaje verbal. El lenguaje verbal de las emisoras de Prisa Radio se basará en una redacción y una locución que garanticen una comprensión fácil.

2.3. El lenguaje musical. La música puede actuar como elemento autónomo y central de la pieza sonora o bien puede cumplir un papel de apoyo o complemento del lenguaje verbal.

2.4. Efectos sonoros. Sirven para describir y contextualizar ambientes o enfatizar situaciones. Pueden reproducir o imitar sonidos de la realidad (efectos inarticulados) o ser fragmentos compuestos musicalmente (efectos musicales).

2.5. Nunca se deben emitir con apariencia de inmediatos y verdaderos los recursos sonoros artificiales grabados con anterioridad a los hechos que se narran. Si se habla del arranque de una carrera de coches, se emitirá el sonido real obtenido en el lugar de los hechos o reproducido a través de una retransmisión televisiva, pero nunca se simulará mediante un sonido estándar de los que suelen usarse en las ficciones radiofónicas.

2.6. Redacción radiofónica. Antes de escribir la primera letra es necesario pensar en el oyente: un público heterogéneo, muy diverso desde el punto de vista social y cultural.

2.7. El texto que habrá de ser leído debe resultar fácil de entender.

2.8. Para hablar o escribir con claridad es imprescindible que se den los siguientes factores:

a. Pensar con claridad. El periodista debe entender perfectamente lo que desea comunicar. Si tiene alguna duda, deberá resolverla antes de la emisión, y no después. Ser claro es lo contrario de ambiguo; el mensaje sólo puede entenderse de una manera, nunca de dos o tres.

b. Léxico fácil. El redactor debe conocer las palabras que emplea, y elegir cuál es la más adecuada para expresar una idea que debe entenderse con facilidad. La prisa no sirve como disculpa. El periodista debe trabajar deprisa y bien.

c. Enunciados comprensibles. En la emisión radiofónica, se escribe para que las palabras se oigan, no para que se lean. Por tanto, la organización de los enunciados queda supeditada a la claridad: las oraciones, simples mejor que compuestas; los datos, concisos mejor que abundantes; el estilo, directo mejor que literario.

d. Cifras escogidas. La profusión de cifras es contraproducente, sobre todo si se trata de cantidades con excesivo detalle. El oyente tiene dificultad para memorizar esos datos, que sí pueden encontrar sentido en una comunicación escrita. En radio es preferible decir 'casi tres millones de euros' que '2.880.556 euros'. Cuantos más datos se ofrezcan, menos retención y menor comprensión se producirán.

Además, las grandes cifras presentadas sin ningún punto de comparación son inútiles. Deberán acompañarse siempre de alguna referencia que dé la medida de la importancia de esa cantidad.

e. Oraciones sencillas. En la radio, la descodificación se produce en el mismo momento en que llega el mensaje. El oyente nunca podrá volver al texto, ni siquiera pedir una aclaración. Por tanto, las noticias deben comenzar con el sujeto de la acción, luego el verbo y después, y sólo después, los complementos, directos, indirectos o circunstanciales. Insistimos en que no es un texto para ser leído, sólo para ser oído y, finalmente, comprendido.

No se debe comenzar nunca por un complemento circunstancial. Cuando el contexto ya facilite la comprensión, se pueden alterar esos factores. Una frase corta se entiende normalmente mejor que una larga.

En una locución, la extensión idónea de las frases (consideradas como las oraciones comprendidas entre un punto y el siguiente) se sitúa entre 18 y 30 palabras. Las frases muy largas se deben reconvertir mediante la subdivisión en varias oraciones.

Ejemplo rechazable:

"El presidente de Venezuela, Hugo Chávez, ha anunciado esta mañana en Caracas, en presencia del jefe de Estado sirio, Bachar el Asad, que invertirá en la construcción de una moderna refinería en ese país de Oriente Próximo, que según dijo estará lista en 2013 (dos mil trece)".

La frase del ejemplo anterior suma 46 palabras, incluida la traducción sonora de la cifra correspondiente al año. La frase se alarga al incorporar demasiadas ideas y ello supone, finalmente, una dificultad para el oyente en la comprensión del mensaje. Las frases breves, además de hacer más cómoda la descodificación, nos permiten dosificar adecuadamente la aparición de los datos.

Ejemplo aconsejable:

"El presidente de Venezuela ha anunciado que invertirá en la construcción de una refinería en Siria. Hugo Chávez ha hecho el anuncio esta mañana en presencia del presidente sirio, Bachar el Asad. La refinería estará acabada dentro de tres años".

Las tres frases que ahora conforman el mensaje tienen 16, 16 y 8 palabras, respectivamente. Y todas ellas suman 40 (seis menos que en el ejemplo anterior).

f. No es correcto que un periodista (ya sea el presentador de un programa o cualquier otro que se halle en antena) se dé paso a sí mismo cuando se reproduce una grabación. Si se trata de una entrevista, puede dar paso a la respuesta, pero no a la pregunta. Si es fundamental la pregunta, debe darle paso otra persona. La continuidad de una misma voz en emisión directa y grabada puede producir confusión, y además no es estética.

2.9. La narración. Todo texto informativo en la radio parte de una narración. La noticia, la crónica o el reportaje comparten unos rasgos comunes, que se basan en los siguientes apartados:

a. Selección. La gestión de la información empieza por una selección que sepa diferenciar los datos relevantes de los que no lo son. Este proceso es básico en el medio radiofónico, dada la retención limitada cuando el mensaje es sólo oral.

En el momento de la selección, los periodistas de Prisa Radio pensarán también en los sonidos de la noticia. El sonido generado por el hecho es la mejor manera de acercar el relato.

La narración radiofónica debe apoyarse en el viejo principio de que es preferible enseñar, mostrar, antes que decir; y los sonidos muestran por sí solos.

El sonido de la realidad debe sustituir a la palabra siempre que ello sea posible. Los recursos sonoros (cortes de voz, sonido ambiente, música e incluso los silencios) tienen una enorme capacidad de captar la atención del oyente y dotar de ritmo a la narración.

b. Captación. La primera frase de una comunicación radiofónica puede ser determinante para captar el interés. Y hay que tener en cuenta siempre que en la radio la descodificación no se realiza de la misma manera que en un texto escrito.

La frase inicial debe referirse al dato principal, con el verbo adecuado y con los menos adjetivos calificativos posibles.

Aquello con lo que se pretende atraer la atención del oyente no debe responder sólo parcial o colateralmente al hecho del que se informa.

c. Concisión. No se debe confundir concisión con brevedad. Lo breve es corto, sin más. Lo conciso es lo corto exacto. La concisión no reside en utilizar el menor número de palabras posible sino en emplear sólo las precisas. En la radio, la concisión está al servicio de la comprensión y de la eficacia.

La concisión precisa de un buen dominio del léxico. Los conceptos que están contenidos en una palabra no se pueden expresar con dos.

d. Contextualización. Un relato periodístico debe contener cinco aspectos diferenciados: hecho, contexto, antecedentes, consecuencias y predicciones. Los cuatro últimos se pueden englobar bajo el concepto de contextualización.

Las informaciones de Prisa Radio deben huir de las presuposiciones sobre el conocimiento que el oyente pueda tener respecto a la noticia o el tema que se vaya a exponer.

e. Redundancia. Una narración periodística para la radio debe incorporar una adecuada dosis de redundancia, no sólo con la pretensión de hacer más comprensible el mensaje, como ocurriría en cualquier texto, sino para fijar las ideas fundamentales de la información.

En muchas ocasiones el oyente no activa su atención en el momento en que comienza una noticia o se le expone un asunto, sino que eso se produce después. Es preciso recordar el tema sutilmente más adelante para que la comprensión del mensaje sea completa.

Las cifras son especialmente exigentes en este sentido. A menudo se inicia la información con una cantidad porque es el dato más relevante. Sin embargo, ese número ya no volverá a salir en el texto. Si el oyente no capta la cifra, la información pierde para él gran parte de su sentido.

Por ejemplo, si una noticia comienza con la oración "85 presos mexicanos se fugaron ayer de una cárcel situada al norte del país", en algún momento del discurso debe recordarse esa cantidad mediante recursos como "los 85 presos fugados consiguieron salir por...".

2.10. La locución radiofónica. Una cosa es la lectura (acción de leer) y otra la locución (acción de hablar). La lectura de un texto distancia al periodista del oyente si éste percibe que se trata de una comunicación no espontánea. El público debe percibir que le hablan, no que le leen.

La locución es clave en una comunicación cálida. Los procesos de investigación, de selección del material o de redacción no tendrán la menor relevancia si, finalmente, la fase de locución resulta fallida; si el oyente no se interesa por el mensaje, no escucha, no comprende y no asimila lo que se le está dando a conocer.

Por tanto, la lectura de un texto en antena debe hacerse con naturalidad, en una relación interpersonal con el oyente, contando los hechos y no sólo enunciándolos. Así, la mejor lectura es aquella en la que no se nota el folio.

En la fase de redacción se debe escribir para el oído.

Las técnicas de locución deben adaptarse a los usos de cada país, pero se pueden abordar aquí aspectos comunes.

2.11. Vocalización y articulación. Es necesario pronunciar a la perfección. El medio radiofónico exige pulcritud al respecto, y por tanto se impone un esmerado cuidado tanto en la vocalización como en la articulación. Cada palabra debe emitirse de forma que sea entendida por el oyente sin el menor esfuerzo.

Los principales conceptos de la emisión de voz adecuada para la radio se definen así:

Articulación: posición y movimiento de los órganos de la voz para pronunciar un sonido.

Pronunciación: emisión y articulación de un sonido para hablar.

Vocalización: pronunciación correcta y clara de las vocales y consonantes de las palabras.

Prosodia: recta pronunciación y acentuación.

Además de contribuir a la comprensión del mensaje, una pronunciación perfecta constituye una clara señal de identidad o de estilo. Por el contrario, las locuciones descuidadas perjudican a la imagen de la marca y la del propio profesional.

EJEMPLOS INCORRECTOS:

"Son las siete la mañana".

"El presidente del Gobierno ha justificao las medidas...".

"La'tapa de hoy se l'ha llevao el corredor...".

"El balón ha pegao en tol poste".

"El político ha presentado su pograma...".

"La inflac-ción de este mes ha sido...".

"Los de alante van muy deprisa".

La vocalización clara y la articulación correcta de los sonidos son compatibles con la diversidad de acentos en el idioma español.

2.12. Entonación. Se debe distinguir entre tono, intensidad y entonación.

Tono: cualidad de la voz que permite diferenciar entre sonidos graves y agudos. Las voces más apreciadas en la radio son las de tono grave, especialmente en la radio informativa.

Intensidad: el volumen de la voz. La hora de emisión del programa determina la intensidad de voz más adecuada.

Entonación: la curva melódica que se construye por las variaciones del tono que se van sucediendo a lo largo de la frase. Las mismas palabras con diferente entonación adquieren un significado u otro. De esta musicalidad, distinta en cada idioma y en cada acento, depende que algunos locutores sean aburridos o tediosos y que otros parezcan estar *cantando* la información.

2.13. Las locuciones en las emisiones de Prisa Radio deben combatir tanto la monotonía como la cantinela.

2.14. La mejor manera de trabajar sobre estos aspectos consiste en dividir el texto en lo que técnicamente se denominan *unidades fónicas* —la parte mínima del enunciado, comprendida entre dos pausas sucesivas, y que dota al discurso de sentido—. Al final de cada una de esas *unidades fónicas* es donde se introducen las variaciones tonales más significativas.

2.15. El periodista de Prisa Radio debe *exponer* en antena con la adecuada neutralidad, esto es, sin transmitir sus sentimientos a través de la voz, aunque ello no quiere decir que su exposición sea lineal. Debe combinar las diferentes alturas tonales para conseguir que la narración adquiera el sentido y la expresividad que el periodista pretendía en el momento de la redacción.

2.16. La voz informativa de Prisa Radio se modula en función del contenido. Una intensidad más alta sugiere mayor tensión de la que exige la realidad (noticias de carácter negativo), mientras que un descenso del volumen de voz refleja calma (información cultural, por ejemplo).

2.17. El acento de frase. La locución radiofónica no debe diferenciarse de la locución natural de los hablantes de un idioma. Una cosa es dar énfasis a determinadas frases del discurso y otra poner acentos de frase donde no deben figurar.

El idioma español (igual que otras lenguas) cuenta con palabras que siempre son tónicas y otras que siempre son átonas en la entonación.

Por ejemplo, en la oración "ahora me voy", la carga tónica (la mayor fuerza de una sílaba en ese conjunto) recae en 'voy'. Y nunca podría cargarse sobre el pronombre 'me'. Una locución en la que se pronunciara "ahora *mé* voy" es incorrecta en español, y no contribuye en nada a hacer más agradable el mensaje.

Ese énfasis puede tener un sentido cuando se desea resaltar un elemento de la oración por encima de los demás, para otorgarle un valor o significado adicional y enfático. En la oración "lo hizo con sus manos", la carga recae en *mános*. Y se estaría resaltando enfáticamente el adjetivo posesivo 'sus' si se enunciara así: "Lo hizo con *sús* manos". Es decir, en oposición a la idea de que lo pudiera hacer con manos ajenas.

Sin embargo, carece de sentido una acentuación contraria a las normas de entonación del idioma que no ofrezca esa intención enfática.

Así, deben evitarse entonaciones antinaturales como "son las doce de la *noché*", "ahora nos vamos a *Sevillá*", "la reunión se celebró en *lá* Presidencia"... Las dos primeras se asemejan más a interrogaciones que a asertos; y la segunda sólo tendría sentido si se quisiera destacar que solamente hay una Presidencia.

2.18. Prosodia. El periodista, locutor o presentador de Prisa Radio deberá cuidar su prosodia y pronunciar correctamente todas las letras y palabras.

2.19. Se debe huir de formas vulgares como 'ir p'arriba', 'tirar p'alante', '¿ande iremos?' y otras similares. En el lenguaje deportivo se usa a menudo el incorrecto 'alante' en vez de 'delante' o 'adelante': "El equipo tiene que ir alante (adelante)", "los de alante (delante) tienen que marcar más goles".

2.20. El fonema de la *d* al final de palabra. Debe extremarse el cuidado con la letra y el fonema *d* al final de palabra, sobre todo cuando le sigue un término que comienza con vocal. En muchos casos se sustituye indebidamente por el sonido de la *z*. Así, debe pronunciarse "Real *Madriduno,* Barcelona, tres", y no "Real *Madrizuno…* ". Del mismo modo, se pronunciará "salió el *Valladolida* defender" y no "el *Valladoliza* defender".

Tampoco es correcto suprimir la letra final de esas y otras palabras ('adalid', 'ardid', 'maldad', 'orfandad'...): "Real *Madrí,* tres, Barcelona, uno". Dígase también *"DavidAlbelda"* y no *"DavizAlbelda"*.

La letra *d* (y su correspondiente fonema) figura al final de 1.224 vocablos en español, sin contar los imperativos: "Haced esto", "mirad arriba"...

En el castellano de Cataluña, ese fonema *d* se transforma en *t,* lo cual es admisible sin ningún problema siempre que no enlace con la siguiente palabra, por ejemplo en *"hacet-esto"*. En ese caso, acúdase al fonema correspondiente a la *d,* que se puede pronunciar como si estuviera dentro de un vocablo: *"hacedesto"*.

2.21. Ritmo. El ritmo de una locución nada tiene que ver con la velocidad de lectura. No se locuta a un ritmo rápido o lento, sino a un ritmo variado, natural o próximo al de la comunicación interpersonal, o, por el contrario, a un ritmo monótono (lectura y no locución). Un sonido cíclico, repetitivo y previsible conduce inevitablemente a la monorritmia. Así, el oyente no podrá distinguir lo importante de lo intranscendente.

Un ritmo adecuado es aquel que rompe la regularidad, y guarda más relación con el silencio que con el sonido. Se consigue gracias a unas pausas lógicas, no gramaticales. Esas pausas sirven para mucho más que tomar aire: ordenan el discurso, subrayan palabras o conceptos, sorprenden al oyente.

La pausa es la base de la organización del discurso oral.

La preparación del texto consiste en establecer unas *unidades de sentido* (partes mínimas del enunciado separadas por pausas), que hacen el discurso más atractivo y además ayudan al oyente a destacar unos aspectos sobre otros.

Los periodistas de Prisa Radio deben combinar unas unidades de sentido que incorporen más pausas con otras, más largas, que introduzcan menos. El ritmo será así variado y acorde con el significado del mensaje y con el tipo de contenidos que se desea transmitir.

2.22. Velocidad de lectura. El locutor debe hablar poco a poco, con una intensidad baja y un tono de muchas y fluidas variaciones. La sensación psicológica que genera una locución acelerada es de tensión y acaba provocando agotamiento en el oyente. El incremento de la velocidad en la lectura frente a un micrófono es directamente proporcional al riesgo de cometer un error de pronunciación.

2.23. Actitud. La actitud tiene más que ver con la psicología que con la técnica del habla. Un locutor sin cualidades radiofónicas en su voz alcanzará fácilmente el objetivo fundamental de comunicar si es capaz de encontrar la *distancia* adecuada con el oyente.

El radiofonista no puede adoptar una *actitud distante*, ni dirigirse al oyente como si estuviese leyendo desde un estrado o tribuna sin importarle quién le escuche. Por el contrario, debe dirigirse a un solo oyente, al que habla a una distancia figurada de un metro o metro y medio.

2.24. Lectura previa en voz alta. Todos los profesionales de la radio deben leer en voz alta el texto antes de disponerse a locutar en directo. De tal modo, podrán marcar los grupos fónicos más adecuados al sentido del mensaje, y focalizar las palabras más relevantes.

Eso permitirá también corregir cacofonías, errores de sintaxis y oraciones que fonéticamente no resulten adecuadas o eficaces, así como palabras de difícil pronunciación para sustituirlas por otras más sencillas.

2.25. La improvisación. En Prisa Radio la locución de noticias no debe ser nunca improvisada, salvo cuando el periodista no disponga de tiempo ni de recursos para escribir lo que va a decir, siquiera sea en forma de pequeña pauta.

2.26. La mejor improvisación es la que está más preparada. Cuanto mejor conozca el periodista el asunto del que se dispone a hablar, más fluido e interesante resultará su discurso. Para ello, debe documentarse suficientemente sobre el tema.

También deberá disponer de un esquema con las ideas que expondrá, así como de documentación suplementaria que le permitirá resolver situaciones inesperadas o de parálisis en la acción.

En la improvisación radiofónica es necesario un dominio suficiente de la pausa y superar el miedo al silencio. Este último aspecto suele convertirse en el factor desencadenante de un desatino en antena.

Siempre es preferible un discurso pausado, incluso lento, que una improvisación nerviosa, atropellada y vacía.

2.27. La traducción. La reproducción de declaraciones en otra lengua distinta de la que se esté empleando en una cadena de Prisa Radio debe respetar el sentido del mensaje original, pero eso no significa traducir palabra por palabra. Se trata de ofrecer en el idioma de destino un mensaje comprensible y con arreglo a los usos de esta lengua.

2.28. El sonido de la declaración original se oirá, durante unos segundos, antes de pisarlo con la traducción, y ésta terminará antes de que concluyan las palabras del personaje cuyas manifestaciones se recogen.

2.29. La publicidad. Los anuncios publicitarios constituyen una parte de la emisión radiofónica, y han de integrarse plenamente en la comunicación.

2.30. La publicidad y la información estarán claramente diferenciadas entre sí, pero eso no implica que se añadan más barreras separadoras entre ambas. El oyente debe recibir los anuncios como un elemento radiofónico más, sin separadores que los lleven a un cajón de segunda categoría.

2.31. Los presentadores y periodistas de Prisa Radio evitarán expresiones como "ahora damos paso a la publicidad", "me voy a publicidad" o "unos minutitos de publicidad, no se vayan" o "unos minutos de publicidad y enseguida volvemos" (¡no!, el presentador nunca se va).

Los programas se componen de comunicación oral, música y publicidad, y el presentador no *desaparece* de antena cuando deja de hablar. El oyente debe seguir imaginándolo junto a él, escuchando a su lado los anuncios o las canciones.

Fórmulas como las referidas en el párrafo anterior dan a entender que la publicidad tiene menor interés que la información, cuando una y otra prestan un servicio a la audiencia y son elementos esenciales de las radios privadas.

Por tanto, la publicidad debe integrarse en las emisiones sin solución de continuidad, como parte de un todo: diferenciada, sí; pero no marginada ni proscrita.

Una posibilidad de dar paso a la publicidad es que el presentador de un programa se limite a decir la hora de ese momento y a continuación entre el anuncio, sin más preámbulos y sin necesidad de poner en guardia a la audiencia ante ese contenido.

3

Redacción y edición de noticias en Internet

3.1. En las emisoras de Prisa Radio la convergencia entre las redacciones analógica y digital es una exigencia para atender los nuevos hábitos de consumo de la información.

La producción radiofónica es ya multisoporte y debe encaminarse a hacer más visibles los contenidos.

3.2. La redacción y edición de noticias radiofónicas para Internet en Prisa Radio tendrá en cuenta estas recomendaciones:

a. El redactor que ha trabajado una noticia para la antena es el más adecuado para elaborar su contenido destinado a la web. Conoce las fuentes y cuenta con datos propios, así como con el texto y los documentos originales con los que haya trabajado.

b. El trabajo para la Red debe fundamentarse en la comunicación interna y en la coordinación con el equipo de ciberportadas. Los equipos que trabajan para las ediciones en Internet deben conocer con antelación qué informaciones se están manejando para la antena y podrán llegarles ya ultimadas, a fin de evitar duplicidades.

c. Las noticias en la Red deberán llevar obligatoriamente titular, subtítulo, firma del autor, entradilla y cuerpo. Deberá tenerse en cuenta siempre el juego de etiquetas y de palabras destacadas en titulares para encontrarlas por medio de los ciberbuscadores.

d. Las noticias se relacionarán con otras informaciones, con fotos, audios y vídeos agregados. Los cuerpos de las noticias se ordenarán por párrafos y se aligerarán con ladillos.

e. Se incluirán en las informaciones enlaces apropiados y fiables, y nunca más de los estrictamente necesarios para conducir al lector hacia una información adicional. Las ciberpáginas enlazadas se abrirán en ventana aparte, de modo que el lector no pierda el texto que está leyendo.

f. Los audios, al igual que los vídeos, serán preferiblemente cortos y jugosos antes que largos y genéricos.

3.3. Sintaxis multimedia. Se considera sintaxis multimedia la narración informativa que transcurre de un modo articulado por diversos soportes (texto, vídeo, infografía, audio, fotografías...), lo que permite ofrecer con ella un relato único, coherente y sin repeticiones.

Las narraciones multimedia se abrirán con un texto (normalmente un titular). A renglón seguido se sucederán las informaciones en los demás soportes, según lo requiera cada caso.

Esta nueva sintaxis narrativa multimedia debe enlazar cada elemento con el siguiente, y no se presenta, por tanto, como una mera yuxtaposición de soportes informativos.

Tal sucesión de elementos, articulada, no incurrirá nunca en repeticiones. Es decir, lo que se escucha en el audio o el vídeo no debe figurar entrecomillado previamente o a continuación en el texto.

Los vídeos y los audios deben tener una extensión muy breve.

3.4. Las fotos de pequeño tamaño (miniaturas) en *cadenaser.com* deben recoger detalles muy visibles, generalmente primeros planos. Si son la reproducción de una imagen mayor que muestre una perspectiva amplia (por ejemplo, un paisaje), se habrá de escoger un detalle de la foto original, y nunca se reproducirá ésta al completo. La miniatura puede no tener firma y pie, si estos datos acompañan a la misma foto en mayor tamaño enlazada con ese contenido.

4

El lenguaje

4.1. Español global. Prisa Radio, como principal grupo radiofónico internacional en lengua española, enarbolará en todos sus programas y formatos la bandera del idioma en su dimensión plural y panhispánica, con respeto a las variedades y peculiaridades de cada lugar.

4.2. Los periodistas de Prisa Radio de cualquier país de habla hispana pueden entrar con naturalidad en los programas que se emitan en otro de igual condición, sin tener que adaptar por ello su manera peculiar de expresarse. Únicamente, y en aras de la mejor comunicación de las ideas, se aclararán aquellos términos que presumiblemente no vayan a ser comprendidos por los destinatarios del mensaje, aunque se trate de palabras recogidas en el *Diccionario de la lengua española* (DLE).

4.3. El léxico del idioma español es más comprensible por un público panhispánico cuanto más se acerca a la norma culta; es decir, cuando se aleja de localismos, vulgarismos o jergas. Por tanto, los periodistas de Prisa Radio aspirarán a expresarse con elegancia en un registro alto de la lengua cuando entiendan que su mensaje excederá los límites de su ámbito local.

4.4. Los profesionales manejarán como herramienta de consulta habitual la última edición del *Diccionario de la lengua española* y las demás obras avaladas conjuntamente por las Academias de España y de América, así como las recomendaciones de la Fundación del Español Urgente (Fundéu). En lo que concierna a programas de ámbito exclusivamente nacional o local, consultarán, en su caso, las obras de la Academia correspondiente a su país.

4.5. Vocabulario. El periodista de radio empleará palabras que se entiendan fácilmente, porque habla para un público muy heterogéneo que sólo percibe los contenidos a través del oído, sin posibilidad de volver al texto. El oyente debe descodificar con facilidad el mensaje a la vez que lo recibe.

4.6. El vocabulario de los periodistas de Prisa Radio será culto, pero sin incurrir en el uso de palabras poco conocidas por la mayoría; y común, pero sin incurrir en vulgaridades.

4.7. Se evitarán las palabras pedantes o cursis (mejor 'beso' que 'ósculo') y también las que suenen inelegantes (mejor 'axila' que 'sobaco').

4.8. Las palabras malsonantes no se deben usar nunca en propia boca cuando se trate de espacios informativos; y en los programas de entretenimiento se podrán emplear si están justificadas. En cualquier caso, no deben convertirse en formas recurrentes ni latiguillos.

4.9. Las palabras groseras o indecorosas incluidas en unas declaraciones proferidas por un protagonista sólo se reproducirán textualmente si tienen un valor informativo.

4.10. Los eufemismos se evitarán cuando su uso sirva para esconder o edulcorar una realidad de interés general, pero se podrán emplear cuando sirvan para sustituir expresiones ofensivas o malsonantes. Se dirá 'subcontratar' y no 'externalizar'; pero pueden emplearse 'trasero' en vez de 'culo' o 'país en desarrollo' en vez de 'tercermundista', por ejemplo.

4.11. Bajo ningún concepto se usarán eufemismos como 'reajuste' (por 'subida de precios'), 'crecimiento negativo' ('decrecimiento'), 'ajustes de plantilla' ('despidos'), 'desaceleración económica' ('crisis'), 'reforma tributaria' ('subida' o 'adición' de impuestos) o 'movilidad exterior' ('emigración forzosa').

4.12. El lenguaje técnico o científico. Los periodistas de Prisa Radio se expresan como periodistas, no como abogados, economistas, políticos o médicos. En el supuesto de que resulte imprescindible la inclusión de vocablos técnicos o especializados, añadirán la explicación necesaria para asegurar la absoluta comprensión de los términos que no son de dominio general.

Cuanto mayor sea la especialización periodística, mayor exigencia se aplicará para aclarar y garantizar a la audiencia la comprensión completa de un término o locución.

EJEMPLO DESACONSEJABLE:

"Estudios recientes demuestran que la realización de ejercicios dirigidos a fortalecer tanto el tren superior como los miembros inferiores minimiza el impacto de episodios hemorrágicos en el aparato locomotor de pacientes hemofílicos".

Ejemplo recomendable:

"Estudios recientes demuestran que la actividad física es la mejor terapia para pacientes hemofílicos porque fortalece las articulaciones y disminuye el riesgo de sangrados".

El periodista que *traduce* el lenguaje especializado demuestra con ello que domina la materia y es un buen divulgador. Por el contrario, quien repite vocablos que no sabe explicar muestra su desconocimiento.

4.13. Lenguaje común. Los periodistas de Prisa Radio usarán un lenguaje común pero no vulgar, y un vocabulario conocido por la mayoría. Los términos excesivamente técnicos, jergales o inhabituales deben entenderse por el contexto o bien ser explicados por el texto.

4.14. En crónicas o intervenciones que tengan como destinatario a un público regional o nacional muy diferente o lejano, se evitará que los localismos dificulten la comunicación.

4.15. Algunas palabras han adquirido diferentes significados en los distintos países de habla hispana. Por ejemplo, en ciertas zonas de Latinoamérica la palabra 'paro' no equivale a 'desempleo' sino a 'huelga' (si bien en España se usó 'paro' como eufemismo de 'huelga' en los últimos años del franquismo). Y mientras que en España el verbo 'coger' es muy común en el lenguaje hablado, se considera una palabra tabú en México, Centroamérica y la zona rioplantense, por lo que en emisiones panhispánicas se recomienda emplear sinónimos imperfectos como 'tomar' o 'agarrar'.

Algunas variedades léxicas

A continuación se citan a título ilustrativo algunas de las principales variaciones léxicas del español.

No se trata de alternativas excluyentes entre sí, pues a menudo se da un uso pasivo de la mayoría de ellas (es decir, se conocen y se entienden) aunque en ese lugar no se haga un uso activo (apenas se escriben o pronuncian). Por otro lado, en muchos casos se dan posibilidades neutras que, sin ser la primera opción o la mayoritaria en el uso normal, sirven como mínimo común denominador. Por ejemplo, 'automóvil' o 'auto' frente a las variedades 'coche', 'carro' o 'máquina'.

Acera (España).
Banqueta (México, Guatemala).

Sardinel (Colombia, Venezuela, Perú).

Vereda (Panamá, Ecuador, Perú, Bolivia, Chile, Paraguay, Argentina, Uruguay).

Andén (Colombia, Guatemala, El Salvador).

Adiós (España).

Chau (Puerto Rico, Perú, Paraguay, Bolivia, Chile, Argentina, Uruguay).

Apartamento, piso (España).

Departamento (Argentina).

Apuesta, quiniela, lotería (España).

Polla (Argentina, Chile, Ecuador, El Salvador, Guatemala, México, Panamá, Perú, Uruguay, Venezuela).

Armario o taquilla (España).

Clóset (México, Guatemala, Honduras, El Salvador, Nicaragua, Costa Rica, Paraguay, Cuba, República Dominicana, Puerto Rico, Colombia, Venezuela, Ecuador, Perú, Bolivia, Chile, Paraguay, Argentina, Uruguay).

Placar (Bolivia, Paraguay, Argentina, Uruguay).

Atasco, embotellamiento (España).

Engalletamiento (Venezuela).

Trancón (Colombia, Ecuador, Uruguay).

Taponamiento (Bolivia).

Taco (Chile).

Auditor, censor de cuentas, interventor (España).

Contralor (México y otros 15 países).

Autobús (España).

Camión (México).

Colectivo (Argentina, Venezuela, Paraguay).

Guagua (Cuba, República Dominicana, Puerto Rico).

Ómnibus (Bolivia, Uruguay).

Bandeja (España).

Charola (México, Honduras, El Salvador, Nicaragua, Perú, Bolivia).

Azafate (Honduras, Puerto Rico, Colombia, Venezuela, Perú, Chile).

Cacahuete (España).

Cacahuate (México).

Maní (antillanismo usado en Cuba y otros 16 países).

Carril (España).

Senda (Cuba, Uruguay).

Carril bici (España)

Bicisenda (Argentina, Uruguay)

Ciclopista (México).

Cena (España).

Comida (Colombia, Costa Rica, Puerto Rico, Venezuela, Perú, Cuba).

Céntimo (España).
Centavo (México, Guatemala, Honduras, El Salvador, Nicaragua, Panamá, Cuba, República Dominicana, Colombia, Bolivia).

Cerillas (España).
Cerillos (México, Honduras, Bolivia).
Fósporo, no 'fósforo' (Guatemala).

Coche (España).
Carro (México, Guatemala, Costa Rica, Panamá, Cuba, República Dominicana, Puerto Rico, Colombia, Venezuela, Perú).
Máquina (Cuba, República Dominicana, Puerto Rico).

Conducir (España).
Manejar (toda América, excepto México).

Cordones (España).
Agujetas, cahetes o cintas (México).
Trenzas (Venezuela, Bolivia).
Pasadores (Perú, Ecuador).

Cortado (España).
Perico (Colombia).
Marroncito (Venezuela y Nicaragua).

Darse prisa (España).
Apurarse (América).

Despedir, lanzar, arrojar (España).
Botar (Argentina, República Dominicana, Venezuela, Ecuador, Perú, Bolivia).

Dinero (España).
Plata (América).

Falda (España).
Pollera (Chile, Paraguay, Argentina, Uruguay).

Fontanero (España).
Plomero (América).

Gafas (España).
Anteojos (México, Honduras, Nicaragua, Costa Rica, Cuba, Puerto Rico, Colombia, Venezuela, Ecuador, Perú, Bolivia, Chile, Paraguay, Argentina).

Grifo (España).
Llave (México, Colombia, Honduras, El Salvador, Nicaragua, Costa Rica, Panamá, Cuba, República Dominicana, Puerto Rico, Venezuela, Ecuador, Bolivia, Chile).
Canilla (México, República Dominicana, Bolivia, Paraguay, Argentina, Uruguay).
Chorro (Guatemala, El Salvador, Nicaragua, Venezuela).
Pluma (Panamá, República Dominicana, Puerto Rico).
Caño (Perú).

Inversor (España).
Inversionista (América).

Irse de juerga (España).
Irse de rumba (Colombia, Venezuela).
Irse de joda (Argentina).
Irse de reventón (México).
Salir a carretear (Chile).

Joder (España).
Coger (México, Guatemala, Honduras, El Salvador, Nicaragua, Costa Rica, Panamá, República Dominicana, Venezuela, Argentina, Uruguay).

Juez de línea (España).
Abanderado (México, Honduras).

Las manitas (España).
Las manitos (América).

Limpiabotas (España).
Bolero (México).
Embolador (Colombia).
Boleador (Bolivia).

Manta (España).
Cobija (México).
Frazada (Argentina).

Maíz (España).
Elote (México, Guatemala, Honduras, El Salvador, Nicaragua, Costa Rica, Ecuador).
Choclo (Argentina, Ecuador, Chile, Paraguay; en Perú la mazorca).
Jojoto (Venezuela).

Neumático (España).
Tripa (Colombia).
Goma (Bolivia).

Notario (España).
Escribano (Argentina, Uruguay, Paraguay).

Parada (España).
Atajada (México, Guatemala, Honduras, El Salvador, Nicaragua, Costa Rica, Colombia, Ecuador, Argentina, Uruguay, Paraguay).

Patata (España).
Papa (toda América, además de Canarias y zonas de Andalucía).

Plátano (España).
Banana (América).
Cambur (Venezuela, Panamá, Ecuador).
Guineo (Venezuela).
Jartón (Venezuela).
Mampora (Ecuador).
Mínimo (Guatemala, Honduras).

Ponerse de pie (España).
Pararse (América).

Portero (España).
Arquero (América).

Profesional (España).
Profesionista (América).

Rubio (España).
Güero (México).

Secuestro (España).
Plagio (México, Honduras, Cos-

ta Rica, Nicaragua, Panamá, Venezuela, Colombia, Perú, Ecuador, Bolivia, Paraguay, Chile).

Tapas (España).
Botanas (México, Guatemala, Panamá, Honduras, Nicaragua).
Pasapalos (Venezuela).
Ingredientes (Argentina).
Abreboca (Colombia, Venezuela, Ecuador, Panamá).

Tráfico (España).
Tránsito (México, Honduras, Cuba, Colombia, Argentina, Uruguay).

Tropecientos (España).
Chorrocientos, chorromil (Chile, Guatemala, México, El Salvador).
Cuchucientos (República Dominicana, Nicaragua, Perú, Puerto Rico).
Cuchumil (Perú, República Dominicana).
Enemil, hijuemil (Colombia).
Quichicientos (Argentina).
Sepetecientos (Chile, Cuba, México, Uruguay).
Sopotocientos (Panamá, Venezuela).
Ceremil (Cuba).

Vaqueros, tejanos (España).
Yins (Honduras, El Salvador, República Dominicana, Puerto Rico, Colombia, Venezuela, Ecuador).

Vergüenza (España).
Pena (Colombia).

Volante (España).
Dirección (México).
El guía (República Dominicana, Puerto Rico).
Manubrio (República Dominicana, Chile).
Manivela (Costa Rica).
Timón (Guatemala, El Salvador, Panamá, Cuba, República Dominicana, Colombia, Perú).
Volante también se usa en México, República Dominicana, Puerto Rico, Ecuador, Venezuela, Perú, Bolivia, Paraguay, Uruguay, Chile, Argentina.

4.16. Extranjerismos y neologismos. Conviene evitar al máximo el uso de palabras ajenas al español, porque en muchos casos pueden influir negativamente en la comprensión del mensaje o en la locución. El objetivo de la comunicación periodística no consiste en que el locutor o el informador muestren su dominio de vocabularios extraños, sino en ser eficaces en la transmisión del contenido.

Salvo contadísimas excepciones, toda palabra procedente de otro idioma se puede decir en español, como sucede en los siguientes ejemplos:

Abstract: 'resumen, extracto'.
Affaire: 'asunto, caso'.
Amateur: 'aficionado'.

back-up: 'copia'.

crowdfunding: 'colecta, financiación colectiva, financiación popular, microfinanciación'.

e-book: 'libro digital'.

fast food: 'comida rápida'.

foodtruck: 'gastroneta, restambulante'.

spin off: 'filial, empresa derivada, esqueje'.

Algunos extranjerismos se han asentado en el uso de los hablantes del español, no necesitan más explicaciones (jazz, eslogan, estándar...) y se distinguen de otros barbarismos por escribirse en redonda. Las palabras de otros idiomas que normalmente se usarían en cursiva deberán explicarse en antena o en el texto si no hubiera una traducción aplicable o entendible.

4.17. Nombres extranjeros. Los antropónimos y los topónimos tienen un uso diferente.

4.18. Los nombres de personas se escribirán y pronunciarán conforme a la grafía y la fonética del idioma al que correspondan, salvo en los nombres históricos (Adolfo Hitler, Martín Lutero, Juan Calvino, Carlos Marx...), los sobrenombres de papas (Juan Pablo II, Pablo VI...), los de reyes y miembros de familias reales (Luis XIV, Isabel II de Inglaterra, Carlos de Inglaterra...).

4.19. Es obligación de quien va a pronunciar un nombre propio de otro idioma asesorarse debidamente al respecto. Una llamada a la embajada correspondiente resuelve casi siempre el problema.

4.20. Los nombres de lugares y accidentes geográficos se usarán en castellano o en la lengua en que el periodista se esté comunicando con el público (por ejemplo, el catalán), cuando tengan traducción a esos idiomas.

Esta norma acepta excepciones en función de las costumbres de cada lugar. Por ejemplo, en España debe pronunciarse *Miami,* tal como se escribe, pero en algunos países de América cabe decir *Maiami,* por haberse extendido ese uso. En sentido opuesto, en España se escribe y se pronuncia *Sao Paulo,* frente al españolizado *San Pablo* de la mayor parte de América.

4.21. Topónimos de otras lenguas españolas. En España algunos topónimos del catalán, del euskera y del gallego se mantienen por cortesía en la forma correspondiente a la lengua autóctona, aunque dispongan de traducción al castellano ('Girona' en vez de 'Gerona', 'Lleida' en vez de 'Lérida'...), lo cual no concierne a los usos americanos (donde se pueden mantener los exónimos tradicionales en español; es decir, 'Gerona' o 'Lérida'). El uso de los topónimos catalanes, vascos o gallegos cuando se habla en castellano no se vuelve en sentido simétrico cuando se informa en la lengua autóctona. Por ejemplo, en las emisiones en catalán se dirá 'Saragossa' y no 'Zaragoza', 'Terol' en vez de 'Teruel', 'Conca' y no 'Cuenca', etcétera, a pesar de que éstos son sus nombres oficiales.

4.22. Del mismo modo, en España se podrá mantener, por ejemplo, la grafía y la pronunciación 'Cuzco' pese a que en Perú se ha preferido 'Cusco'.

4.23. Cuando el topónimo no disponga de una traducción a la lengua que se esté utilizando, se procurará respetar al máximo su grafía (en el caso de las noticias para Internet) y su pronunciación.

4.24. La fórmula que elija cada emisora para pronunciar un nombre extranjero será siempre la misma, sin que puedan alternarse dos opciones aunque resulten igualmente legítimas. Todo esto es válido también para los gentilicios.

4.25. En los casos en que un topónimo tenga versiones oficiales en una lengua autóctona y en castellano, se usará siempre la de esta última. También se optará por el castellano cuando un accidente geográfico (ríos, cordilleras, valles...) abarque el espacio de más de una región, independientemente de qué parte se nombre. Por ejemplo, 'el Ebro' y no 'l'Ebre', incluso si se refiere a la parte catalana de ese río. Esta norma no afecta a los programas que se emitan en la lengua autóctona, en los cuales se usarán sin problema todos los topónimos locales.

4.26. En las referencias a las emisoras de la Cadena SER se mantendrá el topónimo que forme parte de su denominación oficial (Radio Orense, Radio Bilbao).

4.27. Nombres de persona en otras lenguas españolas y latinoamericanas. Los periodistas de Prisa Radio deberán estar familiarizados con las reglas elementales de pronunciación de las lenguas que coexisten con el castellano en sus países (el catalán, el euskera, el gallego, el guaraní, el quechua, etcétera), sobre todo si son también oficiales en sus respectivos territorios.

En el caso de España, ha de prestarse atención a la acentuación de nombres como Artur (que es palabra aguda en catalán), Albert (aguda también), o Miquel (aguda en catalán) y Mikel (llana en euskera), entre otros casos.

4.28. Nombres de instituciones. Algunas instituciones conocidas por el nombre que tienen en el idioma de su país o de su comunidad (la Generalitat de Cataluña, el Bundestag, el Foreign Office...) se pueden denominar con él en una intervención hablada o escrita en castellano, siempre que el contexto ayude a comprender de qué institución se trata.

4.29. Cacofonías. La cacofonía es la repetición de sonidos iguales o parecidos que provocan una sensación auditiva desagradable. Las reiteraciones fonéticas son el ruido de las palabras en la radio, porque distraen de la comprensión sencilla de los mensajes. Hay que evitar secuencias como 'pero para' ("pero para eso hay que esperar"), 'para parar' ("para parar el conflicto"), y otras similares, como las rimas involuntarias ("la presencia del Valencia", "la intervención del presidente fue valiente"...).

Una de las cacofonías más habituales consiste en la reiteración de palabras terminadas en *-ión* o en *-ón*. En este caso, una posibilidad de arreglo consiste en concordar en plural alguna de esas palabras.

Por ejemplo, en vez de "debe extremarse la precaución en el uso de la negación", dígase "deben extremarse las precauciones en el uso de la negación".

EJEMPLO RECHAZABLE:

"El director general ha tenido hoy una buena actuación, caracterizada por una gran decisión y determinación, en relación con los problemas que se plantean...".

Para evitar estos fallos, conviene leer en voz alta la noticia antes de su locución en antena. Estas situaciones se resuelven también mediante el uso de sinónimos o el cambio de orden de las palabras.

4.30. El verbo. Los verbos son el movimiento de la narración periodística. En el lenguaje radiofónico, el verbo es uno de los aspectos en los que el periodista debe invertir tiempo para acertar en su selección primero y en su conjugación después.

4.31. El lenguaje periodístico prefiere la voz activa a la pasiva, y también los tiempos más próximos al presente. De igual modo, transmite mayor agilidad un verbo sencillo que una perífrasis verbal: 'empezar' en vez de 'dar comienzo', 'entrar' en vez de 'hacer entrada', 'entregar' y no 'hacer entrega'.

Se evitarán por tanto las perífrasis, que sólo sirven para sumar palabras (salvo en aquellos casos en los que constituyan una modificación del significado que aporte algún valor). Dígase por tanto 'entró' en vez de 'hizo su entrada'; 'inauguró' en vez de 'procedió a inaugurar'; 'comenzó el partido' en vez de 'dio comienzo el partido'.

Ejemplo rechazable:

"La policía avanzó rápidamente hacia la cabeza de la marcha. Los agentes procedieron a reprimir con dureza a los manifestantes que iban encontrando en su camino...".

Ejemplo aconsejable:

"La policía corrió hacia la cabeza de la marcha. Los agentes golpearon con dureza a los manifestantes que encontraban en su camino...".

4.32. Los verbos de rumor están prohibidos. Los periodistas de Prisa Radio transmiten noticias comprobadas. Por tanto, no necesitan acudir al denominado 'condicional del rumor' o 'condicional francés', de dudosa corrección en español y que sólo sirve para mostrar que el informador no está seguro de lo que cuenta.

4.33. La comunicación de una duda se ha de hacer siempre mediante atribución de fuentes. No cabe decir "la causa del incendio fue un colchón que habrían quemado unos mendigos", sino "la policía sospecha que el incendio fue producido por unos mendigos al quemar un colchón".

4.34. Lo mismo se debe aplicar a expresiones como 'al parecer' o 'puede que', 'tal vez', 'quizás', 'probablemente', 'todo apunta a que', 'podría', 'se conoce que', 'se supone que', 'se comenta que', etcétera. El periodista debe explicar qué le lleva a pensar que algo 'parece' o 'se cree', y contar eso sin añadir su suposición personal. Y, en caso de añadirla, debe dejar claro que se trata de una impresión suya (y sin acudir al condicional incorrecto).

4.35. El condicional tiene diversos usos en español como verbo principal, entre ellos el de las propias oraciones condicionales y el de aquellas que refieren una duda (a menudo mediante un cálculo aproximado): "En la manifestación habría unas 200 personas", "serían las ocho de la mañana cuando avisaron a Secundina", "para entonces ya habría dimitido Anastasio". Sin embargo, con frecuencia no estamos en puridad ante un hecho dudoso, sino ante un suceso que se tiene por cierto aunque se le añadan algunas dudas: lo que no nos atrevemos a asegurar con esas oraciones es ni cuántos manifestantes asistieron, ni cuándo se avisó a Secundina ni en qué instante dimitió Anastasio. Pero la manifestación existió, a Secundina la avisaron temprano y Anastasio dimitió en algún momento. Así pues, ese uso concreto del condicional no cuenta tanto un hecho dudoso como lo dudoso que hay en un hecho.

4.36. Por tanto, quedan proscritas informaciones como éstas:

"Habría sido el propio Leopoldo González-Echenique el que ha decidido cambiar las voces de algunos de los espacios más emblemáticos de la radio pública". "Marcelo Bielsa habría renunciado a su cargo en el Athletic". "El empresario habría dejado algunos locales para que se guardase el material".

En algunas de esas frases, se puede deducir que el hecho principal no sucedió. Para una información rigurosa y basada en hechos comprobados, pueden sustituirse esas oraciones por éstas, siempre que respondan a la verdad:

"Las fuentes consultadas en Radio Nacional creen que fue el propio Leopoldo González-Echenique quien decidió cambiar las voces de algunos de los espacios más emblemáticos de la radio pública". "Los jugadores del Athletic Club están seguros de que Marcelo Bielsa ya ha renunciado a su cargo como entrenador". "El empresario dejó algunos de sus locales para que se guardase el material, según las investigaciones del fiscal".

Lo aconsejable es que el periodista piense primero acerca del hecho en el que se basa al contar que algo *habría* sucedido, a fin de narrar en qué datos se apoya y olvidar la conjetura consecuente; por tanto, que se olvide de lo que tal vez sucedió o no sucedió, y se centre en contar solamente lo que sabe que sucedió, sin añadirle hechos no comprobados.

Es decir, que si sabe que al ministro le llegó ayer la propuesta de acuerdo, cuente que "al ministro le llegó ayer la propuesta de acuerdo", y no que "el ministro *habría* estudiado ayer la propuesta de acuerdo". Y si la policía sospecha que el asesino es Fulano, dígase que "la policía sospecha que el asesino es Fulano" (lo cual no convierte a Fulano en asesino), en vez de "el asesino *habría* sido Fulano", porque entonces pasamos de un hecho cierto y comprobado ("la policía sospecha") a uno inseguro ("Fulano *habría* sido").

4.37. Verbos calificativos. La carga de opinión (que debe ser ajena a los textos noticiosos o puramente informativos) no reside sólo en los adjetivos y en los adverbios. También algunos verbos pueden implicar un juicio de valor, y se deben evitar sobre todo si con ellos se descalifica a una persona.

Se trata de verbos que se adentran en el espíritu de quien habla. Así ocurriría en casos como "el presidente de la empresa se ufanó de que los resultados de este año serán mejores que los del anterior" (o 'se jactó', o 'presumió', 'aventuró', 'osó decir', 'fantaseó'...).

Estos verbos incorporan dos significados: uno objetivo (alguien dijo algo) y otro subjetivo (juzgamos a quien lo dijo). De ese modo, puede ocurrir que una persona exponga en su currículo con toda sencillez "soy licenciado en Derecho" y que luego lo vea reproducido así: "Fulano se jacta de ser licenciado en Derecho".

Por tanto, no se usarán expresiones como éstas: "La ministra se vanaglorió de que su departamento licitará...". "El director de la empresa conmina a sus empleados a trabajar más". "Renzi suplicó ayer la convocatoria de un Consejo Europeo extraordinario". ('Suplicar' equivale a 'pedir con sumisión', 'conminar' significa 'amenazar' o 'imponer', y 'vanagloriarse' implica 'alabarse presuntuosamente').

Dentro de los verbos de habla, algunos tienen un cariz objetivo (no añaden juicio ni descripción): 'proferir', 'expresar', 'pronunciar', 'declarar', 'formular', 'reseñar', 'transmitir', 'enunciar', 'exponer'...

Otros, en cambio, incorporan una descripción cualitativa sobre el tipo de mensaje: 'anunciar', 'informar', 'protestar', 'rebatir', 'cotillear', 'objetar', 'precisar', 'matizar', 'explicar', 'narrar', 'describir', 'corregir', 'rectificar', 'alegar', 'revelar', 'argumentar', 'definir', 'sugerir', 'responder', 'disentir', 'detallar', 'citar', 'pormenorizar', 'especificar', 'corroborar', 'glosar', 'insistir', 'proclamar', 'articular', 'observar', 'opinar', 'repetir', 'negar'...

Un tercer grupo, cuyo uso debe reducirse a casos indubitados, añade una descripción sobre la forma en que se emite el mensaje: 'farfullar', 'exclamar', 'rezongar', 'bisbisear', 'cuchichear', 'balbucear', 'balbucir', 'tartamudear', 'susurrar', 'asentir', 'murmurar', 'atestiguar', 'argumentar', 'argüir', 'apostillar', 'augurar'.

Finalmente, un cuarto grupo pone el foco en calificar al emisor o su mensaje, a veces entrando ilegítimamente en el alma de quien habla: 'sentenciar', 'arengar', 'espetar', 'presagiar', 'mantener', 'criticar', 'presumir', 'jactarse', 'ufanarse', 'aventurar'...

Por tanto, tendríamos estos cuatro ejemplos de relatar mediante verbos una misma acción de habla:

"El presidente de la empresa dijo que habían registrado beneficios".

"El presidente de la empresa reveló que habían registrado beneficios".

"El presidente de la empresa apostilló que habían registrado beneficios".

"El presidente de la empresa se ufanó de que habían registrado beneficios".

Del mismo modo, no es lo mismo 'hacer' que 'cometer', 'repetir' que 'insistir', 'conducir' que 'arrastrar'... Y por tanto ha de extremarse el cuidado con los verbos que informan mediante una visión muy subjetiva sobre la acción desarrollada por otro.

4.38. El gerundio. Esta forma no personal del verbo se puede utilizar cuando signifique una acción anterior o simultánea respecto del verbo al cual acompaña. Nunca si se trata de una acción posterior.

Es correcto "haciendo eso, acabarás mal" (gerundio de anterioridad). Y también "llegó silbando" (gerundio de simultaneidad). Pero no "llegó el primero, sentándose en la segunda fila" (gerundio de posterioridad).

Tampoco es correcto el gerundio en función adjetiva: "Le llegó una carta pidiendo audiencia" (dígase "que pedía audiencia"), "le llamaron invitándole" ("para invitarle"), "pasen primero los niños viajando con adultos" ("que viajan"). Se exceptúan los casos de 'aceite hirviendo' o 'clavo ardiendo', aceptados por la Academia.

El gerundio debe usarse sólo cuando sea estrictamente necesario y no se pueda sustituir por otra forma. En primer lugar, porque es un extraordinario generador de cacofonías y reiteraciones, pero también porque a veces se tiende a usar incorrectamente y además produce ambigüedades.

4.39. Referencias temporales. El oyente tiene derecho a saber cuándo ha ocurrido algo. El hecho de que el periodista se entere de la noticia días después de que sucediera no justifica que se oculte ese dato con subterfugios como 'recientemente', 'hace poco' o la omisión de toda referencia temporal.

4.40. El periodista de radio debe aproximar el momento de la acción al de la emisión, pero sin forzar la realidad ni esconder los datos.

Cuando se trate de redactar para la Red, deberá tener presente siempre el grado de actualización de la noticia, ya que en Internet se consideran temas en evolución antes que productos acabados y definitivos.

Por eso, se evitará el empleo de 'hoy' y 'mañana'.

Ejemplo aconsejable:

"Rajoy ha asegurado este martes en el Congreso..." mejor que "Rajoy ha asegurado hoy en el Congreso...".

4.41. A diferencia de la redacción para la antena, en la Red se evitarán referencias temporales como "la operación policial sigue abierta en estos momentos". Es mejor buscar otra opción y evitar que esa frase se quede en la noticia para siempre.

4.42. Palabras de violencia. El periodista debe evitar en su vocabulario habitual expresiones bélicas y violentas. No se deben usar expresiones metafóricas (ya sea en el deporte, en la política o en cualquier otra actividad) como "es la guerra", "el enemigo", "hay que bombardearlos", "es como para ahorcarle" y similares.

4.43. Cómo se da la hora. Los presentadores de programas de Prisa Radio deben indicar la hora local con cierta frecuencia durante su espacio. Eso muestra que se está emitiendo en directo y también que se ha querido ofrecer ese servicio al oyente, cuyos actos cotidianos se organizarán de ese modo con arreglo a los ritmos de la emisión.

El hecho de dar la hora se puede convertir en tedioso para los presentadores, a fuerza de repetirlo tantas veces al día. Pero eso no se arregla con inventar fórmulas artificiales que se alejan del lenguaje del público y por tanto separan a la emisora de la audiencia.

Se desecharán para ello expresiones forzadas y estiradas como "faltan veinte minutos para que sean las cinco de la tarde", o "son las diez de la noche, las nueve de la noche si están ustedes en Canarias". Dígase, sin ningún problema por la repetición de la hora una y otra vez, "son las cinco menos veinte" y "son las diez menos diez de la noche, las nueve menos diez en Canarias".

4.44. Se expresarán siempre las horas en la forma más llana y coloquial: 'la una de la tarde y cinco minutos', 'las once y cuarto', 'las diez menos veinticinco'; y no 'las 13.05' (las trece cero cinco), 'las 11.15' (las once quince) o 'las 9.35' (las nueve treinta y cinco).

4.45. Asimismo, se huirá de formas innovadoras pero incorrectas. Queda prohibida la fórmula 'hora menos en Canarias', sin el ordinal 'una' delante del sustantivo 'hora', pues se trata de una construcción errónea en español. Es decir, no se dirá nunca "son las siete de la tarde, hora menos en Canarias".

4.46. Cifras, números y enumeraciones. Los números son difíciles de retener a través del oído, y exigen una mayor reiteración para la eficacia comunicativa. Por consiguiente, se usarán sólo aquellas cifras esenciales para comprender la información. Y siempre en números redondos si se trata de cantidades grandes.

EJEMPLO RECHAZABLE:

"La embarcación tiene unos cien metros de largo por cincuenta y cuatro de ancho y una altura de tres metros; con una capacidad para quinientas quince personas, de las que trescientas cuarenta y dos pueden viajar sentadas".

EJEMPLO ACONSEJABLE:

En casos así se buscarán *equivalentes* de dominio general que provoquen una imagen inmediata que permita imaginar fácilmente las dimensiones de las que se habla.

"La embarcación tiene unas medidas similares a un campo de fútbol, por tres metros de alto. Pueden viajar quinientas quince personas, y sólo un tercio de ellas lo haría de pie".

4.47. Las cifras, siempre que se pueda, se relacionarán entre sí con expresiones claras (mejor que con porcentajes). Por ejemplo, 'la mitad de...', 'un tercio de...', 'el doble...', 'una décima parte...'.

4.48. La sucesión de cifras es inconveniente. Deben separarse lo más posible, para que el oyente las descodifique de forma individualizada y con mayor facilidad.

No obstante, se insiste en la conveniencia de repetir las cifras a lo largo del texto, en especial en el tramo final, si cada uno de los números seleccionados desempeña un papel relevante o fundamental en la información.

4.49. La locución pausada y enfática, si se trata de un número-noticia, constituye una herramienta esencial para focalizar la información y ayudar al oyente en la descodificación del mensaje.

4.50. La locución de los números es una fuente de gazapos en la radio. Se recomienda por ello escribir los números en letras, por muy seguro que el periodista esté de que no habrá ningún problema en el momento de la locución.

Sobre todo, es aconsejable escribir en letras:

a. Los números cardinales que permiten variación genérica (uno/a; trescientos/as...) se escribirán en letra del cero al quince y, a partir del 16, en número (las excepciones son 'cien' y 'mil').

b. Los números ordinales, sobre todo a partir del décimo ('vigésimo primero' o 'vigesimoprimero').

c. Los números fraccionados ('treinta y cinco coma dos'; 'una cuarta parte'...).

d. Los números romanos ('la Sexta Flota', 'Benedicto dieciséis'...)

4.51. En la redacción para *cadenaser.com* se seguirán estas normas:

a. Se usarán el punto para separar millares (3.675) y la coma para decimales (20,3).

b. Horas: se separará la hora de los minutos con un punto; siempre en el sistema de 24 horas: "El barco zarpó del puerto a las 17.15 horas".

c. Fechas: se escribirán barras para separar día, mes y año: (09/03/14).

d. Porcentajes: el símbolo % se pegará a la cifra ('el 34% de los españoles'), a pesar de la recomendación académica en sentido contrario.

4.52. La enumeración de ciudades, nombres de personas, instituciones, etcétera, debe limitarse en lo posible, para evitar frases largas y los consiguientes problemas para que el oyente retenga los datos en su memoria. Además, esas retahílas originan en la locución unidades melódicas simétricas y, por consiguiente, monotonía.

En el supuesto de que se considere imprescindible para la noticia incorporar una enumeración, es preferible una frase globalizadora.

EJEMPLO RECHAZABLE:

"El huracán ha afectado a las siguientes poblaciones de la península de Florida: Miami, Fort Lauderdale, West Palm Beach, Melbourne, Daytona Beach, St. Agustine y Jacksonville".

EJEMPLO ACONSEJABLE:

"El huracán ha afectado a las poblaciones de la costa oriental de Florida".

Cuando eso no sea posible, se debe romper la serie distribuyendo los datos de la enumeración en distintos párrafos, o en dos frases distintas.

4.53. Negaciones. Deben extremarse las precauciones en el uso de la negación, especialmente al principio de las oraciones. El oído es el sentido más disperso y si el oyente no percibe correctamente el 'no', el mensaje adquiere el sentido inverso o puede resultar incomprensible.

EJEMPLO RECHAZABLE:

"No hizo declaraciones al término de la rueda de prensa".

En este caso, será preferible no encabezar la oración con el adverbio 'no' y, a ser posible, utilizar otras palabras que también tengan sentido negativo y resulten más esclarecedoras para el oyente.

EJEMPLO ACONSEJABLE:

"El presidente se negó a hacer declaraciones al término de la rueda de prensa".

4.54. En algunas ocasiones, con el fin de reforzar el sentido negativo del mensaje, será preciso optar por el esquema particular de la doble negación, que permite combinar en un mismo enunciado el adverbio 'no' con la presencia de otros elementos, como los adverbios 'nunca', 'jamás' y 'tampoco', o los indefinidos 'nadie', 'nada' y 'ninguno'.

EJEMPLO RECHAZABLE:

"Ninguno de ellos es bilingüe".

EJEMPLO ACONSEJABLE:

Será más redundante y, por ende, más claro si decimos:

"No es bilingüe ninguno de ellos".

La locución se convierte en una herramienta esencial para

asegurar que, sin exageraciones ridículas, el *no* sea percibido adecuadamente.

4.55. Siglas. Las siglas sólo se usarán sin desglosar cuando sean sobradamente conocidas por el público al que nos dirigimos.

4.56. Será necesario explicar las iniciales que no corresponden a organismos o partidos, sino a conceptos, y en algunos casos pronunciarlas letra a letra y no como una palabra, para facilitar su comprensión. Por ejemplo, en el caso de PIB se dirá 'pe i be', y no 'pib', y a continuación se explicará qué significa.

4.57. Algunas siglas de uso muy extendido entre periodistas son desconocidas por el gran público. Por ejemplo, EGM (iniciales que aparecen en antena cada cuatro meses). Por tanto, deberán explicarse siempre.

4.58. Las siglas son invariables en la formación del plural (los DNI, varios DNI) y adquieren el género de la palabra principal de la expresión que designan: el BCE (Banco Central Europeo), las ONG (Organizaciones No Gubernamentales).

4.59. Las siglas tomadas del inglés se podrán utilizar en caso de que hayan sido muy usadas en textos en español (FBI, informe PISA...), pero dejando claro su significado.

4.60. Acortamientos. Algunos acortamientos son de uso habitual en el lenguaje culto ('foto', 'cine'...), pero otros sólo forman parte del lenguaje coloquial ('seño', 'fisio', 'poli', 'tele', 'finde'...). Estos últimos no se usarán en textos o locuciones de cierta formalidad, incluidos los boletines y los programas noticiosos.

4.61. Orden sintáctico en la entrada de una noticia. El comienzo de una noticia es crucial para que el oyente o el lector se sientan interesados por ella. Conviene empezar la primera oración por un sujeto, y no por complementos circunstanciales que retrasen el verbo principal (que a su vez debe reflejar el hecho principal).

En vez de "después de diez días de intensas lluvias en toda España que produjeron numerosas inundaciones, el sol vuelve a brillar", es preferible "el sol vuelve a brillar después de diez días de intensas lluvias en toda España que produjeron numerosas inundaciones".

4.62. Las aposiciones o incisos en una oración inicial deben ser muy breves: "Florentino Pérez, presidente del Real Madrid, declaró que...". Si se trata de incisos largos, conviene insertarlos después de la primera oración. En vez de: "El Tea Party, el movimiento ultraconservador estadounidense que presenta como líder a Sarah Palin, aspira a obtener treinta escaños en las elecciones de pasado mañana...", sería mejor: "El Tea Party aspira a obtener treinta escaños en las elecciones legislativas de pasado mañana. El movimiento ultraconservador estadounidense se presenta así con optimismo, y su líder, Sarah Palin....".

4.63. Adjetivos y adverbios. Los calificativos que sirven para describir se pueden usar como elementos adecuados en un reportaje ("hace un viento muy intenso", "el enorme edificio que se ha desplomado"...). Tanto en esos textos como en los noticiosos o informativos en general se evitarán aquellos adjetivos que impliquen un juicio de valor a cargo del periodista ('una declaración deplorable', 'un político inconsistente'...), recurso que sí se puede emplear en los espacios de opinión. Lo mismo es extensible a los adverbios, que también pueden ser descriptivos ("la bandera se retiró despacio") o valorativos ("se portó mal", "el ministro habló demasiado").

4.64. A menudo los adjetivos (que pueden sonar incluso amanerados) se pueden sustituir por oraciones informativas. En vez de "pronunció un emotivo discurso", "pronunció un discurso que emocionó a los asistentes".

4.65. En definitiva, sólo se admiten los adjetivos que añadan información, y, en cualquier caso, es preferible sustituirlos por datos concretos.

En vez de "el nuevo presidente es un hombre muy joven", debe decirse o escribirse "el presidente es un hombre de 29 años". En vez de "es un edificio muy alto", "es un edificio de 50 pisos".

4.66. Para que el adverbio resulte eficaz en el medio radiofónico es imprescindible que se coloque a continuación de la palabra a la que modifica. Se prefiere "el presidente del Gobierno visitará probablemente..." que "el presidente del Gobierno probablemente visitará...".

4.67. Una información no debe comenzar con un adverbio o locución adverbial, sino con un sujeto. Véase el apartado **4.61.**

4.68. Debe moderarse el uso de los adverbios acabados en *-mente*, al ser generadores de cacofonías y reiteraciones. Además, en muchos casos se mejorará de esa forma la expresión y el estilo.

Los adverbios terminados en *-mente* son demasiado largos, y se agiliza la locución si se sustituyen por otras alternativas. En vez de "ya declaró públicamente", puede decirse "ya declaró en público". En vez de "entablaron inmediatamente una amistad", se puede decir "entablaron una pronta amistad".

En vez de 'actualmente', se puede decir 'en la actualidad' o 'ahora'. En lugar de 'nuevamente', úsese 'de nuevo'; en vez de 'rápidamente', cabe decir 'deprisa'; y en lugar de 'lentamente', 'despacio'.

4.69. Trucos para agilizar los textos. Los textos periodísticos deben ser sencillos y ágiles, y se preferirán las formas escuetas a las alargadas.

A continuación se exponen algunos consejos para conseguirlo.

a. Siempre que se vaya a escribir o decir 'el mismo', 'la misma', 'los mismos'..., pruébese a suprimir esa expresión o a sustituirla por un pronombre posesivo.

Caso de posible supresión: "Llegó el tren y subieron diez personas al mismo" (se puede suprimir la última locución, y expresar solamente: "Llegó el tren y subieron diez personas").

Caso de sustitución por un posesivo: "Llegó el tren y se oyó el traqueteo del mismo" (se puede dejar en: "Llegó el tren y se oyó su traqueteo").

b. Siempre que se vayan a escribir o decir dos infinitivos seguidos, pruébese a suprimir uno de ellos (generalmente el primero): "Lo adecuado para poder iniciar el festejo era..." (se prefiere "lo adecuado para iniciar el festejo"...). "Las dificultades para conseguir poner el proceso en marcha" ("Las dificultades para poner el proceso en marcha").

d. Los verbos formados con auxiliar más participio situados detrás de un relativo se pueden reducir sólo al participio. En vez de "Javier Solana, que había sido nombrado secretario general de la OTAN en 1966...", se puede decir o escribir: "Javier Solana, nombrado secretario general de la OTAN en 1966...".

e. Se puede prescindir de fórmulas como 'por otra parte', 'hay que recordar', 'como se sabe', 'en otro orden de cosas', 'por otro lado', 'cambiando de tema' o 'en este sentido'. La mayoría de las veces son prescindibles sin que eso afecte a la comprensión por el oyente, si el texto está bien cohesionado.

f. Supresión de perífrasis. En vez de "tiene previsto presentar un pleito", se puede decir "prevé presentar un pleito". En vez de "hizo entrega ayer de los diplomas", "entregó ayer los diplomas". Véase el apartado **4.31.**

4.70. Muletillas y transiciones. Las muletillas y latiguillos son el ruido del periodista o del colaborador, y deben eliminarse. Se trata de la reiteración de formas como 'naturalmente', 'realmente', 'evidentemente' (los adverbios son la principal cantera de reiteraciones), 'es decir', 'te voy a decir una cosa', 'mire usted', 'vamos a ver'...

4.71. Muchos periodistas y contertulios no son conscientes de que siempre usan una muletilla, y es un deber profesional señalárselo con educación. Esa responsabilidad compete a los directivos de la emisora y a los directores de los programas, por desagradable que resulte para quien corrija y para quien sea corregido. El ánimo de no molestar al colaborador es muy loable, pero se trata sobre todo de no molestar al oyente.

4.72. Tópicos y frases hechas. El uso de frases hechas debe ser muy restrictivo, sobre todo en titulares y entradillas. El uso de clichés empobrece el lenguaje y no aporta nada nuevo ni relevante al mensaje.

EJEMPLOS RECHAZABLES:

"Partido a cara o cruz".

"Sorprendió a propios y a extraños".

"Llamó poderosamente la atención".

"Se respiraba una tensa calma".

"No hubo que lamentar víctimas".

"Las espadas están en todo lo alto".

"Todo preparado para que comience el partido".

"Es un asunto difícil y complicado".

"Ha caído como un jarro de agua fría".

"Se ha colgado el cartel de no hay billetes".

4.73. Signos ortográficos y tipografía en la Red. En la redacción de noticias para la Red, se usarán las comillas solamente en declaraciones textuales.

4.74. Las comillas simples equivalen en un texto noticioso a una cita dentro de otra. En textos sobre vocabulario y filología en general (como sucede en este libro) se utilizan para delimitar vocablos, locuciones y definiciones.

4.75. Las cursivas se usan para títulos de películas, de libros y de cualquier otra obra artística, así como para las cabeceras de los periódicos y la denominación de los programas de radio y televisión.

También se emplean para los extranjerismos y en palabras con sentido figurado o con doble intención, así como para destacar un término sobre el que en ese momento se está llamando la atención del lector.

4.76. En los titulares, las cursivas se sustituyen por comillas simples.

4.77. Nombres propios y cargos. Todos los nombres propios de persona deben ir antecedidos o sucedidos por el cargo del individuo nombrado o por el hecho que lo convierte en noticia. Los oyentes no tienen la obligación de estar al tanto de esos datos, y no se les debe presuponer ningún conocimiento a ese respecto.

Debe seguirse el mismo criterio con los nombres propios de lugares, salvo que sean muy conocidos.

4.78. Cuestiones formales. Ortografía y gramática. Los periodistas de Prisa Radio seguirán, para todo aquello que no esté regulado en este manual de estilo, las normas publicadas por las Academias de la Lengua Española en sus obras oficiales *(Diccionario, Ortografía, Nueva gramática* y *Diccionario panhispánico de dudas),* así como por el *Libro de estilo* del diario *El País.* En caso de conflicto entre ellas, prevalecerán el *Libro de estilo* en primer lugar y, después, el *Diccionario* académico, por ser la última obra publicada por la docta casa.

5

Los géneros radiofónicos

5.1. Géneros periodísticos en radio. Los géneros periodísticos se clasifican en función de la mayor o menor presencia del autor en cada uno de ellos. La mirada personal del informador debe tener un *grado cero* en la noticia (aunque desde el entendido de que es imposible la objetividad absoluta) y un *grado diez* en el texto de opinión. Entre uno y otro, y de menor a mayor presencia del *yo* periodista, se encuadran (en líneas generales) el reportaje, la entrevista, la crónica, el análisis y la crítica.

De ese modo, se puede distinguir entre géneros *informativos, interpretativos* y *opinativos.* En cada uno de ellos varía la visión personal de quien escribe o habla.

Informativos: noticia, entrevista, reportaje informativo y documentación.

Interpretativos: crónica, reportaje interpretativo y análisis.

Opinativos: crítica, columna, tertulia, debate, cara a cara, editorial.

Con ese criterio de la menor o mayor presencia del *yo* en el texto o en la antena, se definen así los distintos géneros radiofónicos:

a. Noticia. La información pura, sin interpretación ni opinión alguna. La presencia del periodista es inexistente (salvo en la selección y ordenación de los datos, y en su exposición en antena o en la Red), pues se limita a narrar hechos comprobados y objetivos, sin añadir nada más. Debe empezar por lo más llamativo. Y todo lo que se dice es relevante. Si en una noticia se añade un dato irrelevante, se convierte en relevante para el lector o el oyente.

b. Documentación. Información complementaria que puede acompañar a cualquier otro contenido o bien presentarse como pieza individualizada. Si adopta la forma de reportaje, pasa a considerarse como tal.

c. Entrevista. Información que transmite un diálogo entre el periodista y un personaje de interés para el público. El redactor o presentador interviene más en el contenido que en la noticia, hasta el punto de condicionarlo y darle forma con sus preguntas.

d. Reportaje. La información incorpora ya descripción, pluralidad de voces, sonidos, perspectiva de autor y mayor riqueza de vocabulario. Puede empezar por elementos secundarios. Y cabe añadir datos no relevantes (anecdóticos, descriptivos, circunstanciales). El reportaje puede ser informativo (escasa presencia del periodista en él) o interpretativo (con algunos rasgos de estilo más personales y la posibilidad de conjeturas sobre el origen de los hechos narrados).

e. Crónica. Se basa en la información de actualidad, pero incorpora interpretación (no así juicios de valor). La interpretación consiste en apuntar las causas o las consecuencias de los hechos con un relato distante y desapasionado. El autor, además, debe razonar esa visión personal de los hechos, sin aventurar una hipótesis que no sea capaz de justificar. La crónica (como la noticia) se construye sólo con hechos relevantes. La información, no obstante, prima aquí sobre la interpretación.

f. Análisis. Así como la crónica es información con tintes interpretativos, el análisis es interpretación con tintes informativos. Este género consiste en la exposición didáctica de hipótesis, conjeturas o ideas que se construyen a partir de unos hechos comprobados. También se excluyen los juicios de valor. Cuando el análisis aborde asuntos controvertidos, deberá reflejar las opiniones de todas las partes.

g. Crítica. Es el texto o intervención periodísticos en los que se juzga una obra artística o de entretenimiento, ya sea con arreglo a unos cánones establecidos o conforme al criterio personal del crítico. Su límite consiste en que se pueden juzgar la obra o las obras, pero no descalificar mediante un ataque personal a su autor.

h. Columna. Artículo de opinión que corresponde enteramente al criterio del autor. Debe basarse siempre en datos verificados, y expresarse con respeto a las personas aunque se critiquen sus actos. La columna es también un género radiofónico.

i. Tertulia. Conversación en la que distintos colaboradores o invitados dialogan sobre temas de actualidad. Debe desarrollarse con los mismos requisitos del apartado anterior: con datos verificados y respeto a las personas.

j. Debate. Cara a cara. Diálogo entre dos o más personas que mantienen posiciones contrapuestas.

k. Editorial. Es el artículo que expresa la opinión de la sociedad editora.

5.2. Derechos del oyente. El oyente de un programa o el lector de *cadenaser.com* tienen derecho a recibir información veraz y por tanto completa, y a saber en qué registro se les dirige el periodista (en qué género), para deducir si los contenidos que se le transmiten tienen un sesgo personal mayor o menor a cargo del periodista.

5.3. La información sobre el género periodístico se transmite mediante efectos sonoros o con la simple mención: "Es un reportaje de..."; "informa...", "es la columna de...", etcétera.

5.4. Presencia de los géneros en los distintos espacios. En líneas generales, los espacios de las emisoras de Prisa Radio se dividen en:

—Flash (urgentes): boletines y avances.

—Informativos: noticiario, informativo, retransmisión, grandes coberturas, programas especiales, debate, mesa redonda, cara a cara, información especializada, monográfico.

—Programas: magacín y carrusel.

Los **boletines** son los breves espacios de información fijos con una estricta regularidad horaria.

Los **flashes o urgentes** son boletines que interrumpen cualquier otra emisión para transmitir una noticia de alcance.

Los **informativos** son los programas donde se desarrollan con más tiempo las noticias del día, y que se emiten generalmente a mediodía y por la noche. También se incluyen en este apartado los espacios especializados (toros, deportes, economía, consumo...).

Los **programas** abarcan una mayor extensión en tiempo, y constituyen un contenedor de todo tipo de temas.

5.5. En los boletines y urgentes, sólo se empleará la forma de expresión del género noticias y del género crónica.

5.6. En los informativos y en los programas caben todos los géneros. La crítica, no obstante, es más propia de los programas (sobre todo de los especializados) que de los informativos.

5.7. La terminología de los géneros varía en los distintos países de habla hispana. En algunos de ellos, 'crónica' y 'reportaje' intercambian sus definiciones y valores.

5.8. La noticia. La noticia transmite al oyente o al lector hechos comprobados o atribuidos a una fuente fiable, que a ser posible quedará reflejada en la información. Y puede incorporar declaraciones textuales (en audio para la emisión por antena, entrecomillados para la transcripción en Internet).

5.9. Los elementos del primer párrafo de la noticia deben ordenarse para que el oyente comprenda mejor las oraciones en su conjunto, independientemente de la importancia que adquiera cada palabra en la información. "Nada ha sucedido hasta que el oyente entiende lo que le estamos diciendo" (Iñaki Gabilondo).

5.10. Por tanto, no se debe empezar por la palabra más importante, sino por el hecho más importante (en el cual debe figurar la palabra más importante). Una noticia se comprende mejor si comienza con un sujeto, y no con un complemento circunstancial, aunque se considere que lo más importante es lo que se muestra como circunstancia. En tal caso, la circunstancia puede convertirse también en sujeto. En vez de "cuando no habían transcurrido dos horas del atentado anterior, una nueva explosión conmocionó a Irán", puede comenzarse de esta forma: "Dos horas es el tiempo que ha mediado entre el atentado anterior que conmocionó a Irán y la siguiente explosión". En cualquier caso, se prefiere la fórmula más sencilla: "Una nueva explosión ha conmocionado a Irán, apenas dos horas después del atentado anterior".

5.11. En el género noticia se tendrán en cuenta estos factores:

Actualidad. Lo primero es contar lo más reciente o lo más importante, y contextualizar después.

Selección. Se transmiten sólo los datos esenciales y aquellos que los contextualizan. No se pueden omitir datos relevantes.

Unidad. La noticia debe entenderse por sí misma, sin dejar cabos sueltos que deba rellenar el oyente. Si un dato se ignora y se presume relevante, habrá de señalarse ese desconocimiento.

5.12. Estructura de la noticia. La noticia consta de entrada, desarrollo y cierre.

a. Entrada. El comienzo de la noticia debe pretender que el oyente preste una atención activa a lo que le estamos empezando a decir, que pase del estadio de oír al de escuchar.

Uno de los errores más repetidos en las noticias radiofónicas es el preámbulo. En ocasiones, con el objetivo de que el oyente contextualice la información desde el principio para entenderla mejor, el periodista fundamenta su estrategia en dar un rodeo que aleja el enganche con el oyente. Como dice el libro de estilo de la agencia AP para su servicio radiofónico *(Associated Press Broadcast News Handbook)*, "no me digas lo que me vas a decir; ¡dímelo ya!".

Ejemplo rechazable:

"El presidente de Estados Unidos, Barack Obama, ha presidido esta mañana, por primera vez en la historia, una reunión de jefes de Estado del Consejo de Seguridad de la ONU, en la que se ha aprobado de forma unánime una resolución que compromete a la comunidad internacional a 'buscar un mundo más seguro para todos y crear las condiciones para un mundo sin armas nucleares'".

Ejemplo aconsejable:

En un caso así, conviene aislar una sola idea para comenzar la noticia:

"Barack Obama ha conseguido que las Naciones Unidas dé un primer paso hacia un mundo sin armas atómicas".

Y después se pueden añadir otros datos:

"El presidente de Estados Unidos se reunió hoy por primera vez en la historia...".

Es preferible el párrafo corto porque favorece el orden de las ideas, facilita al oyente la descodificación, evita la sobrecarga de ítems y ayuda extraordinariamente en el momento de la locución a separar las ideas principales.

Ejemplo rechazable:

"Una alta dosis de pasión, una economía alcista en tiempos de tanta penumbra y una deuda olímpica con 400 millones de sudamericanos han sido los argumentos, bien articulados por los organizadores de Brasil 2016, para inclinar la balanza del Comité Olímpico Internacional a favor de Río de Janeiro, del liderazgo de su presidente, Lula da Silva y de Sudamérica, que, de la mano de su locomotora, acogerá por primera vez unos Juegos Olímpicos".

Este párrafo, que resume muy bien las ideas fundamentales que permitieron a Brasil ganar la carrera para organizar los Juegos Olímpicos de 2016, resultaría, sin embargo, muy difícil de retener para un oyente radiofónico.

Ejemplo aconsejable:

"Río de Janeiro organizará los Juegos de 2016 porque el Comité Olímpico Internacional ha entendido que tenía una deuda con 400 millones de sudamericanos. Es la primera vez que el Cono Sur organiza el gran acontecimiento olímpico".

"La economía brasileña ha sido otro de los grandes argumentos a favor de la candidatura de Río de Janeiro. Porque la economía de Brasil está creciendo, mientras que el resto del mundo lucha contra la recesión".

Asimismo, es desaconsejable utilizar en la entradilla nombres propios, siglas o cifras que no resulten de fácil comprensión, porque eso hace que la atención del oyente se detenga en su significado y le impida seguir el desarrollo de la frase.

ejemplos rechazables:

"La OCDE obliga a UBS a revelar la titularidad de 4.500 cuentas secretas de norteamericanos relacionadas con problemas de fraude o evasión fiscal...".

"Ho Jintao apoya la petición del presidente Lee Myung-bak para que Corea del Sur sea la sede de la próxima reunión del G-20...".

b. Desarrollo. El objetivo fundamental en esta fase de la noticia es alcanzar la unidad o, lo que es lo mismo, coherencia y cohesión. Se debe enlazar una idea con la siguiente, de forma que la noticia se convierta en una narración y no en un conjunto de elementos dispersos.

Para alcanzar este objetivo, el periodista debe narrar aquello que antes él ha comprendido. No se pueden trasladar al oyente las dudas del propio informador. Lo que no se ha entendido no se puede contar; lo que no se ha confirmado no se puede incluir en la información.

Cada párrafo debe incorporar dos, o a lo sumo tres, ideas nuevas y, siempre, una redundante que enganche con el párrafo anterior. En esta misión son de gran utilidad los llamados 'conectores lingüísticos': 'sin embargo', 'así pues', 'por ello'...

Conviene dosificar estratégicamente los datos más destacados, y no agruparlos de forma que se anulen entre sí.

c. Cierre. La psicología cognitiva ha demostrado que el oyente retiene mejor lo que está más fresco en su mente. Por tanto, en las noticias de cierta extensión conviene recordar en el último párrafo la idea principal, a modo de cierre. No se trata de hacer un resumen, sino de citar el dato principal; pero no como rema (información nueva) sino como tema (información ya conocida). Es decir, de modo que ocupe un lugar secundario en la frase.

Por ejemplo, en una noticia en la que se ha informado de un terremoto en Indonesia con al menos 500 muertos, la noticia puede terminar así:

Ejemplo rechazable:

"... La comida empieza a escasear. El mercado de abastos de Padang se vio muy afectado por el seísmo y en muchos supermercados se están agotando los productos. Algunos establecimientos de comidas han vuelto a servir, pero nadie sabe por cuántos días".

Ejemplo aconsejable:

"La comida es el otro gran problema que se deriva del terremoto que el miércoles arrasó la costa de

Sumatra. El mercado de abastos de Padang es uno de los veinte mil edificios arrasados por este seísmo que ha provocado la muerte, hasta el momento, de más de 500 personas".

5.13. La duración idónea de una noticia radiofónica estricta oscila entre 45 segundos y un minuto. Cuando una información tratada exija una extensión superior, se fragmentará en al menos dos enfoques, leídos por diferentes personas.

5.14. La noticia radiofónica puede presentarse también como un charlado, es decir, sobre una estructura de aparente diálogo en la que el presentador da paso y hace preguntas al redactor o especialista. En esta fórmula, que habitualmente se reserva para asuntos destacados del día, se cumplirán los objetivos descritos en este punto.

5.15. En cualquier caso, una noticia puede no agotarse en el soporte radio, sino extenderse en la ciberpágina de Internet. En ese caso, se hará la mención adecuada desde los micrófonos, especialmente si la noticia se complementa con gráficos, infografía, estadísticas, imágenes...

5.16. La extensión de una noticia podrá ser mayor si se incorporan voces con declaraciones de los protagonistas o testigos del hecho. En ese caso, habrá de evitarse que el corte de voz diga lo mismo que acaba de enunciar el periodista.

5.17. Las citas sonoras suponen también un factor positivo para el ritmo de la noticia. Pero deben ubicarse en lugares intermedios del texto. Como regla general, no ocuparán posiciones de principio y final de la noticia. Sólo en situaciones excepcionales de gran trascendencia informativa, la noticia podrá comenzar con una voz; y siempre que ésta sea identificable con facilidad.

5.18. Al dar paso a una cita sonora, debe especificarse no sólo el nombre de quien va a hablar sino (salvo en caso de personas muy conocidas) el cargo o la relación del personaje con la noticia.

Ejemplo rechazable:

"Hallados en un sótano de Buenos Aires centenares de documentos de autores clásicos como Alfonsina Storni, Rubén Darío o Valle-Inclán".

Locutor: (...) "El presidente de la Sociedad Argentina de Escritores, Alejandro Vaccaro, descubrió un tesoro hace un par de semanas.

Revisaba unos viejos archivos de fuelle, de los de archivar facturas, para autorizar su destrucción.

Entre los documentos aparecieron más de un millar de carpetillas con cartas y documentos de muchos de los grandes escritores argentinos y latinoamericanos de principios del siglo 20. Alejandro Vaccaro".

Cita: "Me quedé mirando asombrado lo que creo que es el manuscrito original de 'La marcha triunfal', de Rubén Darío... Cartas autografiadas en inglés de Sarmiento..., otra de Ramón Valle-Inclán".

Locutor: "La carta de Valle-Inclán está datada el 21 de septiembre de 1910 a su llegada a Asunción...".

Una introducción a la cita donde sólo se mencione el nombre del protagonista antes de escucharlo puede inducir la confusión, ya que podría incluso pensarse que se trata del nombre del periodista; o, sencillamente, a no asociar correctamente la relación de quien habla con lo que se está escuchando.

Sólo se podrá usar esta fórmula en aquellos casos en que el nombre del protagonista se asocie automáticamente en la mente del oyente a su cargo. En el resto, una gran mayoría, se mencionará, inmediatamente antes de la cita, aquello que lo relaciona con la información.

Ejemplo aconsejable:

Locutor: (...) "Revisaba unos viejos archivos de fuelle, de los de archivar facturas, para autorizar su destrucción. Entre los documentos aparecieron más de un millar de carpetillas con cartas y documentos de muchos de los grandes escritores argentinos y latinoamericanos de principios del siglo 20. *El presidente de los escritores argentinos, Alejandro Vaccaro, se llevó entonces una gran sorpresa".*

Cita: "Me quedé mirando asombrado lo que creo que es el manuscrito original de 'La marcha triunfal', de Rubén Darío... Cartas autografiadas en inglés de Sarmiento..., otra de Ramón Valle-Inclán".

Locutor: "La carta de Valle-Inclán está datada el 21 de septiembre de 1910 a su llegada a Asunción...".

5.19. Las citas no deben exceder de la hipotética duración de un párrafo.

5.20. Aunque se acepta la manipulación técnica del fragmento sonoro (por ejemplo, para evitar silencios o circunloquios), sólo puede hacerse con el objetivo de facilitar al oyente la comprensión de la cita, respetando siempre el sentido de la declaración.

5.21. La cita acabará siempre con una resolución total de la entonación. Aquellas que terminan con una entonación 'en alto' provocan una sensación de manipulación desagradable para el oyente y para el protagonista.

5.22. La calidad del sonido debe aproximarse lo máximo posible a la del que se emite a través de un micrófono. Los fragmentos sonoros cuyo significado resulta indescifrable o exigen un esfuerzo suplementario al oyente sólo se usarán en aquellos casos de máximo interés informativo.

5.23. No es correcto que un periodista (ya sea el presentador de un programa o cualquier otro que se halle en antena) se dé paso a sí mismo al reproducirse una grabación. Si se trata de una entrevista, puede dar paso a la respuesta, pero no a la pregunta. Si es fundamental la pregunta, debe darle paso otra persona. La continuidad de una misma voz en emisión directa y grabada puede producir confusión, y además no es estética.

5.24. La entrevista. La entrevista es una conversación destinada a obtener la información que pueda aportar el entrevistado o para conocer sus opiniones.

El oyente tiene derecho a saber si la entrevista se produce en directo o ha sido grabada.

5.25. Siempre que la entrevista se pueda planificar, el periodista elaborará un cuestionario que le permita estructurar los temas y aportar a la conversación datos contrastados.

5.26. Una de las claves fundamentales de la entrevista consiste en escuchar al interlocutor, y no en pensar o repasar la siguiente pregunta. No se deben desperdiciar los momentos en los que sería posible profundizar en un tema, dar un giro a la conversación o llegar a la clave del entrevistado.

Durante su emisión, debe recordarse cada cierto tiempo quién es el entrevistado, como atención a los oyentes que se hayan incorporado una vez comenzada.

5.27. La entrevista se puede convertir, después de su emisión completa (o antes si se emitirá grabada), en material informativo para los boletines y programas, mediante la difusión de fragmentos (pero siempre que no se desvirtúe el mensaje). En estos casos, se remitirá a los oyentes a la escucha íntegra en la ciberpágina de la cadena o en el programa donde se vaya a emitir la grabación.

5.28. Cada periodista y cada espacio pueden implicar diferentes maneras de afrontar la entrevista. En el estilo de la SER caben tanto el ritmo de respuestas rápidas y repreguntas continuas como las contestaciones reposadas y el diálogo sosegado. En cualquier caso, las interrupciones al entrevistado deben ser breves y respetuosas.

5.29. Los periodistas de Prisa Radio no entregan previamente las preguntas que van a formular, pero sí pueden conversar con los entrevistados o sus representantes acerca de los temas que serán abordados.

5.30. Las emisoras de Prisa Radio no aceptan vetos en ninguna pregunta.

5.31. La entrevista tiene como objetivo mostrar las informaciones o las opiniones que corresponden al entrevistado, y no el de debatir con él. Las repreguntas o argumentaciones frente a lo que haya declarado han de plantearse cuando sus respuestas puedan resultar engañosas en los datos o los hechos, pero no cuando se trate de rebatir sus ideas.

5.32. El entrevistado tiene derecho a saber quién es el profesional que la va a hacer las preguntas, el programa en que van a emitirse sus palabras y el lugar donde va a realizarse. Si se le ha informado de que le entrevistará una periodista en concreto, no pueden sobrevenir en antena las preguntas de otros (colaboradores, contertulios, etcétera).

5.33. En algunos casos, la entrevista que se va a emitir en directo está precedida de una fase de producción periodística. Esta preparación se lleva a cabo cuando se trata de personas de presencia pública inhabitual o incluso desconocidas para el gran público; pero no cuando concierne a personajes de gran relevancia.

5.34. La conversación preparatoria en la fase de producción sirve para analizar las reacciones del entrevistado, su locuacidad o parquedad en las respuestas y los inconvenientes que ello pueda crear en el desarrollo de la entrevista en antena. Asimismo, puede constituir un entrenamiento, a fin de que el entrevistado se prepare mentalmente para su actuación en directo.

5.35. Si media tiempo suficiente entre esta primera conversación y la realización práctica de la entrevista, cabe modificar el repertorio de preguntas y la propia estructura de la conversación, así como profundizar en aspectos que no se habían previsto y que, sin embargo, han resultado interesantes.

5.36. Toda entrevista es una convención de diálogo organizado en la que sobran los circunloquios. Por ello, no hay que utilizar formas de cumplimiento como éstas:

"Me permite que le pregunte...".

"Le puedo preguntar...".

"Me gustaría empezar nuestra conversación preguntándole sobre...".

"La siguiente pregunta que quería hacerle es...".

"Una última cuestión...".

5.37. La tipología de las preguntas condiciona muchas veces el resultado de la entrevista. La pregunta debe escogerse en función de las circunstancias o del objetivo que se busque con la entrevista (brevedad o extensión, concisión o explicación, datos u opiniones...).

En general, se hacen los siguientes tipos de preguntas:

Abiertas. Son aquellas muy generales, que invitan a respuestas amplias y que tienen un gran peligro para respetar el minutado de la entrevista:

"¿Cuáles son las causas que llevaron a esta situación?".

"¿Cuál es la evaluación que hace de los hechos?".

"¿Qué opinión tiene sobre la situación política?".

Cerradas. A veces sólo merecen un sí o un no por respuesta, y no estimulan un diálogo.

"¿Va a dimitir?".

"¿Espera una respuesta rápida?".

"¿Qué día viajará a España?".

Múltiples. Suelen resultar confusas las preguntas que incluyen dos o más cuestiones, y por tanto deben evitarse; entre otras razones, porque a menudo el interlocutor olvida responder a alguna de ellas (y el entrevistador tampoco la recuerda para hacérselo saber):

"¿Cuántos negociadores asistieron y dónde se produjo la reunión y por qué?".

"¿En qué ciudades ha vivido y por qué, y cuál es la que más le ha gustado?".

Resumen. Sólo deben formularse si se tienen garantías de la capacidad de síntesis del entrevistado.

"¿Nos podría explicar cuáles han sido los puntos más importantes de la reunión?".

"¿Cuál es la síntesis de la postura de los trabajadores?".

"¿Cuáles son las claves de su programa electoral?".

Dirigidas. Cuando la pregunta contiene una orientación a la respuesta que ha de dar el entrevistado. Estas preguntas no están prohibidas, pero deben plantearse con respeto. En caso contrario, puede producirse además una reacción contraria por parte de la audiencia si considera que se está presionando al personaje que habla.

Ejemplos desaconsejables:

"¿Se equivocó con esta alineación?".

"¿Ya no hay otra salida a lo que usted ha provocado?".

"¿Cómo piensa rectificar su decisión?".

Hipótesis. Plantean respuestas difíciles porque obligan al entrevistado a especular, y finalmente aportan al público una nueva hipótesis que quizás tampoco sirva de nada.

"Si usted viviera en esta urbanización, ¿consentiría que le cargaran tantos impuestos?".

"¿Qué habría pasado si el Gobierno hubiera sido de otro color?".

"¿Qué le habría dicho a su compañero de partido si le hubiera preguntado?".

5.38. El nombre del entrevistado podrá omitirse por razones de seguridad o de intimidad cuando se trate de personas sin relevancia pública.

5.39. Tipos de entrevista. En la Cadena SER se hacen estos tipos de entrevista:

a. Informativa. En ella, un personaje o testigo relacionado con una noticia aporta datos al respecto. Debe ser breve y simple, por tanto con preguntas directas y concretas, reduciendo al máximo los protocolos de presentación y despedida. En este caso, lo verdaderamente importante no es conocer la biografía de la persona entrevistada (sólo los datos básicos), sino lo que ha sucedido.

b. Analítica. Su objetivo fundamental es conocer la opinión, la evaluación o la interpretación de unos hechos noticiosos por parte de una persona cualificada, generalmente un analista experto en la materia, con el objetivo de que los oyentes puedan entenderlos y situarlos en su debido contexto. Para ello las preguntas en este tipo de entrevista suelen estar precedidas de una introducción.

c. De conocimiento. Se trata de preguntar a fondo sobre aspectos que permitan profundizar en el conocimiento de un tema, sin que deba estar ligado a una noticia del día, ni siquiera a la actualidad en general. El entrevistado debe ser, por tanto, alguien competente en la materia. Las preguntas se plantean en torno a ese tema, no respecto a su personalidad ni sus opiniones.

d. Opinativa. Se pretende conocer las opiniones del entrevistado. Para ello, debe tratarse de una persona relevante, cuyos juicios y consideraciones resulten de interés general. En este apartado se suelen enclavar las entrevistas políticas.

e. De personalidad. Su objetivo es dar a conocer el perfil de un personaje desde un punto de vista histórico, psicológico o vivencial. Trata, por tanto, de obtener información sobre la manera de ser y pensar de la persona entrevistada; de que explique y amplíe sus datos biográficos, sus obras y sus gustos o aficiones. Puede tener una menor vinculación con la actualidad. El periodista debe documentarse a fondo sobre el personaje. Conviene fijar de entrada cuál va a ser el hilo conductor, y puede desarrollarse con mayores licencias en el formato de las preguntas.

f. De cuestionario. Derivan del famoso cuestionario Proust, y en ellas se plantean las preguntas como un juego, incluso con aspectos disparatados, que obligan a respuestas concretas y directas. Pueden encuadrarse incluso en el género del humor. Para ello hace falta que el entrevistado se preste con gusto a esta experiencia, lo cual debe conocerse con anterioridad.

5.40. La crónica. La crónica incorpora una cierta mirada subjetiva, a diferencia de la noticia, y un estilo narrativo personal. Sin embargo, ha de contener una noticia en su interior, y comenzar con ella. La información prima sobre la interpretación.

5.41. El hecho de que un periodista informe desde fuera de la emisora no es suficiente para denominar 'crónica' a lo que sólo es una noticia. El género crónica se fundamenta sobre una base informativa, pero el redactor no debe limitarse a un relato escueto y distante de los datos (condiciones por otro lado necesarias), sino que los interpreta sin juzgarlos; muestra el origen y las posibles consecuencias de lo sucedido, contextualiza la noticia, proporciona datos de primera mano y da un enfoque personal. Para ello, el periodista debe conocer a fondo el terreno sobre el que trabaja.

5.42. La crónica comparte muchas características con la noticia (de hecho, necesita contener una noticia), por lo que son extensibles a este género las consideraciones sobre inclusión de cortes de voz, contraste de datos, etcétera.

5.43. El reportaje. El reportaje puede ser informativo o interpretativo.

5.44. El reportaje informativo se limita a describir ambientes, situaciones, lugares, y también incorpora pluralidad de testimonios. El interpretativo incluye conjeturas o hipótesis del periodista, pero no juicios de valor. Tanto en uno como en otro se pueden aportar datos irrelevantes que, sin embargo, sitúan mejor la acción o el entorno, de modo que el receptor se vea inmerso en lo que ha sucedido o está ocurriendo.

5.45. A diferencia de lo que ocurre en la noticia y en la crónica, en el género reportaje el relato no es suficiente. Es necesario, además, describir y detallar, y, en el caso de la emisión por antena, apoyarse en recursos sonoros reales que no se limitan a las declaraciones (gritos, ruidos, sonidos...).

5.46. Es un error considerar reportaje la información que aporta unos testimonios sonoros y, en algunos casos, la música al principio y al final del relato. Eso es una información o, en su caso, una crónica, tal vez una documentación. En el reportaje, el periodista necesita tener un contacto directo con las personas o con el escenario donde se producen los hechos, y aprovecharlo en su texto.

5.47. Tipos de reportaje. En general, se pueden distinguir dos grandes categorías de reportaje en la radio:

a. Reportaje en directo o simultáneo. Se emplea para ampliar una noticia de actualidad o para la cobertura de grandes acontecimientos, en la mayoría de las ocasiones, planificados. Consiste en describir los detalles de algo que está sucediendo ante los ojos del periodista, quien dibuja así de manera improvisada aquello que ve, y según va sucediendo. En ese relato transmite hechos relevantes pero también los secundarios y anecdóticos (a diferencia de lo que ocurriría en una crónica).

b. Reportaje en diferido. En este caso, el periodista profundiza en distintas fuentes y construye un trabajo en el que encaja distintos elementos (sonoros y textuales) mediante el montaje posterior a lo sucedido. Este tipo de reportajes permite un relato que ya no es cronológico. Pero debe ser, sobre todo, creativo. En esta categoría se encuadra el **reportaje-informe.**

5.48. Estructura del reportaje. El reportaje consta de entrada, desarrollo y cierre.

a. Entrada. El comienzo del reportaje debe presentar el tema, con la posibilidad de usar la primera persona (preferentemente del plural) para que el oyente (en el caso de información por antena) vea la escena con los ojos del periodista. (En la narración para Internet debe evitarse el protagonismo del informador).

Éstas son las modalidades de apertura que se pueden poner en práctica en la Cadena SER:

1. De sumario: se enumeran los hechos más destacados que se van a tratar.

2. De resumen: concentra la esencia de la narración.

3. Narrativa: comienza directamente el relato.

4. Descriptiva: muestra personas, objetos y escenarios.

5. De contraste: pone de relieve la forma en que se ha producido alguna transformación.

6. De intriga: se introduce una gradación que se desarrolla en el cuerpo del reportaje.

7. En clave paródica o simbólica.

b. Desarrollo. El reportaje debe mantener la atención del oyente con más medios que en la noticia (donde la importancia de los hechos debe bastar para ello), y desarrollar recursos estilísticos que atraigan el interés. Para ello, debe concebir distintas entradillas internas o noticias secundarias, de modo que no decaiga la atención del oyente. Esto es, ha de pasar de unos datos a otros de forma que siempre haya una aportación nueva que sirva de reclamo.

c. Cierre. En la radio el final de una pieza tiene una importancia vital dado que, como sucede en los demás géneros, el receptor tiende a recordar lo último que se le ha contado. El objetivo es que el oyente retenga la idea central del reportaje y también la conclusión que se le invita a extraer.

Para ello, el cierre se introducirá de manera progresiva y natural, y de modo que no resulte brusco. En algunos casos, la utilización de la música puede constituir un recurso válido para lograr este objetivo.

Entre los tipos de cierre más habituales en un reportaje, se encuentran:

1. Cierre de conclusión: sintetiza los principales aspectos tratados en el reportaje. Puede acabar con la declaración de un protagonista a modo de colofón.

2. Cierre de caso: acaba refiriéndose a una anécdota o a una experiencia particular.

3. Cierre de moraleja o de llamamiento a la acción.

4. Cierre de incógnita: plantea una pregunta y deja abierto el tema para que el oyente extraiga sus propias conclusiones.

5. Cierre de proyección: señala cuáles pueden ser las posibilidades futuras de desarrollo de un acontecimiento o circunstancia.

5.49. El reportaje-informe. El informe es un subgénero del reportaje que reúne datos sobre un acontecimiento relevante y de actualidad (lo que incluye aniversarios y efemérides) con el fin de explicarlo con un mayor grado de detalle. Su función, por tanto, es contextualizar un hecho concreto aportando un alto número de datos, normalmente estadísticos, obtenidos a través de encuestas, sondeos o estudios de diversa índole.

Se trata de un género informativo-explicativo que da amplitud y profundidad a la noticia y que es propicio para el desarrollo del denominado 'periodismo de datos'.

El informe puede encuadrarse asimismo en el género de documentación, siempre que la subjetividad del periodista se mantenga al margen de lo que se narra (como en el género de la noticia). También puede utilizarse como complemento de entrevistas, y en los géneros de opinión como la tertulia o la mesa redonda, o dentro de un programa monográfico o especializado.

En lo que respecta a la locución, el informe es un género de narración lineal y estilo impersonal. En el informe el periodista ha de mantenerse neutral sin ofrecer su punto de vista, si bien la narración no ha de limitarse a una mera enumeración de los datos; éstos han de explicarse por medio de comparaciones o de antecedentes y consecuencias que rodean el acontecimiento.

El reportaje o informe de datos que se redacta para Internet habrá de completarse con hipervínculos que conducen a otros documentos y con infografías interactivas, que deberán cumplir la función esencial de clarificar y desmenuzar los aspectos clave de una información por medio de números, ilustraciones y otros elementos multimedia como vídeos, audios y fotografías.

El informe puede resultar una valiosa herramienta para complementar noticias complejas. Para su elaboración se requiere de un completo servicio de documentación.

5.50. El sustento informativo de este género son las fuentes documentales y, dentro de ellas, las estadísticas. Estas podrán ser ajenas o de elaboración propia. Entre las fuentes más habituales que se emplean en informes se encuentran las encuestas o estudios, las biografías o las cronologías.

No obstante, también cabe la posibilidad de consultar fuentes directas que aportan documentación o datos, ya se trate de archivos o personas físicas.

5.51. Con el fin de aliviar el proceso de comprensión de una serie de datos, el informe puede acompañarse de testimonios de protagonistas y de otros recursos como el sonido ambiente o las ráfagas musicales.

5.52. Los datos han de presentarse de manera ordenada, clara y sencilla, de forma que se facilite la comprensión de la información. La estructura es parecida a la de la noticia, con una entrada, un desarrollo y un cierre. El desarrollo deberá seguir un esquema fijo que permita distribuir las cifras con cierto sentido, comenzando por las más globales para terminar por las específicas.

5.53. La opinión. "Una opinión no vale de nada si no va seguida de un argumento" (Gustavo Bueno).

Los géneros de opinión incluyen la crítica, la columna o billete, la tertulia, el debate, el cara a cara y el editorial. A veces, estos géneros ocupan íntegramente un programa, como suele suceder con los debates electorales. En todos ellos, el autor o autores tienen una presencia absoluta en el texto, y expresan con libertad su parecer sobre una materia. No obstante, todo comentario de opinión periodística debe basarse en hechos comprobados.

Como regla general, serán escritos previamente para su lectura los géneros de columna, rúbrica o billete; y también el editorial. Y parten de la improvisación (o de apenas unas notas previas) la tertulia, el cara a cara y el debate. La crítica puede plantearse con cualquiera de esas dos posibilidades.

5.54. La crítica. La crítica refleja la opinión sobre una obra artística con arreglo a algunos criterios (siquiera sean personales) y a partir de un conocimiento amplio de la materia. Debe ceñirse a la obra misma, sin descalificar en ningún momento a su autor.

5.55. La columna. La columna, rúbrica o billete expresa la opinión de un comentarista habitual, y está supeditada a la actualidad informativa.

Se trata del género de opinión que analiza, interpreta y enjuicia los hechos desde una óptica individual. Suele utilizar formas propias del lenguaje coloquial y apelaciones directas al oyente con el fin de buscar su complicidad.

5.56. El punto de vista del autor, habitualmente expresado en primera persona del singular, suele apoyarse en este caso en la exposición de los hechos. Así, se estructura a partir de una entrada de contextualización y presentación del tema, un desarrollo argumental y un cierre o conclusión lógica.

5.57. Es recomendable que se haga una mención inmediata del tema sobre el que se va a opinar.

5.58. Al tratarse de una opinión personal, debe explicitarse tanto al principio como al final quién es su responsable. En Prisa Radio, el propio articulista da lectura al texto. Este género también se caracteriza por su emisión con estricta periodicidad.

5.59. La tertulia. La tertulia está formada por al menos dos personas que expresan opiniones, a veces divergentes, sobre la actualidad.

En la tertulia (que tiene su raíz en la tradición popular de café y en las conversaciones entre literatos, intelectuales o aficionados a competiciones futbolísticas y corridas de toros) varias personas contrastan coloquialmente sus opiniones sobre acontecimientos de máxima actualidad y de interés colectivo. Abordan las noticias más recientes pero también anécdotas y curiosidades, dependiendo del tipo de programa en que se encuadren.

5.60. No debe confundirse la tertulia con el análisis que habitualmente asume algún experto invitado sobre un asunto de máxima actualidad. Y tampoco con el debate, que se dota de mayor formalidad.

5.61. El hecho de que en la tertulia se desgranen las opiniones de cada cual no está reñido con el rigor. Han de evitarse las intervenciones sin solidez intelectual. Para ello resulta fundamental el papel del moderador o presentador, quien deberá acotar y contextualizar las afirmaciones aventuradas. Asimismo, vigilará que las intervenciones de los contertulios sean equilibradas en cuanto al tiempo y al tono utilizado, y se ajusten a unos estándares mínimos de respeto y cordialidad.

5.62. El editorial. El editorial refleja la opinión de la cadena de radio.

A diferencia del artículo, en el caso del editorial la referencia a los hechos puede ser mínima. Este texto de opinión aporta sólo aquellos datos necesarios que permitan al oyente en todo momento saber de qué se está hablando. La fugacidad del medio radiofónico exige una argumentación bien construida, directa y sin ambages, y, sobre todo, una gran claridad expositiva, de forma que el texto sea comprensible en una única audición.

5.63. El editorial desarrolla su argumentación con razones probatorias de carácter persuasivo y puntos de vista claros, y tiene como propósito ofrecer juicios morales o de valor e instar a la acción moviendo la voluntad del oyente.

5.64. En Prisa Radio, se pueden emitir editoriales de programa o de la propia empresa.

a. El editorial de programa corre a cargo de su responsable, y sólo se empleará en los grandes magacines y contenedores informativos de la emisora. Aparecerá en un lugar fijo, normalmente al principio del espacio o al comenzar el bloque de opinión dentro de los noticiarios. Su extensión no superará los dos minutos, y puede responder al estilo y características propias de su autor.

b. El editorial de empresa explicita su posición ideológica frente a los acontecimientos, instituciones o personas relevantes, y se emite cuando ésta lo considera oportuno, siempre que se haga notar que se trata de este género concreto. Constituye el máximo exponente de la subjetividad del medio radiofónico y del desarrollo de la argumentación de las ideas como modalidad discursiva. Su estilo debe apoyarse en una notable formalidad, alejada de los juegos de palabras, los chistes y las anécdotas, para acercarse más a un tono profesoral o judicial.

5.65. El debate, el cara a cara. Estos subgéneros se abordan más extensamente en el siguiente capítulo, dedicado a los tipos de programas. (Véase el apartado **6.4**).

6

Formatos de programas

6.1. Parrilla. Cada uno de los programas elaborados por las emisoras de Prisa Radio se enmarca en una unidad superior denominada 'parrilla', que sirve como estructura para ordenarlos y, al mismo tiempo, los sitúa temporalmente en un momento determinado de la jornada y en un día de la semana.

La parrilla es responsabilidad de la dirección de la emisora, que decide con libertad la duración, el contenido y la estructura de los programas. Los directores de cada uno de ellos se ajustarán estrictamente a ese marco establecido por los directivos.

Los programas de la Cadena SER se dividen en las siguientes categorías: flash o urgente; avance informativo; boletines; noticiarios; informativos; retransmisión informativa; grandes coberturas; programas especiales; magacines y entretenimiento; programas de debate; mesa redonda; cara a cara; información especializada; monográfico, y espacios deportivos.

6.2. Los programas pueden ser fijos o circunstanciales (como es el caso de los avances). No obstante, cuando se usa la palabra 'programas' suele estar referida a los de periodicidad estricta y establecida.

6.3. Los programas se definirán con los siguientes rasgos:

a. Una idea clara de su contenido y de su función, que pueda ser expresada en unas pocas frases. (Si se necesitan demasiados elementos retóricos para ello, los conceptos fundamentales no están bien fijados).

b. Qué aspectos lo diferencian de los demás.

c. A qué público concreto se dirigen.

d. Qué elementos forman su estructura y habrán de repetirse en cada emisión.

e. En qué lugar de la parrilla está situado; y cómo es su encaje entre el programa que le ha precedido y el que vendrá a continuación.

f. Qué duración tiene.

g. Con qué equipo humano cuenta y de qué recursos técnicos dispone.

6.4. Tipos de programas. En la Cadena SER se emitirán los siguientes tipos de programas: flash informativo, avance informativo, boletines, noticiario, informativo.

6.5. El flash informativo. También denominado 'urgente'. Se considera aquí un género programático, aunque carezca de periodicidad fija, porque adquiere identidad propia dentro de la parrilla. Es más, tiene prioridad absoluta sobre cualquier programa que se esté emitiendo en ese momento, en función de los criterios establecidos por la emisora.

6.6. El flash es un brevísimo espacio que representa la inmediatez de la radio como medio de comunicación. En él sólo cabe el género de la noticia.

6.7. El flash retrata el adelanto en antena, de forma breve, de los primeros datos conocidos sobre un gran acontecimiento, habitualmente imprevisto.

6.8. Su elaboración acelerada no justifica en ningún caso que el redactor infrinja las normas más elementales del periodismo. Debe contener datos confirmados, o bien atribuidos a una fuente fiable.

6.9. El flash informativo puede ofrecer datos incompletos, muy probablemente desordenados, pero en ningún caso sin comprobar. En este sentido, resulta esencial que en la emisión se cite explícitamente, y en más de una ocasión, la fuente o las fuentes de procedencia de la noticia. Es preferible perder unos minutos antes que perder la credibilidad.

6.10. La síntesis será extrema en el relato de los hechos y en la elección de los datos básicos.

6.11. Al comienzo de este espacio se utilizará una sintonía u otro recurso sonoro que sirva de cabecera, de forma que el oyente identifique con claridad que se trata de un hecho urgente y relevante.

6.12. A diferencia del resto de espacios informativos radiofónicos, el flash comunica una sola noticia, siempre muy relevante, y en su caso la posible repercusión de los hechos.

6.13. Este espacio se presentará por un solo periodista (al que dará paso quien esté en ese momento en antena), que leerá o contará la información. Excepcionalmente, éste puede dar paso a su vez a una segunda voz, correspondiente a alguien que se encuentre en el lugar de los hechos o disponga de datos adicionales de primera mano que expondrá a su vez con extrema brevedad.

6.14. A medida que se vayan conociendo más detalles de lo sucedido, se pueden encadenar otros flashes a lo largo de la programación diaria.

6.15. El avance informativo. El avance informativo es un espacio breve (pero más largo que el flash) cuyo propósito consiste en anticipar al oyente las noticias más relevantes que van a ser tratadas con mayor detenimiento en los principales espacios informativos de la cadena.

6.16. En el avance, el locutor ofrecerá solamente los datos más sustanciales de los acontecimientos significativos de las últimas horas.

6.17. El avance informativo deberá concluir recordando a la audiencia el nombre del informativo principal donde se desarrollan esos asuntos, y cuál será su hora de comienzo.

6.18. Los boletines. Los boletines horarios, o de resumen, son los espacios informativos de mayor frecuencia y periodicidad en la parrilla programática radiofónica.

6.19. Se emiten a las horas en punto y tienen como objetivo fundamental aportar al oyente un seguimiento de las noticias acontecidas entre dos momentos prefijados —de un boletín al siguiente—, una vez seleccionadas y evaluadas.

6.20. Si bien su misión principal se basa en actualizar periódicamente la información, el boletín también cumple una función de recordatorio, por lo que deberá recoger asimismo las noticias más importantes que conforman la agenda del día. En su parte final, incluirá previsiones y adelantará los hechos que pueden ser constitutivos de noticia en los próximos minutos.

6.21. Dado que no es tarea de los boletines profundizar en los hechos sino tan sólo referir la máxima actualidad, tienen una duración breve, que, en función de las emisoras, oscila entre los dos y los cinco minutos, salvo que el carácter extraordinario de los acontecimientos aconseje una ampliación.

6.22. Los boletines pueden incluir información internacional y nacional, pero también regional y local en las desconexiones contiguas de las emisoras territoriales.

6.23. Se estructuran a partir de piezas breves y puramente informativas, sobre todo noticias, pero pueden combinarse con crónicas y, de manera ocasional, con informes escuetos.

6.24. Los boletines se abren con las señales horarias y la careta de los servicios informativos de la cadena para, a continuación, dar paso a la presentación de las noticias. Las informaciones han de organizarse por bloques temáticos, si bien esta estructura no será tan exhaustiva como la de los noticiarios.

6.25. Al ser un espacio de un minutaje mayor que el flash, en este caso sí tiene cabida la intervención de diferentes redactores, corresponsales o enviados especiales, a los que el locutor principal dará paso para que amplíen la información desde el lugar de los hechos.

6.26. Un boletín no puede ser igual que el anterior. Incluso aunque se repita una noticia, habrán de variarse en ella el enfoque, la redacción y, por supuesto, la actualización de los datos.

6.27. Los programas informativos. Los programas informativos acogen en la Cadena SER dos formatos posibles, entre otros. El propiamente noticioso, que se emite por la mañana y a mediodía y que se basa (aunque no de forma excluyente) en las noticias; y el que recoge géneros más variados y extensos, que se emite por la noche. Al primero lo llamamos aquí 'noticiario'; y al segundo, 'informativo'.

6.28. El noticiario es un programa informativo amplio que permite una estructura fija de las noticias, ordenadas por secciones o temas. Se diferencia de los boletines, además de en su duración, en que la novedad ya no es el elemento más importante. El noticiario o programa informativo permite seleccionar y jerarquizar las noticias en función de su importancia y su contenido, y no sólo de su inmediatez, como ocurre en el boletín. El tratamiento de cada información, el papel del presentador o el guion son aquí aspectos mucho más importantes que los nuevos datos aparecidos sobre una determinada información.

6.29. El noticiario estará marcado por la personalidad y la voz de su director y presentador, que ejercerá como hilo conductor de todos los contenidos.

6.30. Las fases para la preparación de la noticia de un programa informativo o de un noticiario son:

— Obtención de las informaciones.
— Comprobación.
— Selección.
— Jerarquización.
— Edición.
— Emisión.

6.31. El informativo se define por el carácter de las noticias que emite. Las exclusivas y las primicias le darán siempre una relevancia mayor, pero también la cuidada selección de los demás asuntos y la perspectiva desde la que se abordan, así como la jerarquización y la edición. En estos últimos pasos radica buena parte del éxito del programa y del estilo que proyectará la emisora. No todos los días se dispone de noticias de gran interés, informaciones propias o primicias. Sin embargo, todos los días se ordenan las noticias y se ejerce un control de calidad.

6.32. La estructura de los programas informativos de la Cadena SER se basa en estas tres partes bien diferenciadas:
— Apertura.
— Desarrollo.
— Cierre.

a. La apertura se compondrá con alguna de estas dos opciones:

1. Noticia destacada del momento: se ofrece el titular y un desarrollo breve para, a renglón seguido, dar paso a los titulares del resto de noticias en un sumario.

2. Titulares del sumario: enunciados cortos que concentran los datos esenciales de cada asunto, tras los cuales se retoma la noticia más importante. En estos casos puede utilizarse un antetítulo, siempre que sea breve e informativo y sirva para contextualizar la noticia o el bloque de noticias correspondiente.

b. El desarrollo del noticiario se estructurará mediante la yuxtaposición de diferentes piezas informativas con sentido autónomo agrupadas en bloques por criterios temáticos (nacional, local, internacional, economía, sociedad, cultura, deporte, el tiempo, etcétera), dentro de los cuales se otorgará la prioridad a los hechos más novedosos o más relevantes. Para ello, se emplean diferentes voces que se alternan, indicativos frecuentes, separadores musicales para la publicidad o los diferentes apartados y otros recursos sonoros.

c. El cierre irá precedido de un resumen final de lo referido a lo largo de todo el noticiario. Más que una repetición de titulares, se trata de hacer un recordatorio de lo ya apuntado, siempre actualizado con los últimos datos que hayan llegado a la redacción o conectando en directo con el lugar de los hechos.

Para cerrar el noticiario se expondrán los titulares de salida, el desarrollo último de la noticia del día y, en su caso, un comentario o una frase del día con la que el presentador se despide y da paso a la sintonía del programa o de los servicios informativos.

6.33. Independientemente de la estructura que se adopte, la distribución de los contenidos en un noticiario será flexible, con el fin de amoldarse a la noticia o bloque informativo que suscite mayor interés en cada momento.

6.34. Edición de las noticias. El trabajo de edición para un noticiario consiste en la preparación, ordenación y presentación del material que será emitido.

Un noticiario estará bien editado para un programa informativo si reúne las características siguientes:

a. Titulares construidos con una sola oración, de estilo informativo (no interpretativo) y con los datos fundamentales de la noticia.

b. Entradillas con el contexto necesario para garantizar que el radioyente quede suficientemente informado y comprenda lo sucedido.

c. Realización sonora con sintonías o ráfagas estables que separan los diferentes bloques y noticias.

6.35. Otros géneros periodísticos. El noticiario debe incluir regularmente algunos de los géneros informativos vistos en el capítulo anterior: la crónica, la entrevista, el reportaje, el análisis, la tertulia o la columna de opinión, cada uno de ellos con los rasgos que los definan como tales.

6.36. El informativo se basa en las noticias del día, con las que debe iniciarse, pero (a diferencia del noticiario) incorpora el tratamiento de otros temas de actualidad con mucho detenimiento, de modo que un mismo asunto puede desgranarse en el género del reportaje, el de la entrevista, el análisis, la tertulia...

6.37. La función fundamental de este tipo de formatos es complementar la programación informativa centrada en la inmediatez (por tanto, complementar y ampliar los contenidos de los boletines). Este tipo de programa permite tomar una cierta distancia en los relatos, reflexionar sobre los hechos y aumentar el número de ángulos de enfoque, sin el condicionamiento de la urgencia.

6.38. En el informativo se deben aprovechar todas las posibilidades narrativas de la radio, de modo que el oyente perciba que se le ofrecen nuevas perspectivas sobre hechos que conoce. Por tanto, no se reproducirá lo que ya es sabido o ha sido emitido, sino que se variará el enfoque, se aportarán aspectos ignorados antes o que pasaron inadvertidos en su momento, y se aportará finalmente una profundidad fundamentada en una buena contextualización.

6.39. Este tipo de programas dependen en gran medida de su director y presentador, por lo que pueden considerarse de autor. Sin embargo, eso no avala que se mezclen la opinión y la información de manera que el oyente no pueda distinguir ante qué tipo de mensaje se encuentra.

6.40. Retransmisión informativa. La retransmisión de un acontecimiento de interés general (una gran manifestación, una sesión de investidura...) forma parte de los espacios informativos, y por tanto no está exenta de las obligaciones relativas al rigor en el lenguaje y a la separación entre información y opinión.

6.41. El objetivo del narrador es que el público se sienta presente en el acto, ya se trate de una coronación, una boda real, la llegada del Papa, un funeral de Estado, la celebración en la calle de un éxito deportivo, un desfile o una cabalgata. Por tanto, primarán en su relato los aspectos descriptivos, por encima de los juicios de valor. En el momento en que el narrador vaya a emitir una opinión, deberá dejarlo bien claro con fórmulas de lenguaje como 'yo creo que', 'a mi parecer', 'en mi opinión', etcétera. No es lo mismo decir "a mí me parece que los adornos son inadecuados" que "los adornos son inadecuados". En cualquier caso, las opiniones propias del informador sólo se expresarán si son relevantes y añaden algo a la narración objetiva.

6.42. Grandes coberturas informativas. La retransmisión informativa puede formar parte de una gran cobertura motivada por un acontecimiento muy importante o de gran impacto.

Las grandes coberturas (ya sean planificadas o sobrevenidas) interrumpen la programación habitual, incluso si se insertan en los contenedores fijos de la emisora y siguen bajo la dirección de su presentador diario. Por lo general, se producen en noches electorales, hechos bélicos, catástrofes cercanas y otros acontecimientos de tremenda repercusión.

Estos programas destacan por su inmediatez informativa y su capacidad narrativa emocional a partir de las imágenes sonoras que se construyen en los oyentes.

6.43. Las grandes coberturas se organizan con distintos puntos de conexión, desde los cuales se aportan principalmente noticias y crónicas. Los análisis que se vayan improvisando a partir de los datos conocidos conciernen a especialistas invitados al efecto, y no a los informadores o reporteros.

6.44. Programas especiales. Los programas especiales se emiten asimismo con motivo de algún gran acontecimiento o efeméride, pero, a diferencia de las grandes coberturas, tienen un solo punto de emisión informativa y pueden estar grabados.

6.45. Un programa especial puede difundirse con motivo de un congreso internacional de la lengua, el aniversario de algún acontecimiento, la aprobación de determinada ley... Un programa de este tipo debe estar plenamente justificado y tener unos objetivos claros, puesto que supone una ruptura de la regularidad, algo que puede provocar reacciones adversas en los oyentes.

6.46. La estructura interna de los especiales es abierta. Puede abarcar todos los géneros informativos, y debe contar con abundantes recursos sonoros (cortinillas, sonido ambiente, cortes de voz, etcétera).

6.47. Magacines y entretenimiento. El magacín es el espacio radiofónico que, inspirado en su día en las revistas gráficas de actualidad, acoge todo tipo de contenidos, ya sean informativos o de entretenimiento. Incluye así una mezcla de diferentes formatos radiofónicos, que componen una unidad gracias a la labor de enlace que desarrolla quien lo presenta.

6.48. El magacín tiene una duración amplia (al menos dos horas) y puede constituirse en programa-espectáculo que acoja actuaciones musicales, humor, imitaciones, recitado de poemas, emisiones breves de radioteatro, concursos, tertulias, críticas de libros, de cine o de teatro, amenidades, participación de los oyentes... Todo ello sin olvidar la actualidad del día (aunque no tanto en los aspectos más duros de las noticias, sino sobre todo en las que se suelen englobar en cultura y sociedad).

6.49. El magacín está muy vinculado a la personalidad de quien lo dirige y presenta (aunque cuente con sustitutos para periodos vacacionales), quien por lo general deberá permanecer en antena durante todo el programa. El magacín se organiza en apartados o secciones que pueden ser fijas o variables, y de periodicidad diaria, semanal o quincenal.

6.50. Los contenidos de los magacines deberán ajustarse a los preceptos y principios éticos de este libro de estilo, y el radioyente deberá saber en todo momento si se le ofrece una información objetiva (por ejemplo, una noticia) o un contenido interpretativo (por ejemplo, una crónica) o de opinión (por ejemplo, una crítica).

6.51. Dada la duración de los magacines, con un único formato se cubren diferentes segmentos horarios. Por ello, los magacines de la Cadena SER adaptarán sus franjas en función de las costumbres de la audiencia, y se requiere en ellos un estilo de presentación flexible, puesto que se pasa en cuestión de minutos del rigor que impone la presentación de las noticias a la ligereza que suele acompañar al entretenimiento.

6.52. Su estructura de contenidos y de secciones tiene que estar perfectamente adaptada a las audiencias disponibles en cada momento.

6.53. El magacín debe incluir fases de puro entretenimiento, con variedad temática y estructuración del contenido en secciones diversas. Eso precisa de un ritmo de realización rápido, que permita las transiciones entre los diferentes temas.

También puede tratar temas de actualidad o noticias del día desde una óptica desenfadada y satírica. Aunque tiene voluntad de entretener, ello no excluye que ofrezca cierta visión crítica sobre los hechos y las personas de las que trata.

6.54. Llamadas de los oyentes. Los programas tipo magacín pueden incluir llamadas de los oyentes, o incluso basarse íntegramente en esos diálogos.

Las opiniones que el oyente ofrezca son responsabilidad suya, pero la emisora debe disponer de algunos datos básicos sobre él para el caso de que incurra en alguna ilegalidad (injurias, calumnias) o en falsedades en datos deliberadas, etcétera. Por ello, se solicitará siempre el teléfono del comunicante (así como sus datos personales) y se le llamará desde la emisora para que entre en antena.

6.55. Se incluyen en este apartado, con el fin de mantener un orden en este manual, los programas puramente de entretenimiento y humor, que pueden compartir ciertas características con los magacines.

Estos programas humorísticos deberán ser respetuosos con las personas y las instituciones, aun admitiéndose la transgresión que puede entrañar el género humorístico. Por tanto, no deben incurrir en el menosprecio, la difamación o el insulto.

Este precepto es válido igualmente para los espacios de humor enclavados en otro programa más amplio.

6.56. Programas de debate. La radio es un espacio donde el debate y el diálogo encuentran géneros radiofónicos perfectamente adaptables a cualquier objetivo.

Los programas de debate son aquellos cuyos participantes representan ideas, organizaciones o corrientes contrapuestas entre sí.

Algunos de estos formatos se programan en función de su oportunidad informativa: cuando tiene lugar un acontecimiento relevante, con motivo de las convocatorias electorales, a raíz de hechos polémicos de gran impacto público o ante la celebración de un gran acto cultural, social o deportivo.

6.57. El debate consiste en que dos o más personas dialoguen sobre un asunto respecto al cual mantienen posiciones diferentes. Actuará como moderador el periodista responsable del programa.

El debate puede versar sobre asuntos políticos, económicos, deportivos, etcétera. Estará dotado de una estructura más formal, y el moderador debe equilibrar los tiempos de intervención de cada participante.

6.58. A diferencia de la tertulia o de la mesa redonda, el debate no suele tener un espacio habitual en la programación, sino que surge a raíz de alguna polémica en la que son parte interesada los participantes.

6.59. En las emisoras de Prisa Radio, los debates se transmiten siempre en directo y con todos los participantes en línea microfónica, aunque sea en diferentes ciudades. De este modo, todos tendrán igual presencia de sonido.

6.60. Los programas de debates contarán siempre con un moderador identificable como voz de la propia emisora; y las personas que participen en ellos serán seleccionadas por el equipo periodístico, sin que haya lugar a imposiciones ni vetos a cargo de partidos o de organizaciones sociales.

6.61. La emisora se reserva el derecho a vetar a una entidad representativa si ésta veta a su vez a la persona elegida por la emisora. Por tanto, tal organización quedaría fuera del debate.

6.62. El moderador establecerá los turnos de intervención y explicará a los participantes las posibilidades de interrumpirse entre sí, lo cual se permite en aras de la viveza del diálogo. No obstante, interrumpir no significa apropiarse del turno de palabra ajeno: se puede acotar, comentar o incidir brevemente en el turno de otro, pero de modo que éste pueda continuar con su argumentación.

6.63. El moderador controlará las intervenciones de manera que no se superpongan unas a otras, con el fin de que la audiencia consiga una correcta comprensión de lo que se dice. Además, es el encargado de controlar los tiempos en los turnos de palabra, de explicar los distintos temas que se abordan, de aclarar malentendidos y conceptos, así como de cerrar el programa exponiendo las conclusiones.

6.64. Un debate radiofónico no debe incluir a más de cuatro participantes. El moderador irá recordando sus nombres cuantas veces considere necesario: el oyente no está obligado a memorizar sus voces ni sus cargos.

6.65. La mesa redonda. Los espacios de mesa redonda son aquellos que acogen a especialistas en una materia, que dialogan entre sí para ofrecer a la audiencia una pluralidad de conocimientos. El objetivo no consiste en que discutan, sino en que cada uno muestre su visión de un hecho o de un aspecto científico, económico o deportivo, aunque, obviamente, ello pueda derivar en un debate.

6.66. El número de intervinientes no debe superar los tres, con el fin de garantizar que cada uno de ellos haga sus aportaciones de manera inteligible y pausada. Los criterios de elección de estos participantes dependen del tema que va a ser puesto en discusión.

6.67. Igual que en el debate, el moderador identificará continuamente a los intervinientes para que se sepa quién dice qué, sobre todo cuando se trate de voces que no sean conocidas por los oyentes.

6.68. Es necesario fijar previamente la mecánica y las condiciones de la mesa redonda; y garantizar de esta manera un desarrollo radiofónico atractivo y equitativo desde el punto de vista editorial.

6.69. El cara a cara. El cara a cara es una variante del género de debate, pero con la sola participación de dos personas que defienden ideas muy contrapuestas o incluso antagónicas.

6.70. Las condiciones que se fijen determinarán el éxito de este tipo de programas: el repertorio de temas, el tiempo máximo fijado para cada intervención, la regulación de las réplicas o la posibilidad de disponer de turnos adicionales.

6.71. No obstante, se huirá de la rigidez y el acartonamiento, de modo que los participantes puedan tener un diálogo natural y fluido, siempre que no se produzca ningún abuso por parte de ninguno de ellos en el uso de la palabra. Véase el apartado **6.62.**

6.72. Junto con todo ello, una correcta realización debe conducir al objetivo de mantener un buen ritmo y así captar el interés de la audiencia.

6.73. Información especializada. Los espacios monográficos o especializados se encuadran en el ámbito de los programas informativos, pero responden a una lógica propia y admiten un uso distinto de los géneros periodísticos.

Estos espacios pueden integrarse en un magacín, en un noticiario o en un informativo, y también disponer de un programa propio. Se trata de espacios dedicados a tratar con extensión y profundidad cuestiones como las económicas, culturales, históricas, ecológicas, deportivas, de consumo, etcétera.

6.74. Para diseñar y producir este tipo de programas, serán de aplicación los siguientes preceptos:

a. Deben aportar información y conocimiento muy superiores a los que podría contener un informativo generalista.

b. La presentación y la dirección deben ser confiadas a una persona relevante y reconocida en la materia.

c. La calidad y la profundidad de la información no estará reñida con una voluntad divulgativa encaminada a que los oyentes no directamente concernidos por el tema se sientan interesados en seguir la emisión del programa.

6.75. El monográfico. Un tipo de programa especializado es el monográfico, que se emite para abordar exhaustivamente un asunto, en general de actualidad. Para ello debe acotarse la dimensión del tema que se va a tratar y justificarse de manera conveniente su oportunidad informativa.

6.76. El contenido elegido debe incluir los aspectos más importantes del tema, de manera que sea percibido claramente por los oyentes.

6.77. Si se trata de un monográfico evocativo, el desarrollo del programa debe ofrecer un contraste entre la retrospectiva que refresca el tema y la visión que se tiene en el momento de emitirse. Si, por el contrario, se trata un tema de actualidad más reciente, ha de hacerse un balance sobre sus diferentes aspectos, aportar una evaluación y centrar las cuestiones clave.

6.78. El programa monográfico no tiene duración establecida como norma; y depende de la importancia que se otorgue al tema elegido, aunque es recomendable que no supere los 60 minutos.

6.79. Espacios deportivos. La programación deportiva constituye uno de los pilares que conforman la oferta de las emisoras de Prisa Radio.

Los espacios sobre esta materia buscarán los elementos que aporten valor añadido respecto de las posibilidades que ofrecen medios como la prensa y la televisión, para despertar en el oyente la necesidad de escuchar la radio incluso si al mismo tiempo están siguiendo un acontecimiento por la pequeña pantalla.

Los espacios deportivos toman los formatos de noticiario, informativo, transmisión y carrusel.

6.80. Noticiario deportivo. El eje central del contenido de este tipo de programas son las noticias relacionadas con el mundo del deporte. Tiene un formato muy similar al noticiario de información general. Por tanto, debe responder a sus mismos criterios y exigencias: elección de noticias relevantes y contrastadas, y jerarquización en el marco del programa. Dicho de otra manera, el desarrollo de contenidos deportivos no está reñido ni con el rigor informativo ni con la organización interna de un programa.

6.81. Su estructura debe incorporar tema de portada, sumario y desarrollo de las noticias menores.

Sin embargo, estos programas van más allá de los resultados y de la información estricta, y pueden incluir interpretación y opinión, por ello conviene que el oyente sepa siempre en cuál de esos registros se le habla.

Se nutren de abundantes documentos sonoros, grabados o en directo, con declaraciones de los protagonistas (deportistas, entrenadores y directivos, principalmente), e incorporan comentarios de especialistas en cada una de las modalidades. Así, combinan las noticias con otros géneros como entrevistas, crónicas o previas, análisis y opinión.

6.82. No obstante, el lenguaje de estos espacios debe guardar cierta formalidad, pues no deja de ser un programa noticioso, a diferencia de lo que ocurre en el magacín deportivo.

6.83. Magacín deportivo. El magacín con información de deportes tiene similitudes con el de información general y con el programa informativo. Por tanto, se basa en las noticias del día, que deben relacionarse al comienzo, pero incorpora el tratamiento de los temas de actualidad mediante la sucesión de géneros como la opinión, la entrevista o la tertulia, y obedece al estilo personal de su director y presentador.

Su función es también complementar la información deportiva que a lo largo del día se centró en la inmediatez, lo que permite tomar cierta distancia en el relato de los hechos y añadir ángulos nuevos en el enfoque.

6.84. Estos espacios se pueden considerar de autor, pues su conductor establece una impronta en ellos y acompaña el relato con opiniones propias. No obstante, se deberá indicar al oyente en qué momento se le ofrece la visión personal del director y presentador y cuándo se le traslada información objetiva.

Los responsables de estos programas deportivos y los periodistas que intervienen en ellos se adentran a veces en el género de la crítica (similar a la cinematográfica o la artística en general); y, como en esos casos, deben recordar que el objeto del análisis es la obra (en este caso, el desempeño de un deporte) y no la persona en sí. Es decir, se juzgan solamente los actos y no a sus protagonistas. Las descalificaciones generales están prohibidas.

6.85. Retransmisión deportiva. Es el género de programa deportivo que consiste en narrar en directo una competición. Debe incorporar elementos noticiosos o interpretativos de valor añadido, para lograr que quien ve los partidos o las competiciones por televisión tenga interés en recibir una información adicional y simultánea a través de la radio.

6.86. La mejor retransmisión de un acontecimiento deportivo es aquella que consigue no solamente una correcta narración de lo que sucede en el terreno de juego, sino sobre todo aquella que transmite también las emociones que el desarrollo de cada tipo de deporte comporta.

6.87. El relato en las retransmisiones deportivas a cargo de un narrador se complementará en las emisoras de Prisa Radio con otras intervenciones a cargo de reporteros a pie de campo y, ya en el estudio o por línea microfónica, de exárbitros, expertos, exdeportistas o periodistas especializados. Por tanto, las narraciones pueden ser corales, de manera que cada interviniente cumpla un papel que encaje en el conjunto.

6.88. En aquellos deportes cuyo desarrollo competitivo es de larga duración, el objetivo de la retransmisión tiene que ser siempre mantener la intensidad narrativa y, con ello, el interés de los oyentes. El estilo debe ser vivo, distendido y cercano, pero siempre riguroso y fiel a los hechos.

6.89. En esos casos, la voz del narrador tendrá prioridad absoluta para marcar el ritmo de la transmisión, y podrá interrumpir a los demás cuando la emoción del juego lo requiera.

6.90. Por el contrario, cuando se interrumpe el juego o si lo que sucede en el campo carece de interés, se pondrá en marcha toda una serie de recursos narrativos que prolonguen la tensión: debates sobre lo sucedido hasta el momento, conjeturas sobre el desarrollo inmediato, discusión sobre determinadas decisiones del entrenador, etcétera.

6.91. Una retransmisión deportiva de éxito es aquella que consigue establecer un ritmo radiofónico que va más allá del propio juego, que incorpora informaciones, puntos de vista y detalles que se escapan de lo que son capaces de ver las cámaras de televisión o incluso los propios seguidores que están en el estadio.

6.92. El objetivo final de este tipo de programas es conseguir la máxima espectacularidad de la narración, sin que ello derive en desviaciones sensacionalistas, exageraciones, descalificaciones personales o pasiones excesivas, pues en ningún caso se puede perder la perspectiva de que se trata de un deporte cuya trascendencia social se debe agotar en su propio ámbito.

6.93. El carrusel. Se considera un programa carrusel al que cuenta con distintos y distantes puntos informativos de origen, desde los cuales se emite un acontecimiento en directo y con una coordinación centralizada (ya se trate de los estudios de la emisora base o de cualquier otro lugar). Aunque esta característica puede darse ocasionalmente en el terreno de la información general (por ejemplo, manifestaciones en toda España con un motivo común), su aplicación más habitual se centra en el terreno deportivo, y más concretamente en el fútbol.

Se trata de un formato en el que se inserta el capítulo anterior (la narración), pero que cuenta además con otros puntos de interés simultáneos.

6.94. El programa en carrusel debe establecer una red de enlaces fiable con cada uno de los puntos de relato, con una gran calidad de sonido y un funcionamiento a prueba de fallos.

6.95. Este formato, al igual que el magacín, combina información y entretenimiento. Por ello, hay dos funciones en la antena que adquieren gran relevancia: las del presentador y las del animador. Ambos se complementan con la participación de diferentes colaboradores que aumentan el carácter coral de este tipo de espacios.

6.96. El presentador lleva la batuta del programa, y el animador interviene con intermitencia para ofrecer mensajes publicitarios. Eso no implica que tenga vetado hablar en otras ocasiones.

6.97. La clave del éxito de un carrusel reside en la espectacularidad conseguida principalmente a base de narraciones vibrantes y emotivas de todos los periodistas que intervienen desde los diferentes puntos de conexión. También resulta decisiva una realización trepidante, que provoque cambios constantes en el ritmo del programa con el fin de romper cualquier tipo de monotonía.

6.98. Para ello, los carruseles combinarán las crónicas de los partidos con otros géneros como las entrevistas a los protagonistas, informaciones y reportajes, junto con formatos de humor y entretenimiento que permiten la participación de la audiencia como concursos o preguntas en antena, y espacios patrocinados y de autopromoción. Véase el apartado **6.54.**

6.99. Los programas de carrusel deben tener en cuenta que la audiencia fluctúa en función del horario y de los partidos que en ese momento estén en juego. Por tanto, cada 15 minutos se debe actualizar la información disponible hasta entonces, facilitando los resultados de las competiciones celebradas con anterioridad en esa jornada, así como el marcador provisional de las que estén en juego.

6.100. Aunque el formato de carrusel es la máxima atención informativa sobre todos los acontecimientos deportivos simultáneos, uno de ellos puede ser distinguido con una atención especial debido a su importancia.

6.101. Audios *(podcast)*. Las emisoras de Prisa Radio dispondrán de un sistema de audios que permita escuchar a través de Internet tanto los espacios emitidos por antena como productos creados específicamente para este servicio.

6.102. Los espacios concebidos para su exposición en la Red de modo que puedan ser escuchados en cualquier momento, cuando el consumidor lo desee, pueden abarcar todos los géneros radiofónicos. En cada caso, se atendrán a las normas descritas en este libro referidas a cada género o programa. Y en todo momento el oyente debe saber en qué registro se le habla: noticia, reportaje, crónica, análisis, opinión...; y, sobre todo, si se trata de una ficción (radionovela, radioteatro, etcétera).

6.103. Los audios creados expresamente para su descarga en Internet han de evitar expresiones como 'ayer', 'anteayer', 'mañana', 'el mes pasado'... y otras que impliquen una referencia temporal relativa a un día concreto, pues estos productos se pueden escuchar en cualquier momento.

6.104. Sobre el uso del anglicismo *podcast*, véase el diccionario de este manual.

Diccionario

Criterios generales

Estilo. Los criterios aplicados en el siguiente vocabulario conciernen más al estilo que a la gramática o las normas lingüísticas en general. En ocasiones se escoge una palabra de entre varias igualmente válidas porque se considera de mejor estilo periodístico o se adapta más a la personalidad de la Cadena SER. El estilo es elección, y a veces un término se prefiere frente a otros debido a su mayor tradición en el español, a su mejor morfología o a su mejor sonido; sin que eso invalide para otros usos (ajenos al periodismo y a la Cadena SER) los vocablos desechados.

No hay que olvidar que se trata de un libro de estilo, no de un diccionario al uso o una obra de aplicación general. Sólo es normativo para los periodistas de la Cadena SER, con el objetivo de conformar un estilo común que sus lectores en Internet y sus oyentes identifiquen. Por tanto, muchos términos desaconsejados aquí pueden ser correctos en cualquier otro ámbito.

A diferencia de lo que ocurre con algunos diccionarios, en el presente no se sitúa siempre la explicación o definiciones de una palabra en la forma cuyo uso se prefiere, sino en la que se supone será buscada por un periodista en primer lugar, a fin de facilitarle el trabajo y ganar en rapidez. Eso lleva a que, en ciertos casos, las definiciones aparezcan repetidas, y a que algunos vocablos se puedan hallar en dos lugares. Por ejemplo, '*winner*' tiene entrada propia pero también figura en la entrada 'tenis'.

Aunque se trata de un libro de estilo para una emisora de radio, en muchas ocasiones se mencionan las grafías correctas de determinadas palabras. Eso se debe a que este manual será de aplicación tanto para la antena como para las ciberpáginas de la SER.

Extranjerismos. Por regla general, en este léxico se eligen los términos del idioma español que pueden sustituir con ventaja a los extranjerismos (y especialmente a los anglicismos) que pueblan el lenguaje de políticos, economistas, deportistas o científicos.

Tecnicismos. El uso de tecnicismos no da idea de que un periodista ha adquirido muchos conocimientos en una materia específica, sino de todo lo contrario: de que es incapaz de traducirlos en un lenguaje comprensible por su público. Por tanto, este libro tiende a desaconsejarlos si no van acompañados de una explicación.

Topónimos. En general, se escriben y se dicen en castellano todos los topónimos que tienen traducción a esta lengua. Se hacen salvedades, no obstante, con ciertos topónimos de Cataluña, País Vasco y Galicia. Sin embargo, en las otras lenguas españolas diferentes del castellano se mantendrán los topónimos que correspondan en tales idiomas (por ejemplo, Saragossa en vez de Zaragoza; o Conca en lugar de Cuenca). Esta asimetría se basa en cuestiones históricas de cortesía y desagravio, y no en motivos lingüísticos.

El uso de la cursiva en este vocabulario es restrictivo: se reserva para palabras de otro idioma cuyo uso se admite *('striptease', 'yuppies', 'green'...),* para términos de significado diferente al habitual ("los *tiburones* de la Bolsa", "un *camello* de cocaína", "mi amigo me vendió un muy buen *chocolate)* y para algunos neologismos, así como para reproducir sufijos, prefijos, las letras y la pronunciación de palabras cuando se pretenda resaltar ésta.

Abecedario. Las expresiones se han ordenado sin entender como letras independientes la *ch* y la *ll.* Este sistema parte de que un diccionario debe ordenar letras, y no sonidos; y eso permite además una mejor clasificación de las palabras de otros idiomas.

Palabras incluidas. El hecho de que una palabra figure en este diccionario no significa que queda avalada para su uso. A menudo se incluyen términos desaconsejados, pero con la idea de orientar al redactor sobre su significado de modo que pueda encontrar una alternativa mejor, especialmente cuando haya de manejar textos escritos en otros idiomas y en los cuales una transcripción literal pueda inducir a equivocaciones.

Reproducciones textuales. Las palabras desaconsejadas en este manual pueden utilizarse si forman parte de citas textuales en castellano y se hallan en un entrecomillado. En ese caso, se escribirán como queda indicado en la entrada correspondiente (ya sea en redonda o cursiva). Lo mismo sucederá con las colaboraciones de opinión a cargo de personas ajenas a la plantilla de la Cadena SER. No obstante, en los textos informativos conviene explicar todo término confuso o poco conocido, aunque figure en una cita.

Un término 'se prefiere' a otro cuando es el que ha de utilizarse como primera o única referencia; pero ello no impide que en referencias posteriores del mismo artículo se emplee el menos aconsejado, si queda claro que se usa como sinónimo y no induce a error; y siempre que no se trate de meras alteraciones ortográficas (en ese caso, el vocablo ha de plasmarse siempre con la misma grafía). Por ejemplo, se prefiere 'jerga' frente a 'argot'; pero esta última voz se puede utilizar si aquélla se ha escrito ya varias veces. Ahora bien, un mismo texto o una misma locución no puede contener 'ucranio' y 'ucraniano', ni 'omóplato' y 'omoplato' (aunque todas esas formas resulten correctas), sino solamente 'ucranio' y 'omóplato' porque son las grafías que prefiere el libro de estilo de la Cadena SER.

No siempre se explica en cada entrada el motivo de esa elección, pues generalmente las razones se derivan del capítulo correspondiente situado en la primera parte del presente *Libro de estilo* y de esta introducción. A veces se trata de criterios etimológicos, o de mayor tradición en el propio medio o simplemente más cortos.

Uso de la negrita. Las palabras que aparecen en **negrita** dentro de una definición tienen una entrada propia en el presente diccionario.

Uso de las comillas dobles y simples. En este manual, los ejemplos con oraciones completas figuran entre comillas dobles. Las comillas simples se usan para encerrar significados de palabras y también para señalar los términos que son definidos o sobre los que se dice algo, ya se trate de un vocablo o de varios.

Errores imperdonables

A continuación se reproducen y explican algunos errores que se dan con mucha frecuencia en los medios y que figuran en casi todos los manuales de gramática y estilo.

Con esta lista se pretende llamar la atención sobre la necesidad de usar un lenguaje adecuado, aspecto que suele redundar en la imagen que proyecta la emisora ante sus oyentes y lectores (estos últimos, en Internet). Sólo con atender a esta relación se habrá reducido un altísimo porcentaje de fallos, pues en los medios no se suelen producir muchos errores distintos, sino unos pocos muchas veces. He aquí los principales de ellos.

a día de hoy. La Academia lo considera un galicismo (por *'aujourd'hui'*: 'hoy' en francés). Pero más allá de eso, se debe evitar su actual profusión, pues se acude a esta fórmula con abundancia excesiva en todo tipo de intervenciones públicas y periodísticas. Puede sustituirse por las alternativas 'hoy en día', 'hasta ahora', 'por el momento', 'hoy por hoy', 'hasta el momento', 'por ahora', 'en la actualidad' o 'hasta la fecha'.

agujero. En la jerga de economía, este término es peyorativo y debe emplearse con cuidado. Significa 'deuda, falta o pérdida injustificada de dinero en la administración de una entidad'. Por tanto, las pérdidas o el déficit de una empresa no son un 'agujero'. Lo serían si esa cantidad correspondiera a un dinero que ha desaparecido sin justificación o que ha sido hurtado o malversado.

alante. Esta forma incorrecta y vulgar de decir 'delante' o 'adelante' debe evitarse a toda costa. "El grupo perseguidor ya está alcanzando a los corredores de delante" (y no "ya está alcanzando a los corredores de *alante*"); "hay que ir para adelante" (y no "hay que ir para *alante*").

a nivel de. Esta expresión implica un concepto de altura ("está a nivel del mar", "no ha llegado al nivel de otras veces"). Y es incorrecta cuando se usa para referir una extensión o un ámbito: "Está prohibido a nivel estatal", "hay que hacerlo a nivel de prueba". En estos casos, se pueden usar 'a escala', o 'en el ámbito' o simplemente 'como': "hay que hacerlo como prueba". Véase Diccionario, **a escala de**, página 137.

aun así. El adverbio 'aún' lleva tilde cuando equivale a 'todavía' (que también se acentúa); y prescinde de ella cuando significa 'incluso' (que asimismo la omite). Por tanto, en la locución 'aun así' dicho adverbio no tiene tilde cuando equivale a 'incluso así': "Le ofrecí dinero, pero aun así se negó a pronunciar la conferencia" ('incluso así se negó'). Éste es el uso más habitual de esa locución y da lugar a muchísimos errores, pero también se puede usar 'aún así' si equivale a 'todavía así': "Estoy vestido aún así, como me ves, de mala manera". Véase Diccionario, **aún**, página 145.

climatológico. No hay que confundir el clima con el tiempo. Ni la climatología con la meteorología. Un lugar, salvo glaciaciones o grandes cambios similares, siempre tiene el mismo clima: lluvioso o seco; con temperaturas cálidas o frías, extremas o templadas; es mediterráneo o atlántico. El clima y sus palabras derivadas se refieren a las condiciones meteorológicas habituales en un lugar dado. Así, cabe hablar de un clima atlántico o mediterráneo, definidos cada uno por unas circunstancias diarias —sol, lluvia o viento—, cuya repetición configura aquél. Pero no cabe decir "ese día hubo determinadas circunstancias climatológicas".

concordancia de los condicionales. "Si vienes a mi casa, te invito a comer". "Si vinieras a mi casa, te invitaría a comer". Pero no "si vienes a mi casa, te invitaría a comer", ni "si vinieras a mi casa, te invito a comer". Del mismo modo: "Si el Barcelona gana, se pondrá líder", y "si el Barcelona ganase, se pondría líder". Pero no "si el Barcelona gana, se pondría líder", ni "si el Barcelona ganase, se pondrá líder".

consenso. Según el *Diccionario,* el consenso implica unanimidad: sólo se puede nombrar así el acuerdo de todos los miembros de un grupo. También es correcto usar 'consenso' cuando lo adoptan las colectividades o personas a quienes se está citando, aunque haya disenso con terceros que se encuentran ausentes de la cita: "Se llegó a un consenso entre PSOE y PP".

"Ana y Marta consiguieron llegar a un consenso".

deber de. El verbo 'deber' se usa con la preposición 'de' para denotar probabilidad; y sin 'de', para denotar obligación. "Debe ser así" señala una obligación; "debe de ser así" expone una probabilidad. Véase DICCIONARIO, **deber**, **deber de**, página 177.

detentar. No debe emplearse para indicar cualquier situación de poder o mando. Su significado exacto es retener sin derecho, usar o atribuirse alguien una cosa indebida o ilegítimamente, y sólo en este caso ha de usarse. Por tanto, 'detentar' es siempre peyorativo. Véase DICCIONARIO, **detentar**, página 181.

en base a. Esta construcción es ajena al idioma español. Escríbase 'a partir de', 'basado en', 'sobre la base de', 'en función de', 'con base en', 'de acuerdo con' o 'según'.

entradilla inversa. Se denomina así al primer párrafo de una información que no comienza con un sujeto. La *entradilla inversa* ordena los elementos de esa primera frase de manera opuesta al lenguaje considerado más natural. Por ejemplo, este caso: "Después de que España no fuese capaz de cumplir con el objetivo de déficit desde el inicio de la crisis, el país va camino de encadenar dos años consecutivos logrando la meta exigida por Bruselas". En ese ejemplo, se leen en primer lugar los hechos circunstanciales, y después los principales. Es decir, al contrario de lo que debe suceder para una mejor comprensión lectora y para enganchar al lector o al oyente. Lo ideal es comenzar con el sujeto: "España va camino de encadenar dos años consecutivos logrando la meta exigida por Bruselas, después de no haber sido capaz de cumplir con el objetivo del déficit desde el inicio de la crisis".

entrecomillado inverso. El *entrecomillado inverso* consiste en informar primero de lo dicho y después de quién lo dice. Una declaración no vale nada hasta el momento en que se sabe a qué personaje corresponde, ya se trate de palabras escritas o recogidas en audio. Por tanto, no se debe situar por delante en una entradilla (o en cualquier otro punto del texto) la reproducción textual de una declaración, y detrás el nombre de la persona a quien corresponden esas palabras. Se facilita la comprensión lectora si el orden es el contrario: primero quien habla y después lo que haya dicho.

Este recurso sólo es válido en radio si la voz resulta perfectamente identificable sin haber sido presentada.

entrenar. Es un verbo siempre transitivo o pronominal, nunca intransitivo. Es decir, no se puede usar sin complemento directo. En vez de "la selección entrenó en La Romareda", debe decirse "la selección se entrenó en La Romareda". Los deportistas no 'entrenan', sino que '*se* entrenan'; quien 'entrena' es el entrenador.

escuchar. El acto de escuchar es voluntario, a diferencia de 'oír'. Se puede oír o escuchar una conversación, pero no se escucha un disparo o una explosión sino que solamente se oyen.

es por eso que, es por esto que. Giro francés ajeno a la lengua española. Úsense las construcciones 'es por eso por lo que', 'por eso es por lo que' o, mejor, simplemente 'por eso'.

esta agua, esta área. Lo correcto es 'esta agua', igual que 'esta área', 'la otra área', 'en esa área', 'esta aula', 'la otra aula'... El cambio de género se produce en los artículos definido o indefinido en singular ('el agua', 'el área', 'un aula'...) pero no con los demostrativos ni otros adjetivos. No debe decirse "no cabe ni un solo alma" sino "no cabe ni una sola alma".

ganar de. No debe usarse nunca. En vez de "el Barça gana de diez puntos", empléese "gana por diez puntos".

habría, sería. El llamado condicional del rumor es una aberración periodística porque sirve para transmitir rumores o, lo que es lo mismo, noticias no confirmadas. La forma auxiliar 'habría' o el potencial en general (simple o compuesto) no deben emplearse para expresar hechos no verificados ("el cantante habría sufrido un accidente"). En tales casos, cuéntense sólo los hechos confirmados: "La familia del cantante ha señalado que sufrió un accidente".

A menudo se usan incluso dos cautelas redundantes: "El lugar donde habrían ocurrido supuestamente los hechos". Debe decirse, por ejemplo: "El lugar donde se cree que ocurrieron los hechos"; o "el lugar donde la policía sospecha que ocurrieron los hechos".

hora menos en Canarias. Locución incorrecta. Debe decirse 'una hora menos en Canarias'. Véase **El lenguaje**, página 73.

imperativo terminado en *r*. No debe decirse "ir a buscarme" sino "id a buscarme" (véase **terminaciones en *d*)**. Del mismo modo, "daros prisa" debe sustituirse por "daos prisa". La Academia ha aceptado 'iros' además de 'idos', pero en estilo elegante ha de usarse esta última.

imperativo terminado en *s*. Son incorrectos el imperativo "ves a tu casa" y otros similares. Debe decirse "ve a tu casa". (Véase **terminaciones verbales en s**).

impersonal en plural. El verbo haber no tiene plural cuando se usa como impersonal. No debe decirse "hubieron muchas personas" sino "hubo muchas personas".

keniata. El gentilicio tradicional en español para los habitantes de Kenia es 'keniano'. 'Keniata' deriva del nombre que adoptó un presidente de aquel país, Jomo Kenyatta, que era 'el presidente Kenyatta' y a la vez 'el presidente keniano'.

medirse. Son incorrectas construcciones como "el Real Madrid se mide al Barcelona" o "Rajoy se mide hoy a la oposición", muy usadas por los periodistas. Lo adecuado es construir esas oraciones con la preposición 'con': "... se mide con el Barcelona" y "... se mide con la oposición".

mezcla de estilos indirecto y directo. La presencia de comillas en un texto no interrumpe las relaciones sintácticas. No se puede escribir, ni leer en antena, una oración como "mi prima me dijo ayer que 'mi marido no estaba en casa'". Aunque las comillas indican que el marido es de la prima, la lectura en voz alta da a entender que se trata del esposo de quien habla. En estos casos debe escribirse y leerse "mi prima me dijo ayer que su marido no estaba en casa" o "mi prima me dijo ayer: 'Mi marido no está en casa'".

palo corto, palo largo. Estas expresiones forman parte de la jerga futbolística, pero suelen ser criticadas por quienes consideran que los dos palos de las porterías de fútbol son iguales en su tamaño y que por tanto no cabe ese sentido matafórico. Para evitar este problema, puede decirse 'primer palo' y 'segundo palo'. También, 'palo próximo' y 'palo lejano'.

parada respiratoria o cardiorrespiratoria. No es la causa de una muerte sino la consecuencia, la muerte misma. Una persona intoxicada por botulismo puede morir de parada cardiorrespiratoria, pero la causa de su fallecimiento será el botulismo, no que se le pare el corazón y deje de respirar.

poner en valor. Galicismo innecesario en español, pero muy habitual en el lenguaje político. Sustitúyase por 'poner de relieve', 'valorar', 'resaltar', 'destacar', 'elogiar', etcétera.

porque, porqué, por qué, por que. Se escribe junto y sin acento ('porque') cuando es conjunción causal y puede sustituirse por 'a causa de' o 'por razón de'. En cambio, se acentúa ('porqué') cuando es sustantivo y sinónimo de la causa o la razón (es decir, cuando va precedido de artículo).

Ejemplos: "Lo hago porque es necesario", "los ciudadanos quieren saber el porqué de la dimisión".

Va separado y con tilde cuando tiene carga interrogativa: "¿Por qué lo hizo?". "No sé por qué lo hizo". Va separado y sin acento cuando la preposición 'por' y la conjunción 'que' tienen valores independientes y normalmente les sigue un verbo en subjuntivo: "Estoy preocupado por que puedan faltar alimentos". "El redactor jefe ha de velar por que se escriba bien".

posesivos. Un posesivo pleno no debe acompañar a un adverbio si no lo puede hacer también un posesivo apocopado. Por tanto, no se puede decir 'delante mío' porque no se puede decir 'en mi delante'. Lo correcto es 'delante de mí'.

Se puede decir 'alrededor suyo' porque se puede decir 'a su alrededor'. Se puede decir 'al lado suyo' porque se puede decir 'a su lado'. Se puede decir 'en contra suya' porque se puede decir 'en su contra'.

No se puede decir 'detrás mío' o 'detrás suya' porque no se puede decir 'en mi detrás' o 'en su detrás'. No se puede decir 'cerca mío' o 'cerca mía' porque no se puede decir 'en mi cerca'. No se puede decir 'a través mío' o 'a través suya' porque no se puede decir 'a mi través' ni 'a su través'.

En estos casos, se confunden con posesivos plenos lo que son en realidad pronombres personales precedidos de la preposición 'de'. Un posesivo pleno no puede acompañar a un adverbio.

preveer. Lo correcto es 'prever'.

protagonizar. Una manifestación no puede ser protagonizada por miles de personas. 'Protagonizar' significa 'representar un papel en calidad de protagonista', y 'protagonista' es el 'personaje principal' de una obra o de un suceso. Por tanto, no se puede decir "decenas de personas protagonizaron la protesta", puesto que todas a la vez no desempeñan el papel principal. Análogamente, en una obra literaria o escénica, sólo hay un protagonista (o uno masculino y otro femenino). Pueden aparecer varios actores principales, pero no varios protagonistas. La etimología en castellano deriva del griego '*protos*', 'primero', y '*agonystés*', 'actor'. En cambio, el '*starring*' inglés, que es lo que induce a confusión, procede de '*star*', y por tanto implica una lógica distinta.

provocado. Todos los incendios son provocados por algo, ya sea un rayo, un cortocircuito o la cerilla de una persona. Si se quiere expresar una causa voluntaria, dígase 'incendio intencionado' o 'deliberado'.

provocar. Debe usarse solamente para los casos en que se produce o se incita a algo: "Me provocó nerviosismo", "me provocó el vómito". Pero no "me provocó una herida". Este verbo no debe entenderse como sinónimo de 'causar', sino de 'excitar' o 'inducir'. Se causa algo cuando la acción recae directamente en la persona o cosa. Y se provoca cuando esa causa genera otra acción de la persona o cosa (un dolor, una caída...). Se provoca una acción o una reacción, pero se causa un daño. No se debe decir, por ejemplo: "La bala le provocó un agujero en el muslo" (sino "la bala le causó..."). Para comprender mejor la diferencia entre causar y provocar, analícense los sustantivos 'causa' y 'provocación'.

que, quien. El relativo 'que' se emplea preferentemente detrás de nombres de cosas o de ideas. Detrás de nombres de personas hay que usar 'quien'. No es correcto "es el Congreso de los Diputados quien debe decidir", sino "es el Congreso de los Diputados el que debe decidir". Pero sí "es el presidente quien debe decidir".

redactado. Es incorrecto escribir o decir 'el redactado de la ley'. En todo caso, es correcto el participio en 'lo redactado'; o bien 'la redacción de la ley'.

saga. Esta palabra tiene actualmente dos acepciones: 'leyenda nórdica' y 'relato literario de las vicisitudes de una familia'. Por tanto, no equivale a 'familia'. Es incorrecto "Irene Escolar procede de una saga de artistas". En estos casos pueden usarse los términos 'estirpe' o 'dinastía'. Véase DICCIONARIO, **saga**, página 311.

suplicatorio. El suplicatorio es un continente, no un contenido. Conforme a uno de los usos del sufijo *-orio,* 'suplicatorio' señala el lugar donde se produce lo que designa la raíz. Por ejemplo: 'observatorio', donde se observa; 'sanatorio', donde se sana; 'oratorio', donde se ora. Por tanto, 'suplicatorio' es el lugar donde se suplica (el papel, el documento, el oficio, la instancia que contiene una súplica). En el derecho español, el suplicatorio es la instancia que uno de los tres poderes clásicos dirige a otro de ellos para pedirle algo. Así pues, no se puede decir "el Supremo solicita el suplicatorio de un senador" o "si el Senado concede el correspondiente suplicatorio...". El suplicatorio se presenta, se redacta, se expone, pero no se pide, se otorga o se concede, ni se aprueba o se rechaza. En todo caso, se aprueba conceder lo solicitado en el suplicatorio. Sí serían expresiones correctas "el Supremo solicita el procesamiento de un senador" o "el Supremo presenta un suplicatorio contra un senador".

supresión de artículos. No deben construirse oraciones mediante supresión de artículos como algunas que son habituales en los relatos deportivos: "Jordi Alba avanza por banda izquierda" o "Keylor estará bajo palos". Son tan incorrectas como "ese mendigo camina por acera", "tu primo duerme bajo puente" o "me duele muela" y "me gusta paella".

terminaciones en *d*. Para una mejor prosodia, cuídense las uniones fónicas de palabras terminadas en *d* con el vocablo siguiente, sobre todo si éste comienza por vocal. No debe decirse "Valladoliz uno, Madriz uno" *(Valladolizuno, Madrizuno),* sino "Valladolid uno, Madrid uno" *(Valladoliduno, Madriduno);* ni "la Real Sociedá ha jugado muy bien" sino "la Real Sociedad ha jugado muy bien" (la *Realsociedadajugado* muy bien); ni "Daviz Alcántara" *(Davizalcántara)* sino "David Alcántara" *(Davidalcántara).*

terminaciones verbales en *s*. Todas las formas verbales de segunda persona terminan en *s* ('vas', 'irás', 'irías', 'ibas', 'fueses'...), excepto en el pretérito indefinido y en el imperativo ('fuiste', 've'). La analogía con los demás casos hace que a veces se vulneren esas dos excepciones con las incorrecciones 'fuistes' y 'ves'; no sólo con el verbo 'ir' sino también con otros ('hicistes', 'llegastes'...). Lo correcto es 've' (imperativo de 'ir'), 'hiciste', 'llegaste', 'amaste', 'cantaste', 'cambiaste', 'sentiste'...

valorar. Este verbo tiene siempre un significado positivo: dar valor a algo: "Yo valoro lo que haces". Por tanto, 'valorar negativamente' es una *contradictio in terminis,* y 'valorar positivamente' es una redundancia. En la mayoría de los casos erróneos se puede sustituir por 'evaluar'. Sí es válido "lo valoró en cinco millones", pues este verbo sirve también para fijar el precio de algo; pero se trata igualmente de un concepto positivo (algo tiene valor). Véase DICCIONARIO, **valorar**, página 343.

vergonzante. No es lo mismo que 'vergonzoso'. 'Vergonzante' ha de aplicarse a la actitud de hacer algo ocultándose, sin manifestarse públicamente. El mendigo que se tapa la cara para que no le reconozcan, por ejemplo, mantiene una actitud 'vergonzante'. En síntesis, la actitud 'vergonzante' es la de quien tiene vergüenza; y 'vergonzosa', la de quien la causa.

A

abatir. Significa 'derribar, derrocar o echar por tierra'. No es sinónimo de 'matar' o 'asesinar'.

Abc. Como cualquier otra cabecera de periódico, ésta del Grupo Vocento se escribirá en minúsculas, salvo la letra inicial, y en cursiva.

abertura. Su uso con el significado de 'inauguración' o 'comienzo' en lugar de "apertura" es incorrecto.

abertzale (plural castellanizado, *abertzales).* En vascuence, 'patriota' y, por extensión, 'nacionalista'. Puede emplearse, pero se prefieren términos más precisos en cada caso: 'nacionalista', 'independentista'. La Academia recogió en 2001 solamente la grafía 'aberzale', raramente usada, pero rectificó en 2013 para recoger también *'abertzale'.* La pronunciación del grupo *tz* se parece más a la che que a la zeta.

ablación. Operación quirúrgica para extirpar un órgano o parte de un cuerpo. Cuando se utilice este término debe explicarse qué es lo que se ha extirpado, si no queda claro por el contexto. 'Ablación' no implica necesariamente que sea de clítoris.

abolir. 'Derogar una ley, precepto o costumbre'. Desde 2005 no se considera verbo defectivo, por lo que pueden emplearse todas sus formas como verbo regular: 'abolo, aboles, abole', etcétera.

abordar. La Academia ha admitido un nuevo significado de este verbo: 'Dicho de un pasajero: subir a un medio de transporte'. No obstante, se prefiere 'embarcar'.

abordo. 'Abordo' es el presente del verbo 'abordar'. La locución adverbial 'a bordo' significa 'en una embarcación y, por extensión, en otros vehículos'. Ejemplo: "Comimos a bordo del yate". Sin embargo, en el lenguaje periodístico conviene acudir a fórmulas más cortas: "Iba en el tren cuando vi ese paisaje", en vez de "iba a bordo del tren cuando vi ese paisaje". No debe usarse para transportes sin espacio interior: "Iba a bordo de una bicicleta", "iba a bordo de una moto".

aborigen. 'Originario del suelo en que vive'. Se emplea también para referirse al morador primitivo de un país frente a quienes lo ocuparon o colonizaron. Es de género común.

abrumador. No implica cantidad, sino presión. 'Pruebas abrumadoras' no son pruebas masivas o abundantes, sino agobiantes o preocupantes.

abrupto. Significa 'áspero', 'rudo', 'de difícil acceso'. No debe emplearse con su significado inglés de 'repentino', 'precipitado'.

absolución. En el proceso penal es la terminación de un juicio mediante fallo en el que se declara la inocencia del reo. En el proceso civil, la **sentencia** 'desestima' las pretensiones del demandante.

absolutamente. Debe cuidarse el uso de este adverbio, que ocasiona muchos **pleonasmos** al combinarse con adjetivos que no admiten grados: 'absolutamente terminado', 'absolutamente abarrotado', 'absolutamente unánime', 'absolutamente imposible', etcétera.

academia. Se escribe con mayúscula inicial cuando forma parte de un nombre propio (Real Academia Española).

acarrear. Sólo se emplea con complementos negativos: desgracias, problemas, gastos...

accesible, asequible. Estos adjetivos no son intercambiables; 'accesible' significa 'de acceso o trato fácil', mientras que 'asequible' se refiere a lo que es 'fácil de conseguir o adquirir'. Es incorrecta por tanto la expresión 'rival asequible', muy usual tras los sorteos deportivos como **eufemismo** de 'rival fácil' o 'rival inferior'.

ace. En **tenis**, 'saque ganador', 'saque directo' o 'tanto directo de saque'. Debe eludirse la expresión inglesa.

acoso laboral. Traducción adecuada para el anglicismo '***mobbing***'. También pueden emplearse 'acoso moral en el trabajo' y 'acoso profesional'. Y si queda claro por el contexto, simplemente 'acoso'.

activo. Conjunto de bienes y derechos que pertenecen a una persona o entidad. Ejemplos de activo son la propiedad inmueble y los derechos de cobro de cualquier deuda. Es un término contable utilizado por empresas y bancos. El activo puede ser, en función de su temporalidad, 'corriente' (que lleva menos de un año en la empresa generando flujos netos de caja) y 'no corriente' (más de un año). Según su naturaleza, puede ser 'tangible', 'intangible', 'financiero' e 'inmobiliario'.

actor. En derecho procesal se llama así, a veces, al 'demandante' o 'querellante'. No debe emplearse con este sentido, sobre todo cuando el contexto no ayude a entenderlo.

actuación. Es solamente el ejercicio que hace una persona de los actos propios de su naturaleza. No debe sustituir a términos como 'obras', 'diligencias', 'proyecto'...

acusado. Véase **imputado**.

adagio, *adagio*. En redonda, 'sentencia breve'. En cursiva, 'composición musical con movimiento lento'.

adecuar. En el uso culto se acentúa como 'averiguar', y por tanto es la opción que se prefiere, aunque sea también frecuente, y además válida, su acentuación como 'actuar'. Así pues, se prefiere 'adecua', y no 'adecúa'.

adolecer. No es sinónimo de 'carecer'. Significa 'tener el defecto de' o 'padecer la falta de'. Se puede carecer de acierto, pero no se adolece de acierto sino de falta de acierto.

adolescente. Empléese solamente para referirse a personas con una edad comprendida entre los 13 y los 18 años.

adonde. Aunque la Academia da por buenas actualmente fórmulas menos precisas, en la ciberpágina de la SER, y por cuestión de estilo, este adverbio de lugar se escribe en una sola palabra cuando el antecedente está expreso o en frases interrogativas; y separado cuando no hay antecedente. Ejemplos: "Aquélla es la casa adonde vamos", "¿adónde me lleváis?", "venían a donde yo estaba". Como adverbio relativo, no lleva acento, pero sí en frases interrogativas, admirativas o dubitativas.

Cuando el verbo implica dirección, debe usarse 'a donde' o 'adonde' (en frases interrogativas, 'adónde'), pero no 'donde'. No es lo mismo "¿adónde vas?" ('a Barcelona', 'a Madrid', 'a mi casa') que "¿dónde vas?" ('en coche', 'en la parte de atrás del avión'). También, "me gusta Salamanca, donde me encuentro" y "me gusta Salamanca, adonde iré mañana" y "me gustará ir a donde tú vayas, por ejemplo a Salamanca, adonde sólo he viajado una vez".

aductor, abductor. Se trata de dos músculos diferentes; el 'abductor' es el que tiene como función mover una parte del cuerpo alejándola de su eje (por ejemplo, al poner los brazos en cruz), mientras que el 'aductor' hace justamente lo contrario, esto es, aproximarla (para juntar las piernas se utilizan músculos aductores). A la hora de referirse a una lesión de un deportista en uno de estos músculos en piernas o brazos, donde hay tanto aductores como abductores, lo mejor es esperar al parte médico antes de asegurar nada al respecto.

advertir de que, advertir que. Se usará el verbo 'advertir' con la preposición 'de' cuando se quiera expresar la idea de 'avisar' o 'alertar'. Aunque la Academia permite suprimir la preposición en ciertos casos, el estilo que tiende a la precisión debe eliminar las posibles dudas del lector o el oyente, pues no se considera igual "advirtió de que llegaba una tormenta" ('avisó') que "advirtió que llegaba una tormenta" ('percibió').

En aras de ese mayor rigor informativo, pueden ser útiles estas explicaciones:

El verbo 'advertir' cambia de significado según lo acompañe o no la preposición 'de'.

Cuando la oración subordinada se construye con un verbo en indicativo y en frase afirmativa, puede tener dos significados. Sin la preposición 'de' equivale a 'darse cuenta' o 'percibir'. Y con preposición quiere decir 'avisar'.

1. Percibir: "Amalia advirtió que la noticia no era buena".

2. Avisar: "Amalia advirtió de que la noticia no era buena".

Cuando a la frase afirmativa le sigue un verbo en subjuntivo, puede tener también otros dos significados, en ambos casos sin la preposición 'de': uno conminativo o amenazante, y otro equivalente a 'aconsejar' (a veces las diferencias entre ambos supuestos son muy sutiles).

1. Conminar: "Le advirtió que no le gritase".

2. Aconsejar: "Le advirtió que no fuera ese día".

Por tanto, "Antonio *advierte que* hay que llegar a un acuerdo" significaría que se apercibe o se da cuenta de esa necesidad. Y "Antonio *advierte de que* hay que llegar a un acuerdo" implica que avisa a alguien de ello. Finalmente, "le advirtió a Antonio que llegase a un acuerdo" se encuadra en la admonición o el consejo.

Para comprender si en un verbo, sea el que fuere, rige la preposición 'de', se pueden aplicar tres trucos:

— Imaginarse la oración en pasiva: "Eduardo es advertido por Antonio...". En estos casos suele salir intuitivamente cómo continúa la frase: "... de que hay que llegar a un acuerdo"; y no "es advertido que hay que llegar a un acuerdo" (opción que se desaconseja).

— Sustituir la oración completiva ("... que hay que llegar a un acuerdo") por un pronombre: "Antonio advierte esto" (se da cuenta); "Antonio advierte de esto" (avisa). "Antonio está seguro esto" (incorrecto); "Antonio está seguro de esto" (correcto). "Antonio alerta esto" (incorrecto); "Antonio alerta de esto" (correcto). Y así sucesivamente.

— Convertir la frase en interrogativa: "¿De qué advierte Antonio?", "¿de qué informó?", "¿de qué está seguro?", "¿de qué alerta?". En la mayoría de los casos, la intuición ayudará al redactor a hallar la solución adecuada y a desechar fórmulas como "¿qué alerta Antonio?", "¿qué está seguro Antonio?".

a escala de. Escríbase 'de ámbito nacional' en vez de 'a escala nacional' y expresiones similares. Y en ningún caso 'a nivel nacional' cuando esta fórmula implica extensión y no altura. Véase ERRORES IMPERDONABLES, **a nivel de**, página 126.

a falta de. Debe escribirse o decirse 'faltan tantos minutos', puesto que esta expresión no tiene sentido temporal sino de carencia.

affaire. Es palabra francesa y como tal la registra la Academia en cursiva. Deben emplearse las equivalencias castellanas 'negocio', 'caso', 'cuestión' o 'asunto'; 'escándalo' o 'incidente'. Y en su caso, 'aventura' amorosa o sexual.

aforado. Persona que, por su cargo u ocupación, se rige por determinadas reglas procesales de competencia y que, por tanto, no va a ser juzgada por tribunales ordinarios. En España son aforados los miembros del Gobierno, los diputados y senadores, jueces, magistrados y fiscales, miembros del Tribunal de Cuentas o del Consejo de Estado, el defensor del pueblo, parlamentarios autonómicos y miembros del Gobierno de una comunidad autónoma. Para los aforados del Gobierno de la nación será competente el Tribunal Supremo, mientras que para los aforados de un Gobierno autonómico será competente el **Tribunal Superior** de Justicia de dicha comunidad.

aforo. Es el 'número máximo de personas que caben en un recinto'. No se puede emplear para hacer referencia a la cantidad de personas que asistieron a un acto: "El partido tuvo un aforo de 10.000 personas".

afrikáans, no **afrikáner.** Lengua hablada en Sudáfrica por los descendientes de los **bóers.** Procede del holandés —antes se llamó 'holandés del Cabo' o 'taal'— y tiene mezclas dialectales africanas. Es lengua oficial en Sudáfrica desde 1925 (además del inglés). La Academia señaló en 2010 que 'afrikáans' ha de escribirse con tilde.

afrikáner. Nombre que reciben los antiguos colonos holandeses de la República de Sudáfrica. No debe confundirse con **afrikáans.**

afroamericano. No se debe emplear este término para referirse específicamente a los negros de Estados Unidos, puesto que todos los negros del continente americano son 'afroamericanos'. En cualquier caso, es preferible la palabra **'negro',** que no tiene en sí misma ningún matiz despectivo y por tanto no hay razones para evitarla.

agencia. El uso anglicado de 'agencia' por 'administración', 'departamento', 'instituto', 'institución', 'organismo' y palabras similares se ha acuñado ya en nombres como 'Agencia Central de Inteligencia' (CIA) o 'Agencia Espacial Europea' (AEE). Ante nuevos organismos o en traducciones habituales de *'agency'* en inglés, úsense las opciones aquí señaladas.

agendar. Neologismo válido para 'apuntar en una agenda o tener prevista formalmente una obligación o cita'. No ha sido incorporado por la Academia.

agravante. Es el motivo legal para aumentar la responsabilidad penal del condenado. Se prefiere su uso en femenino *(la agravante),* ya que define un tipo de circunstancia. Por el contrario, a la circunstancia que reduce la responsabilidad de un acto punible se le llama 'atenuante'.

agresivo. Por influencia del inglés se utiliza inapropiadamente como sinónimo de 'dinámico', 'enérgico', 'activo', 'intenso', 'emprendedor' o 'audaz'. Por ejemplo: 'ejecutivo agresivo'. La palabra 'agresivo' significa 'propenso a faltar al respeto, a ofender o a provocar a los demás', o 'que causa un daño'. La Academia ha admitido el significado de 'llamativo' o 'que rompe con el orden establecido' ('estética agresiva'), pero debe evitarse en una información periodística para no incurrir en un delicado doble sentido.

agujero. En la jerga de la economía, este término es peyorativo y debe emplearse con cuidado. Significa 'deuda, falta o pérdida injustificada de dinero en la administración de una entidad'. Por tanto, las pérdidas o el déficit de una empresa no son un 'agujero'. Lo serían si tal cantidad correspondiera a un dinero que ha desaparecido sin justificación o que ha sido hurtado o malversado.

airbag. La Academia prefiere 'bolsa de aire'. Se trata del 'globo' de seguridad que llevan algunos automóviles, ya sea opcional o de serie. Puede traducirse también como 'peto de seguridad' o 'globo de seguridad', expresión esta última que se considera más apropiada (pues se trata de un 'receptáculo flexible que se puede llenar de aire'; es decir, un globo). Y, cuando lo permita el contexto, se puede usar solamente 'globo' (igual que 'cinturón de seguridad' propicia el uso habitual de 'cinturón' sin más: "Ponte el cinturón"). Para citas textuales, escríbase '*airbag*' en cursiva y pronúnciese *erbag*.

aizkolari (plural castellanizado, aizkolaris). En vascuence, 'leñador'. Cortador de troncos en competiciones deportivo-populares del País Vasco. Debe explicarse en la primera referencia. Aunque la Academia ha admitido 'aizcolari', se prefiere la grafía más próxima al origen vasco (en analogía con 'ikurriña', 'euskera', 'ikastola' y otras palabras de ese idioma que son de uso común).

a la mayor brevedad. La expresión correcta es 'con la mayor brevedad'. Pero el estilo periodístico prefiere 'cuanto antes'.

alante. Esta forma incorrecta y vulgar de decir 'delante' o 'adelante' debe evitarse a toda costa. "Ya están alcanzando a los corredores de delante" (y no "ya están alcanzando a los corredores de *alante*"); "hay que ir para adelante" (y no "hay que ir para *alante*").

alarmista. Palabra correcta si se refiere a una persona. Si se aplica a una situación, úsese el vocablo 'alarmante'.

alauí, no 'alauita'. Es la dinastía de los reyes marroquíes ya fallecidos Mohamed V y Hassan II, y del actual Sidi Mohamed. Por tanto, no hay un Gobierno alauí ni ciudadanos alauíes, sino marroquíes. En ese sentido, sólo pueden ser alauíes las personas de la dinastía (no se puede decir 'la armada alauí'). También se llama 'alauí' una rama del chiismo. Véase **chií.**

albatross. Esta palabra se escribe en cursiva y con dos eses si es que se emplea referida al **golf** (donde significa 'menos tres' golpes respecto del par del campo). Y con una ese y en redonda si se trata de un ave.

alegadamente. Falso amigo del inglés *'allegated'*; dígase 'supuestamente'.

alérgeno. Sustancia que provoca reacciones alérgicas. También se puede escribir sin tilde, pero se prefiere la palabra acentuada.

álgido. No sólo significa 'muy frío', sino también 'culminante' ('momento álgido').

alimentario. Relativo a la alimentación. Lo que alimenta no es 'alimentario' sino **'alimenticio'.** 'Problema alimentario' pero 'producto alimenticio'.

alimenticio. Significa solamente 'que alimenta o que tiene la propiedad de alimentar'. No debe utilizarse como 'relativo a los alimentos', para lo que existe el término **'alimentario'.**

alioli. La Academia ha castellanizado así la expresión catalana *'all i oli'* (salsa con 'ajo y aceite'). También existe la palabra 'ajiaceite'.

alma mater. La palabra 'alma' en esta expresión procede del latín *'almus'* ('nutricio', 'que alimenta') y no es sinónima del vocablo español de igual grafía (que a su vez procede de 'ánima'). Por tanto, *alma mater* significa 'madre nutricia'. Por extensión, y según los gustos, 'la patria', 'la universidad'. Es impropio, aunque frecuente hoy, el uso de esta locución con el sentido de 'persona que da vida o impulsa a hacer algo'. No debe emplearse así en un texto noticioso. Se escribe en cursiva y sin tilde.

alminar, mejor que el galicismo **'minarete'.** 'Torre de las mezquitas, desde donde el **almuédano** convoca a oración'.

almuédano, mejor que el galicismo **'muecín'.**

al objeto de. Úsese 'con el objeto de' o 'para'.

alocución. Esta palabra sólo podrá usarse cuando se refiera al discurso o razonamiento que un superior dirige a sus inferiores.

alrededor. Por influencia del inglés *'around'*, se dice por ejemplo que un cantante actuará 'alrededor del mundo' en vez de 'por todo el mundo'. En español, 'actuar alrededor del mundo' equivale a hacerlo rodeándolo, lo cual sólo podría cumplirse en un avión.

al unísono. Significa 'con el mismo tono o sonido', pero también 'sin discrepancia', 'con unanimidad'. No posee el significado de 'a la vez', 'simultáneamente'.

alunizaje, ***alunizaje.*** 'Acción y efecto de **alunizar'.** Escrito en cursiva, 'procedimiento de robo mediante la ruptura de la luna de un escaparate'. En este último caso, la primera vez que se utilice hay que explicar su significado.

alunizar, ***alunizar.*** 'Posarse en la superficie de la Luna una nave espacial'. Escrito en cursiva, 'estrellar un vehículo contra un escaparate para romper la luna y facilitar la entrada a los ladrones'.

alzhéimer. 'Trastorno neurológico progresivo caracterizado por la pérdida de la memoria': "Mi amigo sufre de alzhéimer". Cuando este término se utilice con las expresiones completas 'enfermedad de Alzheimer' o 'mal de Alzheimer', debe escribirse con mayúscula inicial y sin tilde para respetar la grafía del apellido del neurólogo alemán (Aloysius Alzheimer, 1864-1915) que investigó esta dolencia.

amateur (pronúnciese *amatér).* 'Aficionado o no profesional'. Es preferible utilizar el término español aficionado ('fútbol aficionado').

americano. Este adjetivo se refiere a un continente, no solamente a EE UU. Los gentilicios de este país son estadounidense y norteamericano, si bien resulta más preciso el primero.

America's Cup. El nombre de esta famosa serie de regatas no procede del continente América, sino del velero *America,* por su histórico triunfo ante 15 barcos británicos en 1851 en aguas de aquellas islas. Por ello, no debe traducirse como 'Copa de América' o 'Copa América', sino como ***'Copa del América'.***

amnistía. Véase **indulto.**

andar. El pretérito indefinido de este verbo se conjuga como los de 'estar' o 'mantener': anduve, anduviste, anduvo... (estuvo, mantuvo).

andrógeno. 'Hormona que produce caracteres sexuales masculinos'. No hay que confundir esta palabra con 'andrógino', que significa 'hermafrodita' y 'sexualmente ambiguo' ('persona de rasgos externos que no se corresponden definidamente con los propios de su sexo').

antibiótico. Las enfermedades producidas por bacterias pueden ser curadas con los antibióticos, pero estos medicamentos no curan las infecciones virales comunes. Para eso están los antivirales, que sólo se usan en casos seleccionados. Los antifúngicos se emplean para las infecciones por hongos. Véase **viricida.**

antiedad. No debe hablarse de 'cremas antiedad', porque la edad no se reduce con esos productos pese a la argucia publicitaria y comercial. En todo caso, 'cremas antienvejecimiento' (o mejor: 'cremas antiavejentamiento') y 'tratamiento rejuvenecedor' (en el caso de que lo sean). También, 'cremas antiarrugas'.

antiguas pesetas. No debe emplearse nunca esta expresión. Ya se sabe que la **peseta** no está en vigor, y por tanto sobra el adjetivo.

antiguo. Esta palabra significa que existe desde hace tiempo, que lleva mucho tiempo en el cargo, empleo o profesión, que existió o sucedió hace tiempo, que ha dejado de ser nuevo o moderno. Pero nunca que ya no es lo que era. Para esto debe usarse la partícula *ex* o la expresión 'que fue'. Hay que tener cuidado, por tanto, con las traducciones de *'ancien'* en los teletipos escritos en francés.

año luz (plural, años luz). 'Medida de longitud igual a la distancia que recorre un haz luminoso en un año: 9,46 billones de kilómetros'. Supone una velocidad de 299.783 kilómetros por segundo.

apalancamiento financiero. Operación que consiste en acudir al endeudamiento para financiar una operación, en lugar de hacerlo con fondos propios, con el fin de multiplicar la rentabilidad. Si la operación no sale bien y la deuda es superior al rendimiento, se reduce el flujo de caja y se produce un apalancamiento negativo con el riesgo de acabar siendo insolvente.

apartotel. 'Hotel de apartamentos'. En esta formación por vía de acrónimo se suprime la hache de 'hotel', como sucede en **motel** y **flotel.**

apelación. Recurso que puede interponer la parte demandante o demandada contra ciertas sentencias o autos de los juzgados. Se suele presentar ante el juzgado inmediatamente superior ante el que ha dictado **sentencia.** Así, en el caso de España, si el recurso se presenta contra sentencias emanadas de la Audiencia Provincial o de un juzgado de primera instancia, se tramitará ante el **Tribunal Superior** de Justicia de ámbito autonómico correspondiente. Véase **recursos.**

aperturar. Evítese este verbo, que ha empezado a utilizarse en los últimos años en el lenguaje bancario (“aperturó una cuenta”) como equivalente de ‘abrir’.

apli, aplis. Pueden emplearse en el lenguaje coloquial como acortamiento de ‘aplicación’ cuando se refiere a algún dispositivo electrónico. No deben usarse en textos noticiosos.

aplicación, no *application* ni *application software.* En informática, el término creado en inglés para diferenciar el lenguaje codificado ***(software),*** que hace funcionar un programa, del programa en sí *(application)* que utilizará el usuario.

a punta de pistola. Debe decirse ‘pistola en mano’. Las pistolas no tienen punta.

aquí. Ningún informador debe utilizar este adverbio para indicar dónde se desarrolla una noticia. Lo correcto es citar el nombre del lugar.

árabe. No es sinónimo de **musulmán.** El primero se refiere a la lengua y la cultura, y el segundo al credo religioso. De hecho, países con una mayoría de población que profesa el islam (como **Pakistán,** Turquía, Irán o Indonesia) no son árabes. Un tercio de los libaneses, gran parte de los palestinos y todos los coptos egipcios, por ejemplo, son árabes, pero no musulmanes o islámicos.

No deben emplearse expresiones como ‘de aspecto árabe’ o ‘terrorismo árabe’: “Ha sido detenido un hombre de aspecto árabe”, “el terrorismo árabe ha causado 20 víctimas”.

árbitra. Es correcto decir ‘la árbitra’ (y no ‘la árbitro’; ni tampoco ‘el árbitra’ por analogía con ‘el águila’ y otras palabras que comienzan por ‘a’ tónica, regla que no se aplica a palabras en las cuales opera el cambio de género).

arbitraje. Procedimiento seguido habitualmente por dos partes en litigio, que designan una persona consensuadamente para que lo resuelva. Al tipo de resolución que dictan los tribunales de arbitraje se le llama **‘laudo’.**

árbitro. Véase ***réferi.***

arrancar. Se abusa de este verbo y se aplica a situaciones donde no se produce una partida con velocidad o con estruendo: “Arranca la procesión de Semana Santa”, “arranca la cabalgata”, “arrancamos una nueva hora de programa”... No deben arrinconarse verbos como ‘emprender’, ‘comenzar’, ‘iniciar’, ‘acometer’, ‘empezar’, ‘abrir’, ‘poner en marcha’...

arrogarse. 'Apropiarse indebidamente de atribuciones o facultades'. Por tanto, tiene sentido peyorativo.

artritis, artrosis. 'Artritis' es la 'inflamación de una o más articulaciones', mientras que 'artrosis' designa la 'enfermedad degenerativa por desgaste de las articulaciones'. Con carácter general, a una enfermedad de las articulaciones se le llama 'artropatía'.

artroscopia. Visualización y evaluación del interior de una articulación (artroscopia diagnóstica), con reparación de sus estructuras si están lesionadas utilizando un artroscopio (artroscopia terapéutica). Es sinónimo de 'endoscopia articular'. Admite dos acentuaciones: con diptongo o con hiato (artroscopia-artroscopía).

asaltar. Significa 'acometer impetuosamente una plaza o fortaleza para entrar en ella escalando las defensas'. También, 'acometer repentinamente y por sorpresa'. Aunque los periódicos intentos de entrada de emigrantes en Ceuta y Melilla puedan encajar en la primera de esas definiciones, deben buscarse verbos que no estén connotados por la violencia, pues el objetivo de tales personas no es agredir a nadie ni invadir un país sino huir de la pobreza y el hambre. Úsense, por ejemplo, 'saltar la valla', 'trepar' o 'escalar'; así como 'entrar ilegalmente', 'atravesar la frontera', etcétera.

asequible. No es sinónimo de 'fácilmente vencible' ni **'accesible'.** 'Asequible' significa 'que puede conseguirse o alcanzarse'; 'accesible' equivale a 'que tiene acceso' y, en sentido figurado, 'de fácil acceso o trato'. Es incorrecto decir "le ha tocado en el sorteo un rival asequible", salvo que se desee expresar que se trata de un rival fácil de comprar.

asesinato. No hay que confundirlo con homicidio ni con crimen. Jurídicamente, 'crimen' es cualquier acción punible tipificada por la ley: el robo, la violación, el asesinato, etcétera. 'Homicidio' es la muerte causada a una persona por otra, por acción u omisión, por error o imprudencia. El 'asesinato' es un homicidio con algún agravante (premeditado; con alevosía; con precio, recompensa o promesa; ensañamiento...).

Los asesinatos (y obviamente los homicidios) sólo se pueden realizar contra personas, no contra animales. ("Denunciaron el asesinato de un elefante en Namibia", "ayer se asesinó a seis toros en la plaza de Las Ventas"). Esa expresión no puede usarse en mensajes noticiosos, pero sí en aquellos que se enmarquen con claridad en los géneros de opinión.

asistencia. En el lenguaje deportivo, no se debe confundir este término con 'pase'. Sólo hay asistencia si el pase facilita una canasta, un tanto o un gol. También se puede emplear el verbo 'asistir'.

asolar. Hay dos verbos 'asolar'. Uno, formado sobre el nombre 'sol', significa 'echar a perder' ("el calor asoló la cosecha"), es regular y no diptonga en ninguna de sus formas; el otro, formado sobre el nombre 'suelo', significa 'poner por el suelo', 'destruir', 'arrasar' ("los carros de combate asolaron las casas"). Este segundo es irregular, Y se conjuga como 'contar'. Por tanto, la vocal *o* de la raíz diptonga únicamente cuando es tónica ("las fuerzas enemigas asuelan nuestros hogares"). Otros verbos que diptongan así: de 'consolar', 'consuela'; de 'colar', 'cuela'; de 'degollar', 'degüella'.

atestado. Documento público donde un funcionario de la policía judicial hace constar las diligencias que se practican para averiguar y comprobar un hecho delictivo, especificando los hechos averiguados, las declaraciones e informes recibidos y todas las circunstancias que hubiesen observado y pudiesen constituir indicio de delito. El atestado policial tiene una gran influencia en el desarrollo de la instrucción judicial y, aunque en principio equivale a una denuncia, es mucho más que eso por su mayor valor probatorio.

ATS. Siglas utilizadas en España para 'ayudante técnico sanitario'. Pueden emplearse en los titulares, pero deben explicarse en el texto. No obstante, se prefiere 'enfermero' o 'enfermera', cuando no induzca a inexactitud. (Una enfermera voluntaria en el África negra no es un ATS, y no pueden equipararse, por tanto, ambos términos). El plural es 'enfermeros' si engloba a hombres y mujeres, aun cuando éstas sean notable mayoría en esa colectividad. No obstante, para tales casos puede acudirse a fórmulas como 'el personal de enfermería'.

aún. Sólo lleva acento cuando equivale a 'todavía'. Ejemplos: "Aún no ha venido"; pero "aun no viniendo, está presente".

aun así. El adverbio 'aún' lleva tilde cuando equivale a 'todavía' (que también se acentúa); y prescinde de ella cuando significa 'incluso' (que asimismo la omite). Por tanto, la locución 'aun así' no tiene tilde cuando equivale a 'incluso así': "Le ofrecí dinero, pero aun así se negó a pronunciar la conferencia" ('incluso así se negó'). Éste es el uso más habitual de esa locución y da lugar a muchísimos errores, pero también se puede usar 'aún así' si equivale a 'todavía así': "Estoy vestido aún así, como me ves, de mala manera".

auto. 1. Es un elemento compositivo de origen griego que significa 'propio' o 'por uno mismo'. En nuestro idioma, cuando a un verbo le añadimos el pronombre *se* estamos indicando que la acción del verbo recae sobre la misma persona que realiza esa acción: 'controlarse', 'peinarse', 'acusarse'...; por tanto, el uso de 'auto' con estos verbos, llamados pronominales, es redundante en muchas ocasiones. La lengua inglesa no tiene este tipo de verbos y de ahí la constante necesidad del elemento *'self'.*

auto. 2. Resolución judicial motivada, de menor importancia que la **sentencia** y de mayor importancia que la **providencia.** El auto no decide sobre el fondo del pleito o causa, pero sí sobre cuestiones relevantes (a menudo solamente formales) que afectan a los intereses de los litigantes durante el procedimiento. A veces, el auto cierra el camino hacia la sentencia (auto de archivo), y en otras puede suponer la prisión provisional (auto de prisión). Si en algún caso se pretende evitar la confusión del auto con el automóvil o coche y eliminar prolijas explicaciones entre paréntesis, puede utilizarse el término 'resolución'; se entiende mejor, aunque según los juristas sea demasiado genérico.

autor intelectual. Se prefiere 'inductor', 'instigador' o 'inspirador'.

autos. Conjunto de documentos de un proceso judicial. Es un término similar al de 'expediente' en la Administración. Cuando la causa o proceso pasa de uno a otro tribunal, se dice que se le 'remiten los autos'; esto es, la documentación completa del caso. Si se usa, hay que explicar su significado. No debe confundirse autos con **auto. 2.**

averaje (pronúnciese tal como se lee). Es la castellanización de la palabra inglesa *'average',* utilizada como elemento compositivo para referirse al 'diferencial', al 'promedio' de goles o al 'coeficiente' de tantos de un equipo en un campeonato ('golaveraje', 'basquetaveraje'). Se prefiere 'promedio de goles' o 'diferencia de goles' según sea el caso. Véase ***goal average.***

azteca. En un lenguaje riguroso no debe emplearse como gentilicio de México. Úsese 'mexicano'. Los aztecas dominaron sólo una parte del territorio conocido después por el nombre de México. Véase **México.**

B

background (plural, *backgrounds*). Esta palabra debe evitarse. En inglés, 'antecedentes de algo, conjunto de conocimientos, documentación, trasfondo'.

backstage. No debe usarse. Las alternativas a este anglicismo son 'trascenio', 'entre bastidores' o 'entre cajas' (expresión más habitual en el mundo del teatro). No es correcta la locución 'entre bambalinas' (las bambalinas son las tiras colgadas en la parte superior del escenario y a todo lo ancho; llamadas así porque se bambalean). Entre bambalinas es difícil que ocurra nada.

backup. 'Duplicado de un archivo informático que se guarda dentro de un ordenador en previsión de una pérdida de información total o parcial'. En lugar de esta voz inglesa, empléese 'copia de seguridad', 'respaldo', o, simplemente, 'copia' en aquellos casos en los que no haya riesgo de ambigüedad.

baffle. Aunque la Academia ha admitido 'bafle', debe traducirse por 'altavoz' o 'pantalla acústica', aunque ahora se prefiere hablar de 'columna', palabra que también se puede utilizar.

baipás. Castellanización de la Academia para el anglicismo *bypass.* Su plural es 'baipases'. En español se dice 'desvío', 'rodeo' o, en su caso, 'circunvalación'. En medicina se emplean también 'puente coronario' o 'derivación coronaria'. En la Cadena SER se usará cualquiera de estas formas en español. Se puede escribir 'baipás' en citas textuales, pero habrá de explicarse a continuación su significado.

bajas. En los conflictos violentos o en guerras, los civiles muertos o heridos son 'víctimas', no 'bajas', término que se reserva para los militares.

bajo el punto de vista. Mejor, 'desde el punto de vista'.

bajo palos. El portero de un equipo no se sitúa 'bajo palos' sino 'entre los palos'. El artículo es imprescindible (no debe decirse 'entre palos').

balance. No sustituye a 'resultado', por ejemplo en frases como "dos muertos y dos heridos es el balance del accidente...".

balanza comercial. Es la diferencia entre lo que un país exporta y lo que importa, tanto en productos como en servicios. En el comercio bilateral, si un país vende más que compra, tiene una balanza comercial favorable. Si un país exporta más que importa, tiene superávit comercial; si ocurre al contrario, se trata de un déficit comercial.

balanza de pagos. Conjunto de transacciones de debe y haber de un país con otros países e instituciones internacionales. Estas transacciones se dividen en dos grandes grupos: 'cuenta corriente' y 'cuenta de capital'. La balanza de pagos por cuenta corriente incluye la balanza comercial más las transacciones de servicios financieros como pagos de intereses; la balanza de pagos por cuenta de capital registra las inversiones extranjeras directas, préstamos intergubernamentales, pagos de transferencias, movimientos de capitales al país y al exterior, y cambios en la reserva oficial de oro y divisas.

ballottage. En francés, 'empate', y también 'falta de mayoría absoluta en la primera vuelta de unas elecciones', lo que obliga a una segunda vuelta (normalmente con menos candidatos). No debe emplearse (y tampoco la españolización 'balotaje'). Se escribirá en cursiva en citas textuales. En la Cadena SER se prefieren 'empate' o 'segunda vuelta' (en este último caso, cuando se trate de un proceso electoral).

baloncesto. Palabra apropiada para designar en España al deporte de la canasta. No deben usarse ***'basket'*** (palabra inglesa) o ***'bàsquet'*** (su versión catalana), salvo que formen parte de un nombre propio. Es incorrecto **'ganar de'** para explicar la diferencia de puntos, y debe sustituirse por 'ganar por'. La expresión inglesa *'play off'* se debe reemplazar por españolas más precisas, como 'eliminatoria', 'desempate', 'series finales', 'serie semifinal', 'fase final' o 'serie final'. Véase ***pivot.***

balonvolea. El nombre oficial de este deporte es 'voleibol'. Pero el redactor puede emplear 'balonvolea' siempre que lo desee.

banear. No debe emplearse. Verbo jergal en el español de los informáticos, de conocimiento y uso poco extendidos y que no figura en el *Diccionario.* Se relaciona probablemente con *'bans'* ('amonestación' en inglés) y con *'to ban'* ('prohibir'); y puede vincularse en su etimología con el sustantivo 'bandido' y el verbo 'bandir'. 'Bandido' significa 'proscrito' (lo cual se comunicaba antiguamente en un 'bando': edicto cuya vulneración podía constituir precisamente 'contrabando'); y 'bandir' equivale etimológicamente a 'proscribir'. Por tanto, una persona 'baneada' en un foro de Internet o una empresa a la que se retira su enlace con buscadores o navegadores son una persona o una empresa 'proscritas' o, si se requiere más precisión, 'ciberproscritas'. Úsense siempre estas expresiones en español u otras similares: 'excluido', 'sancionado', 'despedido', 'vetado', etcétera: "Fue excluido (proscrito, despedido) de un foro por los insultos que profería".

banner. 'Anuncio que se inserta en una página web'. Úsese 'anuncio' o 'publicidad'.

barajar. Es imposible barajar una sola carta, una sola idea o un solo objeto; por tanto, deben evitarse expresiones como "baraja la idea de fichar por otro club".

basket, basketball. Escríbase **'baloncesto'.**

bàsquet. Escríbase **'baloncesto'.**

batzoki (plural castellanizado, *batzokis).* Significa 'centro de reunión'. Se aplica a los centros sociales del Partido Nacionalista Vasco. Sólo puede usarse en emisiones locales del País Vasco. Escríbase 'local del PNV' o 'una sede del PNV'. Sí puede reproducirse en citas textuales, pero siempre explicando, entre corchetes, su significado.

Bayreuth. 'Ciudad del oeste de Alemania'. Su pronunciación se asemeja a 'Bairoit'. No debe confundirse con la capital de Líbano, Beirut.

bebé. 'El menor de un año, sea niño o niña'. Puede decirse 'una bebé'.

bedel. Véase **ordenanza.** En la Cadena SER se emplea como género común: 'el bedel', 'la bedel'.

Beijing. Nombre en **pinyin** de la capital de la República Popular China. Como excepción, se seguirá empleando 'Pekín'. No obstante, se escribirá y se dirá *Beijing Informa,* por ser éste el nombre de un periódico chino editado en español.

beis, no *'beige'.* De color café con leche, ceniciento rojizo o tórtola.

benchmarking. No debe usarse. Tradúzcase en cada caso por 'análisis comparativo', 'aprendizaje comparativo' o 'evaluación comparativa'. Si el contexto lo permite, bastará con hablar de 'comparación'.

Benemérita. Significa 'digna de galardón'. No debe emplearse como sinónimo de la **Guardia Civil.** Puede usarse en segunda referencia 'instituto armado' o 'cuerpo de seguridad'.

best seller (plural, *best sellers).* Literalmente, 'más vendido'. Curiosamente, se aplica sólo a libros (no se dice 'un disco *best seller').* Se prefiere el empleo de 'obra comercial', 'éxito de ventas', 'más vendido' o 'superventas', según cada caso. Para 'autor de *best sellers'* puede emplearse 'autor comercial'. Si se usa en cita textual, se escribe en cursiva.

bienal, bianual. 'Bienal' es lo que ocurre cada dos años; 'bianual', lo que sucede dos veces al año (suele equivaler a 'semestral').

Bikini. Grafía correcta para el atolón del Pacífico. Para el bañador de dos piezas, utilícese la recomendada por la Academia desde 1983: 'biquini' (y no 'bikini'). Esta grafía establece mejor la analogía con **'triquini'.**

billón. Significa 'un millón de millones'. Debe extremarse el cuidado al traducir *'billion'* del inglés (idioma en el que equivale a 'mil millones').

bimensual, bimestral. 'Bimensual' es lo que ocurre dos veces al mes (suele equivaler a 'quincenal'); y bimestral, lo que se produce cada dos meses.

biopic. Del inglés *'biografic picture'.* Es un género cinematográfico que narra o adapta las biografías de diversas personalidades. Si se emplea ha de hacerse en cursiva y hay que explicar su significado. Pueden usarse como alternativa 'biofilme' o 'bioserie'.

birdie. Tradúzcase por 'menos uno' (un golpe menos del par del hoyo). Ejemplo: "Rahm hizo menos uno en el hoyo 8". Véase **golf.**

Birmania. El Gobierno militar de Birmania cambió el nombre del país en mayo de 1989, que se denomina desde entonces 'República de la Unión de **Myanmar'** o 'Myanmar', y así se debe usar. Pretendía con ello evitar las connotaciones de Birmania, nombre relativo a uno de los grupos étnicos que habitan allí. La capital era entonces Yangón, pero en 2006 pasó a ser Naypyidó. El nuevo nombre del país ha sido reconocido por la ONU y la Unión Europea, si bien es rechazado por grupos opositores. El gentilicio sería 'myanma', pero no se ha asentado en español. El término 'birmano' no abarca actualmente a todos los ciudadanos de Myanmar, sino sólo a su principal etnia. Siempre que se emplee el nombre de este país (Myanmar) debe añadirse entre paréntesis, en la primera mención, su denominación anterior (Birmania).

bistrot. Debe escribirse 'taberna' o 'bar'. La grafía correcta para una cita oral es 'bistró'.

bizarro. En español equivale a 'valiente', 'arriesgado', 'generoso', 'lúcido'. No debe tomarse por 'extraño' o 'curioso' merced al **falso amigo** *bizarre,* del francés.

blaugrana. Salvo que forme parte de un nombre propio, debe usarse la palabra castellana azulgrana.

bloc (plural, blocs), no *'block'.* Se prefiere 'libreta' o, en su caso, 'libreta de anillas'.

blog (plural, blogs). Palabra inglesa que, debido a su uso, ha sido admitida con el significado de 'sitio web que incluye, a modo de diario personal de su autor o autores, contenidos de su interés, actualizados con frecuencia y a menudo comentados por los lectores'. También se pueden usar 'bitácora' o 'diario personal'. De 'blog' se derivan 'bloguero' (persona que crea o gestiona un blog), 'bloguear' (escribir en un blog) o 'blogosfera' (conjunto de los blogs existentes en la red).

blogger: Tradúzcase como 'bloguero'.

blogorrea. Escribir en demasía en un blog. Neologismo correcto.

bluff (plural, *bluffs).* Úsense las palabras castellanas 'farol', 'fiasco' o 'camelo'. Si se utiliza en alguna cita oral, escríbase en redonda y con una sola *f,* 'bluf'.

boca a boca. Técnica de respiración artificial que consiste en aplicar la boca a la persona accidentada para insuflarle aire con un ritmo determinado. No debe confundirse con 'de boca en boca': el hecho de propagarse una noticia, un rumor, una opinión... de unas personas a otras y sin intervención de los medios de comunicación de masas. Por tanto, no se debe decir "la película tuvo mucho éxito por el boca a boca". Evítese también, por razones de estilo, la forzada expresión 'de boca a oreja'. Búsquense formas sintácticas adecuadas para que encaje la expresión 'de boca en boca': "La calidad de la película corrió de boca en boca", mejor que "la calidad de la película se supo por el boca a boca".

bodi. No *'body'*. La Academia ha incorporado la grafía 'bodi' para referirse a la 'prenda ajustada de una sola pieza que cubre el tronco'. Su plural es 'bodis'.

bóer (plural, bóers). En holandés, 'colono'. Habitante del África austral de origen holandés. Véase **afrikáans.**

bogey (plural, *bogeys).* 'Un golpe más del par'. Tradúzcase por 'más uno' Ejemplo: "Rahm hizo más uno en el hoyo 8". Véase **golf.**

boicoteo (plural, boicoteos), no 'boicot'. Acción de boicotear. La palabra 'boicot', también admitida por la Academia, procede del irlandés Boycott, el primer propietario a quien se aplicó el boicoteo, en 1880. Debe usarse 'boicoteo', como derivado de 'boicotear', porque forma mejor el plural. Si se usa 'boicot' en una cita oral o textual, su plural es 'boicots'.

boîte (plural, *boîtes).* No debe usarse. Sustitúyase por 'sala de fiestas' o 'discoteca'.

bonaerense. Es el natural de la ciudad o la provincia de Buenos Aires. Distíngase de 'porteño', que es el natural de la ciudad de Buenos Aires. No todos los bonaerenses son porteños.

bono. Es un título de deuda emitido por un Estado o empresa y que rinde intereses. Los emisores ofrecen parte de su deuda a cambio de obtener liquidez. Este título de deuda representa el compromiso del emisor de devolver el dinero o capital originalmente captado entre los inversores. Su valor nominal es el que está indicado en el bono y el que el emisor pagará en la fecha de vencimiento; su precio es el valor al que el bono puede comprarse o venderse en cualquier momento en los mercados financieros; y su rendimiento es el interés que gana quien compra en cualquier momento un bono al precio de mercado.

boom (plural, *booms).* No tiene sentido escribir esta onomatopeya con su transcripción inglesa. Úsese 'bum'. También se pueden emplear 'trueno', 'estampido', 'eclosión' o 'auge'. La Academia ha incorporado el plural 'bums'.

bordo, a. Significa 'en una embarcación y, por extensión, en otros vehículos'. Ejemplo: "Comimos a bordo del yate". Sin embargo, en el lenguaje periodístico conviene acudir a fórmulas más cortas: "Iba en el tren cuando vi ese paisaje", en vez de "iba a bordo del tren cuando vi ese paisaje". No debe usarse para transportes sin espacio interior: "Iba a bordo de una bicicleta", "iba a bordo de una moto". Véase **abordo.**

boutade (plural, *boutades*). En francés, 'ocurrencia', 'salida'. No debe emplearse.

boutique (plural, *boutiques*). En francés, 'tienda'. En español puede emplearse para los comercios de artículos selectos o de moda, pero en cursiva.

box (plural, boxes). En inglés, 'caja'. Pese a estar admitida esta grafía por la Academia, en las informaciones de caballos ha de sustituirse por 'cuadra'; y en las de motor, por 'taller', al tratarse de palabras más precisas. En los hospitales españoles se usa 'box' para designar los compartimentos que se hallan separados por mamparas en la sección de Urgencias. No debe emplearse tampoco con ese sentido, escríbase 'compartimentos'.

boxer (plural, *boxers*). Tanto los pantalones del boxeador como un tipo de ropa interior usado por los hombres y semejante a aquellos se llaman 'calzones'.

brackets. Corrector dental metálico. Puede obviarse el anglicismo con frases como "lleva un corrector en los dientes". Si se usa, debe entenderse por el contexto o explicarse.

brain storming. En inglés, literalmente 'tormenta de cerebros'. Tradúzcase por 'reunión creativa'.

brazo derecho. Se escribe en cursiva con el sentido de persona de confianza, para evitar anfibologías: "El *brazo derecho* del presidente viaja a Japón".

Brecht, Bertolt, no *'Bertold'*.

brent. Petróleo del mar del Norte utilizado como unidad del mercado europeo. Hay que procurar que quede claro su significado, al menos por el contexto.

Brexit. Movimiento conducente a la salida del **Reino Unido** de la **Unión Europea.** Se escribe en cursiva, con mayúscula inicial, y tiene género masculino pese a que *'exit'* equivale al femenino 'salida'.

briefing (plural, *briefings*). En inglés, 'reunión informativa'. Esta palabra debe evitarse.

británico. Como gentilicio y como concepto político, 'el ciudadano del Reino Unido de Gran Bretaña e Irlanda del Norte'. Como concepto geográfico, las Islas Británicas comprenden Gran Bretaña, Irlanda del Norte, la República de Irlanda y las islas Shetland, las Orcadas, la de Man, la de Wight así como otras islas que rodean Gran Bretaña e Irlanda.

browser. Navegador

bypass. Véase **baipás.**

broker (plural, *brokers*). 'Comisionista en operaciones financieras'. Si el contexto lo deja claro, úsese 'comisionista'. Se prefieren también equivalentes adecuados a cada caso, como 'agente financiero', 'intermediario de seguros', 'corredor de seguros', 'agente de Bolsa', 'intermediario sin riesgo', etcétera. La Academia ha incorporado la grafía 'bróker' y el plural 'brókeres', que se reservarán para declaraciones entrecomilladas.

bullying. Tradúzcase por 'matonismo', 'acoso escolar' o 'acoso psicológico'. Es el hostigamiento y maltrato verbal o físico continuado en el ámbito escolar. Un individuo que hace *bullying* es un 'abusón', un 'matón'.

buru batzar. En euskera, 'consejo ejecutivo'. No debe emplearse, salvo en las emisoras vascas durante las conexiones locales. Véase **Euskadi Buru Batzar.**

C

cache. En informática 'memoria de acceso rápido de un ordenador'. Se ha adaptado en redonda y con tilde: 'caché'. Pero se prefiere 'memoria' o 'memoria rápida'.

caché o 'cachet'. Se prefiere 'toque de distinción'. En el caso de las cantidades que cobran artistas y cantantes, puede sustituirse por 'precio' o 'tarifa'.

cachemir. Un tipo de tejido de pelo de cabra mezclado a veces con lana. También es correcto 'cachemira'.

Cachemira, no 'Kashmir'. Estado de la Unión India.

cacique. El femenino es 'cacica'.

caddie. El 'ayudante' o 'asistente' del jugador de golf. La Academia ha incorporado la grafía 'cadi', en redonda (plural, 'cadis'), que puede usarse. Véase **golf.**

calcinar, carbonizar. Los coches se calcinan, pero los cuerpos o los bosques se carbonizan. Sin embargo, la Academia admite 'calcinar' como equivalente de 'abrasar'.

calé, caló. Son palabras castellanas y se escriben en redonda. 'Calé' es sinónimo de 'gitano'. 'Caló', 'el lenguaje de los gitanos españoles'.

calificación. No debe usarse en las narraciones o crónicas sobre las pruebas de motor. En la jornada previa a la carrera se disputa la 'clasificación' que decide los primeros puestos en la salida del día siguiente. Los pilotos se someterían a una 'calificación' si se les hiciera un examen con puntuaciones cualitativas a cargo de los profesores. En cambio, los gimnastas sí son 'calificados', y con arreglo a esa puntuación se 'clasifican'.

calumnia. Es el acto de imputar a una persona un hecho ilícito o la comisión de un delito a sabiendas de que tal acusación es falsa. No hay que confundir esto con 'injuria', que es la acción o expresión (información u opinión) que lesiona la dignidad de otra persona, menoscabando su fama o atentando contra su honor. En ambos casos se trata de delitos que establecen supuestos específicos agravados si se cometen por publicidad y donde pueden exigirse responsabilidades civiles por el perjuicio que se pudiera haber ocasionado a una persona. Véase **difamación.**

cámara. Se escribe con mayúscula inicial si se refiere a una asamblea parlamentaria en concreto ("la Cámara Baja aprobó ayer el proyecto de ley") y con minúsculas si tiene carácter genérico ("esto ha de aprobarlo una cámara legislativa"). También, con minúsculas, puede usarse como equivalente de 'camarógrafo' si se utiliza en masculino ("un cámara de televisión falleció en el tiroteo").

cambio 'hombre por hombre'. La expresión 'hombre por hombre' no añade información alguna cuando se anuncia una de las tres sustituciones de las que dispone cada equipo en una competición masculina de fútbol, porque todas ellas son 'hombre por hombre'. Dígase 'cambio delantero por delantero', 'defensa por defensa', etcétera.

cameo. Palabra que procede del inglés *'cameo'*, y éste del italiano *'cammeo'*, que significa 'camafeo' ('figura de relieve, tallada en una piedra de cierto valor'). Nombra una aparición muy corta en una película o serie, y generalmente como figurante, de una persona conocida: es decir, una 'figura de relieve' también.

Campeonato del Mundo, Mundial, Copa del Mundo. En algunos deportes (como el esquí alpino o la vela) no son equiparables las expresiones 'Mundial' y 'Campeonato del Mundo', por un lado, y 'Copa del Mundo', por otro. En esos casos, la 'Copa del Mundo' es una competición anual que consta de diferentes pruebas en diferentes localidades, y cuya suma de posiciones o puntos determina el podio. No obstante, en otras modalidades, como el fútbol o el rugby, se utiliza de manera indistinta una u otra denominación. Véase **Mundial, Mundiales.**

campin, no *cámping* ni *camping.* Plural, 'cámpines'. Es la forma propuesta por la Real Academia en el *Diccionario panhispánico de dudas,* pero que luego no llevó al *Diccionario.* Siempre que se pueda, debe utilizarse 'acampada' o 'campamento', o 'tiendas de campaña' ("dormiremos en tiendas de campaña"). Los que practican este modo de pernoctar se llaman 'campistas'.

cáncer. Es sinónimo de 'tumor maligno'; decir 'cáncer maligno' es un **pleonasmo.** Debe proscribirse el **eufemismo** 'una larga y penosa enfermedad', y también se ha de evitar que 'cáncer' aparezca en contextos que no son médicos y con sentido peyorativo ("es el cáncer del equipo").

canceroso, cancerígeno. No hay que confundir estos dos adjetivos. 'Cancerígeno' indica que algo produce o favorece el cáncer, mientras que 'canceroso' se refiere a aquello que tiene las características o la naturaleza del cáncer ('célula cancerosa').

canciller. En Alemania y en Austria, el jefe del Gobierno; en los países latinoamericanos, el ministro de Asuntos Exteriores. En el Reino Unido, el ministro de Hacienda recibe el título de 'canciller del Exchequer'. Se emplea igualmente para designar cierta dignidad académica y a un empleado auxiliar de las embajadas, legaciones o consulados.

canguro. 'El *canguro*' o 'la *canguro*'. Aunque la Academia ha incorporado en letra redonda la acepción relativa a la persona que cuida niños por horas, se prefiere escribirla en cursiva en la ciberpágina de la SER para evitar dobles sentidos: "Llamó al *canguro* y llegó enseguida".

cañí. Es sinónimo de 'gitano'. Pero esta palabra se ha extendido ya para señalar aspectos folclóricos, típicos, tradicionales o antiguos referentes a España. Puede usarse también con estos sentidos.

capataz. Dígase 'la capataz' para el femenino.

capitán. El que manda en un barco mercante se llama 'capitán'; en cambio, en un buque de guerra o en un avión comercial se denomina 'comandante'. El femenino es 'la capitán' cuando se trata de la oficial del ejército con rango inmediatamente inferior al de comandante. Sin embargo, se usa la forma femenina 'capitana' para el resto de significados: "Es la capitana del equipo".

capo. Esta palabra italiana de connotación peyorativa puede utilizarse para los jefes mafiosos. Ejemplo: "Un supuesto *capo* de la Mafia ha sido detenido". Para otros casos se recomienda la palabra 'jefe': "Un supuesto jefe del tráfico de drogas ha sido detenido".

cara a. Indebido sustituto de las preposiciones castellanas. Por lo general, tal expresión es reemplazable por 'para', 'ante' o 'con vistas a'.

carbonizar. Véase **calcinar.**

carioca. No es sinónimo de 'brasileño'. Se refiere sólo a la persona de la ciudad de Río de Janeiro (pero no al Estado homónimo, cuyo gentilicio es **fluminense).**

carro. En América equivale a 'coche'. Puede utilizarse esta palabra en un contexto latinoamericano, y se ha de respetar su uso en expresiones como "mañana será el día sin carros en Ciudad de México".

Carta Magna. Aunque el *Diccionario* de la Academia recoge 'Carta Magna' como sinónimo de **'Constitución',** un uso cuidadoso debe evitar esa equivalencia en textos especializados (úsese como equivalente 'Ley Fundamental', con iniciales mayúsculas). La Carta Magna fue una ley otorgada, mientras que la Constitución española se elaboró democráticamente y es un catálogo de derechos y deberes fundamentales. La Carta Magna fue promulgada en el reinado de Juan I de Inglaterra con el consejo (o la presión) de sus nobles, y modificada por Enrique III. Contenía normas muy dispares y sobre todo consagraba los derechos feudales. Es verdad que la Carta Magna de 1215 influyó en las constituciones posteriores, pero eso no significa que se pueda identificar con ellas.

cartel. 'Organización ilícita que trafica con drogas o con armas'. Asimismo, 'convenio entre varias empresas similares para evitar la mutua competencia y regular la producción, venta y precios en determinado campo industrial'. En ambos casos procede del alemán *kartell,* con acentuación aguda. Y ésta es la que se prefiere en la Cadena SER, si bien la Academia acepta también la palabra con tilde, 'cártel'.

Casa del Rey, no 'Casa Real'. Siempre que se refiera al personal que trabaja para la Corona, incluidos el jefe de la Casa y otros altos cargos.

casba, no *casbah.* La Academia ha adjudicado dos significados distintos a 'casba' (grafía castellanizada) y a 'alcazaba', pese a que ambas voces tienen origen en la misma palabra árabe *(qasabah,* ciudadela). 'Casba' es en el *Diccionario* el 'barrio antiguo de las ciudades árabes del norte de África'; y 'alcazaba', el 'recinto fortificado de una ciudad'. Por su parte, la definición de 'ciudadela' es: 'recinto de fortificación permanente en el interior de una plaza [ciudad], que sirve para dominarla o de último refugio a su guarnición'. A fin de evitar confusiones, se prefiere 'barrio antiguo' en vez de 'casba'; y 'alcazaba' para referirse a la parte fortificada de una ciudad norteafricana, lo que se llamaría 'ciudadela' en cualquier otro lugar.

cash. Anglicismo muy frecuente para indicar que un pago se hará con dinero en efectivo o, incluso, que no se lleva dinero encima: "No tengo *cash*". Escríbase 'efectivo' o 'al contado'.

cash flow. Cantidad neta de dinero generada por una sociedad con su actividad comercial y otros cobros, es decir, la diferencia entre los cobros y los pagos. Tradúzcase por 'flujo de caja' o 'fondos generados'.

castellano. Úsese siempre 'castellano' si en el contexto aparecen otras lenguas españolas. En el resto de los casos, escríbase **'español'.** Las personas que hablan esta lengua son **'hispanohablantes',** no **'hispanoparlantes'.**

casteller (plural, *castellers).* Personas que componen torres humanas, según la tradición arraigada en Cataluña. Una de esas torres es un *castell.* Pueden utilizarse estas palabras en catalán y cursiva si queda claro su significado. En la jerga relativa a esta tradición, la *canalla* es la 'chavalería', el *pom de dalt* se puede traducir como 'pomo en alto', y para *acotxador* valdría probar 'agachador'. Por su parte, *fer llenya* puede equivaler a 'terminar en montonera'.

Castilla y León, no 'Castilla-León'. El nombre oficial de esta comunidad autónoma incluye la *y.*

casting. La Academia recomienda la grafía 'castin' en el *Diccionario panhispánico de dudas,* pero no ha consagrado esta posibilidad en el *Diccionario,* donde mantiene *'casting'* en cursiva. No hay que olvidar alternativas más castellanas como 'selección' o 'reparto'.

casual. Significa 'fortuito', no 'informal', 'esporádico' ni 'ocasional'.

catástrofe humanitaria. Una catástrofe nunca puede 'buscar el bien de los seres humanos', que es el significado de **'humanitario'.** Dígase 'catástrofe humana' o, simplemente, 'catástrofe'.

catch. Espectáculo pseudodeportivo derivado, a grandes rasgos, de la lucha libre. No se considera un auténtico deporte y, por tanto, se escribe en cursiva.

catcher. En béisbol, 'receptor'.

cáterin. Adaptación gráfica que propone la Real Academia en el *Diccionario panhispánico de dudas* para la voz inglesa *'catering'* a la que da el significado de 'servicio de suministro de comidas y bebidas a aviones, trenes, colegios, etcétera'. Sin embargo, no la ha incorporado al *Diccionario*. Es invariable en plural. En la Cadena SER se prefieren las palabras españolas 'abastecimiento', 'avituallamiento', 'suministro de alimentos' o, simplemente, 'servicio de comidas' o 'comida': "En esta compañía aérea sirven muy buena comida", en vez de "en esta compañía aérea tienen muy buen cáterin".

caucasiano, caucásico. Úsese 'caucasiano' para el gentilicio de Cáucaso, y 'caucásico' como adjetivo equivalente a 'raza blanca'.

caucus (su plural es invariable). Una de las votaciones preliminares en las elecciones presidenciales de Estados Unidos. Equivale a 'junta de dirigentes' o 'junta de miembros'. Si se emplea, debe explicarse su significado en la primera referencia.

cava. Denominación para los vinos espumosos españoles elaborados al estilo del que se produce en Champaña. El cava se elabora mayoritariamente en Cataluña, pero también hay cava en otras comunidades autónomas. Véase **champán.**

cayuco. Barco o bote usado por los inmigrantes sin papeles de las costas atlánticas de África para entrar en España. Está presente en el *Diccionario* desde 1884, aunque referida a embarcaciones de los indios de América. Se escribe en redonda.

cedé. Sustantivo procedente de la sigla inglesa 'CD', que significa *'compact disc'*. Equivale a 'disco compacto'. Puede emplearse, pero se prefiere 'disco' si queda claro su significado por el contexto. "Me he comprado un cedé de Rosana" debe sustituirse por "me he comprado un disco de Rosana".

celebrar. Es festejar una fecha, un acontecimiento. Para actos luctuosos, empléese 'conmemorar', 'efectuar un acto o ceremonia en memoria de alguien'. Se celebran, pues, los acontecimientos alegres o festivos, mientras que se conmemoran los tristes.

centro penitenciario. Mejor, 'cárcel'. La expresión administrativa 'instituciones penitenciarias' debe sustituirse por 'prisiones' cuando no forme parte de un nombre oficial.

certamen. Sólo puede referirse a aquella exposición o festival donde se produzca una competición.

cerúleo. Procede del latín *'caerulĕus'*, adjetivo referido al cielo *('caelum')*.

En español significa 'de color azul'. No tiene nada que ver con la palabra 'cera'.

cervical (cáncer). Escríbase 'cáncer de cuello del útero'.

cesar. La Academia ha admitido en la última edición del *Diccionario* (2014) el uso transitivo, impuesto por los medios de comunicación y la política ("Fulano fue cesado", "han cesado a Fulano"). Pero se consideran de mejor estilo para esas ocasiones los verbos 'destituir', 'relevar' o 'despedir'. Sin embargo, uno cesa y uno dimite (y no es dimitido).

chairman. Tradúzcase como 'presidente' de una compañía.

chalé. Se recomienda el uso de 'chalé' y 'chalés', pero pueden emplearse también 'chalet' y 'chalets'.

Champagne. El nombre español de esta comarca francesa es Champaña.

champán. Aunque la Academia ha admitido esta grafía, en la Cadena SER se prefiere continuar con la denominación 'champaña' (también correcta) para el vino espumoso de Champagne, así como 'Champaña' para el topónimo correspondiente, de modo que se identifiquen el nombre de la región y el de su principal producto. No obstante, se admite asimismo la grafía 'champán' en artículos de opinión. Véase **cava.**

También se denomina 'champán' (y no 'sampán') a la embarcación de fondo plano que se emplea para navegar por los ríos en China, Japón y en América del Sur.

chance. Galicismo habitual en el español rioplatense. En el español de España se prefiere 'suerte' u 'oportunidad'.

chapela o ***txapela.*** Un tipo de boina de gran vuelo. Es palabra del euskera (aunque procedente en último término del latín *capellum).* Si se usa en un texto de ambiente vasco, puede escribirse *'txapela'.*

chapero. En jerga, 'muchacho que ejerce la prostitución', 'prostituto'. Se escribe en cursiva y debe explicarse su significado.

chaqué (plural, chaqués), no *chaquet.* Prenda de etiqueta (normalmente para hombres) con faldones por detrás, que se usa acompañada de corbata y chaleco (generalmente gris, crema o negro, aunque ahora se aceptan también colores más atrevidos). Se diferencia del **frac** en que éste se usa con pajarita y es por delante como una chaquetilla rematada a cada lado por un pico y no se abrocha, mientras que en el chaqué las solapas se prolongan, en forma redondeada, hasta los faldones y pueden abotonarse sobre el chaleco (comúnmente de color blanco). Véanse **esmoquin** y **frac.**

charme. En francés, 'encanto', 'atractivo', 'hechizo'. No debe emplearse.

charnego. Denominación despectiva empleada en Cataluña para referirse a los inmigrantes que proceden de otras comunidades españolas. No debe emplearse, salvo en cita textual.

chárter (plural, chárteres). Del inglés, 'alquilar', 'fletar'. Puede usarse como adjetivo de 'vuelo', pero también 'alquilado'.

chasis (igual en singular y plural). El armazón de un vehículo, también denominado 'bastidor', y el cilindro que contiene la película fotográfica.

chat. Término inglés ya admitido con el significado de 'intercambio de mensajes electrónicos a través de Internet que permite establecer una conversación entre dos o varias personas' o bien como 'servicio que permite mantener conversaciones entre chats'. Igualmente, es válido en el español actual el verbo 'chatear' ('mantener una conversación mediante la red, intercambiando mensajes electrónicos'). Es un sustantivo de género masculino ('el chat', 'los chats').

check-in, check-out. Véase **chequeo.**

checo. Gentilicio de la **República Checa.** No se debe utilizar nunca como gentilicio de la desaparecida **Checoslovaquia** (que era 'checoslovaco').

Checoslovaquia, no 'Checoeslovaquia'. No existe como tal país, ya que el 1 de enero de 1993 se dividió en dos Estados independientes: la **República Checa,** cuya capital es Praga, y Eslovaquia, con capital en Bratislava. Los gentilicios son, respectivamente, 'checo' y 'eslovaco'. Ambos Estados fueron admitidos en la ONU en 1993.

chef. También puede emplearse 'jefe de cocina'.

chelo, no *'cello'*. Apócope de **violonchelo.** Se escribe en redonda.

chequear. Nunca debe usarse este anglicismo aceptado por la Academia (salvo en cita textual, obviamente). Para un mejor estilo periodístico, sustitúyase por verbos menos generales, más precisos y más pertinentes para cada caso, como 'verificar', 'comprobar', 'revisar', 'corroborar', 'examinar', 'controlar', 'cotejar', 'probar', 'analizar'.

chequeo 1. No debe emplearse, salvo cita textual. Utilícense 'reconocimiento médico', 'revisión médica'.

2. Anglicismo adaptado al español, que viene de *'check'*, 'comprobar'. Se puede sustituir, según cada caso, por 'revisión', 'examen', 'prueba', 'verificación', 'comprobación', 'control', 'reconocimiento'... Igual que sucede con **'chequear':** 'verificar', 'corroborar', 'comprobar', 'revisar'...

El *check-in* de los hoteles es el 'ingreso', el 'registro', la 'entrada' o la 'inscripción'. Y el *check-out,* la 'salida' o la 'cancelación' del alojamiento, o el 'pago'.

chic. En noticias y crónicas, escríbase 'elegante', 'distinguido', 'de moda'. En reportajes de ambiente puede usarse 'chic', en redonda. Plural, 'chics'.

chicano (plural, chicanos). Ciudadanos de Estados Unidos de ascendencia mexicana. Los inmigrantes mexicanos no reciben este apelativo.

chií, no 'chiita'. El plural es 'chiíes'. Seguidor de la rama de la religión islámica que considera a Alí el sucesor de Mahoma; y a sus descendientes, los únicos **imames** legítimos.

China. Cuando se haga referencia a la República Popular China (no *de* China), que es su nombre oficial, debe decirse 'China'; nunca 'China Popular', 'China comunista', 'China roja' ni 'China continental'. En el caso del Estado nacionalista instaurado en Formosa e islas adyacentes, su nombre oficial (República de China) puede resultar equívoco y, por tanto, debe emplearse el nombre chino de la isla, Taiwán; nunca el de 'China nacionalista' o 'China insular'. 'Formosa', nombre dado por los portugueses a Taiwán, se mantiene en sus acepciones geográficas; es decir, para denominar tanto a la isla como al estrecho que la separa del continente. Hay que tener en cuenta asimismo que el régimen de Taiwán (cuya capital es Taipei, no 'Taibei') se extiende no sólo a Formosa, sino al archipiélago de Pescadores (úsese este nombre español, y no el chino, 'Penghu'), así como a las islas de Jinmen y de Mazu.

chino. No debe utilizarse en expresiones despectivas como "es un trabajo de chinos" o "le engañaron como a un chino".

chinólogo. Escríbase **'sinólogo'.**

chiringuito. Quiosco o puesto de bebidas al aire libre. Se escribe en redonda. Véase **chiringuito financiero.**

chiringuito financiero. En la jerga de los mercados, denominación que reciben las empresas que se presentan como intermediarias, pero que no están legalmente registradas como tales. Suelen ofrecer altísimas rentabilidades a partir de operaciones en divisas o en mercados exóticos. Puede emplearse si se explica su significado.

chorizo. No se debe usar en un texto informativo como equivalente de 'ratero', 'descuidero' o 'ladrón' y 'ladronzuelo', salvo cita textual. Y tampoco en uno opinativo, pues se trataría de un insulto.

christmas (igual en singular y plural). La Academia ha incorporado esta palabra como anglicismo escrito en cursiva. Se prefiere 'felicitaciones de Navidad' o 'tarjetas de Navidad'. En caso de cita textual, se escribe en cursiva como marca el *Diccionario.*

chupa. Palabra antigua del castellano para designar una prenda de medio cuerpo que vestían los clérigos y especialmente los dómines (maestros de latín). Se escribe en redonda.

Cibeles, plaza de. No 'plaza de la Cibeles', como tampoco 'plaza del Neptuno'.

ciber-. Elemento compositivo procedente del griego (donde evoca la navegación) que sirve para marcar un término como relativo a la cibernética. Se recomienda su uso para formar vocablos que se desea relacionar con Internet o con la informática en general: 'cibercafé', 'cibermensaje', 'ciberpirata', 'ciberlibro', 'cibercharla', 'cibernauta', 'ciberespacio', 'cibercorreo', 'ciberdelito'...

cibermensaje, en vez de *e-mail.* Véase **ciber-.**

cifrar. Ocultar mediante un procedimiento criptográfico. El nombre se debe tanto a la utilización de cifras en la clave como al hecho de que existen tipos de cifrado que convierten el texto en números. Véase **encriptar.**

circulante o **efectivo circulante.** Es la suma de billetes, monedas, cheques bancarios y depósitos en cuentas corrientes que existe en la economía de un país. Es sinónimo de 'liquidez'.

cirugía. Parte de la medicina que tiene por objeto curar las enfermedades por medio de operación. No debe utilizarse como sinónimo de 'operación' o 'intervención quirúrgica'.

cita previa. Se trata de un **pleonasmo,** porque todas las citas son previas.

Ciudad de México. Es desde 2016 el nuevo nombre oficial de la capital mexicana (antes México DF, Distrito Federal).

clásico. Cualquier duelo deportivo de gran rivalidad histórica (por ejemplo, 'América de Cali-Millonarios de Bogotá'). También se puede usar 'superclásico' ('Boca-River' o 'Real Madrid-Barça'). No es sinónimo de **derbi.**

clasificado. Siempre que se pueda, empléese 'reservado', 'secreto', 'confidencial', para evitar ambigüedades con el uso tomado del inglés.

clearing (pronúnciese *clírin*). Úsese la voz en español 'compensación bancaria'. Es la amortización de las deudas entre dos o más entidades de crédito por operaciones recíprocas de signo contrario.

clicar, cliquear: ambas formas están aceptadas para indicar la presión o golpe que se hace con el ratón de un ordenador. También se puede decir 'hacer clic', pero no debe olvidarse el verbo español 'pulsar'.

climatología. 'Conjunto de las condiciones propias de un determinado clima'. No debe confundirse, por tanto, con meteorología. Lo que cambia en un lugar determinado no es el clima, sino el tiempo. Las variaciones de un clima se mantienen estables a lo largo de un periodo (clima mediterráneo, tropical). Un lugar, salvo glaciaciones o grandes cambios similares, siempre tiene el mismo clima: lluvioso o seco; temperaturas cálidas o frías, extremas o templadas; mediterráneo o atlántico.

climatológico. Véase **climatología.**

coach. No debe usarse. En español existen 'entrenador', 'instructor', 'adiestrador' y 'preparador'.

coca. La planta de la que se saca la cocaína. Se escribe en redonda. No debe emplearse como sinónimo del producto ilegal que se elabora a partir de ella.

cóctel molotov. 'Bomba casera' o 'botella incendiaria'. El nombre fue creado por los finlandeses durante su guerra contra el ejército ruso, al atribuir esos artefactos al político soviético Viacheslav **Mólotov.** Puede emplearse si queda claro que se trata de un explosivo.

coeficiente de caja. Porcentaje de los depósitos que las entidades financieras deben mantener en su poder en efectivo.

colateral. La expresión 'daños colaterales' (**eufemismo** de 'víctimas civiles' o 'víctimas equivocadas') no debe emplearse. En el lenguaje sobre asuntos médicos, 'efectos colaterales' debe sustituirse por 'efectos secundarios'.

colega. Compañero en un colegio, corporación o profesión. No es sinónimo de 'persona del mismo cargo o rango'. Un ministro, por ejemplo, es 'colega' de otro miembro del mismo Gabinete, pero no de quien desempeña igual cartera en otro Gobierno. Empléese para este caso el término **'homólogo'.**

colegiado. Este habitual sinónimo de 'árbitro' (de cualquier deporte) es aceptable cuando se trate de árbitros organizados en un colegio. Pero fuera de España no existe esa organización arbitral y no es aceptable escribir o decir, por ejemplo, "se ha equivocado el colegiado galés". Son sinónimos válidos 'juez', 'juez de la contienda' y, en crónicas o textos de resonancias antiguas, 'trencilla' (por el adorno que llevaban los árbitros españoles en las solapas de su chaqueta).

comando. Se escribe en cursiva cuando se trate de una apropiación del lenguaje militar por grupos terroristas. Ejemplos: 'El *comando* Madrid de ETA', 'un *comando* de ETA Militar'.

comentar. No es sinónimo de 'decir', 'afirmar', 'informar' o 'indicar'. Significa 'explicar un texto' o 'expresar una opinión acerca de algo o de alguien'.

cómic. Pueden usarse también las palabras españolas 'tebeo' (revista de historietas) e 'historieta' (narración gráfica en viñetas). 'Cómic' se escribe en redonda. No debe confundirse con *comix.*

comisión rogatoria. Cuando un juez realiza investigaciones o interrogatorios en un país distinto del suyo constituye una 'comisión rogatoria'. Debe explicarse siempre.

como. El uso de una coma antes del adverbio 'como' cambia el significado en muchas frases. No es igual "no lo hice como me dijiste" ('lo hizo de distinta forma') que "no lo hice, como me dijiste" ('no lo hizo, luego cumplió el encargo'). Si se trata de subsanar un error, se incurre en otro en frases como la siguiente: "El presidente de la empresa es Diego González, y no Gonzalo Diéguez, como se publicó ayer". Detrás de frases similares se adivina la intención de escribir 'en contra de lo que se publicó ayer', pero la coma cambia el sentido. Lo correcto es: "El presidente de la empresa es Diego González, y no Gonzalo Diéguez como se publicó ayer".

como cuestión de hecho. Calco de la expresión inglesa *'as a matter of fact'*, que se emplea para indicar que lo mencionado anteriormente es cierto. En español debe utilizarse 'de hecho'.

competer. Algunas de las formas de este verbo coinciden con las de 'competir', pero otras no: 'competerá', 'competería', 'competiera', 'competa', 'compete', 'competió', 'competiendo'; pero también 'competí', 'competía', 'competido'.

compló (plural, complós) o 'complot' ('complots'). La Academia admite todas esas grafías para este galicismo, pero en el estilo de la SER se prefieren alternativas, también correctas y equivalentes, como 'confabulación', 'conjura', 'conspiración', 'intriga' o 'trama'.

compost (no varía en plural). 'Humus artificial'. Si se usa, debe explicarse su significado.

compromiso. Es una obligación contraída, la palabra dada, una promesa. No debe tomarse, por vía de **falso amigo** (*'compromise'* en inglés), como sinónimo de 'acuerdo', 'pacto', 'transacción', 'avenencia' o 'arreglo'. El compromiso se puede producir con la sola voluntad de una persona ("me comprometo a estudiar una carrera"), mientras que el acuerdo, el pacto y los demás términos citados requieren de dos.

computadora. En el español de España se usa más **ordenador,** pero puede utilizarse como sinónimo por ser de conocimiento muy extendido.

computarizar. Someter datos al tratamiento de una computadora u ordenador. Se prefieren 'informatizar' y 'procesar'.

cómputo de votos. Debe emplearse esta expresión en lugar del **falso amigo** 'recuento de votos' (por *'recount'* en inglés). El cómputo es una cuenta, un cálculo. El recuento es en español la comprobación de las personas o cosas que forman un conjunto, o el hecho de volver a contar.

conductor suicida. En el caso de conductores que circulan por el carril contrario de una autovía o autopista, y sobre todo si media una apuesta, debe decirse 'conductor homicida', y no 'conductor suicida', para resaltar el hecho de que estas personas ponen en peligro la vida de los demás. Un suicida sólo pone en riesgo la suya. Véase **kamikaze.**

concejal (tanto para el masculino como para el femenino). Sobre el femenino de esta y otras palabras similares, como **corresponsal**, véase **juez.** Se puede utilizar como equivalente la palabra **'edil'**; pero ésta no es sinónimo de 'alcalde'. Otro sinónimo de 'concejal' es 'munícipe'.

concretar. Este verbo está mal empleado en las informaciones deportivas cuando se escribe o se dice que una jugada se 'concretó' en un gol o en fuera de juego. Concretar es 'reducir a lo esencial lo que se habla o escribe'; 'combinar algunas especies y cosas'.

concretizar. Aunque este verbo esté admitido por la Academia, es mejor 'concretar'.

conculcar. Únicamente se puede aplicar a normas o leyes vulneradas.

concurso de acreedores. Desde la modificación de la Ley Concursal en España en 2003, ya no hay empresarios ni particulares en **quiebra** ni en suspensión de pagos, sino en concurso de acreedores. Se denomina así al procedimiento legal originado cuando una persona física o jurídica llega o está a punto de llegar a una situación de insolvencia y no puede hacer frente a los pagos que adeuda. El juez declara el concurso de acreedores tras ser solicitado por el deudor (concurso voluntario de acreedores) o el acreedor (concurso necesario de acreedores), y nombra para hacerse cargo de las finanzas del concursado a administradores concursales (abogado, auditor de cuentas y acreedor).

confiscar. Referido a los bienes, apropiarse de ellos el Estado mediante la ejecución de una pena o castigo. Distíngase de 'expropiar': 'Dicho de una Administración, privar a una persona de la titularidad de un bien o de un derecho, a cambio de una indemnización'. También es distinto de 'requisar', que se aplica a la expropiación inmediata en tiempo de guerra y a cargo del ejército, o por la autoridad civil en caso de calamidad pública.

confort. Se prefiere 'comodidad', pero pueden usarse 'confortable' y 'confortar'.

confrontación. No se considera de buen estilo confundir el verbo 'confrontar' y el sustantivo 'confrontación' con 'enfrentar' y 'enfrentamiento'. 'Confrontar' significa 'comparar', 'cotejar' o 'contrastar'.

congénito. No se debe confundir con genético. Un mal congénito, una deformación o una enfermedad congénitas son los que se tienen desde el nacimiento (por ejemplo, por problemas externos durante el embarazo como sucedió por la contaminación con talidomida). Una enfermedad genética es la que se transmite a través de al menos uno de los progenitores, y puede manifestarse en algún momento cercano o lejano de la vida. Sin embargo, no todo lo genético es congénito, pues la exposición a factores externos modifica los genes incluso de adultos (la acción del tabaco o la radiación extrema pueden ser algunos ejemplos).

Congo. Dos países limítrofes comparten este nombre: la **República del Congo** (llamada también 'Congo Brazzaville', por su capital) y la **República Democrática del Congo** ('Congo Kinsasa'). La República del Congo fue colonia francesa y se denominó anteriormente 'República Popular del Congo' (entre 1969 y 1992). La República Democrática del Congo se llamó 'Zaire' (entre 1971 y 1997) y antes fue conocida como 'el Congo belga' (hasta su independencia en 1960). El topónimo 'Zaire' sigue nombrando en la actualidad una provincia de Angola por la que transcurre el río del mismo nombre (también llamado 'río Congo'), el más largo de África central y que atraviesa varios países.

congresista. El asistente a un congreso. También, el que forma parte de una de las dos cámaras legislativas estadounidenses.

consecuencia. Los hechos ocurren 'a causa de' algo, o 'como consecuencia de' ello, pero es desaconsejable la expresión 'a consecuencia de'.

consejo de administración. Se escribe con minúsculas iniciales también cuando se refiera al organismo rector de una sociedad en concreto. Ejemplos: "Es el consejo de administración de Repsol", "esto ha de aprobarlo el consejo de administración"; "es miembro de varios consejos de administración".

Consejo de Europa. No hay que confundirlo con **Consejo Europeo.** Es una organización de cooperación, con sede en Estrasburgo, creada tras la II Guerra Mundial para defender y preservar la democracia, el Estado de Derecho y los derechos humanos. Engloba a todos los países europeos excepto Bielorrusia. Cuenta con un secretario general —el español

Marcelino Oreja desempeñó ese cargo—, un Consejo de Ministros, una Asamblea Parlamentaria y un Tribunal de Derechos Humanos.

Consejo de la Unión Europea. Representa a los Gobiernos de cada uno de los Estados miembros. La presidencia la ocupa cada país durante seis meses de forma rotatoria. Véase **Unión Europea.**

Consejo de Ministros, no 'Consejo de ministros'. Esta entidad jurídica se escribe siempre con mayúsculas iniciales.

Consejo de Seguridad de la ONU. Principal órgano ejecutivo de las Naciones Unidas, que tiene la responsabilidad de mantener la paz en el mundo. Está formado por 15 miembros, de los cuales 5 son permanentes: China, Francia, Rusia, Estados Unidos y Reino Unido. Todos los miembros de la ONU están obligados a cumplir sus decisiones, entre las que pueden figurar embargos internacionales, sanciones económicas y el uso de la fuerza.

Consejo Económico y Social. Uno de los seis principales órganos de las Naciones Unidas (junto con la Asamblea General, el **Consejo de Seguridad,** el Consejo de Administración Fiduciaria, el Tribunal Internacional de Justicia y el Secretariado). Está encargado de coordinar la política económica, social, cultural y humanitaria de la ONU. Se le conoce por el acrónimo 'Ecosoc'.

Asimismo, recibe igual nombre un órgano de encuentro de las representaciones sociales y empresariales previsto en la Constitución española. También se da en diversas comunidades autónomas.

Consejo Europeo. No hay que confundirlo con **Consejo de Europa,** que es un organismo internacional sin relación alguna con la Unión Europea. El Consejo Europeo está compuesto por los jefes de Estado o de Gobierno de los Estados miembros de la Unión Europea, así como por el presidente de la Comisión Europea. Las reuniones del Consejo Europeo, que se suelen celebrar en Bruselas todos los años en junio y diciembre, son conocidas como 'cumbres europeas', si bien suele haber otras reuniones, no oficiales, en primavera y otoño. La presidencia puede, no obstante, convocar un Consejo Europeo extraordinario. Véase **Unión Europea.**

consenso. Esta palabra implica unanimidad. Cuando el consenso se refiere a un acuerdo entre individuos, se obtiene con el consentimiento de 'todos los miembros' del grupo. También se puede producir un consenso entre grupos, pero esa acepción no prevé la posibilidad de disidencia (pues el grupo disidente no formaría parte del consenso). Por tanto, se incurre en **pleonasmo** al escribir o decir 'consenso unánime'. No debe olvidarse la palabra 'asenso'. Véase ERRORES IMPERDONABLES, **consenso,** páginas 126-127.

conservador. Con mayúscula inicial solamente cuando forme parte del nombre oficial de un partido. En el lenguaje político se llama así a quien es 'especialmente favorable a la continuidad en las formas de vida colectiva y adverso a los cambios bruscos o radicales'. Esta palabra sólo se puede aplicar en una noticia a personalidades políticas cuando haya sido aceptada previamente por ellas.

En el lenguaje de la economía se usa incorrectamente 'conservador' algunas veces: "Espera obtener un millón de euros de beneficio, según un cálculo conservador". Escríbase en su lugar 'según un cálculo prudente'.

Lo mismo sucede en la medicina: "Le haremos un tratamiento conservador" equivale a "le haremos un tratamiento poco intervencionista" (por ejemplo, cuando se opta por una recuperación mediante fisioterapia frente a la alternativa de la intervención quirúrgica). También se puede optar por adjetivos como 'cauteloso' o 'moderado'.

constatar. Es un galicismo admitido que tiene equivalentes mejores en 'verificar', 'reflejar', 'probar', 'comprobar', 'señalar', 'dejar sentado' o 'dejar constancia'.

Constitución. Se escribe con mayúscula inicial cuando se refiera a la ley fundamental de un Estado y ese sea su nombre oficial. Véase **Carta Magna.**

contemplar. No debe emplearse este verbo con el significado de 'prever', 'establecer', 'recoger' o 'regular' ("la nueva ley contempla...").

contra. No puede emplearse como sinónimo de 'cuanto'. Es incorrecto escribir o decir frases como la siguiente: "Contra más se acerca el otoño, más pronto anochece".

contracepción, contraceptivo. No son palabras castellanas. Escríbase en su lugar 'anticoncepción' y 'anticonceptivo'.

contra reloj. Locución adverbial que equivale a 'con apuro', 'con prisas'. "Voy todo el día contra reloj". Véase **contrarreloj.**

contrarreloj. Prueba deportiva en la cual los competidores salen de uno en uno con un intervalo entre ellos y en la que se clasifican según el tiempo que hayan invertido. No tiene plural: 'Las pruebas contrarreloj', "su rendimiento en las [pruebas] contrarreloj le perjudicó en este Tour". Se puede usar también el adjetivo 'cronometrada': "Perdió la Vuelta en las cronometradas". Véase **contra reloj.**

control *antidoping*. La Academia ha admitido 'control antidopaje'.

convalecer. La persona que convalece en su cama o en un hospital ni está enferma ni sufre merma en su salud, sino que se encuentra en proceso de recuperación.

conversatorio. Palabra utilizada en el español de Perú, Colombia y otros países del Caribe para referirse a 'tertulias' o 'debates', generalmente ante el púbico. El sufijo *-orio* sirve para designar el lugar donde se ejecuta la acción mencionada por la raíz ('dormitorio', 'sanatorio', 'consultorio', 'escritorio', 'paritorio'...). Sin embargo, 'conversatorio' no designa un lugar, sino una acción. Por tanto, se prefiere el uso de 'conversación', 'coloquio', 'debate', 'tertulia' o 'mesa redonda'.

convicto. Reo cuyo delito se ha probado, aunque él no lo haya confesado. Es un adjetivo que no debe utilizarse como sustantivo en lugar de 'preso', 'recluso' o 'presidiario' (en los tres casos, persona que está en presidio cumpliendo una condena). Tampoco se debe traducir el inglés '*ex-convict*' por 'exconvicto', sino por 'expresidiario' (*Manual de Español Urgente* de EFE, 1998: 171).

coñá. Se recomienda el uso de 'coñá' y 'coñás', pero puede escribirse o decirse también 'coñac' y 'coñacs'. En ningún caso '*cognac*'. Si así lo exige la nomenclatura comercial internacional, se sustituirá por *brandy*.

***cookie*.** En el contexto informático equivale a 'espía' o 'chivato'. Se trata de un documento de pequeño tamaño que se guarda en el ordenador del internauta cuando accede a ciertas páginas y que proporciona a sus creadores cierta información estadística. Se usa a veces con malas intenciones (pues puede recopilar más información sobre nuestro ordenador de la que queremos dar), pero en general mejora la navegación por Internet permitir que algunas páginas que visitamos con frecuencia nos reconozcan al entrar. La traducción literal, 'galleta', no se entendería bien en un contexto español. Puede usarse, en cursiva, si se explica entre paréntesis alguna equivalencia, por ejemplo las dos citadas más arriba.

Copa del *América*, no Copa América. Véase **America's Cup.**

copia. Por vía de **falso amigo** (*'copy'*, en inglés) se abusa de esta palabra en detrimento de 'ejemplar'. Se prefiere "una tirada de 30.000 ejemplares" en vez de "una tirada de 30.000 copias", aunque se trate de discos o vídeos y no sólo de libros.

córner (plural, córneres). Se prefiere 'saque de esquina'. En español existe la palabra 'cornijal' (esquina de un terreno), que puede usarse a efectos estilísticos.

Corona. Con mayúscula inicial cuando sea sinónimo del 'Rey' o 'la Monarquía' españoles.

corporación. No debe utilizarse esta palabra para traducir la inglesa *'corporation'*. La traducción correcta es 'empresa' o 'sociedad'.

corpore insepulto. Se debe escribir y decir 'misa *corpore insepulto*', y no 'misa de *corpore insepulto*'. Pero se prefiere la expresión española 'de cuerpo presente'.

correo electrónico, no ***e-mail.*** Esta expresión se refiere tanto a una dirección de destino ("dame tu correo electrónico") como a un sistema de envío ("te lo mando por correo electrónico"), al contenido que se remite ("recibí un correo electrónico") o al lugar donde se recibe ("entró en mi correo electrónico"). En el correo postal (de fácil analogía) esos distintos conceptos tomaban diferentes palabras: 'dirección' (destino), 'carta' o 'mensaje' (contenido), 'correo' (sistema) y 'buzón' (lugar donde se deposita). Si se desea mantener esta riqueza y precisión en lo referido al correo electrónico, y esquivar el empobrecimiento léxico asociado a las nuevas tecnologías, pueden usarse 'ciberdirección', 'cibermensaje', 'cibercorreo' y 'ciberbuzón'. No obstante, en la mayoría de las ocasiones no será necesario el elemento 'ciber-', por quedar sobrentendido; y bastarán frases como "le pidió su dirección para enviarle una foto", "le envió un mensaje de inmediato", "lo recibí un minuto después por correo" o "lo tenía en mi buzón y no lo había abierto". Véase **ciber–.**

corresponsal. En analogía con 'concejal', no debe decirse 'corresponsala' (como tampoco 'concejala').

cortacircuitos. El aparato que interrumpe automáticamente la corriente eléctrica. Véase **cortocircuito.**

Corte. Nombre que reciben algunos tribunales de justicia en América. Por ejemplo, la Suprema Corte de Justicia de la Nación en México, o la Corte Suprema de Justicia de la Nación (Corte Suprema) en Argentina. En traducciones del inglés, *'Court'* debe traducirse por 'Tribunal'.

Corte Penal Internacional. Escríbase 'Tribunal Penal Internacional'.

corto. Puede alternarse con el empleo de 'cortometraje'.

cortocircuito. Contacto entre dos conductores eléctricos que produce una descarga. Véase **cortacircuitos.**

cosmético. Se usa mal, por vía de **falso amigo,** al hablar de 'cambios cosméticos' (salvo que se quiera expresar 'cambios embellecedores'). Dígase 'cambios superficiales' o 'intranscendentes', 'irrelevantes', 'cambios de mera apariencia', 'cambios engañosos'.

costas. Los gastos ocasionados por un proceso judicial (costas procesales). Debe utilizarse en plural.

costo, precio, tarifa. No se deben confundir estos términos. El 'costo' o 'coste' es lo que se paga para producir el servicio o producto, la 'tarifa' es lo que el usuario abona por un servicio, mientras que el 'precio' es lo que el usuario paga por un producto.

cotejo. En México, 'partido' o 'encuentro'.

country. En inglés, 'país', 'campo'. Por extensión, 'música campera norteamericana'. Se escribe en cursiva.

course (plural, *courses).* Véase **golf.**

cowboy. Tradúzcase por 'vaquero'.

crac. Onomatopeya que refleja una rotura o una quiebra. También, un tipo de droga. Véanse ***crack*** y ***crash.***

crack. Para este vocablo inglés que la Academia define como 'deportista de extraordinaria calidad', el idioma español dispone de muchas alternativas: 'estrella', 'superclase', 'figura', 'astro' o 'genio'. En la riqueza del léxico reside el buen estilo periodístico.

cracker. En informática, persona que comete acciones destructivas como el borrado de información en los sistemas informáticos. Escríbase 'saboteador'.

crash. En inglés, 'estrépito', 'quiebra', 'choque'. Esta palabra puede emplearse, escrita en cursiva, para referirse al hundimiento o desplome acusado de las cotizaciones en un mercado financiero. En este caso, no se ha de confundir con ***crack*** ni con ***crac.***

crawl. En español, este estilo de natación se llama 'crol' o 'libre'.

credibilidad. Se puede usar el sinónimo más corto 'crédito': 'Opinión que goza alguien de que cumplirá puntualmente los compromisos que contraiga': "Ese político tiene mucho crédito".

credit crunch (pronúnciese *crédit cranch*). Expresión en inglés que significa 'contracción del crédito', una situación que se produce cuando los préstamos se vuelven prohibitivos por su coste o desaparece su disponibilidad.

crédito *subprime* (pronúnciese *sub práim*). También conocido como 'crédito de alto riesgo', es una modalidad crediticia del mercado financiero de Estados Unidos que se caracteriza por implicar un riesgo mayor (mayor posibilidad de que no se pague el monto adeudado) a la norma del mercado de créditos. Casi todos estos créditos son de carácter hipotecario.

crespón negro. Es un **pleonasmo.** Los crespones, mientras no se diga otra cosa, son negros.

crowdfunding. Anglicismo innecesario. 'Financiación colectiva', 'micromecenazgo', 'microfinanciación', 'microinversión'. En la mayoría de los casos se puede sustituir por 'colecta'.

cualquier. Es un anglicismo usar este adjetivo en lugar de 'todo' (y en oraciones negativas, en lugar de 'ninguno'). "Ha viajado por todo el mundo", y no "ha viajado por cualquier parte del mundo". "Para que no pueda desempeñar ningún cargo público", y no "para que no pueda desempeñar cualquier cargo público".

cuerpear. Verbo usado en las narraciones deportivas, generalmente cuando dos futbolistas forcejean por ocupar una posición o hacerse con el balón. Procede de Argentina y se extendió por otros países americanos, donde tradicionalmente ha equivalido a 'esquivar': 'mover rápidamente el cuerpo para evitar un contacto indeseado'. No obstante, el *Diccionario de americanismos* (elaborado por las academias hispanas) recoge que en Argentina significa también 'empujar a alguien con el hombro o el pecho'. Puede usarse sin problema en la Cadena SER tanto en sentido literal como figurado.

D

dación en pago. Convenio entre el acreedor y el deudor por el que este último hace una prestación distinta a la estipulada originariamente en la obligación; por ejemplo, la entrega de un inmueble en lugar de la suma de dinero inicialmente debida.

dantesco. Adjetivo que sólo debe usarse en contextos realmente adecuados, con gran carga dramática y que causan espanto.

dar luz verde. Expresión manida de la que se abusa en todo tipo de contextos para aligerar otro tipo de verbos que resultan más adecuados ('permitir', 'agilizar', 'comenzar', 'autorizar', 'acceder', 'consentir').

deber, deber de. Se emplea con frecuencia la perífrasis verbal 'deber de' cuando debería decirse simplemente 'deber'. "Debe de ser así" implica duda; "debe ser así" significa obligación.

debú. Puede escribirse y decirse 'debut' o 'debú' (plurales, 'debuts' y 'debús') si se trata de una cita textual. Para los textos informativos, se prefieren palabras españolas como 'estreno' o 'presentación'. No obstante, por su mejor construcción y más extendido uso, se admiten el verbo 'debutar' y el participio presente 'debutante'.

de cara a. Indebido sustituto de las preposiciones españolas. Por lo general, tal expresión se puede reemplazar por 'para', 'ante', 'con vistas a'.

de carácter. Es redundante esta expresión seguida de un adjetivo: 'un acto de carácter simbólico'. Mejor, 'un acto simbólico'.

décimo. Esta palabra pierde su acento ortográfico cuando forma parte de un vocablo compuesto. Ejemplos: 'decimosexto', 'decimoséptimo', 'decimoctavo', pero no 'décimoseptimo' ni 'décimoctavo'. Y menos 'décimooctavo'. Se prefiere por su brevedad 'undécimo' a 'decimoprimero'; y 'duodécimo' a 'decimosegundo'.

En el juego de la Lotería española, diez 'décimos' forman un 'billete'.

decir que, señalar que, destacar que... En español no se puede empezar así una oración. O bien se emplea el subjuntivo en plural ("y para terminar, digamos que"), o bien una perífrasis verbal ("y para terminar tenemos que decir que").

Defensor del Pueblo. Se escribe con mayúsculas iniciales cuando se refiera a la institución, y todo en minúsculas cuando preceda al nombre de su titular o se refiera a él como persona física. "Presentó un recurso ante el Defensor del Pueblo". "Al acto no vino el defensor del pueblo". "La defensora del pueblo es Soledad Becerril".

deficiencia. No debe emplearse. Véase **minusvalía.**

déficit. Situación en la que los gastos superan a los ingresos. El 'déficit exterior' ocurre cuando los pagos que abona un Estado a los demás países son superiores a los ingresos que percibe de ellos. No hay que confundir esto con 'deuda exterior', que es la obligación de pagar una cantidad de dinero que tiene un Estado para con otros países. Véase **superávit.**

deflación. Véase **inflación.**

deflagración. No equivale a 'explosión' o 'estallido'. Significa: 'arder una sustancia súbitamente con llamas y sin explosión'.

deforestación. También es válida la forma 'desforestación'.

dejar. Se abusa de este verbo, y además se emplea mal, en informaciones sobre catástrofes: "El terremoto dejó más de 200 muertos", "el incendio ha dejado seis víctimas mortales" (en lugar de "el incendio causó 200 muertes", "el incendio causó seis víctimas mortales" o "en el incendio murieron seis personas"). Los desastres causan muertes, provocan desolación, ocasionan la destrucción de bienes, producen daños, es decir, matan, desuelan, destruyen, dañan. Éstos no son verbos prohibidos, sino precisos, ricos, descriptivos, y por tanto periodísticos. Entre las acepciones del verbo 'dejar' no figura este significado que se le da erróneamente, pues los terremotos o los incendios no dejan nada que previamente tuvieran.

déjà vu. En francés, 'ya visto'. En español se llama 'paramnesia' a la alteración de la memoria que consiste en creer que se ha vivido algo que en realidad nunca ocurrió. Por su extendido uso, puede emplearse la expresión francesa.

deletear. Del inglés *to delete* ('borrar'). No ha sido admitido por la Academia. Úsese el verbo español 'borrar'.

deleznable. El significado de este adjetivo es 'despreciable, de poco valor', 'que se deshace fácilmente', 'inconsistente', 'poco duradero'. Se aplica mal con el sentido de 'reprobable' o 'digno de repulsa'.

delitos de corrupción. Bajo esta denominación se suelen encuadrar diversos tipos delictivos que castigan la actuación inapropiada de autoridades y funcionarios. Casi siempre se deben a un mal uso del erario o se relacionan con recalificaciones urbanísticas. Estos diferentes tipos no deben confundirse entre sí. El 'cohecho' es el delito que se comete cuando una autoridad o funcionario público acepta dinero u otro tipo de bienes o promesas por realizar o por abstenerse de realizar un acto relativo al ejercicio de su cargo (y lo cometen tanto quien paga como quien cobra); la 'malversación de fondos públicos' es destinar un dinero para un fin que no era el previsto legalmente por parte de una autoridad o funcionario. El 'tráfico de influencias' se comete cuando un funcionario ejerce su predominio sobre otro para obtener de éste una decisión favorable a sus intereses o que pueda generar un provecho para un tercero interesado. Véase **prevaricación.**

demanda. Inicio de un procedimiento en el ámbito civil, laboral o contencioso-administrativo. Así, 'demandante' es la persona que inicia la demanda, y 'demandado' la persona contra la que se dirige. No hay que confundir 'demanda' con 'denuncia', que es el trámite con el que se inicia un proceso penal, esto es, la puesta en conocimiento de la autoridad judicial de unos hechos que pueden ser delictivos. La 'denuncia' tampoco se debe confundir con la **querella**. El querellante se constituye en parte acusadora en el desarrollo del proceso penal y ha de probar los hechos delictivos.

demarrar, demarraje. Palabra utilizada en la jerga del ciclismo. No debe emplearse. Escríbase 'acelerar', 'aceleración' o, en su caso, 'arranque' o 'adelantamiento'.

depurar responsabilidades. No se debe emplear este **eufemismo.** Ese sentido de 'depurar' se aplica a las personas, no a los conceptos abstractos. Escríbase 'castigar a los culpables', 'separar a los responsables', 'identificar a los autores', 'buscar a los ejecutores', etcétera. Véase **purgar responsabilidades.**

derbi (plural, derbis). Esta palabra españolizada (del inglés *derby*, y escrita durante muchos años con la grafía *derby)* tiene dos acepciones: una se refiere al enfrentamiento deportivo entre dos equipos de la misma ciudad, costumbre que nació en la localidad inglesa de Derby, donde tal encuentro de un primitivo fútbol se disputaba el martes de carnaval; y la otra se utiliza para las carreras en las que participan caballos de tres años y en las que todos los ejemplares corren con el mismo peso. En este segundo caso, la expresión procede del primer caballo que ganó una carrera de estas características, cuyo propietario era el VII lord de esa misma ciudad, lord Derby. En rigor, no debe emplearse la palabra 'derbi' para partidos entre equipos de ciudades diferentes. Véase **clásico.**

derby. Véase **derbi.**

desalinizadoras. Las plantas donde se desala el agua de mar para hacerla potable son 'desalinizadoras', no 'desaladoras'.

desapercibido. Se prefiere 'inadvertido', para evitar la anfibología con 'no amonestado', 'desprevenido' o 'desavisado': "El árbitro pasó inadvertido".

desarrollo sostenible. Fue el lema de la Cumbre de la Tierra que se celebró en Río de Janeiro en 1992, y se refiere a un tipo de desarrollo que debe tener en cuenta las necesidades de los países del Tercer Mundo y la protección del medio ambiente.

desconvocar. Para que una huelga o una manifestación se desconvoque es preciso que no haya comenzado; en caso contrario, úsense los verbos 'cancelar', 'suspender' o 'interrumpir'.

descuento, tiempo de. Dígase 'tiempo adicional', 'tiempo suplementario', 'tiempo de prolongación', 'tiempo extra', 'tiempo añadido' o 'alargue' en las informaciones deportivas cuando se refieren a los minutos sumados al final del plazo reglamentado a fin de compensar las pérdidas de tiempo registradas durante el juego. Lo que ocurre en esos últimos minutos del encuentro se produce en el tiempo que se añade, no en el que se resta.

desde. Esta preposición se usa indebidamente en oraciones como "le hablo desde la honradez" o "te lo digo desde el cariño". Dígase "le hablo con honradez" y "te lo digo con cariño".

desequilibrios. Evítese el eufemismo económico de llamar 'desequilibrios' a las 'desigualdades'. Ejemplo: "Es necesario corregir los desequilibrios territoriales". Escríbase "es necesario corregir las desigualdades territoriales".

desertización. La Academia considera sinónimos 'desertización' y 'desertificación', si bien algunos expertos atribuyen a 'desertización' el significado de pérdida de habitantes y a 'desertificación' el de pérdida de cubierta vegetal. También se dan divergencias en las definiciones en función de que esos procesos se produzcan o no por la acción humana. En la Cadena SER se prefiere el uso de 'desertización' para toda pérdida progresiva de flora y fauna; y 'despoblamiento' o 'despoblación' (ambas sinónimas entre sí) para lo que se refiera a reducción paulatina del número de habitantes de un lugar.

desgarro. Un desgarro muscular o tirón muscular es una rotura parcial o completa de las fibras musculares a causa de un fuerte impacto. Según su gravedad, puede tratarse de una microrrotura o de una rotura fibrilar. Véase **distensión.**

deslegalizar. Expresión correcta cuando se refiere a retirar la condición de legal a algo que estaba reconocido como tal. Véase **ilegalizar.**

deslocalizar. La Academia define este verbo como 'trasladar una industria de una región a otra o de un país a otro, normalmente buscando menores costes empresariales'. Tradicionalmente se usó 'trasladar', y se presuponían las razones. "Esta empresa se ha deslocalizado a China". "Esta empresa se ha trasladado a China". No debe olvidarse esta opción.

detentar. No es sinónimo de 'ejercer', 'desempeñar' u 'ocupar', sino que significa 'retener uno sin derecho aquello que no le pertenece'. Véase Errores imperdonables, **detentar,** página 127; y también **ostentar.**

deuce. Véase **tenis.**

devaluación, depreciación. Son conceptos relacionados pero no intercambiables; la 'devaluación' es la disminución deliberada que hace un gobierno del valor de la moneda nacional en relación con las monedas extranjeras para equilibrar la balanza de pagos (tiene como consecuencia un abaratamiento de las exportaciones y un aumento de los precios de las importaciones para el país devaluante); la 'depreciación' es el descenso del tipo de cambio de una moneda respecto a otras sin que medie una intervención gubernamental.

diada. Esta palabra catalana, cuyo significado es 'jornada', se traducirá siempre al castellano, salvo para las siguientes fiestas: la Diada del **Onze de Setembre;** la Diada de Sant Jordi (23 de abril), también llamada 'Diada del Llibre'; la Diada de Sant Esteve, y la Diada de la Sardana. En tales casos se escribe con mayúscula inicial y en redonda.

diagnóstico. 'Diagnóstico' y 'pronóstico' no deben confundirse. El diagnóstico es 'la calificación que da el médico a la enfermedad según los signos que advierte'; el pronóstico es 'el juicio que forma el médico respecto a los cambios que pueden sobrevenir durante el curso de una enfermedad, y sobre su duración y terminación por los síntomas que la han precedido o la acompañan'. De ahí la expresión 'pronóstico reservado' cuando se tienen dudas al respecto.

día que, el. Es mejor 'el día en que' cuando se trate de un complemento circunstancial y no de un complemento directo. No es lo mismo "el día que elija" ('se elige un día para algo') que "el día en que elija" ('ese día se elige algo').

Diccionario. Se escribe en cursiva y mayúscula inicial como título de un libro, incluso si no se cita completo; y bastará esta sola palabra si se refiere al diccionario académico español denominado oficialmente: *'Diccionario de la lengua española';* el *'Diccionario'.* Se escribe en redonda y con minúscula cuando se use como nombre común: "Lo consulté en el diccionario", "es bueno resolver las dudas con un diccionario". No deben usarse las siglas DRAE *(Diccionario de la Real Academia Española)* si no se desarrollan a continuación en la primera referencia. No obstante, este no es su nombre oficial.

difamación. Difamar es desacreditar a alguien, de palabra o por escrito, publicando o diciendo cosas contra su buena opinión o fama. Hay que diferenciar 'difamación' de 'libelo', que es la misma transgresión pero referida a la prensa escrita. Quien se considera víctima de difamación, puede presentar una querella por injurias o por calumnias; o acudir a una demanda civil de protección del derecho al honor. Véase **calumnia.**

dilema. Es la disyuntiva o duda entre dos alternativas (han de ser dos, ni más ni menos), por lo que no equivale a 'problema' ni a 'dificultad'.

diligencias. En puridad, son las decisiones del secretario de un tribunal judicial sobre asuntos de trámite. Hay diligencias de ordenación (aquellas que no precisan razonamiento o reflexión y se limitan a ordenar el proceso), de constancia (para dejar reflejados en los **autos** hechos o situaciones), de comunicación (para notificar a alguien hechos relacionados con la causa) o de ejecución (para hacer cumplir las decisiones del juez o tribunal colegiado). Además, se emplea el término para otras resoluciones de los jueces o los secretarios y, de modo genérico, para referirse a las decisiones judiciales. Por ejemplo, cuando se habla de apertura o iniciación de 'diligencias previas'. Tales tecnicismos deben evitarse en un texto noticioso. Es mejor escribir o decir que el juez 'ordenó' (diligencias de ordenación), que se 'dejó constancia' (diligencias de constancia), que se 'comunicó' (diligencias de notificación) o que se 'mandó cumplir' (diligencias de ejecución).

dimitir. Es un verbo intransitivo, como 'nacer' y 'morir' (nadie muere a nadie, como nadie nace a nadie). Por lo mismo, no se puede escribir o decir que "Fulano ha sido dimitido" ni que "Mengano dimitió a Zutano"; se dimite, pero no se es dimitido. "Fulano dimite", "a Mengano se le destituye", "a Zutano se le pide la dimisión" o "se le obliga a dimitir" y "Perengano dimitió".

dinamizar. No deben olvidarse verbos como 'activar', 'animar', 'estimular', 'promover', 'reactivar', 'vitalizar', 'revitalizar' o 'reanimar'.

dinero negro. Depósitos monetarios, generalmente de procedencia ilegal, que se ocultan al fisco.

discapacidad, discapacitado. Deben emplearse estos calcos del inglés *'disabled'* (en lugar de 'incapacitado', 'minusválido' o 'disminuido'), al tratarse de los términos preferidos por esas colectividades. La 'discapacidad' es toda ausencia o restricción de la capacidad para desarrollar una actividad en la forma o dentro del margen que se considera general en los seres humanos. Véanse **minusvalía** y **disminuido.**

disc jockey o ***disc-jockey.*** Tradúzcase por **'pinchadiscos',** en redonda. También se admite 'el *pincha'*, en cursiva. En la Cadena SER se prefiere no usar para la expresión inglesa *'disc jockey'* la forma 'disyóquey', adaptación que propuso la Academia en el *Diccionario panhispánico de dudas* pero que no incorporó luego al *Diccionario.* 'Pinchadiscos' figura en el *Diccionario* desde 1985.

disco. Esta palabra se escribe en cursiva cuando se refiera a la música especialmente pensada para las discotecas.

disminuido. No debe aplicarse a personas con discapacidad. Véanse **minusvalía** y **discapacitado.**

disparar sobre. En español se 'dispara a' o se 'dispara contra'.

disrumpir. Este verbo procede del inglés *'disrupt'*, y se usa en física para designar una ruptura brusca ('descarga disruptiva', 'tensión disruptiva'). La Academia incorporó en 1970 al *Diccionario* el adjetivo 'disruptivo', pero no así el verbo. Aunque se puede considerar correcta esta formación (procedente en último término del latín *'disrumpere'),* en español existen equivalentes más conocidos y de mejor estilo periodístico: 'interrumpir', 'romper', 'desbaratar', 'dar al traste', 'destruir', etcétera, que hacen innecesario ese verbo de uso poco extendido fuera de determinados ámbitos profesionales y técnicos.

distensión, esguince. Se trata de lesiones muy habituales en los deportistas que afectan a los músculos y los ligamentos sin llegar a producir luxación de la articulación ni fractura ósea. Sin embargo, no pueden emplearse como sinónimos; un esguince es una lesión en alguna de las fibras de un ligamento sin llegar a su rotura, mientras que una distensión muscular es un estiramiento o rotura de fibras musculares.

disturbiar. Este verbo no existe en español, sino 'disturbar', que significa 'perturbar' o 'causar disturbios'.

disturbio. Significa 'alteración, turbación de la paz y concordia'. No debe confundirse con 'alboroto', que se reserva para casos menos graves.

divisa. En economía, sinónimo de 'moneda extranjera'. Por tanto, decir 'divisa extranjera' es una redundancia.

dj. Abreviatura usada en inglés para ***'disc jockey'.*** No debe emplearse.

Dixie. Con este nombre se conoce en Norteamérica a los Estados del Sur de la Unión. Por extensión, un tipo de jazz. En este segundo caso, se escribe con minúscula y en cursiva.

dobles figuras. Falso amigo del inglés *'double figures'*, locución que se debe traducir bien como 'dobles dígitos'. Cuando un baloncestista ha conseguido 'dobles dígitos', eso significa que logró unas cantidades de puntos, asistencias, rebotes, recuperaciones o tapones que en alguno de esos capítulos superan el número 9, y que, por tanto, se han de escribir con dos cifras. Así pues, son válidas también las alternativas 'dos guarismos', 'dobles guarismos' o 'cifras dobles'.

Eso no afecta a otras expresiones correctas, como "obtuvo un doble doble" (logró más de 9 en dos apartados), "firmó un triple doble" (lo hizo en tres) o "consiguió un cuádruple doble" (un registro superior a 9 en cuatro capítulos).

docta casa. Sobrenombre que se suele aplicar en segundas menciones a la Real Academia Española.

dolo. Conciencia y voluntad de cometer un delito o intención de causar daño, según el Código Penal ('delito doloso').

doméstico. Este adjetivo se refiere a lo relativo a la casa o el hogar, por lo que en ningún caso ha de utilizarse como sinónimo de 'local', 'interno', 'interior' o 'nacional'. La expresión 'vuelo doméstico' es un anglicismo por *'domestic flight'*. Se escribe en redonda cuando se refiera al ciclista cuya misión es ayudar al corredor principal de su equipo.

Donostia. Se debe escribir y decir 'San Sebastián', y no 'Donostia-San Sebastián'. 'Donostia' es el nombre oficial en euskera, pero se usa también la expresión vulgar 'Donosti'.

doping, antidoping. Si bien se trata de voces muy extendidas, se deben emplear las formas españolizadas 'dopaje' y 'antidopaje', respectivamente. 'Dopaje' es el hecho de tomar fármacos o sustancias estimulantes para potenciar artificialmente el rendimiento del organismo con fines competitivos. También, si el contexto no induce a confusión, pueden emplearse los términos 'droga' y 'drogarse'. Los productos que se consumen con ese fin en el deporte se encuadran, desde el punto de vista del lenguaje común, en el terreno de las drogas, pues como éstas permiten un rendimiento positivo con efectos posteriores negativos. Una de las acepciones de 'droga' es 'sustancia o preparado medicamentoso de efecto estimulante, deprimente, narcótico o alucinógeno'. De hecho, '*doping*' procede en inglés de '*to dope*', 'drogar'.

No obstante, existen alternativas como 'tomó sustancias prohibidas', 'consumió estimulantes', 'control de estimulantes', 'control antidroga', etcétera. Véase **control *antidoping*.**

dossier (plural, *dossiers*). Aunque la Academia ha admitido 'dosier' con el plural 'dosieres', es mejor utilizar las palabras españolas 'expediente', 'documentos', 'documentación', 'carpeta' o 'informe'.

dotación. En los aviones y buques de guerra no existe **'tripulación',** sino 'dotación'.

dotcom o **puntocom.** Es el apelativo con el que se conoce a las empresas nacidas en Internet y que operan exclusivamente en la Red. Se contraponen a los *brick and mortar:* 'las empresas del mundo real', 'empresas del mundo físico', 'empresas de tienda física' (literalmente, 'empresas de ladrillo y argamasa').

download. No debe usarse, pues se puede traducir por 'descargar' o, coloquialmente, 'bajar'. Acción que consiste en tomar un documento de una página o de un servidor en Internet y traerlo a nuestro ordenador. Puede emplearse también 'copiar'. (Véase ***upload)***

draft. No se debe usar. Tradúzcase por 'letra de cambio' o 'borrador', según cada caso. Se aplica también a la selección de jugadores que se incorporan a la NBA, decidida por los distintos equipos conforme a unas normas establecidas. En este caso debe sustituirse por 'selección' o una explicación concreta.

dragar. Sacar arena o fango del fondo de las aguas. No debe confundirse con **drenar.**

drag queens. Femenino: 'una *drag queen*', 'las *drag queens*'. También llamadas 'reinonas'. Travestidos que se atavían con trajes de mujer exagerados y espectaculares. Se pueden emplear ambas fórmulas si se explican o quedan claras con el contexto.

dramático. Es un anglicismo este adjetivo usado como sinónimo de 'espectacular', 'sensacional' o 'emocionante'. A veces se confunde también con 'drástico' ('medidas dramáticas').

drenar. Dar salida a las aguas en terrenos encharcados, por medio de cañerías o zanjas. No debe confundirse con **dragar.**

dress code. Código para vestirse adecuadamente cuando se va a una fiesta. Dígase 'etiqueta'.

dribbling (pronúnciese *dríblin).* No debe emplearse, como tampoco el verbo 'driblar'. Úsense, según el país, 'regate' o 'gambeta', y 'regatear' o 'gambetear'. En América Latina también se emplea la voz *drible.*

drive (plural, *drives).* Se prefiere su traducción: en el **tenis,** por 'un golpe natural' o 'golpe directo'; y en el **golf,** por 'un golpe largo'. También en tenis por 'derechazo', salvo si el jugador es zurdo. 'Gran zurdazo de Nadal' (pero no 'gran derechazo' o 'gran golpe de derecha').

drive through. Sanción que en las carreras de automóviles obliga a pasar por la calle de talleres, con la consiguiente pérdida de tiempo. Escríbase o dígase "fue sancionado con un paso por talleres" y no "fue sancionado con un *drive through*".

dron (plural, drones). 'Avión dirigido por control remoto', 'avión teledirigido', 'avión sin piloto', 'avión no tripulado', 'robot volador'. Procede del inglés *'drone'* (donde significa 'zángano' o 'zumbido').

drop (plural, *drops*). Véase **golf.**

duelo. Una de las acepciones de esta palabra es 'combate o pelea entre dos como consecuencia de un reto o desafío'. Por tanto, se emplea mal cuando la lucha surgió de manera espontánea o cuando los contendientes son más de dos.

dumping. En inglés, 'abaratamiento anormal', 'abaratamiento irregular'. Se refiere a la venta de un producto por debajo de su precio habitual o incluso por debajo de su coste de producción, para ocupar una mayor cuota de mercado o perjudicar a los competidores. Puede emplearse si se explica su significado. La Academia propuso en el *Diccionario panhispánico de dudas* la grafía 'dumpin', forma muy poco extendida; pero no la incorporó al *Diccionario* oficial. En la web de la Cadena SER se escribirá *dumping*, en cursiva.

duty free. 'Libre de impuestos', 'franco' o 'franca'. Puede emplearse, en cursiva, si se explica que se trata de una tienda con productos sin cargas fiscales (normalmente, los comercios enclavados en la zona internacional de los aeropuertos). Para traducción más breve, úsese 'zona franquiciada' o 'tiendas franquiciadas', o 'tiendas francas' (una de las acepciones de 'franco' es precisamente 'libre de impuestos').

DVD. Siglas de *Digital Versatile Disk*, frecuentemente mal traducido como 'disco versátil digital'. *'Versatile'* es, pues, un **falso amigo.** Su plural es invariable ('los DVD'). En España se pronuncia *de uve de*, mientras que en América se ha extendido el deletreo en inglés *(di vi di)*. La traducción debería ser 'disco multifunción digital'. Es posible que, una vez que se estabilicen las funciones y desaparezcan los productos analógicos, se diga solamente 'disco' o 'vídeo', según proceda. Estas dos formas son las preferibles para informaciones o crónicas no especializadas.

E

e-. La letra *e-* se antepone prácticamente a cualquier actividad o producto que se pueda convertir en electrónico: *'e-business'* se utiliza para hablar de un 'negocio o empresa electrónica'; *'e-mail'* es el **correo electrónico;** *'e-commerce'* significa 'comercio electrónico'; *'e-book',* 'libro electrónico'. Para lograr una mejor formación en español, úsese siempre el prefijo *ciber-:* 'ciberespacio', 'cibercafé', 'cibermensaje', 'cibernegocio', 'cibercomercio', 'ciberlibro'...

eagle. 'Dos golpes menos del par' Tradúzcase por 'menos dos'. Ejemplo: "Sergio García hizo menos dos en el hoyo 8". Véase **golf.**

Ecofin. Comisión Económica y Financiera. Está compuesta por la representación de los ministros de Economía y Hacienda de los países miembros de la UE.

edición. Es la traducción del inglés *'editing'* con el significado de corregir y tratar los originales para dejarlos dispuestos para su impresión o su emisión.

edición digital. Es una forma más moderna de llamar a la edición electrónica. En realidad, 'electrónico' remite a la utilización de electrones en algún tipo de circuito (y en ese sentido es una expresión que se remonta a hace 70 años), mientras que 'digital' expresa el hecho de que las informaciones se transforman en un código directamente utilizable por los programas. En inglés se conoce por *'digital publishing'.*

edil. No es sinónimo de alcalde, sino de **concejal.** El alcalde no es 'el primer edil'. En la Cadena SER se usará 'la edil' y no 'la edila'. Véase **regidor.**

editor. 1. En el periodismo sajón se usa como equivalente del 'director de una publicación', y así debe traducirse. En español se aplica al 'propietario de una editorial' y, en los medios periodísticos, a los 'responsables de la calidad profesional de los textos'.

editor. 2. Programa que sirve para crear, modificar y manipular imágenes, textos, películas, etcétera. Lo que en inglés se llama *'image editor', 'text editor'* o *'movie editor'* no debe traducirse como 'editor de imágenes', 'de texto' o 'de películas', sino como 'procesador', 'programa de procesamiento', 'programa de tratamiento' de imágenes, textos o películas.

editorial. En femenino, si se trata de una casa editora de libros u otra clase de publicaciones; en masculino, para el comentario o artículo de fondo —generalmente sin firma— que expresa la opinión de un periódico.

Efe. Nombre de la más importante agencia de noticias española. Es propiedad del Estado, pero no una agencia oficial: cuenta desde 2006 con un Estatuto de la Redacción y desde 2011 con un libro de estilo (el *Libro del estilo urgente).* Ambas normas se aprobaron respectivamente con el apoyo de sus periodistas y de su Consejo de Redacción, elegido por aquéllos; y recogen las reglas de comportamiento ético y profesional de la agencia. El Consejo de Redacción tiene capacidad para denunciar, a través de las propias líneas informativas, eventuales manipulaciones de la dirección. El *Manual de español urgente* de Efe, que se ciñe a cuestiones lingüísticas, se editó por vez primera en 1985. 'Efe' es un nombre, no unas siglas; por tanto, la única letra mayúscula ha de ser la inicial. La agencia Efe creó la **Fundéu** en 2005.

efectivos. No es sinónimo de 'soldados', 'agentes' o 'personas'. Se emplea mal en oraciones como "al lugar del suceso se desplazaron 30 efectivos". Este término significa 'totalidad de fuerzas militares o similares que se hallan bajo un solo mando o reciben una misión conjunta'. Los efectivos pueden integrar personas y medios materiales.

efeméride, efemérides. En singular es el 'acontecimiento notable que se recuerda en cualquier aniversario de él' o la 'conmemoración de dicho aniversario'. En plural, el 'libro o comentario en que se refieren los hechos de cada día' o los 'sucesos notables ocurridos en un mismo día de diferentes años'. Por tanto, no se debe escribir o decir en singular "la efemérides de hoy...", aunque la Academia lo dé por bueno.

ejecución, ejecutar. Los grupos terroristas no ejecutan, sino que asesinan. La palabra 'ejecución' debe reservarse para el cumplimiento de sentencias de muerte adoptadas por los tribunales legalmente constituidos en un país, sea o no democrático. Podrá ser empleada en el sentido que le dan los terroristas siempre que se trate de citas entrecomilladas o fragmentos de sus comunicados, pero nunca como una expresión asumida por el propio medio.

ejecutar. En informática, poner en funcionamiento un programa.

Ejecutivo. Se escribe con mayúscula inicial cuando se refiera a uno de los tres poderes clásicos.

ejecutoria. Documento público y solemne en el que se consigna una **sentencia** firme.

ejército. Véase **Fuerzas Armadas.**

Elcano. El buque escuela de la Armada española se denomina oficialmente *Juan Sebastián de Elcano,* y así ha de escribirse y decirse cuando se le cite. En el resto de los casos, el apellido del histórico navegante se usará sin la preposición 'de'.

electo. Persona elegida o nombrada para una dignidad, empleo, etcétera, mientras no tome posesión. No es sinónimo de 'elegido'.

electroshock. Dígase 'electrochoque'.

elepé (plural, elepés). Palabra válida para los viejos discos de vinilo con larga duración o *long play* (LP).

eliminar. No debe usarse como **eufemismo** o sustitutivo de 'matar' o 'asesinar'.

élite (plural, élites). Minoría selecta. Esta palabra procede del francés, idioma en que tiene acentuación tónica en la segunda sílaba. Al español ha llegado con acentuación esdrújula, por confusión con el acento ortográfico de la palabra francesa *(élite).* La Real Academia Española acogió el término con acento grave ('elite'), pero el uso de los hablantes, aunque erróneo, ha confirmado la acentuación esdrújula, que es la preferida en la Cadena SER. La Academia acepta ahora las dos formas.

e-mail. 'Cibermensaje', 'ciberdirección', 'ciberbuzón'... Véanse **correo electrónico** y **ciber-.**

embeber. Además de 'empapar', significa desde hace siglos en español 'contener dentro de sí alguna cosa'. Úsense también, según cada caso, 'insertar', 'empotrar', 'incorporar', 'incrustarse'..., y asimismo sus formas pronominales ('insertarse', 'incrustarse'...).

emblemático. Se abusa de este término y se olvida que existen otros en nuestro idioma con el mismo significado, tales como 'representativo', 'significativo' o 'simbólico'.

emiratos árabes. Distíngase entre una designación genérica, en cuyo caso se escribirá todo en minúsculas, y Emiratos Árabes Unidos, Estado independiente desde diciembre de 1971. Lo componen los siguientes emiratos del **golfo Pérsico:** Abu Dabi, Dubái, Sharya, Achman, Fuyaira, Um al Qaiwain y Ras al Jaima. Véase **Qatar.**

emolumento. 'Remuneración adicional que corresponde a un cargo o empleo', por lo que no equivale a 'sueldo' o 'salario'.

emoticono. Es el símbolo o la combinación de signos alfabéticos y de puntuación que representan sintéticamente caras humanas con muestras emotivas. Puede usarse esta palabra y también sus equivalentes 'caritas' o 'dibujitos', más coloquiales.

empoderamiento, empoderar. Su uso actual procede del inglés *'empowerment',* pero el verbo tiene antigua tradición en español. Covarrubias lo anotó en 1611 como 'dar en poder' o 'entregar'; y más tarde tomó el significado de 'apoderar', otorgar poder (también significa eso en inglés). Su nuevo uso concreto guarda relación con el acceso de algunas colectividades desfavorecidas a un poder que les estaba vedado ('el empoderamiento de las mujeres': su acceso al poder o a la gestión). La Academia ha incorporado ya este significado de 'empoderar' como verbo transitivo: 'Hacer poderoso o fuerte a un individuo o grupo social desfavorecido'. Por tanto, en ciertos usos equivale a 'acceder al poder' (pues se supone que llega a él quien no lo tenía). De cualquier forma, conviene dejar claro el sentido en que se emplee esta acepción tan reciente y que no es todavía del dominio general.

en base a. Forma incorrecta en español. Escríbase 'a partir de', 'basado en', 'en función de', 'según', 'conforme con', 'debido a', 'de acuerdo con' (pero no 'de acuerdo a').

encausado. Persona involucrada en una causa judicial en calidad de acusada, imputada o investigada como supuesta autora de un delito. Véase **imputado.**

enclave. Es únicamente 'el territorio incluido en otro de mayor extensión con características diferentes, políticas, lingüísticas, administrativas...'. No equivale ni a 'lugar' ni a 'emplazamiento'.

encriptar. Este verbo sin tradición en español debe sustituirse por 'codificar' o **'cifrar'**, que son los preferidos por la Academia. Sus opuestos son 'descodificar' o 'descifrar', pero no 'desencriptar'. El sustantivo inglés *'cryptography'* se traduce como 'criptografía': 'Arte de escribir con clave secreta o de un modo enigmático'.

encuentro. No debe usarse como sinónimo de 'entrevista' o 'reunión', por cuestión de estilo. Eso evitará frases de significado dudoso como "el encuentro duró cuatro horas", pues el momento de encontrarse dos personas es apenas un instante. Si se emplea en ámbitos deportivos en sentido figurado y como sinónimo de 'partido' o de 'choque', ha de tenerse en cuenta también esta salvedad, para no incurrir en oraciones confusas como "el choque duró dos horas" o "el encuentro se alargó cuatro minutos".

encuesta. Es un barbarismo la expresión 'comisión de encuesta' cuando se trata de grupos de parlamentarios dedicados a una investigación. Debe escribirse o decirse 'comisión investigadora'.

en directo, no **en vivo.**

en el largo plazo. Calco del inglés *'in the long (short, medium) term (o run)'*. Escríbase 'a largo (corto, medio) plazo'.

enervar. Según la Academia, significa 'irritar' o 'crispar', pero también todo lo contrario: 'debilitar', 'aflojar', 'relajar'. Por tanto, es mejor no utilizar esta palabra tan poco precisa, y acudir a esas alternativas.

enfant terrible. En francés, 'niño malcriado'; 'persona indiscreta, indisciplinada o rebelde'. Se dice del miembro de un grupo o partido que muestra cierta independencia respecto a la postura oficial. No debe emplearse en un texto noticioso.

enfermedad. Véase **patología.**

en línea. Del inglés *'on line'*. Se dice de un equipo que está 'conectado' y en disposición de funcionar; y también de una persona que navega por Internet o de un contenido colocado en la Red. Úsese 'conectado', 'disponible' o 'accesible', mejor que el calco 'en línea'.

en loor de multitud, en olor de multitud. Evítense ambas locuciones, manidas y confusas. Convienen a un mejor estilo alternativas como 'entre los vítores de la gente', 'entre aclamaciones', 'entre los aplausos de la multitud', 'entre las alabanzas del pueblo...'.

en orden a. Calco de '*in order to*'. No debe utilizarse; dígase 'para', 'con el propósito de' o 'con el fin de'.

enosis. Palabra griega que significa 'unión' y designa a la política partidaria de la integración de la isla de Chipre con Grecia. Si se usa, debe explicarse.

en persona. Véase **en vivo.**

en profundidad. En lugar de este anglicismo, ya admitido por la Academia, se preferirán, por razones de estilo, expresiones como 'a fondo', 'pormenorizadamente', 'con detenimiento', 'profusamente', 'exhaustivamente', 'concienzudamente'...

en relación a. Escríbase 'en relación con' o 'con relación a'.

ente. Es un italianismo usar esta palabra como sinónimo de 'entidad' u 'organismo'. Su uso se debe limitar a aquellos casos en que ésta sea su denominación oficial. Por ejemplo, 'el extinto Ente Público Radiotelevisión Española'.

entente. Palabra francesa, usual en el lenguaje diplomático. Aunque ha sido admitida por la Academia, son preferibles, por su mejor comprensión y rigor, 'unión', 'armonía', 'entendimiento', 'pacto', 'convenio' o 'acuerdo'.

entente cordiale. Entendimiento alcanzado entre los Gobiernos francés y británico en 1904. Si se usa, debe explicarse.

en una hora. 'Hacer algo en una hora' equivale a 'durante'; mientras que 'hacer algo dentro de una hora' significa 'al cabo de'. Por tanto, la percepción del tiempo no es la misma en "te hago la comida en una hora" que "te hago la comida dentro de una hora"; ni es igual "voy en dos días" que "voy dentro de dos días".

envergadura. No es sinónimo de 'estatura' o 'corpulencia'. Significa 'distancia entre las puntas de las alas de las aves cuando aquéllas están completamente abiertas', y, por extensión, la distancia entre los extremos de las alas de un avión o la medida de una persona tomada desde la punta del dedo corazón de una mano hasta el de la otra, con los brazos en cruz. También significa 'importancia'.

en vivo. Calco de la expresión inglesa *'live'* para expresar que un programa, acontecimiento o noticia se transmite desde el lugar de los hechos y en el momento mismo en que se produce. Utilícese la forma española 'en directo'. Cuando se asiste a un acto o acontecimiento, se hace 'en persona', no 'en directo'.

EPA. Véase ***paro***

epatar. Aunque admitido por la Academia, debe evitarse este galicismo de estilo forzado. Escríbase en su lugar 'asombrar', 'deslumbrar', 'pasmar' o 'sorprender'.

epidemia. Enfermedad que afecta a un número de individuos superior al esperado en una comunidad, región o país durante un tiempo determinado. Para evitar el sensacionalismo que conlleva el empleo de esta palabra será preferible utilizar como sinónimos 'brote epidémico', 'brote localizado' o, simplemente, 'brote'. Si la epidemia se extiende por regiones geográficas de varios continentes o incluso de todo el mundo, se hablará de "pandemia". Sin embargo, cuando la presencia de una enfermedad o un agente infeccioso se localiza en una determinada zona geográfica o grupo de población y se produce de manera habitual en épocas determinadas cada año, se trata de una 'endemia'. Los animales no sufren epidemias, sino 'epizootias' ('la epizootia de la peste equina').

erario público. Es un **pleonasmo**. Escríbase sólo 'erario'.

ertzaina (plural castellanizado, *ertzainas*). 'Un miembro de la **Ertzaintza'.** Se escribe en cursiva, y debe explicarse si no queda claro en el contexto.

Ertzaintza. La policía autonómica vasca. Se escribe en redonda y con mayúscula inicial. Puede utilizarse esta palabra en los títulos y las introducciones orales, pero en la primera referencia del texto debe explicarse. El Estatuto de Gernika la denomina 'Policía Autónoma', y así deberá escribirse o decirse, como nombre propio (aunque no sea autónoma, pues depende de la Consejería de Interior). Pero no cuando sirva como explicación. Ejemplos: "La Ertzaintza (policía autonómica vasca) ha detenido a cinco personas", "la Policía Autónoma ha comprado nuevos vehículos". Véase ***ertzaina.***

escáner (plural, escáneres), no *'scanner'*. Está admitida la adaptación de este anglicismo (así como el verbo derivado 'escanear'), pero no deben olvidarse las opciones españolas 'explorador', 'exploración', 'tratamiento de imágenes' y 'reproducción', con sus correspondientes verbos.

escrache. Neologismo en España que designa una protesta ruidosa ante el domicilio de algún cargo público. Por su extendido uso, puede emplearse sin mayor explicación. El origen de esta palabra se halla en un cruce del genovés *scraccâ* ('expectorar', 'escupir') y el italiano *schiacciare* ('romper', 'destrozar'). Pasó luego al lunfardo y después al español de Argentina (donde significaba 'poner en evidencia o delatar públicamente a alguien'; y de ahí se creó el sentido de 'denuncia popular en contra de personas acusadas de violaciones a los derechos humanos o de corrupción, que se realiza mediante actos tales como sentadas, cánticos o pintadas, frente a su domicilio particular o en lugares públicos', según el *Diccionario de argentinismos* de la Academia de ese país).

escuchar. El acto de escuchar es voluntario, a diferencia de 'oír'. Se puede oír o escuchar una conversación, pero no se escucha un disparo o una explosión sino que solamente se oyen.

eslalon (plural, eslálones), no ***'slalom'*** ni 'eslálom'. Consiste en una carrera de habilidad con esquís. No se debe olvidar la expresión española 'zigzag'.

eslogan (plural, eslóganes). Puede usarse como equivalente de 'máxima publicitaria'. En los demás casos, escríbase 'consigna', 'lema' o 'frase'. "En la manifestación se corearon frases como 'el pueblo unido jamás será vencido'".

esmoquin (plural, esmóquines), no *'smoking'*. Traje de etiqueta sin faldones, generalmente vestido por los hombres, que se acompaña de faja y pajarita. Véanse **chaqué** y **frac.**

esnifada, esnifar. Escríbase o dígase así cuando se trate de una cita textual. Se prefiere, para textos asumidos por los redactores, el verbo español 'inhalar'.

esnob (plural, esnobs), no *'snob'*. Se escribe en redonda, lo mismo que sus derivados 'esnobismo' y 'esnobista'. 'Se aplica a la persona de exagerada admiración por lo que es de moda'. En el origen inglés, 'persona altiva con sus iguales y servil con sus superiores'. En el diccionario Larousse se traduce como 'persona con pretensiones sociales'.

espacial, era. Comenzó el 4 de octubre de 1957 con el lanzamiento del *Spútnik* soviético.

espadista. En la jerga policial, ladrón que utiliza llaves falsas o utensilios apropiados. Hay que explicar su significado.

espaguetis (singular, espagueti), no *'spaghetti'*. En español se usa como singular ('un espagueti') lo que en italiano sería plural.

español. Úsese normalmente la palabra 'español' para referirse al idioma; pero **'castellano'** si en el contexto aparecen otras lenguas españolas como el euskera, el catalán o el gallego. Los que hablan esta lengua son 'hispanohablantes', no 'hispanoparlantes'.

españolista. Nunca podrá emplearse este adjetivo como sinónimo de 'centralista', salvo en los géneros de opinión o cuando se trate de una cita textual.

espécimen. Palabra esdrújula. Su utilización como voz llana ('especimen') es incorrecta.

especular. Es 'meditar o reflexionar sobre algo con hondura', 'mirar con atención', 'teorizar'. No debe emplearse con el significado de 'considerar', 'conjeturar', 'hacer cábalas', muy extendido en el lenguaje político. También significa este verbo 'realizar operaciones comerciales que consisten en adquirir bienes cuyo precio se espera que suba a corto plazo, con el fin de venderlos en el momento oportuno y obtener un beneficio'. No se utilizará para referirse en las crónicas deportivas al hecho de que un equipo deje pasar el tiempo sin arriesgar porque no le interesa que varíe el resultado. Para ello existen expresiones como 'juego prudente', 'juego conservador', 'juego sin riesgo' y otras.

esponsorizar. Del inglés *'sponsor'*. La palabra llegó ligada a la Fórmula 1, en los años setenta. Úsense 'patrocinar' o 'auspiciar'.

es por eso que. Giro galicista. Úsense las expresiones correctas en castellano 'es por eso por lo que', 'por eso es por lo que' o mejor simplemente 'por eso'.

***espresso*,** no 'expreso'. Café a la italiana.

esprín. La Academia propuso en su *Diccionario panhispánico de dudas* esta adaptación del inglés *'sprint'*, pero luego incorporó al *Diccionario* oficial la grafía 'esprint'. Su verbo derivado es 'esprintar'; y el plural, 'esprints'. De la misma forma, al corredor especialista en llegadas al esprint se le denomina 'esprínter'. Puede usarse también el italianismo *'volata'*, sin olvidar términos españoles como 'velocista', 'llegador' o 'llegada masiva' y 'aceleración'. Y por encima de todos, 'embalaje', que no tiene relación con el verbo castellano 'embalar' que se forma a partir de la preposición 'en' y el sustantivo 'bala' (que en este caso equivale a 'fardo'): es decir, el verbo que significa 'hacer balas y ordenar en ellas los objetos que han de transportarse a larga distancia'. Este 'embalar' relativo al ciclismo procede del francés *'emballer'*, y fue incorporado por la Real Academia

Española al *Diccionario* en 1970. En Latinoamérica se usa 'embalaje' desde hace muchos años. Por ejemplo, *El Tiempo*, de Bogotá, contaba el 7 de enero de 1988: "La etapa se definió en un bonito embalaje". Y *El Universal*, de Caracas, titulaba el 6 de abril de 1999: "El suizo Freuler dominó el embalaje masivo".

esprintar. Acelerar, último esfuerzo en la llegada. Véase **esprín.**

esprínter (plural, esprínteres), no *sprinters*. Especialista en victorias por velocidad cuando se llega a la meta en competencia con otros. Se prefieren 'velocista' y 'llegador'. Véase **esprín.**

espúreo. Forma incorrecta de la palabra 'espurio': 'Falso, engañoso', 'bastardo'.

esquerra. En catalán, 'izquierda'. No debe confundirse con la palabra vascuence *'ezkerra'*, de igual significado.

esquí (plural en la Cadena SER, 'esquís'; no 'esquíes'). Adaptación española de la voz noruega *ski.*

establishment. Palabra inglesa empleada en sociología para referirse al 'sector o grupo que domina en cualquier campo'. También se usa como equivalente de 'clase dirigente', 'clase dominante'. No debe incluirse en una noticia.

Estado. Se escribe con mayúscula inicial, para evitar anfibologías, cuando se haga referencia a la organización política de un país, o a los miembros de una federación: "California es un Estado muy rico". Por lo mismo, se escribirá 'golpe de Estado', **'Estado de derecho',** 'razón de Estado', **'Estado de bienestar'** o 'Estado providencia'. Pero 'el estado de la nación' o 'el estado de la Unión', en redonda y con minúscula inicial en la palabra 'estado'.

Estado de bienestar. Sistema público ideado para dotar a los individuos con menos recursos de prestaciones suficientes en materias como sanidad, educación, asistencia social o desempleo.

Estado de derecho. Organización política de un país que garantiza el sometimiento de todos a las leyes elaboradas democráticamente.

Estado español. Escríbase o dígase simplemente 'España' cuando se refiera al territorio nacional, salvo que se trate de una cita textual. El Estado es la organización política de un país, no el terreno donde se asienta.

Estado Islámico. Este grupo terrorista se denominó en principio

'Estado Islámico de Irak y el Levante', y no 'Estado Islámico de Irak y Siria', que dio en inglés las erróneas siglas ISIS (Islamic State of Irak and Syria). En junio de 2014 acortó su nombre a solamente 'Estado Islámico', al que corresponden las iniciales en español EI (y en inglés, IS). Las demás siglas manejadas con insistencia por la prensa hispana y anglosajona son ya inadecuadas: EIIL, DAESH o DAISH, tomadas estas dos últimas de sendas trasliteraciones en español de su nombre original en árabe: ad-Dawlah al-Islamiyah fi 'l-'Iraq wash-Sham. 'DAESH' no les gusta a los propios terroristas por su parecido fonético con otras expresiones de aquel idioma (equivaldría a algo así como 'el pisoteante'; es decir, el que pisotea, el que destruye); y por eso las usan muchos políticos occidentales. En cualquier caso, los términos vitandos 'Islámico' y 'Estado' (una usurpación de estas palabras por parte de los terroristas) se incluyen en cada una de esas denominaciones, lo cual resulta incoherente. Se recomienda decir para referirse a esta organización armada 'el autodenominado Estado Islámico', o bien 'el mal llamado Estado Islámico' o 'el falso Estado Islámico', pues ni es un Estado ni sus prácticas responden al islamismo.

Estados Unidos. El nombre de este país puede escribirse abreviado: 'Estados Unidos', y no 'Estados Unidos de América'. Como única referencia cabe emplear igualmente las siglas EE UU, pero no las inglesas **USA.** La concordancia se hará en singular, y no se utilizará nunca el artículo 'los' precediendo al nombre: "Estados Unidos reconoce al nuevo régimen", pero no "los Estados Unidos reconocen al nuevo régimen". La Unión la forman 50 Estados, más el distrito de Columbia —entre Maryland y Virginia—, donde se encuentra Washington, la capital federal. Cuando se cite una población o un centro norteamericano conviene añadir, entre paréntesis, el Estado al que pertenece. Esto es especialmente importante en casos como el de Kansas City, en realidad dos ciudades administrativamente distintas, aunque sólo estén separadas por el río que les da nombre: una perteneciente al Estado de Kansas y la otra al de Misuri. O cuando se habla, por poner otro ejemplo, de la Escuela de Periodismo de Columbia sin más, y, en realidad, hay tres con este nombre: una en Nueva York, quizá la más conocida, otra en Misuri y aún otra en Carolina del Sur. Asimismo, siempre han de quedar suficientemente claras las referencias a **Nueva York,** como ciudad o como Estado, pero sobre todo a Washington, la capital federal (en el este), y el Estado (en el oeste).

estajanovismo, estajanovista. En la Unión Soviética, prototipo de superación en el trabajo a destajo, como parte del movimiento de emulación socialista. Debe su nombre a Alexéi Stajánov (muerto en noviembre de 1977), quien, en la noche del 30 al 31 de agosto de 1935, bajo condiciones favorables creadas artificialmente, estableció una nueva marca de producción: en 5 horas y 45 minutos extrajo 102 toneladas de carbón de hulla, cuando lo normal por turno de trabajo eran 7 toneladas.

estándar (plural, estándares). Palabra de origen inglés admitida por la Academia junto a 'estandarizar' y 'estandarización'. Como sustantivo, significa 'norma', pauta', patrón' o 'nivel de vida'; como adjetivo, 'uniforme', 'normal' o 'corriente'; como verbo, 'uniformar', 'estereotipar', 'ajustar algo o a alguien a un patrón o tipo común'; o, en sentido peyorativo, 'adocenar'. Se prefiere la utilización de los equivalentes españoles.

estanflación. Situación económica de depresión o estancamiento, acompañada de una fuerte **inflación.** Acumulación de los dos fenómenos: estancamiento e inflación. Cuando se emplee, debe explicarse su significado.

estatalizar. Es 'convertir una empresa privada en una empresa estatal'. También se puede decir 'estatificar', pero se prefiere 'nacionalizar'.

Estatut. Puede usarse así cuando quede claro de qué Estatuto se trata (catalán, valenciano, balear).

Este. Se escribe con mayúscula inicial como punto cardinal ('el Este') y como denominación equivalente a un nombre propio geográfico ('cambios políticos en el Este'); y todo en minúsculas si se refiere a una zona inconcreta. También en minúscula cuando indica dirección o esté empleado en forma adjetiva, salvo que forme parte de un nombre propio: 'Alemania del Este', 'el este de Alemania', 'al este de Alemania', 'Alemania este', 'la Europa del Este'.

esteticista, no *'esthéticienne'*. Persona especializada en cosmética y belleza.

estimaciones. Se usa erróneamente como **falso amigo** al hablar de 'daños por valor de cinco millones de euros, según las últimas estimaciones'. Debe decirse 'según los últimos cálculos'. Igualmente, sustitúyase 'hora estimada de llegada' por 'hora prevista'. Véase **estimar.**

estimar. Este verbo ocupa a menudo indebidamente el lugar de 'calcular', 'evaluar' o 'prever', por influencia de su valor en inglés. Se ajusta mejor a su significado en español cuando equivale a 'apreciar' o 'dar valor a algo'. Véase **estimaciones.**

estrecho. Se escribe siempre en minúsculas ('estrecho de Bering', 'estrecho de Gibraltar'), salvo que se refiera a este último sin añadir su nombre, en cuyo caso se empleará mayúscula inicial ('viento de Levante en el Estrecho').

Estrella Roja. Nombre de un club de fútbol y de baloncesto de Belgrado (Serbia). Úsese el nombre en español, por ser ése su uso tradicional, y no 'Crvena Zvezda'.

estrés. Aceptado por la Academia Española con el siguiente significado: 'Tensión provocada por situaciones agobiantes que originan reacciones psicosomáticas o trastornos psicológicos a veces graves'. El estrés implica una situación extrema, y no debe trivializarse su uso. En casos no tan agudos se prefiere su sustitución por palabras más españolas, como 'agobio', 'atosigamiento', 'cansancio', 'agotamiento', 'tensión'.

estresante. Que produce **estrés.** Se escribe en redonda.

ETA. Siglas en vascuence de la organización terrorista Euskadi ta Askatasuna (en castellano, 'País Vasco y Libertad'). Nunca se debe emplear el artículo *'la'* delante de estas siglas. Por su extendido uso pueden utilizarse como primera referencia, sin necesidad de que vayan acompañadas del nombre completo.

Las siglas 'ETA' se utilizan en inglés para indicar en los medios de transporte la hora prevista de llegada *('estimated time of arrival').*

etarra (plural, etarras). Miembro de **ETA.** La palabra no está bien construida morfológicamente, pues el sufijo '–arra', que se usa también en castellano, implica procedencia (donostiarra, irundarra), y no pertenencia (lo correcto sería *'etakide').* Sin embargo, y por su extendido uso, puede emplearse en redonda.

etnia. Esta palabra puede utilizarse para las referencias a un pueblo o grupo de personas con unas características físicas y culturales comunes. Por ejemplo, 'la etnia gitana'. No debe tomarse como sinónimo de raza (los gitanos son de raza blanca).

eufemismo. Palabra o expresión que sustituye a otra considerada dura o malsonante. En la Cadena SER no se emplearán eufemismos que tiendan a ocultar o edulcorar una realidad sobre la que se informa (por ejemplo, **'desequilibrios** sociales' en vez de 'desigualdades'), pero sí podrán emplearse aquellos que eviten vocablos soeces o hirientes o que resulten más elegantes que sus alternativas ('trasero' en vez de 'culo'; 'axila' en vez de 'sobaco'; 'hemorroides' en vez de 'almorranas'; 'orinar' en vez de 'mear'...).

eurasiático. Mestizo de europeo y asiático. No debe confundirse con **euroasiático** ('que concierne a los dos continentes o forma parte de ellos'), aunque la Academia sí lo haga. ("Rusia es un país euroasiático", "mi amigo es eurasiático: de padre holandés y madre tailandesa").

euríbor. Acrónimo de Euro Interbank Offered Rate. Se trata del tipo de interés de oferta en el mercado interbancario del euro y que se aplica a las operaciones interbancarias en la eurozona. Era el indicador de referencia para las hipotecas hasta la entrada en vigor del **IRS.**

euroasiático. Perteneciente o relativo a Europa y Asia, consideradas desde un punto de vista geográfico. Por ejemplo, "Rusia es una nación euroasiática". No debe confundirse con **eurasiático.**

eurozona. Conjunto de los países que han adoptado el euro como moneda oficial. Se empleará la expresión 'zona del euro', pero no 'zona euro'.

Euskadi. Neologismo con el que Sabino Arana (1865-1903) bautizó al País Vasco. Se prefiere el empleo de 'País Vasco', y ha de reservarse 'Euskadi' para citas textuales o nombres propios. Arana utilizaba la grafía 'Euzkadi' (con *z),* que mantiene el Partido Nacionalista Vasco. Salvo que se trate de una cita textual, entrecomillada, para referirse al País Vasco español o francés nunca se debe decir o escribir 'Euskadi Sur' ni 'Euskadi Norte' (tierra esta última también llamada 'Iparralde').

Euskadi Buru Batzar. No debe emplearse. Úsese el 'Consejo Ejecutivo de Euskadi'. Es el máximo organismo del Partido Nacionalista Vasco. Véase *buru batzar.*

Euskal Herria, no 'Euskalerria' ni 'Euskalherria'. Denominación empleada secularmente en euskera para la totalidad de los territorios y del pueblo vascos. Literalmente, significa 'el país de la lengua vasca'. Si se utiliza, debe explicarse.

euskaltegi (plural castellanizado, *euskaltegis).* Centro de enseñanza del **euskera.** En unos casos dependen del Gobierno vasco y en otros de redes privadas. Se escribe en cursiva y ha de explicarse. No se debe confundir con **ikastola.**

euskera. Esta palabra, cuyo significado es 'lengua vasca', puede utilizarse escrita en redonda. También es válida la forma tradicional castellana **vascuence** (del adverbio latino '*vasconice*': hablar 'a la manera vasca', 'vascamente'). Aunque a veces se ha querido ver un sentido despectivo en esta denominación, etimológicamente no lo tiene.

evento. Debe evitarse el empleo abusivo de este término, sobre todo porque tiene significados contrapuestos. Aunque 'evento' definía en español aquello que puede ocurrir o no (un acontecimiento, un hecho incierto o imprevisto, o inseguro: de ahí trabajador **'eventual'),** este vocablo ha pasado a significar también, por lo extendido de su uso, 'acontecimiento', 'cita', 'acto', 'presentación', o 'celebración' a la hora de referirse a una competición o torneo previstos con anterioridad. Por tanto, con 'evento' se puede mencionar algo organizado y algo sobrevenido. Dado que existen muchos sinónimos en castellano, deben utilizarse con mayor precisión cuando aparezca el término 'evento': 'partido', 'encuentro', 'seminario', 'simposio' 'reunión', 'espectáculo', 'conferencia', 'convención', 'congreso', 'coloquio', 'actuación', 'concierto', 'festival', 'recital'..., y otras palabras más precisas del español que reflejan un acontecimiento que se ha organizado o programado.

eventual. En español equivale a algo 'inseguro', 'fortuito', 'incierto'.

evidencia. Es la 'certeza clara y manifiesta de la verdad o realidad de algo', por lo que no se debe usar como sinónimo de 'prueba' en calco de la voz inglesa '*evidence*', uso muy extendido sobre todo en la jerga judicial. Las evidencias no necesitan ser demostradas, mientras que las pruebas sí han de confirmar la verdad o falsedad de algo.

ex. La Academia cambió en 2010 su criterio histórico sobre esta partícula, que ahora debe escribirse unida al sustantivo: 'exministro', 'expresidente', 'exdiscípulo'. Pero se escribirá separada si la base consta de dos vocablos: 'ex director general', 'ex consejero delegado'. Por tanto, las búsquedas informáticas sobre esas palabras en los archivos deberán incluir todas las posibilidades para no perder ninguna mención.

La ambigüedad de 'expreso' (confusión entre un tipo de tren y un expresidiario) se puede resolver con un guion en este último caso, según las excepciones a la norma académica: 'ex-preso'. Ejemplo de un posible titular de reportaje: "El ex-preso llegó a medianoche".

En composiciones como 'ex-xilofonista' o 'ex-xenófobo' se puede incorporar también un guion, según se deduce de la norma académica.

La misma norma de 'ex' se aplica a los prefijos 'vice' ('vicesecretario' pero 'vice secretario general'), o 'pre' ('prepago' pero 'pre Guerra Civil'), así como 'super' (sin tilde: "estoy superbién", "estoy super de acuerdo"), 'anti', 'pro', 'pos', 'post' y otros similares.

Debe cuidarse el uso de 'ex' cuando se trate de características muy ligadas a la personalidad. Así, un escritor que ya no sigue publicando novelas no es un 'exnovelista' (no se podía decir de Miguel Delibes, por ejemplo, que era un exnovelista después de que anunciara que ya no escribiría más relatos); y un dictador que no está en el poder pero no ha renegado de su ideología no es un 'exdictador'. Por otro lado, se considera que un rey puede mantener ese tratamiento como título nobiliario aun habiendo dejado su cargo como tal (no sería por tanto un 'exrey', pero sí un 'ex jefe del Estado').

La partícula 'ex' no se debe emplear al hacer referencia a las desaparecidas **URSS, Checoslovaquia,** Yugoslavia o RDA. Es decir, no ha de escribirse o decirse 'ex URSS', 'ex Yugoslavia', etcétera. Para este tipo de referencias utilícense vocablos como 'desaparecida' o 'extinta', o simplemente nada ("eso sucedía en la URSS", "nació en la RDA"). Véase **antiguo.**

exabrupto. Se escribe junto cuando es sinónimo de 'salida de tono', y separado y en cursiva cuando significa 'de repente'.

ex aequo. Expresión latina, 'con igual mérito', 'empatados'. No debe emplearse en una noticia.

excedentes. Evítese el **eufemismo** económico de 'excedente laboral' para referirse a los trabajadores a quienes se va a despedir. Máxime teniendo en cuenta que su expresión aparentemente antagónica, 'excedente empresarial', equivale a los beneficios de los dueños de una sociedad, y no a los empresarios sobrantes.

exento. Adjetivo que significa 'libre de hacer algo', pero no 'carente' o 'falto'.

eximente. Circunstancia o razón por la que una persona queda dispensada de responsabilidad penal. Al igual que 'agravante' y 'atenuante', se debe usar en femenino ('la eximente'). La eximente puede ser completa o incompleta. La primera justifica la actuación del acusado y hace desaparecer el reproche penal. La segunda la justifica sólo en parte y no hace desaparecer el reproche penal (el delito cometido), aunque sí rebaja la pena.

exhaustivo. Salvo que se quiera indicar que 'agota la materia de que se trata', pues ése es su significado real, debe sustituirse por palabras o expresiones como las que siguen: 'amplio', 'detallado', 'largo y tendido', 'minucioso', 'por extenso', 'pormenorizado', 'prolijo' o 'punto por punto'.

exhorto. Petición de colaboración entre tribunales judiciales. Por ejemplo, cuando un juzgado de Albacete 'exhorta' a otro de Teruel para que tome declaración, sobre un pleito que se tramita en Albacete, a un testigo residente en la mencionada ciudad aragonesa. No debe emplearse en un texto noticioso. Sustitúyase por 'petición de colaboración' o una expresión similar. En lugar de "el juez número tal de Albacete dictó un exhorto dirigido al juez número tal de Teruel para que tomara declaración al testigo equis", escríbase o dígase que "el juez número tal de Albacete pidió al juez número tal de Teruel que tomara declaración...". Lo mismo ha de hacerse en el caso de la llamada técnicamente **'comisión rogatoria'**, o petición de colaboración entre tribunales de distintos países.

explorador. Los programas que permiten ver las páginas de Internet se llaman en inglés **'browsers'.** En español se usan distintos nombres; y los más extendidos son 'navegador' y 'explorador'.

explosionar. En la Cadena SER, este verbo debe reservarse para los casos en que una explosión ha sido provocada por técnicos de minería o por artificieros militares o policiales, generalmente de manera controlada y con objeto de causar el menor daño posible. Así pues, un artefacto puede 'ser explosionado' (en uso como verbo transitivo); pero no 'explosiona' (intransitivo) un depósito de gas, sino que 'estalla' o 'explota'. Por tanto, para las explosiones controladas y provocadas puede emplearse 'explosionar'; para los demás casos, sustitúyase por 'estallar' o 'explotar'. Ejemplos: "La policía explosionó el artefacto". "La bomba estalló en el cuartel". Pero no al revés: "La policía explotó el artefacto" ni "la bomba explosionó en el cuartel".

externalización, externalizar. **Eufemismo** que se refiere al encargo que hace una institución o compañía a otra entidad ajena a ella para realizar un determinado trabajo que podría llevar a cabo un departamento propio. Úsense 'subcontrata' y 'subcontratar'.

extravertido, de mejor estilo que 'extrovertido'. El prefijo con el que se forma esta palabra es 'extra', no 'extro'. En el caso de 'introvertido', el prefijo es 'intro'.

Extremo Oriente. Área geográfica que comprende a Australia, Camboya, China, Corea del Norte, Corea del Sur, Filipinas, Hong Kong, Indonesia, Japón, Laos, **Malasia, Myanmar,** Nueva Zelanda, Singapur, Tailandia, Taiwán y Vietnam.

ezkerra. En vascuence, 'izquierda'. No debe confundirse con el catalán '***esquerra***'.

F

facha. En un texto noticioso nunca debe emplearse como sinónimo de 'fascista'. Con esta acepción se escribe en cursiva.

factible. Significa que 'se puede hacer'. No debe confundirse con 'posible'.

fair play. Dígase 'juego limpio'.

fake. Dígase 'falsificación', 'embuste', 'farsa', 'patraña', 'bulo'.

falacia. No significa 'argumento falso', sino 'engaño, fraude o mentira con que se intenta dañar a otro'.

fallo. Se refiere a la parte final de la **sentencia** que contiene la decisión del órgano judicial (condena, **absolución, costas,** etcétera). Cuando se trata de un jurado, dígase **'veredicto'.**

falso amigo. Así se llama en lingüística a las palabras que, perteneciendo a dos idiomas distintos, se escriben o se dicen de forma muy similar y, sin embargo, tienen significados diferentes. Por ejemplo *'allegated'* ('supuestamente' en inglés) y 'alegadamente'; *'to anticipate'* ('prevenir', 'predecir', 'prever') y 'anticipar'; o *'constipation'* ('estreñimiento') y 'constipado'.

falso pretexto. Pleonasmo. Basta con decir 'pretexto', que ya es 'causa simulada'.

falta. Tras la última reforma del Código Penal español, la falta pasa a ser delito leve. Puede ser contra las personas, contra el patrimonio, contra los intereses generales o contra el orden público.

fan (plural, fanes). Anglicismo aceptado y adaptado por la Academia, pero deben usarse las palabras españolas 'hincha', 'seguidor', 'admirador', 'forofo', 'incondicional', 'entusiasta', etcétera.

fase intermedia del procedimiento. El periodo que se produce entre el final de la instrucción de una causa y la apertura de juicio con la consiguiente vista oral. Cuando el juez instructor dicta auto de apertura de juicio, cabe recurso contra esta decisión y la instancia superior puede revocar la decisión de sentar en el banquillo a uno o a varios de los investigados.

fast food. Este anglicismo se refiere a los establecimientos en los que se sirven comidas que se consumen con rapidez. No debe emplearse. Úsese 'comida rápida'.

favorito *a priori*. Pleonasmo. Los favoritos lo son siempre antes de la competición, nunca después.

fedayín, fedayines. Guerrilleros palestinos. Aunque etimológicamente '*fedayin*' es el plural (y '*fedái*' el singular), esta voz se ha adaptado a la morfología española, por lo que se usará 'fedayines' para el plural y 'fedayín' para el singular. Véanse **talibán** y **muyahidín.**

feedback. Literalmente, 'retroalimentación'; y en sentido más general, 'respuesta' o 'reacción'. Palabra técnica que no debe emplearse sin explicarla adecuadamente. En comunicación, es la 'capacidad del emisor para percibir las reacciones del público'.

feeling. No debe emplearse este anglicismo. Se sustituirá, según cada caso, por 'tacto', 'sensación', 'sentimiento', 'simpatía', 'encanto', 'atractivo', 'atracción', 'sensibilidad', 'sintonía', 'intuición', 'química', 'compenetración' o 'presentimiento'. En cuanto al estilo musical originario de Cuba, la Academia ha aceptado el término 'filin'.

Ferraz. Calle donde se encuentra la sede central del Partido Socialista Obrero Español (PSOE), en Madrid. No puede usarse en titulares como metonimia de la comisión ejecutiva de ese partido, pero sí en el texto si queda claro su significado.

Ferrol. El nombre de esta ciudad gallega nunca se escribirá precedido del artículo: 'Ferrol', y no 'El Ferrol'.

ferry, ferry-boat. Se escribe en español 'ferri' (plural, 'ferris'). No debe olvidarse la voz 'transbordador'.

file. 'Documento' y no 'fichero'. Microsoft decidió traducir este término como 'archivo', y así lo dice mucha gente aunque se trata de una traducción incorrecta. Dígase 'documento'. Un 'archivo' es el 'lugar donde se ordenan documentos'.

filete. Evítese en las emisiones generales la acepción que en Cataluña se suele dar a esta palabra, incluso hablando en castellano, cuando se emplea con el significado de lo que en el resto de España se llama 'solomillo'.

filme (plural, filmes), no *'film'*. Puede emplearse en artículos de opinión firmados (incluidas las críticas). Para los textos noticiosos se prefieren 'película' o 'cinta'. No hay que olvidar otras expresiones, como 'obra'.

filosofía. Se emplea mal esta palabra cuando se la hace sinónima de 'criterio', 'fundamento', 'supuesto' o 'motivo' de algo. Ejemplo de mal uso: "la filosofía de los presupuestos es la austeridad".

finalizar. Se abusa de este verbo como si en español no existieran, además, estos otros: 'acabar', 'concluir', 'terminar', 'caducar', 'vencer', 'rematar' o 'extinguir'.

finger. La 'manguera' que conduce al viajero desde la zona de embarque del aeropuerto hasta el mismo avión. También se puede llamar 'pasarela', 'manga', 'túnel', 'tubo'... En inglés, literalmente, significa 'dedo', por el aspecto que ofrecen al ser observados desde el aire. Úsense las citadas palabras en español.

finlandés. Aunque este término es utilizado tanto para designar al gentilicio de Finlandia como a su lengua, se preferirá 'finés' para referirse a uno de los tres idiomas que se hablan en ese país, además del sueco y el lapón.

firmar. Verbo del que se abusa en el lenguaje deportivo: "Benzema firmó un gran partido", "Messi firmó el mejor gol del año". El periodista que inventó la metáfora mostró un gran acierto y originalidad, pero en los demás casos se prefiere dejar ese verbo para cuando los futbolistas atienden a los cazadores de autógrafos.

fiscal. Escríbase y dígase 'la fiscal'. Véase **juez**.

flame, flaming. Tradúzcanse como 'insulto', 'insultar' o 'invectiva'. Se puede precisar más como 'ciberinsulto'.

flas (plural, flases). Españolización de la onomatopeya inglesa *'flash'*. Se escribe en redonda tanto con el significado de 'avance de una noticia importante' como con el de 'aparato auxiliar de la fotografía' o 'destello' que produce éste. No hay que olvidar, sin embargo, palabras como 'fogonazo' o precisamente 'destello'. No se escribe o se dice 'flasazos', sino 'golpes de flas'.

flash-back (plural, *flash-backs).* En español se llama 'analepsis' al 'salto atrás' o 'escena retrospectiva' introducidos en un relato o película donde se interrumpe el momento en el que el narrador está describiendo algo para regresar a un tiempo anterior. El salto hacia adelante se denomina 'prolepsis'. Son preferibles las formas españolas, pero sólo si quedan claras por el contexto o se explican.

flexibilidad de plantillas. La flexibilidad de algo se relaciona con su capacidad de estirarse y encogerse. Debe evitarse este **eufemismo** económico cuando se refiere a algo que solamente mengua. En ese caso, sustitúyase por 'facilidades para el despido'.

flipar. 'Estar bajo los efectos de una droga', 'disfrutar'. No debe usarse en un texto informativo.

flirt. En español, 'flirteo' ('juego amoroso que no se formaliza ni supone compromiso'). Pero se prefieren a este anglicismo, según cada caso, expresiones como 'romance', 'aventura', 'ligue' o 'historia amorosa'. Véase **ligue.**

flotel. Neologismo que designa un 'hotel flotante'. Estas instalaciones son utilizadas generalmente por empresas que actúan en alta mar (por ejemplo, las petroleras) y alojan en ellas a sus empleados (por ejemplo, quienes trabajan en las plataformas de extracción). También puede designar a un barco acondicionado con las comodidades de un hotel y que a veces pasa largo tiempo en un puerto, con pasajeros pero sin navegar. En esta formación por vía de acrónimo se suprime la hache de 'hotel', como sucede en **motel** y **apartotel.**

fluminense. Véase **carioca.**

focalizar. Se prefieren 'concentrar', 'centrar', 'dirigir', 'ceñirse'.

foie-gras (igual en plural). Según la Academia, debe escribirse 'fuagrás' y 'fuagrases'. No se debe confundir con **paté.**

folclore o **folclor,** no *'folklore'.* La Academia Española ha admitido igualmente 'folclórico' y 'folclorista'.

folk. Música acústica inglesa y norteamericana que parte de raíces tradicionales. Como otros estilos de música muy extendidos, se escribe en redonda. Véase **rock.**

foodtruck. Furgoneta con apertura lateral en visera donde se sirve comida que se supone bien elaborada y condimentada. Empléense en su lugar 'gastroneta' o 'restambulante'.

footing. No debe emplearse este falso anglicismo, y tampoco *jogging*. Tradúzcase por 'correr', 'hacer deporte' o 'hacer ejercicio': "Cuando llegue a casa, saldré a correr un rato". En el español de América se usa el término 'aerobismo', que también puede emplearse.

forcado, no *'forçado'*. Esta palabra portuguesa, utilizada en la lidia, viene de *'forca'*, que significa 'horca' u 'horquilla', pero no 'fuerza'. La 'pega', suerte principal que hacen los forcados, consiste en atrapar e inmovilizar al toro, y no practicar la fuerza frente a éste.

Foreign Office, no *'foreing'*. El Ministerio de Asuntos Exteriores británico. Se escribe con mayúsculas iniciales y en redonda.

forfait. En francés, 'destajo'. En el lenguaje deportivo es 'abandono'; en el económico y en el turístico, así como en las estaciones de esquí, 'precio global' por el uso de servicios; es decir, un 'abono'. *'À forfait'* es 'a tanto alzado'. Se prefieren todas estas alternativas en español. No confundir con ***forfeit.***

forfeit. En inglés, 'sanción' o 'multa'. No debe confundirse con ***'forfait'.***

forofo. No es la única manera de referirse al 'partidario', 'entusiasta', 'fanático', 'seguidor' o 'hincha' de un equipo.

foto finish. Utilícese mejor la expresión en español *'foto de llegada'*.

forwardear. Úsense 'reenviar' y 'reexpedir'.

frac. Prenda de etiqueta (generalmente masculina) con faldones por detrás, cuya chaquetilla no se abrocha y que se acompaña de chaleco y pajarita. Debe usarse el plural 'fraques'. Véanse **chaqué** y **esmoquin.**

fracking. En español, 'hidroinyección'. Se llama así a la 'fractura hidráulica' o 'hidrofractura' que se practica en un terreno rocoso para conseguir la extracción de gas u otros combustibles. También se podría denominar 'hidrohiato' (hendidura causada por agua) o 'hidrogrieta'. Si se usa en inglés, debe explicarse entre paréntesis con alguna de las alternativas en español mencionadas aquí.

Fráncfort, no 'Frankfurt'. Hay dos ciudades germanas con este nombre: Fráncfort del Meno (no del Main), en el oeste de Alemania, y Fráncfort del Óder, en el este. La mención sola de 'Fráncfort' se entiende siempre referida a la principal de ellas, Francfort del Meno, donde están situadas la más importante Bolsa de valores de Alemania y la sede del Banco Central Europeo.

franco CFA. Actualmente el 'franco CFA' da nombre a dos monedas y dos zonas de unión económica distintas, si bien limítrofes. Su valor se fijó el 2 de enero de 1999 en 655,957 francos CFA por euro para las dos monedas. El franco CFA de la Comunidad Financiera de África (zona occidental) abarca Benín, Burkina Faso, Costa de Marfil, Guinea-Bisáu, Malí, Níger, Senegal y Togo. El franco CFA de la Cooperación Financiera de África (zona central) incluye Camerún, República Centroafricana, **República del Congo** (Brazzaville), Gabón, Guinea Ecuatorial y Chad. Esos 14 países forman la zona franco CFA. Todas esas naciones fueron colonias francesas, excepto **Guinea Ecuatorial.**

freak. Referido especialmente a una persona que lleva un tipo de vida diferente a lo habitual y generalmente considerada como extravagante, con sus propios valores, su propia cultura y su propia música. En España se usa '*friki*' como adaptación del anglicismo, forma que puede usarse en cursiva y si se explica o queda claro por el contexto; pero se prefieren, sobre todo en contextos de cierta formalidad, los equivalentes 'chiflado', 'extravagante', 'raro', 'estrafalario' o 'excéntrico'. No hay que confundirlo con 'adicto' ni con pasota.

Friburgo. Este nombre lo comparten dos ciudades europeas, una en Alemania y otra en Suiza. Por tanto, si no queda claro por el contexto, hay que especificar de cuál se habla. El nombre más español de la ciudad alemana es 'Friburgo en Brisgovia'.

fueraborda. Como nombre masculino se escribe junto ('un fueraborda'); como locución adjetiva, separado ('el motor fuera borda' o 'fuera de borda').

Fuerzas Armadas. Se escriben con mayúsculas iniciales cuando se refieren al conjunto de los ejércitos de un país (tierra, mar y aire). Las siglas correspondientes —'FF AA', no 'FAS'— duplican sus letras por ser su enunciado plural, e irá un espacio entre cada pareja de letras para que no puedan dividirse al final de línea. El término 'Ejército', con mayúscula, se refiere sólo al 'Ejército de Tierra'. Nunca debe utilizarse para referirse a las Fuerzas Armadas en general. Es sinónimo 'ejércitos' (con minúscula).

fuerzas y cuerpos de la Seguridad del Estado. Denominación innecesaria y ampulosa. Dígase 'la **policía'** (expresión que incluye a la **Guardia Civil);** o, como mucho, 'las fuerzas policiales' o 'las fuerzas de seguridad' (ya se entiende, mientras no se diga otra cosa, que son del Estado y que están formadas por distintos cuerpos).

full time. Deben usarse sus equivalentes 'dedicación exclusiva', 'de libre disposición', 'a tiempo completo'. Si se usa esta expresión inglesa en una cita textual en español, se escribe en cursiva. Véase ***part time.***

Fundéu. Acrónimo de la Fundación del Español Urgente (Fundéu-BBVA), creada por la agencia **Efe** con el impulso del BBVA como patrocinador. Su misión consiste en asesorar con rapidez a los medios de comunicación en particular y a los ciudadanos en general sobre el correcto uso del español. Se creó en 2005 a partir del Departamento del Español Urgente de Efe, fundado a su vez en 1980 y que tenía como fin velar por la unidad y el buen empleo del idioma en la propia agencia.

futbol / fútbol. Esta palabra se pronuncia como llana en España y como aguda en gran parte de América. Ambas pronunciaciones y grafías son correctas.

futuros. Contratos en los que el vendedor acuerda entregar mercancías, cambio extranjero o valores en una fecha futura, generalmente de uno a seis meses (en ocasiones a más largo plazo). Estos contratos, que suelen realizarse sobre materias primas, metales preciosos, productos agrícolas y mercaderías diversas, se negocian en el denominado 'mercado de futuros'.

G

gadget (pronúnciese *gádchet).* Díganse 'dispositivo electrónico' o 'dispositivo'. También 'artilugio', 'aparato', 'complemento', 'accesorio' y, en contextos coloquiales, 'chisme'.

gag (plural, *gags).* Dígase 'golpe', 'golpe ingenioso', 'gracia' o 'chiste'.

galo. Los habitantes de Francia son franceses. El gentilicio 'galo' es impreciso, pues los galos no fueron el único pueblo en el actual territorio francés, donde también estuvieron los francos, los normandos y los romanos; y la Galia no sólo comprendió una parte de Francia sino también de otros países como Bélgica, Holanda, Suiza, Austria e incluso una pequeña zona de Italia. No obstante, se puede usar 'galo' como equivalente de 'francés' cuando ya se haya utilizado ese primer gentilicio y quede claro que el segundo funciona como hiperónimo ('animal' es el hiperónimo de 'gato' o de 'perro'...).

Gmail. En caso de referirse a una cuenta de correo electrónico de Google, pronúnciese *gemáil,* castellanizado.

game (plural, *games).* Se prefiere 'juego'. Véase **tenis.**

ganar de. Expresión incorrecta empleada en **baloncesto.** Debe escribirse 'ganar por'.

gay. Procedente del inglés *'gay',* 'homosexual' (etimológicamente significa 'alegre'). En la Cadena SER se puede emplear para referirse tanto a hombres como a mujeres homosexuales. La Academia ha incorporado esta grafía (y la pronunciación españolizada *gai,* en vez de *guei),* así como su plural 'gais'.

geisha (plural, *geishas).* Se escribe en cursiva. En Japón, mujer de compañía de elevada formación intelectual y educada en los valores tradicionales.

gemelos. Los hermanos engendrados en una misma bolsa ('univitelinos') son gemelos y guardan un gran parecido; **'mellizos'** son los que disponen de distinto vitelio, y no se parecen; 'siameses' son los que nacieron unidos por alguna parte de sus cuerpos.

Generalitat, no 'Generalidad', tanto en el caso de Cataluña como en el de la Comunidad Valenciana. Ha de quedar claro siempre a cuál de las dos se refiere la información, pero tal precisión no será necesaria en las emisiones propias de Cataluña y la Comunidad Valenciana cuando se hable del respectivo órgano autónomo.

género. La Academia ha incorporado esta definición: 'Grupo al que pertenecen los seres humanos de cada sexo, entendido desde un punto de vista sociocultural en lugar de exclusivamente biológico'. El término llegó al español como **falso amigo** del inglés *'gender'*, pero no debe sustituir a 'sexo'. Las palabras son del género masculino, femenino o neutro; las personas son del sexo masculino o femenino. Aunque se ha extendido la forma 'violencia de género', se prefieren términos más contundentes y precisos como 'violencia machista', 'violencia sexista', 'violencia de los hombres', 'violencia contra las mujeres'... En España existe una 'Ley Contra la Violencia de Género', cuyo nombre sí se puede reproducir completo de esa forma cuando sea necesario.

genético. Véase **congénito.**

Génova 13 (no 'Génova, 13'). Dirección postal de la sede central del Partido Popular (PP) español en Madrid. No puede usarse en titulares como metonimia de la comisión ejecutiva de ese partido, pero sí en el texto si queda claro su significado. En cualquier caso, debe evitarse la posible confusión para un público global en frases como "la dirección del PP se reunirá en Génova" o "Génova critica la postura socialista".

gente de color. No debe emplearse. Dígase **'negros'.**

germano. Esta palabra no es estrictamente sinónima de 'alemán', pero puede utilizarse como tal. 'Germano' es un concepto étnico referido a los 'pobladores de Germania', la zona delimitada por el Rin y el Vístula, gran parte del Danubio y el mar Báltico.

Gibraltar. El contencioso entre España y el Reino Unido a propósito de Gibraltar ha generado, según los intereses de cada parte, una terminología bien diferenciada. Las recomendaciones que siguen, y que la Cadena SER hace suyas, han sido extraídas del glosario de términos sobre Gibraltar hecho por el diplomático Jaime Rodríguez-Ponga.

1. Como sinónimo de 'Gibraltar' se utilizará 'el **Peñón',** y no el anglicismo 'la **Roca',** traducción literal e incorrecta de *'the Rock'*. Se puede decir también 'la colonia británica'.

2. Dado que el istmo nunca fue cedido por España, ni mediante el Tratado de Utrecht ni por otro acto de voluntad, España no reconoce el límite actual marcado por la **Verja,** a unos 800 metros al norte del Peñón. Conviene asimismo no emplear la palabra 'frontera' y hablar de 'la Verja'. Si la referencia se hace concretamente al lugar por donde pasan personas, vehículos y mercancías, también se puede escribir o decir 'el puesto aduanero', o 'el puesto de control', o usar la denominación oficial: 'Administración de Aduanas y Control de Policía de La Línea de la Concepción'.

3. A los trabajadores españoles que, manteniendo su residencia en el Campo de Gibraltar, presten sus servicios en la colonia británica, no se les debe denominar 'trabajadores fronterizos', sino 'trabajadores limítrofes' o 'no residentes en Gibraltar'.

4. No es aconsejable hablar de comunicaciones (terrestres) o tránsito 'entre Gibraltar y España' ya que, según la doctrina tradicional española, España no comienza en la Verja, sino al pie mismo de la cara norte del Peñón. Es mejor decir comunicaciones 'entre Gibraltar y el territorio circunvecino' (terminología basada en el Tratado de Utrecht y recogida en la Declaración de Bruselas), o entre Gibraltar y 'la región o zona circundante, vecina o limítrofe', o 'entre Gibraltar y La Línea de la Concepción o el Campo de Gibraltar'.

5. Si se trata de las relaciones o comunicaciones entre Gibraltar y el Campo de Gibraltar, no debe decirse abreviadamente 'entre Gibraltar y su Campo', sino 'entre Gibraltar y el Campo de Gibraltar', o 'entre las poblaciones locales'.

6. El artículo décimo del Tratado de Utrecht dispone que 'la dicha propiedad se ceda a la Gran Bretaña [véase **Reino Unido]** sin jurisdicción alguna territorial y sin comunicación alguna abierta con el país circunvecino por parte de tierra'. La decisión tomada en 1969 de cerrar la Verja era, pues, plenamente conforme con el derecho internacional. España definió la interrupción de comunicaciones como la adopción de una serie de 'medidas', en aplicación del Tratado de Utrecht, que el Gobierno británico calificó como 'restricciones'. Este término nunca fue aceptado por España por la carga condenatoria que implica. En la terminología española, el restablecimiento de comunicaciones llevado a cabo el 5 de febrero de 1985 no es 'un levantamiento de las restricciones' ni 'la reapertura de la frontera' —expresiones que utilizan los británicos—, sino 'la suspensión de las medidas en vigor' y la 'reapertura de la Verja'.

7. España no reconoce al Reino Unido más aguas que las del puerto de Gibraltar (cedido por el Tratado de Utrecht) ni más espacio aéreo que el situado sobre la vertical del Peñón. Debe evitarse, por tanto, hablar de las aguas o el espacio aéreo de Gibraltar, y sustituir la preposición 'de' por 'en torno a' o 'en la zona de'.

8. Al referirse a los habitantes del Peñón, no conviene usar la expresión 'el pueblo de Gibraltar', sino 'la población de Gibraltar' o, más simplemente, 'los gibraltareños' o 'llanitos'.

9. Cuando se habla de la repercusión del proceso negociador sobre la población gibraltareña, los Gobiernos español y británico utilizan dos términos conceptualmente muy diferenciados y básicos en el lenguaje diplomático referido al Peñón. La diferencia es esencial:

—Las palabras 'deseo' o 'voluntad' —empleadas por el Reino Unido— implican conceder a los gibraltareños un papel anterior a la solución del contencioso y, por tanto, una especie de derecho de veto (confusamente expuesto en el preámbulo de la 'constitución' de Gibraltar de 1969); el término 'intereses' —empleado por España— supone atribuirles un papel posterior.

—Los 'deseos' tienen una connotación fundamentalmente subjetiva, abstracta y política (referida a la cuestión de fondo: la soberanía); los 'intereses' tienen una significación objetiva, concreta y técnica (referida a las cuestiones administrativas, económicas, sociales y culturales), y son calculables sin intervención de los gibraltareños. El término 'intereses' es el recogido por la doctrina de las Naciones Unidas, que desconoce la palabra 'deseos'.

10. Para no propiciar interpretaciones sesgadas, es preferible no usar la expresión 'las partes interesadas' si con ello se intenta también mencionar a los gibraltareños. Es mejor hablar de éstos como 'elemento' que han de tener en cuenta 'las dos partes'. Tampoco es conveniente hablar de 'la cooperación entre España y Gibraltar', sino 'entre España y el Reino Unido referente a Gibraltar'. Descendiendo al plano local puede decirse también 'la cooperación entre Gibraltar y el Campo de Gibraltar' o 'entre las poblaciones locales'.

11. El cargo que en inglés se denomina *'chief minister'* debe ser traducido al español como 'ministro principal', y no como 'primer ministro' *('prime minister').*

gigoló (plural, *gigolós).* Se pronuncia *yigoló.* No ha sido incorporada por la Real Academia. No equivale a 'chulo', porque en el caso del *gigoló* su edad es bastante menor que la de aquellas mujeres de las que vive. La edad de los chulos no importa. Si se usa, debe explicarse al menos por el contexto.

gitanería. No debe emplearse, por su carácter despectivo. Véanse **judiada** y **gitano.**

gitano. Los gitanos no constituyen una raza, sino una **etnia** con rasgos físicos y culturales comunes. No puede hablarse por tanto de 'un individuo de raza gitana'.

El hecho de que una persona sea gitana no debe citarse en las informaciones a no ser que constituya un elemento fundamental de la noticia. Podrá hablarse de la discriminación que sufre 'un barrio de gitanos', por ejemplo, pero nunca de que el protagonista de una información es gitano, si ello no aporta un dato sin el cual perdería sentido la noticia. Tampoco se pueden emplear expresiones despectivas como "esto es una **gitanería"** o "le hizo una gitanada".

glamur. Grafía adaptada por la Academia para el galicismo *glamour.* También se puede usar el adjetivo 'glamuroso'. Pero no deben olvidarse palabras más españolas como 'encanto', 'arrebato', 'elegancia', y sus adjetivos correspondientes. "Fulano tiene mucho encanto", "Mengano es arrebatador".

goal average. Tradúzcase por 'promedio', 'diferencia' o 'cociente' de goles, según cada caso. La Academia incluyó 'golaveraje' en su *Diccionario panhispánico de dudas,* pero no lo incorporó al *Diccionario* oficial. Esa grafía se puede usar en citas textuales, pero en ese caso debe explicarse. Véase ***averaje.***

golf. La explicación que sigue sobre la práctica del golf incluye la mayoría de los términos empleados en este deporte. Los criterios para su uso son los siguientes:

—El nombre que ha de emplearse en cada caso, sea el inglés o su equivalente español, es aquel que se cita en primer lugar, el que no va encerrado entre paréntesis.

—En el caso de que sea la palabra extranjera la preferida, ésta se escribirá en cursiva, con los plurales y géneros que le correspondan en inglés y seguida de una breve aclaración entre paréntesis similar a la que aquí se propone.

Los jugadores de golf utilizan cuatro palos de madera, con los que se lanza la bola hasta los 250 o 300 metros, y 12 'hierros', que permiten enviarla hasta los 190 metros, aproximadamente. La numeración de los palos está en función de la distancia que se alcanza con ellos. El 'número uno' (no 'número 1', pero 'un palo del 1') se usa para desplazar la bola más lejos que el 'número dos', y éste más lejos que el 'número tres', etcétera.

Entre los 'hierros' hay dos especiales: la 'cucharilla' *('sand wedge'),* que sirve para sacar la bola de la arena *('bunker'),* y el *'putter',* para golpes cortos, con el que se lanza la bola al hoyo desde el interior del *'green'.* Los profesionales suelen llevar un saco con 12 'hierros' y dos 'maderas': el 'número uno', que se usa para el golpe largo, y el 'número tres'.

La bolsa, que transporta el 'ayudante' ***('caddie'),*** pesa unos once kilos.

Los golpes son: 'corto' *('putts');* 'largo' ***('drive');*** *'slice',* con efecto a la derecha; *'hook',* con efecto a la izquierda; *'back spin',* con efecto de retroceso; *'top spin',* con efecto de avance; *'drop',* acción de cambiar de sitio una bola que ha quedado en un lugar desde el que no se puede golpear; *'green shot',* para meter la bola en el *green;* 'de aproximación' *('approach')* al *green,* y *'chip',* o 'golpe corto', normalmente cerca del *green,* en el que la bola se eleva, bota y rueda.

La palabra *'green'* se refiere al césped que rodea el hoyo. No se puede traducir directamente como 'césped', porque es un tipo concreto de césped, de muy poca altura y casi liso. Además, un campo de golf tiene otras partes también de césped, aunque distinto, y esa traducción induciría a error. Así pues, puede utilizarse *'green',* en cursiva, con la explicación de que es 'el césped que rodea el hoyo'.

Otros términos del golf son: el *'swing'* ('estilo al golpear'), el 'recorrido' *('course o links'),* la 'calle' *('fairway'),* la 'zona de matojos' *('rough')* y el *'tee'* ('soporte'), que se utiliza para colocar la bola en el primer golpe de cada hoyo. Por extensión, *'tee'* se emplea también para designar el lugar del campo desde donde se da ese golpe. En este caso ha de sustituirse por 'la salida'.

Las competiciones de golf se disputan mediante una de estas dos modalidades: *'medal-play'* (la más empleada) o *'match-play'.*

Con el sistema *'medal-play'* obtiene la victoria el jugador que concluya el recorrido con el menor número de golpes en total.

Con la modalidad *'match-play'* el triunfo será para el que haya ganado más hoyos en el recorrido. Es decir, se puntúa hoyo a hoyo en función del menor número de golpes dados en cada uno.

Cada hoyo tiene asignado un número determinado de golpes, que se llama 'par'. Hacer 'uno bajo par' o 'menos uno' *('birdie')* es introducir la bola en el hoyo con un golpe menos de lo previsto oficialmente; hacer 'dos bajo par' o 'menos dos' *('eagle')*, con dos golpes menos; hacer 'tres bajo par' o 'menos tres' *('albatross')*, con tres golpes menos. Y lo mismo a la inversa: 'uno sobre par' o 'más uno' *('bogey')* es introducir la bola en el hoyo con un golpe más que el par. Como 'dos sobre par' o 'más dos' ('doble *bogey')* es hacerlo con dos golpes, y así sucesivamente. 'Un hoyo en uno' es meter la bola al primer golpe. En estos casos, siempre deben emplearse las expresiones castellanas y, si el redactor lo desea, puede agregar la denominación inglesa entre paréntesis y en cursiva. Ejemplo: "Sergio García consiguió un menos dos (un *eagle)* en el tercer hoyo".

Cada campo tiene asignado un par. Por ejemplo, en el club Puerta de Hierro, de Madrid, son 72 golpes por recorrido. La mayoría de los campos de golf cuenta con un par 72.

golfo Pérsico. Escríbase así; no 'golfo Arábigo' como hacen algunos Estados árabes. La palabra 'golfo' debe llevar mayúscula inicial cuando se utilice por vía de sinécdoque de antonomasia: "nuevas tropas norteamericanas llegarán mañana al Golfo".

Gora ta gora (en euskera, 'arriba y arriba'). Denominación popular del *Eusko abendaren ereserkija* (en castellano, *'Himno de la nación vasca')*. Éste, y no *Eusko gudariak,* es actualmente el himno oficial de la comunidad autónoma vasca.

Gordo, el. Por antonomasia, el primer premio de la Lotería Nacional de Navidad. También se aplica al sorteo del Niño (el primero del año y el siguiente en importancia). Véase **Grossa.**

gore. De moda en los años ochenta. El cine de imágenes sanguinolentas y desagradables.

Gotemburgo. Nombre español de Göteborg, ciudad sueca.

gourmand (plural, *gourmands)*. Persona comilona o aficionada a la buena cocina. No debe emplearse esta palabra, salvo en las crónicas especializadas. En ese caso se escribirá en cursiva. No debe confundirse con ***gourmet.***

gourmet. Véase **gurmé.**

gracias a. No debe emplearse esta expresión con un sentido desfavorable: "perdió la votación gracias a dos tránsfugas".

grafito. Término definido por la Academia como 'inscripción o dibujo hecho en la pared'. Se prefiere el vocablo 'pintada'.

graining. Granulado de las ruedas, especialmente las lisas, en las carreras de automóviles. Escríbase o dígase "tuvo problemas de granulado", y no "tuvo problemas de *graining*".

Gran Sol. Nombre en español de un caladero situado al sur de Irlanda al que acuden tradicionalmente a faenar pesqueros españoles. Es una corrupción del nombre que se le da en francés, 'Grande Sole' ('gran lenguado'). Debe usarse la denominación española, y no 'Grande Sole' ni 'Irish Box' (denominación inglesa).

GRAPO. Siglas de Grupos de Resistencia Antifascista Primero de Octubre. Se trata de un plural; por tanto, 'los GRAPO'. En el caso de sus miembros, debe decirse 'los grapos': "Fue uno de los tres grapos que cometieron aquel atentado", todo en minúsculas y en redonda.

green (plural, *greens*). Véase **golf.**

Greenwich. Suburbio de Londres, famoso por haber sido la sede del Real Observatorio (astronómico). No debe confundirse con Greenwich Village, barrio del sur de Manhattan, Nueva York, conocido por su vida nocturna y por vivir en él escritores y artistas.

GPS. Siglas de Global Positioning System. Se pronunciará *gepeése* o se detallará su traducción al español: 'Sistema de localización global'.

grip. En inglés, 'agarrar', 'agarre'. No debe usarse. Dígase "Carlos Sainz tuvo problemas de adherencia" y no "Carlos Sainz tuvo problemas con el *grip*".

Grossa, la. Sorteo navideño de lotería organizado por la Generalitat de Cataluña. Véase **Gordo, el.**

grosso modo. Esta expresión latina, traducible por 'en líneas generales', 'sin detallar' o 'en conjunto', no debe emplearse en un texto noticioso. En cualquier caso, se escribe en cursiva y nunca anteponiéndole la preposición *a.*

gualdo. Es el masculino de 'gualda', y en un uso esmerado de la lengua debe concordar con los sustantivos masculinos.

Guardia Civil. Se escribe con mayúsculas iniciales, como nombre propio, a diferencia del genérico 'la policía' aunque este último corresponda también a un cuerpo concreto. La Guardia Civil, como instituto de carácter militar, depende del ministro de Defensa, si bien en sus cometidos como fuerza de seguridad está a las órdenes del ministro del Interior. A los miembros de la Guardia Civil se les puede denominar 'guardias' o 'agentes'. Véase **Benemérita.**

guardiamarina, no 'guardia marina'. Plural, 'guardiamarinas'. En España es el alumno de la Escuela Naval Militar.

guerra. Las locuciones formadas con esta palabra se escribirán en redonda, por contradictorio o chocante que sea el significado del conjunto. Ejemplos: 'guerra santa', 'guerra sucia', 'guerra a muerte' o 'en buena guerra'. Véanse **Guerra Civil** y **guerra mundial.**

Guerra Civil. Se escribe con mayúsculas iniciales cuando se refiere a la ocurrida en España entre 1936 y 1939. No es necesario por tanto añadir 'española': "Esos fueron los hechos ocurridos en la Guerra Civil". Si por alguna razón se escribiese 'española' (en una cita textual o en oposición a otra guerra), entonces se pondrá todo con minúsculas: 'guerra civil española'. Ejemplo: "La guerra civil ruandesa fue más cruel que la guerra civil española".

Guerra de Sucesión, y no 'guerra de secesión'. No se debe caer en el error histórico de referirse a ella como 'una guerra entre España y Cataluña'. Se trató de una guerra por la sucesión en la corona española, que enfrentó a los partidarios del austriaco Carlos de Habsburgo (mayoritarios en Cataluña, pero no hegemónicos) con los del francés Felipe de Anjou (Felipe V de Borbón), mayoritarios en Castilla (pero tampoco hegemónicos). Y tuvo carácter internacional (Inglaterra y Holanda apoyaron al aspirante austriaco frente al candidato de la monarquía francesa). La guerra dio lugar a la firma del Tratado de Utrecht (1713), mediante el cual España perdió Gibraltar y otros territorios en Italia y Holanda. En el marco de esa contienda se produjo el asedio y derrota de Barcelona, defendida por los partidarios del candidato austracista frente a los ejércitos de Felipe V. Tras ganar la guerra, el rey borbón, que ya había emprendido la tarea de instaurar en España un régimen absolutista y centralista de inspiración francesa, abolió en 1716 leyes e instituciones propias catalanas mediante los denominados 'decretos de Nueva Planta', lo que se ha tomado desde entonces como una 'venganza' del poder central contra Cataluña por su apoyo al archiduque Carlos de Habsburgo. Véase **Onze de Setembre.**

guerra fría. Estado de tensión entre dos países o bloques, cada uno de los cuales pretende fortalecerse militarmente y debilitar al contrario, pero sin llegar al estado de beligerancia. Si la expresión se refiere concretamente a la tensión vivida entre Estados Unidos y la Unión Soviética entre 1945 y 1989, escríbase con mayúsculas iniciales: fue la 'Guerra Fría' por antonomasia.

guerra mundial. Se escribe con mayúsculas iniciales cuando se refiera a una de las dos habidas; en tal caso, se prefiere escribir el número con signos romanos a hacerlo con todas sus letras. Ejemplos: 'la II Guerra Mundial', pero 'el peligro de una nueva guerra mundial'.

Guinea Ecuatorial. La que fue Guinea española. No debe confundirse con Guinea-Conakry ni con Guinea-Bisáu, la anterior Guinea portuguesa. Para lo relativo o perteneciente a Guinea Ecuatorial, úsese el adjetivo 'ecuatoguineano'.

guion. Se escribe sin tilde según la nueva *Ortografía,* así como las demás palabras que se consideran monosílabos (lie, rio, crie, fie, truhan, hui, ion, liais, etcétera).

güisqui. Debe emplearse 'whisky' (plural españolizado, 'whiskys'), escrito en redonda; pese a que la Academia recomienda 'güisqui' o '*whisky*' (en cursiva).

gurmé (plural, gurmés). Adaptación gráfica del francés ***gourmet.*** Puede ser sustantivo ("La gurmé quiere que probemos esto") o adjetivo ("Los productos gurmés están ahí"). Es común en cuanto al género cuando actúa como sustantivo. No debe confundirse con ***gourmand.***

H

habeas corpus. Como expresión latina se escribe en cursiva y sin tilde en *'habeas'*. Es el derecho de todo detenido a ser conducido ante un juez o tribunal para que éste decida sobre la legalidad de la detención. Concuerda en masculino (el *habeas corpus).*

habría, estaría. La forma auxiliar 'habría' o el condicional en general (simple o compuesto) no deben emplearse para expresar inseguridad o rumor. Dos ejemplos incorrectos: "fuentes de La Moncloa señalan que el ministro estaría preparando la ley"; "según estas fuentes, habrían muerto 10 personas". Eso puede significar que el ministro no está preparando la ley (estaría preparándola si pudiera, luego no está preparándola) y que las 10 personas no murieron, porque, con arreglo a la gramática, el potencial en pasado refleja una acción que pudo ocurrir y que finalmente no se produjo.

En cuanto a la concordancia, se prefiere la relación 'si hubiera, habría' (o 'habría si hubiera') respecto a 'si hubiera, hubiera' (o hubiese). Ejemplo correcto: "Habría venido si hubiera podido". Ejemplo desaconsejable: "Si el presidente se hubiese enfrentado a otra situación, hubiera convocado elecciones". Ejemplo más correcto: "si el presidente se hubiese enfrentado (...), habría convocado elecciones". Véase ERRORES IMPERDONABLES, **habría, sería,** página 128.

Véanse el apartado **1.8** de este manual, así como los **4.32-4.36**

hacer acto de presencia. Significa asistir poco tiempo a un acto; no es sinónimo de 'asistir'.

hachemí, no hachemita. La edición de 2001 del *Diccionario* de la Academia hizo sinónimas las expresiones 'jordano' y 'hachemí' (o 'hachemita' según la grafía de influencia francesa), pero la docta casa rectificó en 2014 porque no deben emplearse como tales. 'Hachemí' es la dinastía reinante en Jordania. Por tanto, la corona es hachemí, pero el Gobierno es jordano.

***hacker*.** Escríbase **'pirata informático'**, 'ciberpirata' o simplemente 'pirata' si el contexto lo explica.

***hall*.** Debe sustituirse por 'entrada', 'recibimiento' o 'vestíbulo'. También, 'recibidor'.

hándicap (pronúnciese con h aspirada, *jándicap*). Lejos de las carreras de caballos o el golf, su uso es innecesario para expresar situaciones desfavorables de un deportista o equipo respecto a otros; en español existen diferentes palabras para ello: 'desventaja', 'obstáculo' o 'dificultad'. En el lenguaje hípico (referido al sobrepeso añadido a un caballo o jinete) puede sustituirse por 'compensación'; en el golf, hándicap es la ventaja de golpes que se da a un jugador respecto al par del campo en función de su falta de destreza. Para ser profesional, no se tiene hándicap o se tiene 'hándicap cero'.

Se prohíbe la expresión 'handicapado' para referirse a una persona con alguna discapacidad.

***handling*.** En inglés, 'manejo' o 'trato'. En el lenguaje aeroportuario, 'maletería'. Conjunto de servicios que se prestan a una compañía aérea en un aeropuerto, como la asistencia en tierra a aviones, pasajeros y mercancías. No debe usarse la expresión inglesa.

happening (plural, *happenings*). Acontecimiento vinculado al mundo cultural y con carácter divertido. Puede traducirse como 'acontecimiento' o 'fiesta'. Si se usa en inglés, debe explicarse.

***hardware*.** Todos los componentes físicos de la computadora y sus periféricos. Díganse 'ordenador', 'computadora' y 'aparatos'.

hat trick (pronúnciese con *h* aspirada, *jat trik*). No conviene abusar de esta expresión inglesa procedente del críquet para denominar la suma de tres goles por un mismo jugador en un solo partido. En español existen las palabras 'triplete' (España) o 'tripleta' (América). Originariamente un *hat trick* sólo se producía si los tres goles del mismo futbolista se marcaban de manera consecutiva.

hebreo. Este concepto histórico, lingüístico o religioso no es sinónimo de **'israelí'** (ciudadano de la actual Israel). Por tanto, no se puede hablar de 'aviones hebreos' o de 'el ejército hebreo'.

hecatombe. Literalmente, 'sacrificio de cien vacas'. El sentido estricto de esta palabra es el de 'matanza solemne o ritual'. La Academia ha incorporado la equivalencia de 'desastre' y 'mortandad de personas'.

hedge funds (pronúnciese *hech fands).* Literalmente, 'fondos cercados'. Debe emplearse su equivalencia en español: 'fondos de alto riesgo'.

herciano, no 'hertziano'. Perteneciente o relativo a las ondas hercianas, descubiertas por el físico alemán Rudolf Hertz. La onda herciana transporta energía electromagnética y tiene la propiedad de propagarse en el vacío a la misma velocidad que la luz.

hercio. Unidad de medida de las oscilaciones acústicas y eléctricas, equivalente a 'un ciclo por segundo'. Escribir o decir 'hercios por segundo' es una redundancia.

hernia. Protrusión de un órgano o tejido fuera de la cavidad (hernia inguinal).

hidráulico. Significa 'relativo al equilibrio y al movimiento del agua'. No hay que confundirlo con 'hídrico', que equivale a 'relacionado con el agua', ni con 'hidrológico' (que hace referencia a la distribución del agua en la tierra). Véase ***fracking.***

hincapié, hacer. Es una redundancia 'hacer especial hincapié'.

hindi. Lengua mayoritaria de la India.

hindú (plural, hindúes). Adepto a la religión predominante en la Unión India, el hinduismo. Para los naturales de este Estado asiático y lo relativo a él, empléese el adjetivo 'indio' (aunque la Academia haya aceptado 'hindú' para los naturales de la región asiática de Indostán). Véase **indio.**

hipertrofia. Aumento del tamaño de un órgano o tejido (hipertrofia muscular).

hippy (plural, *hippies).* Frente a la españolización 'jipi', en la Cadena Ser se prefiere la tradicional forma en cursiva y en inglés, aceptada primero por la Academia y después rechazada a pesar de que esa grafía se ha mantenido en uso.

hispano. Denominación que reciben las personas de habla española que residen en Estados Unidos.

Hispanoamérica. Véase **Latinoamérica.**

hispanohablante, no **'hispanoparlante'.** Véase **castellano.**

hispanoparlante. Debe escribirse y decirse **'hispanohablante'.** Véase **castellano.**

historia. Se escribe con mayúscula inicial como disciplina académica, y todo en minúsculas como nombre genérico. "Me han suspendido en Historia", "esa historia ya me la sabía".

históricas, comunidades. No debe emplearse. Esta expresión se suele utilizar para referencias a Galicia, País Vasco y Cataluña, lo que retira el papel en la historia al resto de las comunidades españolas, algunas de ellas mucho más antiguas como entidades políticas.

histórico. Aquello que es digno de figurar en la historia. Por tanto, no equivale a 'importante', 'memorable', 'inédito, 'espectacular'...

***hit.* 1.** Escríbase 'éxito' o 'triunfo'.

***hit.* 2.** Se emplea en Internet, especialmente cuando se habla de publicidad. Equivale a 'visitas' que recibe una ciberpágina. La publicidad se cobra en función de su número. Empléese 'visitas'.

hobby (plural, *hobbies).* Se prefiere el uso de palabras españolas como 'afición', 'habilidad' o 'entretenimiento'.

hockey. No 'jóquey' como propuso la Academia en el *Diccionario panhispánhico de dudas* (pues se podría leer 'yóquey': 'jinete'). Esa grafía no la incorporó después al *Diccionario* oficial. Al igual que otros deportes designados por palabras de procedencia extranjera, se escribe en redonda.

hoja de ruta. Se recomienda no abusar de esta locución. Se puede sustituir por 'trayecto', 'pleno', 'planes', 'agenda', 'programación'.

hojear. El significado de esta palabra no es sólo 'pasar las hojas de un libro', sino hacerlo 'leyendo deprisa algunos pasajes para tomar de él un ligero conocimiento'. En cambio, 'ojear'. Es 'dirigir los ojos y mirar con atención a determinada parte' o 'espantar la caza'.

Holanda. Su nombre oficial es 'Países Bajos' —el 'Reino de los Países Bajos'— y ése debe usarse cuando la mención requiera cierta formalidad y rigor. En los demás casos, utilícese 'Holanda'. **'Holandés'** se prefiere como adjetivo a **'neerlandés'.**

Países Bajos puede decirse y escribirse tanto con artículo como sin él ('los Países Bajos'), pero se prefiere omitirlo cuando ejerce la función de sujeto gramatical porque su presencia invitaría a establecer una equívoca concordancia en plural: 'Francia votó a favor y los Países Bajos se abstuvieron". Se prefiere "Francia votó a favor y Países Bajos se abstuvo".

holandés. Véase **neerlandés.**

holding. Sociedad que controla las actividades de otras empresas mediante la adquisición de todas o la mayor parte de sus acciones. Su plural es *holdings.* No debe emplearse sin explicar su significado. Se escribe en cursiva. En la mayoría de las oportunidades, y merced al contexto, se puede sustituir por 'grupo' o 'grupo empresarial' y, en su caso, 'consorcio'.

Holocausto. Se escribe con mayúscula inicial si se refiere al genocidio nazi contra el pueblo judío.

home. Úsese 'página de inicio', 'portada' o 'página principal'. Véase **web.**

homeless. Escríbase 'indigente', 'desvalido', 'pordiosero', 'vagabundo', 'mendigo'. Evítese el calco **'sintecho'.**

homicidio. Matar a otro, pero sin determinadas circunstancias agravantes. Véanse **asesinato** y **suicidio.**

homofobia. Del griego *homo,* 'igual', y *fobos,* 'aversión' (literalmente, aversión a lo igual; pero no se emplea con ese sentido). Se ha asentado su uso para referirse al odio o antipatía hacia las personas homosexuales, o al rechazo de su estilo de vida. 'Homofóbico' se puede aplicar a las personas que sienten o manifiestan odio o antipatía hacia las personas homosexuales. Véanse **LGTBfobia** y **transfobia.**

homólogo, homónimo. 'Homólogo' es quien desempeña las mismas funciones que otra persona, ya sea en otro lugar, en otro país, en otra institución; 'homónimo' es quien tiene el mismo nombre que otro.

hooligan (pronúnciese con *h* aspirada, *júligan).* Palabra inglesa que significa 'gamberro' y que, al ser despectiva, sólo ha de referirse a los hinchas británicos violentos, no a todos los aficionados de las **islas Británicas.** A fin de diferenciarlos, los mismos ingleses utilizan la palabra ***'supporter'*** para cualquier tipo pacífico de 'seguidor' o 'hincha'.

host. Literalmente, 'anfitrión'. Normalmente equivale a 'servidor', 'ordenador principal de una red'. Empléense las expresiones españolas.

Hôtel de Ville. Ayuntamiento de cualquier municipio francés, y no sólo el de París. Es el Ayuntamiento de las ciudades grandes en Francia. Las pequeñas tienen *'mairie'*.

housing. No se debe confundir con ***'host'*** ni *'hosting'* u 'hospedaje' (en el que un sitio en Internet se aloja en un ordenador, que comparte con otros sitios). En el *'housing'* es todo un ordenador el que se aloja en las dependencias de una empresa, que normalmente se ocupa del mantenimiento y le da conexión a la Red. Se recomienda usar 'alojamiento'.

hoyatoleslam (plural, *hoyaheslam).* Se escribe en cursiva. Grado que se obtiene en los seminarios islámicos chiíes, parecido, aunque inferior (sólo tres años de estudio), al de ayatolá.

humanidad. Se escribe todo en minúsculas.

humanitario. Véase **catástrofe humanitaria.**

huracán. Viento muy impetuoso y temible que, a modo de torbellino, gira en grandes círculos, cuyo diámetro crece a medida que avanza apartándose de las zonas de calma tropicales, donde suele tener origen. Distíngase de 'ciclón', que es el huracán del océano Índico. Tampoco hay que confundirlo con 'tornado', que consiste en un viento muy violento, con base de forma tubular y de extensión muy limitada.

hurricane. El significado de esta palabra inglesa es **'tifón',** 'ciclón tropical' o 'baguío', pero no **'huracán',** término este que se reserva en la Cadena SER para referirse a un viento muy fuerte.

huso horario. Se escribe con *h,* puesto que se refiere no al uso o costumbre, sino a la forma que presentan las partes de la superficie terrestre comprendidas entre dos meridianos distantes 15 grados, y que tienen la misma hora.

I

-iaco. Sufijo que forma adjetivos y gentilicios relacionados con el significado de la raíz: 'cardiaco', 'maniaco', 'austriaco', etcétera. Aunque suelen ser correctas las formas en diptongo y en hiato, en la SER se prefiere la primera de ellas: 'cardiaco' y no 'cardíaco'.

Iberoamérica. Véase **Latinoamérica.**

ignorar. Aunque la Academia ha admitido este verbo con el significado de 'no hacer caso de algo o de alguien', por razones de estilo deben usarse, según el contexto, verbos más precisos en español: 'despreciar', 'desdeñar', 'olvidar' (en sentido figurado), 'soslayar', 'marginar', 'desentenderse de', 'hacer caso omiso de', 'dar la espalda a', 'omitir' o 'ningunear'. Lamentablemente el **falso amigo** 'ignorar' está sustituyendo y anulando todos estos matices.

ikastola (plural castellanizado, ikastolas). Escuela —ése es su significado en euskera— donde la educación básica se imparte en vascuence. No debe confundirse con ***euskaltegi.***

ikurriña. En vascuence, 'bandera'. Al pasar a un contexto castellano, significa 'bandera vasca' y, por extensión, la 'bandera del País Vasco'. Es una redundancia, por tanto, escribir 'la ikurriña vasca'. Véase **senyera.**

ilegal. No debe emplearse para hacer referencia a los 'inmigrantes sin permiso de trabajo o de residencia en un país extranjero'. Las personas no son ilegales, son ilegales sus actos. Se debe decir 'inmigrantes indocumentados' o incluso 'en situación ilegal'; o **'simpapeles'.** Lo mismo vale para la expresión 'irregular'.

ilegalizar. Es más correcto **'deslegalizar'** cuando se trate de quitar a algo la condición de legal que ya tenía. 'Ilegalizar' puede usarse cuando se refiera a convertir en ilegal algo que antes no lo era (es decir, que podía ser alegal o no estar regulado).

ileso. Significa 'sin daño', por tanto incurren en **pleonasmo** las expresiones 'totalmente ileso' y 'completamente ileso'.

imam (plural, imames), no 'imán'. Jefe o guía religioso musulmán. Es palabra españolizada y procedente del árabe clásico, donde significa **'líder'.** La Academia también admite 'imán' con este sentido, pero en la SER se prefiere la terminación en eme para evitar la anfibología con otros significados de 'imán'.

imbatido. En el ámbito deportivo se dice que un equipo o un portero está 'imbatido' cuando aún no han encajado ningún gol; si todavía no ha perdido ningún partido entonces está 'invicto'.

impago. En el terreno financiero, se llama así al hecho de que no se haya abonado la cantidad debida cuando se produce un vencimiento de los intereses o del principal de un préstamo o de títulos de deuda. Se suele emplear la expresión 'créditos impagados', pero también solamente 'impagados'.

impasse. No debe usarse esta palabra francesa. Sustitúyase por 'estancamiento', 'atolladero', 'crisis', 'aprieto' o 'callejón sin salida'. No equivale a 'compás de espera'.

impuesto revolucionario. No debe utilizarse, salvo en citas textuales. La expresión adecuada es 'extorsión económica', o simplemente 'extorsión'.

imputado. Hasta la reforma legal de 2015, persona contra la que se dirigía un proceso penal en fase de instrucción. La Ley de Enjuiciamiento Criminal reformada sustituye esa palabra por la de 'investigado'. También se le puede llamar 'inculpado', pero no 'procesado' (para ello debe dictarse un auto de procesamiento). En términos generales, también se trata de un 'acusado' (pues se ha dirigido alguna acusación contra él, de la cual nace la investigación), pero este término puede servir igualmente para alguien a quien denuncia la policía o incluso un particular, sin que todavía los tribunales hayan abierto un procedimiento. En todos esos supuestos debe quedar clara la presunción de inocencia.

inalterable. A veces se emplea mal, en lugar de 'inalterado' o 'sin variación'. Así, se llegan a escribir frases como ésta: "El marcador continúa inalterable". El objetivo de dos equipos que se enfrentan es, precisamente, 'alterar' el marcador; si éste es inalterable, si no se puede alterar, entonces lo mejor es quedarse en la caseta. Véase **invariable.**

incapacitado. Debe usarse 'discapacitado'. Véanse **discapacidad, discapacitado, minusvalía** y **disminuido.**

incautar. En la Cadena SER se sigue la norma culta de utilizar este verbo siempre como pronominal, por lo que resulta incorrecto emplearlo así: "La policía incauta dos kilos de drogas". Lo correcto es: "La policía se incauta de dos kilos de drogas". Gramaticalmente se debe usar como 'apropiarse'.

incidente. Acontecimiento imprevisto, o disputa entre dos personas. No debe confundirse con 'accidente', que se reserva para 'suceso desgraciado'.

incoar. Evítese este verbo en textos noticiosos. Es mejor escribir y decir, pues se entiende más fácilmente, que "comenzó un pleito", "se emprendió una actuación judicial" o "se abrió un expediente". Así se evitará una forma tan cacofónica como 'incoó'.

India. Puede decirse y escribirse 'la India'. Véase **indio.**

índice bursátil. Es el número que refleja la evolución en el tiempo de los precios de los títulos (acciones, bonos, etcétera) cotizados en un mercado. Los principales índices bursátiles del mundo son: Dow Jones (EE UU), Nasdaq 100 (EE UU), Nikkei (Japón), FTSE 100 (Reino Unido) y DAX 30 (Alemania). En España es el Ibex 35, formado por las 35 empresas con más liquidez que cotizan en el Sistema Interconexión Bursátil Electrónico (SIBE) en las cuatro Bolsas españolas (Madrid, Barcelona, Bilbao y Valencia). Se trata de un índice ponderado por capitalización bursátil, lo cual significa que, a diferencia de índices como el Dow Jones, no todas las empresas que lo forman tienen el mismo peso. También se le llama 'el índice selectivo' o 'el selectivo'.

indígena. Integrante de la raza originaria de América; también, natural de cualquier país del que se esté hablando. Para referirse a la segunda de estas acepciones y evitar la confusión con la primera, úsese el término **'aborigen'.** Véase **indio.**

indio. Las dos primeras acepciones de esta entrada en el *Diccionario* académico se refieren al gentilicio y al adjetivo correspondientes a la **India.** En la tercera acepción, la palabra se refiere al **'indígena'** de América (o de las llamadas en su día Indias Occidentales), al que se considera descendiente de los originarios de ese continente sin mezcla de otra raza. Con objeto de evitar confusiones entre los indios de América y los ciudadanos indios, puede usarse 'indígena' para aquéllos. 'Indígena', no obstante, se refiere también al natural de cualquier país del que se esté hablando. A fin de soslayar esta segunda confusión, puede utilizarse el término **'aborigen'** en vez de 'indígena' cuando el texto se refiera a cualquier originario de un lugar en concreto. Por tanto, en la Cadena SER 'indio' es el natural o nacional de la India; 'indígena', el integrante de la raza originaria de América; y 'aborigen', el primitivo morador de un país o el originario del suelo en que vive, sea cual fuere. Véase **hindú.**

indoor. Anglicismo innecesario para referirse a competiciones 'en pista cubierta' o 'bajo techo'.

in dubio pro reo. Principio del Derecho Romano según el cual en caso de prueba no lo suficientemente sólida debe sentenciarse siempre a favor del acusado.

indulto. Prerrogativa del Gobierno por la que se perdona el cumplimiento total o parcial de una pena. En el indulto se exime del cumplimiento de la pena pero no se borra ésta. En la amnistía, en cambio, se borra el delito mismo.

inédito. Es correcto su uso como sinónimo de 'nuevo' o 'desconocido'; no así de 'inaudito' o 'insólito'.

inflación. Es el aumento sostenido y generalizado de los precios de una economía. El índice más utilizado en España para medir la inflación es el 'índice de precios al consumo' también conocido como IPC. Mide la evolución de los precios de los bienes y servicios representativos de los gastos de consumo (la cesta de la compra) de los hogares. Al ofrecer datos de inflación en una noticia, siempre se aclarará si se trata de una estadística mensual, trimestral o anual.

El fenómeno inverso a la inflación es la 'deflación', esto es, la caída del índice de precios de bienes y servicios. Se habla de 'hiperinflación' cuando se produce una subida rápida, drástica y descontrolada de los precios, al tiempo que la moneda se devalúa; y de **'estanflación'** cuando un proceso de inflación va unido a una elevada tasa de desempleo y caída del **producto interior bruto (PIB),** y ambos hechos se prolongan en el tiempo.

infligir. Significa 'imponer' (un castigo) o 'causar' (un daño); no hay que confundir este verbo con **'infringir',** que es sinónimo de 'quebrantar' o 'conculcar' (una ley, una prohibición).

informal. Dícese de la persona impuntual o que no guarda las formas. La Academia recoge también el sentido de 'no convencional', pero este adjetivo no debe desplazar, por vía de **falso amigo,** a otros como 'distendido', 'desenfadado', 'oficioso', 'coloquial', 'familiar', 'deportivo', 'cómodo', 'improvisado'... Úsense esas alternativas. "Vestía ropa cómoda", "fue una reunión distendida", "mantuvieron una charla improvisada", etcétera.

informar. Se usará la construcción culta española 'informar de que' (no 'informar que'). Por tanto, se informa de algo (no se informa algo). "Le informó de que vendría" (y no "le informó que vendría").

Este verbo también significa 'elaborar un informe sobre algún documento', y con ese sentido sí se puede usar 'informar algo': "La Comisión Constitucional informó el proyecto de ley".

in fraganti. Corrupción, asentada en el uso, de la expresión latina *'in flagranti':* sorprendido 'en el momento de cometerse el delito, sin que el autor haya podido huir'. También se puede escribir o decir 'en flagrante' o 'con las manos en la masa'.

infringir. Quebrantar una prohibición o una ley. No debe confundirse con **'infligir',** que significa 'dañar' o 'castigar'.

ingerir. Introducir por la boca los alimentos. No debe confundirse con 'injerir', que significa 'incluir una cosa en otra, haciendo mención de ella'; y en su forma reflexiva ('injerirse'), 'entrometerse'.

ingresar. Se usará este verbo en la Cadena SER para referirse a que una persona 'entra' en un grupo o en una corporación a fin de formar parte de ellos; o en un centro sanitario para permanecer allí en tratamiento. No se usará 'ingresar' para entrar en un espacio, ya sea en un terreno de juego o en un ascensor. Por tanto, y en aras de un lenguaje periodístico preciso, se habrá de distinguir entre "ingresar en la Academia de las Artes" (formar parte de la corporación) y "entrar en la Academia de las Artes" (visitar su sede).

iniciar. Verbo del que se abusa en los textos periodísticos en detrimento de 'empezar', 'comenzar', 'principiar', 'emprender', 'acometer', 'desatar'...

in itinere. Expresión latina, cuyo significado es 'en el camino'. Se usa en el derecho laboral para referirse al accidente que sufre el trabajador en sus desplazamientos entre su hogar y el lugar de trabajo. Puede usarse en un texto informativo si se explica.

inhabilitación. Tipo de pena que produce la privación definitiva o temporal de todos los honores, empleos y cargos públicos a un condenado.

inmigrante de segunda generación. No debe usarse. Dígase 'hijo de inmigrante'. Por lo general, estas personas son nacidas en el país donde viven, y por tanto no deben heredar la palabra 'inmigrante'.

inmunitario, inmunológico. El sistema que tienen los seres vivos para protegerse de enfermedades y sustancias extrañas se denomina 'sistema inmunitario' (o 'sistema inmune') y no 'sistema inmunológico'. Lo 'inmunológico' es lo relacionado con la ciencia de la inmunología, como tal disciplina, mientras que para lo relacionado con la inmunidad la palabra más apropiada es 'inmunitario'.

in pectore. Expresión latina utilizada en el caso de una 'resolución que se ha tomado y todavía se mantiene en secreto'.

input. Se prefiere la palabra castellana 'insumo', equivalente a la expresión utilizada en economía. 'Bienes empleados en la producción de otros bienes'. En telecomunicaciones, tradúzcase por 'entrada'. En informática, sustitúyase por 'datos' o 'información'. Véase ***output.***

in situ. Expresión latina, 'en el sitio'. Puede emplearse.

inteligencia, servicios de. Este **falso amigo** del inglés *'intelligence'* ha sido incorporado por la Academia en la expresión 'servicio de inteligencia' como equivalente de 'servicio secreto'; pero en la Cadena SER se prefiere la palabra más apropiada en español: 'espionaje'. No obstante, se respetará esta traducción cuando se trate de organismos conocidos ya así. Ejemplo: 'la Agencia Central de Inteligencia norteamericana (CIA)'. Por su parte, los miembros de esos servicios son 'espías', 'agentes', 'agentes secretos', 'agentes de información'.

intelligentsia. Palabra usada para referirse a 'la intelectualidad, al conjunto de intelectuales de un país o área cultural'. No debe emplearse en un texto informativo.

intencionalidad. Es la 'condición de intencional o deliberado' que tiene un acto. Muchas veces se usa incorrectamente en lugar de 'intención'. Ejemplo de uso incorrecto: "el jugador entró al contrario con intencionalidad de hacer falta". Ejemplo de uso correcto: "el árbitro debe juzgar la intencionalidad de la entrada del jugador bético". Un error similar se produce con la palabra **'peligrosidad'.**

instrucción. Conjunto de diligencias practicadas por un órgano judicial en la investigación de un delito. Constituye la preparación del juicio oral y consiste en reunir documentación, investigar hipótesis, citar a declarar a testigos, promover careos o encargar informes periciales. En la fase de instrucción, el juicio todavía no se ha producido, por lo que el juez de instrucción no juzga en sentido estricto del término, sino que, en todo caso, investiga en relación con un delito. Véase ***sumario.***

interfaz. En informática se utiliza para nombrar la conexión física y funcional entre dos sistemas o dispositivos. Es sustantivo de género femenino ('la interfaz'). Su plural es 'interfaces'.

Internet. el *Diccionario panhispánico de dudas* define este término como 'red mundial de computadoras u ordenadores interconectados mediante un protocolo especial de comunicación'. Dentro del ámbito hispanohablante se utiliza mayoritariamente como nombre propio y, por tanto, sin artículo. En español es voz aguda *(internét).* Puede usarse también 'la Red', escrito igualmente con mayúscula.

interregno. Periodo en que una nación no tiene jefe del Estado (si bien etimológicamente se refiere a un rey). También, 'intervalo desde que se interrumpen hasta que se reanudan las sesiones en las Cortes'. No equivale, por tanto, a 'intervalo' en términos generales, sino sólo para esos dos casos.

intervenir. No debe emplearse este término con el significado de 'decomisar', 'requisar', 'apresar', 'incautarse' o 'aprehender'.

interviú, *interview.* Empléese la palabra 'entrevista'.

Intifada. Levantamiento de independencia palestino en los territorios ocupados por Israel. No es propiamente una organización, aunque existan algunos comités. Comenzó en diciembre de 1987.

Intranet. Red interna de una empresa que tiene un aspecto similar al de las páginas de **Internet.** Sustantivo de género femenino ('la Intranet').

invariable. Lo que no padece o no puede padecer variación. Véase **inalterable.**

in vitro. Experimento biológico en tubo de ensayo y no sobre el propio organismo vivo. Cuando se efectúa en el organismo vivo, vegetal o animal, se habla de experimentación 'in vivo'.

Irlanda. El territorio de Irlanda tiene cuatro provincias históricas —**Úlster,** al norte; Leinster, al este; Connacht, al oeste, y Munster, al sur—, subdivididas a su vez en 32 condados. Las provincias de Leinster, Connacht y Munster, más tres de los nueve condados del Úlster, constituyen un Estado independiente, Irlanda, cuyo nombre oficial ha cambiado tres veces: 'Estado Libre de Irlanda' (1922), 'Eire' (1937) y **'República de Irlanda'** (1949). Los otros seis forman parte del **Reino Unido,** con el nombre de Irlanda del Norte. Véase **islas Británicas.**

Puede usarse 'Úlster' en lugar de **'Irlanda del Norte'** aunque en sentido estricto no sean sinónimos (siempre y cuando, por el contexto, quede claro que sólo se hace referencia a los seis condados pertenecientes al Reino Unido).

Irlanda del Norte. Uno de los territorios integrados en el **Reino Unido** ('Reino Unido de Gran Bretaña e Irlanda del Norte'). No se debe confundir con la **República de Irlanda.**

irónicamente. Falso amigo del ingles *'ironic'.* En español, unos datos o una situación nunca son 'irónicos', sino 'paradójicos'.

irregular. Véase **ilegal.**

irrelevante. El inglés *'irrelevant'* ha de ser traducido como 'inoportuno', 'intempestivo' 'impertinente', pero no por el **falso amigo** 'irrelevante'.

IRS. Siglas de Interest Rate Swap (permuta de tipos de interés). Desde abril de 2012 es el nuevo índice de referencia oficial del mercado hipotecario europeo. A diferencia del **euríbor,** refleja la evolución de los tipos de interés a cinco años y se calcula como una media del mercado de futuros sobre los tipos en dicho plazo.

isla. Como accidente geográfico, se escribe en minúsculas. Por ejemplo, 'islas Canarias' o 'islas Británicas'. Pero con mayúscula inicial cuando se trate del nombre de una población o de un Estado. Por ejemplo, 'Isla Cristina' (Huelva) o 'Islas Salomón' (país miembro de la ONU desde septiembre de 1978).

islam. Se escribe con minúscula inicial, como 'cristianismo'. Puede usarse como sinónimo 'islamismo'.

islámico. No es sinónimo de **árabe.** Turquía, **Pakistán,** Irán, Indonesia y parte de las Filipinas, por ejemplo, son países 'islámicos' pero no 'árabes'. Esta palabra se aplica a quien profesa el islamismo, y tiene como sinónimo **'musulmán'.** No debe usarse **'islamista'.**

islamista. Antes se llamaba así al estudioso del islam. Sin embargo, la palabra ha venido apareciendo en los últimos años en contextos de violencia y radicalidad. La Academia la define ahora así: 'Partidario de una aplicación integrista o rigorista del islam en la esfera política y social'. Para referirse a un estudioso del islam, y a fin de evitar anfibologías, úsese la palabra 'islamólogo'.

islas Británicas. No puede emplearse como sinónimo del **Reino Unido,** puesto que la **República de Irlanda,** un Estado independiente, también forma parte del archipiélago. Las islas Británicas cuentan, además, con otras islas, como las Shetland, las Orcadas, la de Man y la de Wight.

isóbara. En la Cadena SER se prefiere 'iso bara'.

israelí (plural, israelíes). Perteneciente o relativo al Estado **sionista** de Israel. No es sinónimo de **judío, 'hebreo'** o **'israelita'.**

israelita. Empléese sólo para referirse al pueblo judío de la Biblia.

J

jacuzzi. Bañera de hidromasaje importada de Japón y que comenzó a generalizarse en saunas y gimnasios a principios de los ochenta; después también en hoteles. Ahora se instalan en las casas. Esta popularización llevó a la Academia a defender la grafía 'yacusi', si bien no la incorporó luego al *Diccionario* oficial. En las ciperpáginas de la SER se escribirá de ese modo, pero en cursiva: *'yacusi'.*

jeans (igual en singular). Escríbase 'vaqueros' o 'tejanos', a pesar de que la Academia ha aceptado 'bluyin' y 'yin' (plural, 'yines').

Jerusalén, no 'Jerusalem'. Es la ciudad donde el Gobierno de Israel decidió en 1950 situar su capital. Allí se encuentran la sede del Gobierno, la residencia de su presidente, el Tribunal Supremo y el Parlamento (la **Kneset**). Sin embargo, esta cuestión es polémica porque la ciudad de Jerusalén, reclamada como propia por Palestina, goza de un estatuto de internacionalidad amparado por las Naciones Unidas que data de 1949. Por esa razón la mayoría de los países han establecido sus embajadas en **Tel Aviv.** Para una información neutral, dígase 'Jerusalén, sede del Gobierno israelí' y no 'Jerusalén, capital de Israel' ni 'Tel Aviv, capital de Israel'.

jet. En inglés, 'avión de reacción', 'reactor'. No debe utilizarse.

jet lag. Escríbase 'desfase horario' o 'cambio horario': "El jugador quizás falló porque sufría los efectos del cambio horario tras su viaje".

jet-set. Literalmente, la 'sociedad del reactor'. Grupo social internacional que frecuenta los lugares de moda, tenga o no avión propio. Élite de la alta sociedad. Puede utilizarse en crónicas de ambiente, siempre que quede claro su significado.

Johanesburgo. La Cadena SER mantiene para sus ciberpáginas la grafía tradicional de esta ciudad sudafricana en español: 'Johanesburgo', con una ene (pese a que la Academia prefiere 'Johannesburgo').

joint venture (pronúnciese *yóint vénchur*). 'Negocio conjunto', 'negocios en participación' o 'acuerdo de inversión conjunta'. No debe caerse en el **falso amigo** de traducir en este caso '*venture*' por 'aventura',

joven. Empléese preferentemente para referirse a personas —varones o mujeres— con una edad comprendida entre los 13 y los 18 años.

judiada. No debe utilizarse, por su carácter despectivo hacia una comunidad. Véase **gitanería.**

judío. Perteneciente o relativo a quienes profesan la ley de Moisés o a quienes descienden de progenitores judíos, aunque sean ateos o agnósticos. Esta palabra es sinónima de **'hebreo'** o **'israelita',** pero no de **'israelí'** ni de **'sionista'.** Por tanto, se aplica mal como concepto racial (no existe la 'raza judía'; en todo caso, la mayoría de los judíos son de la 'etnia semita') o como concepto político (no existe un 'Estado judío' ni un 'ejército judío').

judo. Escríbase 'yudo'.

Juegos Olímpicos. La denominación correcta en la Cadena SER para referirse al máximo acontecimiento del olimpismo es 'Juegos Olímpicos', nunca Olimpiada, término que (escrito con minúscula inicial, 'olimpiada') se reservará para el periodo de cuatro años entre unos Juegos Olímpicos y los siguientes. Sí es correcto, en cambio, llamar a los 'Juegos de Barcelona, de 1992', 'Juegos de la 25ª Olimpiada', por ejemplo. Para diferenciar los Juegos Olímpicos que se celebran en verano de los de invierno, a los primeros se les denomina 'Juegos de la Olimpiada' (nunca 'Olimpiada' sólo), y a los segundos, 'Juegos Olímpicos de Invierno' o solamente 'Juegos de Invierno'. Queda como 'Juegos Olímpicos' todo lo que engloba o se refiera a los de verano e invierno. Al margen del olimpismo, hay 'encuentros internacionales' que reciben el nombre de 'olimpiada', y así han de ser llamados. Por ejemplo, 'Olimpiada de Ajedrez' u 'Olimpiada Cultural'.

juez. Sustantivo de género común (el juez, la juez) que marca el sexo de la persona referida mediante el artículo o el adjetivo que precede a la palabra: 'la juez', 'este juez'. Lo mismo sucede con otros términos que pueden funcionar sin marca de género como 'la edil', 'la fiscal' (y 'la reforma fiscal'), 'la cónsul', 'la concejal', 'la corresponsal', 'la ujier', 'la alférez', 'la capataz'... La Academia, no obstante, ha admitido 'la jueza' y también otros femeninos como 'fiscala', 'edila', 'concejala', 'aprendiza', 'capataza'... (pero no 'ujiera' ni 'alféreza', ni 'corresponsala', por ejemplo). En el caso de 'cónsul', el femenino de esa palabra es 'consulesa'.

jugar un papel. La Academia acepta este galicismo por vía de **falso amigo** (del francés *'jouer un rôle'*, 'representar un papel') debido a su amplísimo uso, pero en la Cadena SER se prefiere que los papeles se 'representen', 'se interpreten' o 'se desempeñen'.

júnior (pronúnciese *yúnior*). Palabra procedente del latín (*'iunior'*, 'más joven') que llegó al lenguaje deportivo a través del inglés. Designa una de las categorías establecidas según la edad, que es la inmediatamente inferior a 'sénior' o 'categoría absoluta'. Según el *Diccionario panhispánico de dudas*, su plural es 'júniores', aunque se oiga habitualmente la forma 'júniors'. Siempre que se pueda, úsese 'juvenil'.

jurisprudencia. En sentido general, el conjunto de criterios asentados en las sentencias de las diferentes instancias judiciales. En sentido estricto, la doctrina que emana de las resoluciones del Supremo y del Constitucional. En el caso del Tribunal Supremo español, son necesarias dos sentencias con la misma doctrina para sentar jurisprudencia.

justicia. Se usa con mayúscula inicial si corresponde a un nombre propio: **'Tribunal Superior** de Justicia de Aragón'; pero con minúscula en el resto de los casos: 'Es un prófugo de la justicia'.

just in time. Expresión usada en noticias económicas para referirse al modelo de producción más adoptado en el sector del automóvil y que puede traducirse literalmente como 'justo a tiempo' (pero mejor 'puntual') y que se aplica a la 'producción en cadena' con la llegada programada de accesorios para evitar el almacenamiento y sus costes. Debe explicarse siempre.

Juve, la. Esta forma apocopada puede emplearse para referirse a **'el Juventus',** el equipo de fútbol turinés, pero sólo a partir de la segunda referencia y en los titulares.

Juventus. Equipo de fútbol de Turín (Italia). Se empleará siempre en masculino ('el Juventus'), y no en femenino como correspondería al género del sustantivo en italiano. No obstante, y por razones de uso generalizado en la jerga futbolística, puede decirse ***'la Juve'***.

K

Kaláshnikov. Fusil fabricado por la Unión Soviética con peine curvo o en forma de tambor. Al tratarse de una marca, no varía la forma plural (ejemplo: 'varios fusiles Kaláshnikov').

kale borroka. En el idioma vasco, 'lucha callejera'. Puede usarse si en la primera cita se traduce.

kamikaze (plural, *kamikazes).* En japonés, 'viento divino' (el 'viento divino' que hace siete siglos impidió la invasión de Japón por una flota china). Durante la II Guerra Mundial recibieron el nombre de 'kamikazes' los pilotos que, con su avión cargado de bombas, se arrojaban contra objetivos enemigos. Murieron así 2.519 miembros del Ejército imperial.

Se emplea también para la 'persona que se juega la vida realizando una acción temeraria'. Y por extensión, 'toda acción suicida'. Véase **conductor suicida.**

karaoke. Este sistema de cantar sobre una grabación musical de la que se ha suprimido la letra, que aparece sobreimpresionada en una pantalla, llegó a España en 1993, procedente de los países asiáticos, donde llevaba muchos años triunfando en las discotecas. La Academia la ha incorporado a su diccionario.

kárate, no 'karate'. Se escribe en redonda.

kart (plural, *karts).* Vehículo ligero de carreras.

kasbah. Véase **casba.**

kefir. Producto ruso semejante al yogur, hecho con leche descremada. Aunque la Academia la da como palabra grave, en ruso es aguda y, por tanto, en su trasliteración española no debe llevar tilde.

keniano, keniata. Úsese siempre el gentilicio tradicional en español:

'keniano'. El término 'keniata' procede del error de confundir ese gentilicio con el sobrenombre del primer presidente de aquel país, Jomo Kenyatta (1963-1978), a partir de la locución 'el presidente Kenyatta', muy repetida en aquella época en la prensa, la televisión y la radio. El 'presidente Kenyatta' era el presidente 'keniano'. 'Jomo Kenyatta' significa 'dardo flameante de Kenia', y su nombre de pila era Kamau wa Ngengi.

Kioto, no **'Kyoto'**. En esta ciudad se acordó en 1997 el denominado Protocolo de Kioto, destinado a que los países desarrollados redujeran sus emisiones de gases contaminantes. Estados Unidos no firmó el acuerdo, que sí contó con el apoyo de más de 180 naciones.

Kirguistán. Nombre adaptado por la Academia a la trasliteración 'Kirguizistán', usada anteriormente en la prensa. En las búsquedas informáticas deben considerarse las dos grafías. Fue república soviética; independiente desde el 31 de agosto de 1991. La capital es Bishkek (trasliteración al español del sonido correspondiente en kirguís, idioma que se escribe con el alfabeto cirílico); y el gentilicio, 'kirguís' y 'kirguisa'.

Kisagani (no 'Kisangani' ni 'Kinsagani'). Ciudad de la **República Democrática del Congo** (antes Zaire) conocida bajo el dominio belga como Stanleyville.

kit. Escríbase 'lote' o 'juego'.

kitsch. Empléense sus equivalentes españoles 'cursi', 'de mal gusto', 'extemporáneo', 'recargado'.

Kizira. Para esta isla griega debe utilizarse el nombre de 'Citera'.

Kleenex. Marca registrada de una clase de pañuelo o servilleta de papel. En este caso, en las ciberpáginas de la SER se escribe con mayúscula inicial y en redonda. En cambio, si se usa como genérico irá todo en minúsculas y en cursiva. Y aun así a título excepcional, puesto que se prefiere el empleo de la expresión 'pañuelo de papel' o simplemente 'pañuelo' si se sobrentiende que no son de tela: "Se dedica a vender pañuelos en los semáforos". La Academia ha incorporado la grafía 'clínex', que debe soslayarse en lo posible.

Kneset, no 'Knesset'; femenino. El **Parlamento** israelí. Se escribe con mayúscula inicial y en redonda. La primera vez que se emplee es necesario explicar su significado. Véase **Jerusalén.**

knockout. No debe emplearse esta palabra inglesa ni sus posibles equivalencias en español 'noquear' y 'nocáut'. Dígase 'dejar inconsciente' y 'fuera de combate'. En cambio, su abreviatura ('KO') puede usarse en informaciones sobre boxeo.

know-how. Tradúzcase por 'saber hacer', 'conocimiento', 'práctica', 'habilidad', 'destreza' o cualquier alternativa similar en español.

KO. Véase ***knockout.***

Koblenz. El nombre español de esta ciudad de Alemania es 'Coblenza'.

kokotxa. Se debe escribir 'cococha'.

korrikalari (plural castellanizado, *korrikalaris).* En euskera, 'corredor pedestre'. Sólo puede utilizarse en crónicas de ambiente, y explicando su significado.

kosovar. Término tomado del albanés *kosovari* para denominar a los naturales de **Kosovo.** Las dos comunidades de esta anterior región serbia son la albanokosovar y la serbokosovar.

Kosovo o **Kósovo.** En las ciberpáginas de la SER se escribirá 'Kosovo', y en antena se usará con acentuación llana. Su capital es Prístina, con acentuación esdrújula. La república serbia de Kosovo proclamó su independencia en febrero de 2008. El Tribunal Internacional de Justicia la avaló en julio de 2010.

Kuneitra. Escríbase **'Quneitra'.** Ciudad siria.

Kuomintang. En chino, 'Partido Nacionalista', de Taiwán. *'Tang'* significa 'partido'; por tanto, es una redundancia decir 'el partido Kuomintang'. Debe explicarse su significado. En **pinyin** sería 'Guomidang'.

Kurdistán. Literalmente, 'tierra de los kurdos'. El gentilicio en las ciberpáginas de la SER es **'kurdo'** (plural, 'kurdos'), y no 'curdo'. Región de elevadas mesetas y montañas entre Anatolia, Armenia y Azerbaiyán por el norte, y la alta llanura mesopotámica, al sur. Sus tierras se extienden sobre algunas zonas de Georgia, Armenia, Azerbaiyán, Turquía, Irán, Irak y Siria. La mayor parte de los kurdos habita en Turquía. El Tratado de Sèvres (1920) previó la autonomía del Kurdistán, pero las reivindicaciones de los kurdos se vieron silenciadas por el Tratado de Lausana (1923). Desde entonces se reproducen los movimientos de resistencia contra los países de los que forma parte el Kurdistán. Los kurdos son en su mayoría de religión musulmana **suní.** Su idioma es el kurdo, que hablan unos nueve millones de personas, y está dividido en un gran número de dialectos. Véase **Kurdistán iraquí.**

Kurdistán iraquí. Región autónoma dentro de Irak que comprende las provincias de Suleimaniya, Erbil, Dohuk y Halababya. Formalmente, su identidad diferenciada de la **árabe** predominante en el resto del país se reconoció en 1970, durante la dictadura de Saddam Husein. Sin embargo, no se hizo efectiva hasta 1991. Estados Unidos estableció, tras expulsar al ejército iraquí de Kuwait, una zona de protección aérea destinada a evitar que los kurdos, que habían aprovechado para sublevarse, fueran represaliados. Amparados bajo ese paraguas, empezaron a desarrollar una administración independiente y sus propias instituciones, algo que se ha consolidado a partir del derrocamiento de Saddam en 2003.

kurdo, no 'curdo'.

Kuwait, no 'Kuweit'. Gentilicio, 'kuwaití'; capital, Kuwait.

Kyoto. Escríbase **'Kioto'.**

L

lady (plural, *ladies),* no 'ladi'. Excepcionalmente, se prefiere la forma inglesa a la castellanizada. Se escribe en redonda. El nombre de la fallecida princesa de Gales puede escribirse de dos formas, según la circunstancia: la formal, 'lady Diana', o la popular, 'Lady Di'; en este último caso, las dos palabras con mayúscula inicial.

land (plural, *länder).* En alemán, 'país'. Cada uno de los 10 Estados que forman la República Federal de Alemania. Se prefiere la palabra 'Estado', pero si se usa *land* en citas textuales se escribe en cursiva y con minúscula (pese a que en alemán se escribe con mayúscula).

Land-Rover. Marca registrada. Por tanto, se escribe con mayúsculas iniciales y en redonda. Si no se refiere a esa marca, escríbase 'vehículo todoterreno' o 'un todoterreno'. Para textos que sí citen específicamente las unidades que fabrica esa empresa, puede emplearse 'un *landrover'.*

latinas, bandas. Se denomina 'bandas latinas' también en España (además de en Estados Unidos) a los grupos de delincuentes violentos formados por inmigrantes latinoamericanos o por descendientes de ellos. Por ejemplo, los 'Dominican Don't Play', 'los Trinitarios', 'los Forty Two', 'los Latin King' o 'los Ñetas'. Esa expresión no debe usarse, por dos motivos: en primer lugar, porque con ella se pretende identificar unos rasgos físicos o culturales, o una procedencia geográfica, con unos hechos delictivos (véase **gitano);** y en segundo término, porque los españoles también son latinos y por tanto una banda de delincuentes autóctonos podría incluirse en esa denominación. En vez de 'bandas latinas', dígase 'bandas violentas'.

Latinoamérica o **América Latina.** El conjunto de países del Nuevo Mundo que fueron colonizados por naciones latinas: España, Portugal y Francia. Es un concepto político y geográfico.

'Hispanoamérica' e **'Iberoamérica'** sólo deben emplearse en estos otros casos:

—Cuando se refieran a una realidad lingüística y cultural de origen, según el caso: 'español' o 'hispano-portugués'.

—Cuando se trate de citas textuales.

—En los títulos de obras o nombres de organismos que usen estas denominaciones.

—Cuando, en colaboraciones o artículos de opinión, el autor prefiera tales nombres.

'Latinoamérica' no es sinónimo de 'América del Sur' o **Sudamérica,** término este último que, en su acepción geográfica, comprende, por ejemplo, un país colonizado por ingleses (la República de Guyana), otro por holandeses (Surinam) y un tercero por franceses (Guyana francesa). Ni siquiera puede decirse que Centroamérica sea 'latinoamericana', dada la ascendencia británica de Belice; ni 'hispanoamericana', por la presencia de la francohablante Haití.

láser. Su plural es 'láseres' cuando se usa como sustantivo: "Los láseres que utilizaron..."; pero no cuando se emplea como adjetivo: 'los rayos láser'. Siglas utilizadas para 'luz amplificada por la emisión estimulada de radiación' (en inglés, *'light amplification by stimulated emission of radiation').* Estas siglas se han convertido por el uso en palabra común; por tanto, se escribirán en redonda, todo en minúsculas y con acento en la *a.* No es necesario explicar su significado la primera vez que se utilice.

laudo. Es una redundancia **(pleonasmo)** decir 'laudo de obligado cumplimiento'. Véase **arbitraje.**

leasing (pronúnciese *lísing).* Del inglés *'lease',* 'arriendo'. En España se utiliza para referirse a un 'arrendamiento financiero'. Úsese esa alternativa, mejor que el más extenso 'alquiler con opción de compra'. Nunca debe emplearse sin explicar su significado.

legación. 'Misión diplomática de rango inferior a la embajada, al frente de la cual no se halla un embajador, sino un jefe de misión denominado ministro, ministro residente o encargado de negocios.' No es sinónimo de 'embajada.'

Legión. Este cuerpo del Ejército español depende directamente del jefe del Estado Mayor del Ejército, que es su inspector general.

Existe una Subinspección General, con sede en Madrid, al frente de la cual figura un general de división o de brigada.

lehendakari. En euskera significa 'presidente'. Por antonomasia se aplica al 'presidente del Gobierno vasco'. Por tanto, es una redundancia escribir o decir 'el lehendakari vasco'.

leitmotiv. En alemán, 'motivo central'. Se escribe en cursiva, pero no debe emplearse en un texto noticioso.

levante. Se escribe con mayúscula inicial cuando se refiere al 'punto por donde sale el Sol, el Oriente', o como 'zona geográfica que abarca los antiguos reinos de Valencia y Murcia'. Ejemplos: "El barco fue azotado por vientos de Levante", "Hay marejadilla en la zona de Levante". En cambio, se escribe todo en minúsculas para designar al 'viento característico de las costas mediterráneas españolas y, en particular, de la zona del estrecho de Gibraltar, donde es muy frecuente y bastante intenso'. Es portador de lluvias en primavera y en otoño; en verano suaviza las temperaturas por ser de origen marino. Ejemplo: "Se prevé un fuerte levante en el Estrecho".

LGTBfobia. La aversión, la manía o el odio a personas lesbianas, gais, transexuales y bisexuales. El término muestra una extraña construcción mediante la mezcla de mayúsculas y minúsculas. En la Cadena SER se puede utilizar en su lugar el vocablo 'homotransfobia', pues se entiende que tal palabra agrupa a todos los colectivos incluidos en esa aversión general. Véanse **homofobia** y **transfobia.**

liberado. Se puede utilizar siempre que quede claro por el contexto que se refiere al miembro de una organización (legal o ilegal) que vive de lo que ésta le paga; o que está exento de trabajar para una empresa, aunque cobre de ella, porque se dedica a actividades sindicales o similares conforme establecen las leyes. Para una explicación rápida, pueden usarse expresiones como 'liberado (con sueldo) de la organización terrorista' o 'liberado del sindicato UGT (exento de trabajar para la empresa)'.

libero. El '*libero*' es el 'jugador de un equipo de fútbol que se sitúa como último defensa, para salir al encuentro del contrario que haya desbordado a alguno de sus compañeros situados en la línea anterior'. Se prefiere la expresión castellana 'defensa libre' ('que no tiene marcaje asignado'), o 'el libre', sin olvidar, como recurso estilístico, 'defensa escoba'. Si se utiliza en alguna cita textual o en crónicas de ambiente deportivo, se escribirá en cursiva y sin acento, como en italiano.

libertad condicional. Consiste en el beneficio de abandonar la prisión que puede concederse a los penados en el último periodo de la condena, y que está sometido a la observación de buena conducta. No hay que confundirlo con **'libertad provisional'.**

libertad provisional. Es la situación o beneficio de que pueden disfrutar con fianza o sin ella los que están solamente encausados o procesados, a quienes en ese caso no se somete a prisión preventiva. Véase **libertad condicional.**

libido. Deseo sexual. No lleva acento. No debe confundirse con **lívido.**

líbor. Palabra formada con las iniciales de *'London interbanking offereding rate'*, el tipo de interés interbancario en el mercado bursátil de Londres. La primera vez que se utilice en un texto habrá que explicar su significado. Véase **euríbor.**

library. El significado de esta palabra inglesa es 'biblioteca', no 'librería' por vía de **falso amigo.**

líder. Palabra admitida por la Academia Española. No obstante, en muchos casos se utiliza como aproximación, por ignorancia de la denominación oficial del cargo que desempeña la persona citada: 'Mariano Rajoy, líder del PP', y no 'Mariano Rajoy, presidente del PP'. Se prefiere una mayor precisión. Véase **más líder.**

liderar. Aunque admitido por la Academia en 1987, debe sustituirse este verbo por otros más españoles y apropiados a cada caso, como 'encabezar', 'dirigir', 'presidir', 'pilotar', 'abanderar', 'acaudillar', 'capitanear', 'comandar'...

liderato, liderazgo. La Academia da estas dos palabras como sinónimas, si bien prefiere 'liderazgo'. En el uso periodístico, 'liderato' se refiere a la posición que se tiene en un grupo, y suele vincularse a verbos como 'ocupar': "El Valencia ocupa el liderato de la clasificación". Por su parte, 'liderazgo' se relaciona más con verbos como 'ejercer', y se refiere al desempeño de un líder o a su capacidad de arrastre o seducción: "Messi ejerce su liderazgo en el equipo".

liftado. Del inglés *'lift'*, elevación. Uno de los golpes del **tenis,** mediante el cual la bola adquiere una rotación de atrás hacia delante que le proporciona un bote vivo y rápido tras mover el jugador la raqueta de abajo hacia arriba (se levanta o eleva la raqueta). Debe traducirse por 'bola rápida' o 'golpe liso'. El golpe opuesto es la 'cortada' o 'cortado', en el que la bola toma efecto de delante hacia atrás, lo que se logra con un movimiento de la raqueta de arriba hacia abajo.

lifting. Levantar *(to lift)* la piel para luego estirarla, de modo que el sujeto parezca más joven. Se debe utilizar 'estiramiento' y el mismo verbo 'estirar'. "Se estiró la piel para sentirse mejor" (en vez de "se hizo un *lifting*").

light. Sólo puede utilizarse cuando forme parte de un producto comercial. Tradúzcase por 'suave', 'bajo en calorías', 'ligero'; o, como se dice en Latinoamérica, 'de dieta'. En sentido figurado se puede sustituir por 'descafeinado'.

ligue, mejor que ***flirt*** o flirteo. Pero en un lenguaje cuidado se prefieren palabras como 'romance' ('relación amorosa pasajera') o 'aventura' ('relación amorosa ocasional').

limpieza étnica. Eufemismo que pretende ocultar prácticas racistas que pueden llegar al genocidio. No debe usarse.

limusín o ***limousine.*** Escríbase 'limusina'.

linier (plural, linieres). Sustitúyase por 'juez de línea' o 'el línea', o 'juez de banda', o 'el auxiliar', o, como se dice en algunos países de América, 'el abanderado'.

link. Tradúzcase por 'enlace' o 'hipervínculo'. Se refiere a la imagen o texto destacado, mediante subrayado o color, que lleva a otra noticia del sitio o a otra página web. No debe decirse 'lincar', sino 'enlazar'.

Microsoft ha decidido traducirlo como 'vínculo', si bien 'enlace' está mejor porque 'enlaza' una cosa con otra pero no tiene por qué 'vincularlas'. Se puede 'enlazar' un vuelo con otro en un viaje, y no por eso los vuelos quedan 'vinculados'.

links. En informaciones sobre **golf,** tradúzcase por 'recorrido'.

liquidez. En el lenguaje común, el dinero que se tiene en caja y todo activo que puede transformarse en dinero efectivo. En el terreno financiero, la relación entre el conjunto de dinero en caja y de bienes fácilmente convertibles en dinero, por un lado, y el total del activo de un banco u otra entidad, por otro.

lívido. Significa 'amoratado, que tira a morado' y, también, 'intensamente pálido'. No se debe confundir con **libido** —escrita sin acento— o 'deseo sexual'.

living. Abreviación del inglés *'living room'*. Tradúzcase por 'cuarto de estar'.

lob. Tradúzcase por 'globo'. Véase **tenis.**

lobby (plural, *lobbies).* En inglés, 'antesala', 'recibidor', 'el lugar donde se presenta alguien para presionar a un poderoso'. Por extensión, 'presionar a un parlamentario para que apoye determinado proyecto de ley, ejercer unas relaciones públicas a favor de alguien cerca de personas influyentes'. No debe emplearse en un texto noticioso. En español, la palabra equivalente a *'lobby'* es 'cabildeo', de uso común en Latinoamérica. 'Hacer *lobby'* es equivalente de 'cabildear'. No deben olvidarse estas dos expresiones, al menos como recurso estilístico, así como 'grupo de presión'.

lock out. En inglés, 'cerrar la puerta, dejar a los obreros sin trabajo'; su traducción es 'cierre patronal', y así debe emplearse.

loft. Literalmente, 'desván'. Este anglicismo designa una vivienda constituida por un gran espacio diáfano o casi diáfano, generalmente un ático. Pueden usarse en su lugar 'ático', 'ático diáfano' o 'piso diáfano'. Si se usa la palabra en inglés, debe explicarse.

logística. En la terminología militar, la 'acción o procedimiento de pertrechar un ejército'. También se usa para referirse al 'conjunto de medios y métodos necesarios para llevar a cabo la organización de una empresa o un servicio, especialmente de distribución'.

logo. Es una abreviación de 'logotipo'. Pueden usarse ambas formas, y también, 'emblema'.

long play. Se prefiere el uso de 'larga duración'. Véase **elepé.**

look. Úsense 'imagen', 'aspecto', 'apariencia'.

loor. Alabanza, elogio. Se usa a menudo con la expresión 'en loor de multitud', que se debe evitar, por manida. Véase **en loor de multitud, en olor de multitud.**

lord (plural, en español, lores; en inglés, *lords).* Título inglés. Se antepone al apellido, nunca al nombre. Véase **sir.**

low cost. Tradúzcase por 'barato'. 'Vuelos baratos', 'compañías baratas'. Por tanto, debe evitarse la traducción literal 'de bajo coste'.

lucir. No debe usarse en lugar de 'parecer': "Lo que ayer lucía como precaución, hoy es tomado por riesgo". Escríbase "lo que ayer parecía precaución...".

luge. Trineo ligero que da nombre a una competición de los Juegos de Invierno y sobre el cual se posa el competidor de espaldas y con los pies por delante. Al tratarse de un deporte, se escribe en redonda.

Lyon, no 'Lyón'. Ciudad francesa. La Academia le retiró la tilde. El gentilicio es 'lionés'.

M

machada. Úsense 'hazaña', 'logro', 'audacia' y cualquier otra palabra sin connotación sexista.

madre. Este tratamiento se empleará únicamente en casos excepcionales. Es preferible escribir el nombre y apellido de la religiosa, y a continuación indicar a qué orden o congregación pertenece. Por ejemplo: 'Eugenia González, religiosa dominica'. Si se usa, en cuyo caso va en minúsculas, hay que tener en cuenta que no es un tratamiento general para todas las monjas, sino sólo de ciertas órdenes.

Mafia. Organización de origen siciliano, de carácter delictivo y secreto, con multiplicidad de fines: el lucro, la venganza, el socorro mutuo y el encubrimiento entre sus miembros. Una nota peculiar —que la ha distinguido históricamente de cualquier otra organización criminal— es que siempre ha estado relacionada con el mundo político: en unas ocasiones, para valerse del poder; y en otras, para ser utilizada por éste. Se escribe en redonda y con mayúscula inicial.

Cuando la palabra 'mafia' se aplique, por extensión, a cualquier otra organización clandestina y criminal, se escribirá toda en minúsculas, pero en redonda.

magacín, no *magazine* (plural, magacines). Equivale a 'revista ilustrada' o 'programa de contenidos muy variados' (o 'variedades'). Es preferible evitar esta palabra —que va desapareciendo paulatinamente del habla— y explicar el concepto en español o usar sus equivalentes 'revista' o 'programa de variedades'.

magiar, no 'magyar'. Pueblo que habita en Hungría. También, su idioma. Por extensión, se aplica a los húngaros, pero no es una referencia precisa. Puede emplearse como recurso estilístico en artículos no informativos.

maglia* rosa.** Camiseta reservada para el primer clasificado del Giro. Puede emplearse, pero conviene dejar claro su significado mediante el contexto. “Nairo Quintana se vistió ayer la *maglia* rosa. Es la primera vez que luce la camiseta del líder”. Véase ***maillot.

magnificar. Significa ‘engrandecer’, ‘alabar’, ‘ensalzar’; y no equivale a ‘exagerar’ o ‘desorbitar’.

mahometano. Se prefiere el empleo de la palabra **musulmán.** En cualquier caso, no es sinónimo de **árabe.**

mahonesa. Es tan válida como ‘mayonesa’. Esta última procede del francés *‘mayonnaise’.*

mail bombing. Literalmente, ‘bombardeo de correo’. Método consistente en atiborrar de **cibermensajes** el buzón de una persona o empresa para bloquear sus ordenadores y su servidor de correo. Se puede escribir o decir también ‘ciberbombardeo’.

mailbox o ***e-mailbox.*** Buzón en el que se reciben los mensajes electrónicos. Es la ‘bandeja de entrada’ (‘charola de entrada’ en algunos países de América) de los programas de **correo electrónico.** Tradúzcase por ‘buzón’, ‘buzón electrónico’ o ‘ciberbuzón’.

mailing. Escríbase ‘buzoneo’, ‘directorio’ o ‘lista’.

maillot. Tradúzcase, según el caso, por ‘bañador’, ‘camiseta’ o ‘malla’. Puede emplearse sólo para el caso del *‘maillot* amarillo’ que viste el líder del **Tour** o Vuelta a Francia, pero conviene dejar claro su significado mediante el contexto. “Nairo Quintana se vistió ayer el *maillot* amarillo. Es la primera vez que luce la camiseta del líder”. Véase ***maglia* rosa.**

mala práctica. Calco del inglés *‘malpractice’.* Se refiere a la prestación médica deficiente a un enfermo. En español se debe usar ‘impericia’ o ‘impericia médica’.

Malasia, no ‘Malaysia’ ni ‘Malaisia’. Capital, Kuala Lumpur (que significa ‘Estuario Fangoso’). Para búsquedas en archivos informáticos, escríbase también ‘Malaisia’. Este Estado se halla formado a su vez por 13 miniestados, dos de ellos en la isla de Borneo (Sarawak y Sabah) y 11 en la parte continental (Johore, Negri Sembilan, Selangor, Kedah, Pahang, Trengganu, Perak, Penang, Perlis, Kelantan y Malacca). ‘Malaca’ —con una sola *c*— es el nombre de una península y el del estrecho entre ésta y la isla indonesia de Sumatra; y 'Malacca' —con dos *c*—, el nombre de uno de los 11 miniestados de Malasia. El gentilicio es 'malasio', pues el adjetivo 'malayo' se aplica solamente a una de las lenguas y a una de las etnias presentes en ese país. Los malayos habitan también en Indonesia, Brunéi y Filipinas.

mal de las vacas locas. Encefalopatía espongiforme bovina (EEB). Enfermedad que pueden contraer las reses si se alimentan con piensos cárnicos, prohibidos en la Unión Europea hace años. La versión humana es la enfermedad de Creutzfeldt-Jakob (ECJ).

mall. Tradúzcase por 'centro comercial'.

Malla Mundial. Alternativa en español para World Wide Web. Úsese como recurso estilístico.

Malmoe, no 'Malmö'. Ciudad sueca, capital del condado de Malmöhus, en el sur del país.

malnutrición, malnutrido. Anglicismo que no se debe emplear. Úsese 'desnutrición', 'desnutrido'.

malware. Término generalista que designa virus, troyanos, *pishing, gusanos* y demás infecciones, contagios o ataques en los programas informáticos. Se traduce como 'infección'.

manacorí. El gentilicio de Manacor en castellano es 'manacorense'. 'Manacorí', en catalán. Debe usarse siempre el primero: "El manacorense Rafael Nadal".

management. Empléese 'gerencia', 'gestión', 'dirección'.

mánager (pronúnciese *mánayer).* Esta voz esdrújula se utiliza para referirse al 'representante', 'apoderado' o 'agente' de un deportista. En otros contextos equivale también a 'director', 'gerente', 'administrador' o 'director deportivo'. Es invariable en género y número (el mánager, la mánager, los mánager). Aunque la Academia ha aceptado 'mánager' (con tilde) y con la correspondiente pronunciación en español *('mánajer',* y no *'mánayer'),* sustitúyase por las palabras mencionadas.

mandamiento. Escrito de un juez en el que éste ordena hacer algo. Ejemplos: 'mandamiento de prisión' (orden de ingreso en prisión de una persona), 'mandamiento de embargo' (orden de ocupar los bienes de alguien). Se prefiere la utilización del término 'orden'.

mandatario. Aceptada ya por la Academia con el significado de 'el que por elección ocupa un cargo en la gobernación de un país'. Son preferibles 'autoridad', 'gobernante'... O el cargo en concreto: presidente, ministro...

maniquí. Su plural preferido es 'maniquíes'.

maratón. Sustantivo masculino ('el maratón', no 'la maratón'). Al especialista de esta distancia atlética (42.195 metros) se le llama en España 'maratoniano', y en algunos países de América es habitual la denominación 'maratonista'. Por extensión del significado, 'maratón' también se aplica metafóricamente a toda competición de resistencia o actividad que sea duradera e intensa; y el adjetivo, a una reunión que se prolonga largo tiempo.

marine (plural, *marines).* No debe traducirse por **marinero,** sino por infante de marina. La palabra inglesa puede emplearse (pero no como genérico) sólo cuando se refiera a un miembro del **Marine Corps** de Estados Unidos. En las ciberpáginas de la SER se escribe en cursiva.

Marine Corps. La Infantería de Marina de Estados Unidos, un ejército diferenciado de la Marina; el cuarto, pues, junto con el de Tierra y el del Aire.

marinero. Persona de mar. Miembro de la **tripulación** de un barco, en la Marina mercante, o de la tropa o **dotación,** en la de guerra. En este último caso, el 'marinero' es un 'militar', pero no un 'soldado'. Tampoco debe confundirse con un infante de marina.

marino. El oficial, tanto en la Marina de guerra como en la mercante.

marketing. La Academia ha incluido esta palabra en el *Diccionario,* pero en ella remite a 'mercadotecnia' como vocablo preferible. En la Cadena SER se pueden usar tanto 'mercadotecnia' como 'mercadeo'. Y también el adjetivo 'mercadotécnico' frente a 'marquetiniano'.

maronita, no 'maroní'. Iglesia cristiana, con obediencia al Papa y liturgia propia, originaria de Líbano y Siria.

masacrar, masacre (no *'massacre').* Galicismos registrados por la Academia. Se prefieren los términos más españoles 'aniquilar', para el verbo, y 'matanza', para el sustantivo. En el caso de 'matanzas solemnes' o 'rituales', el vocablo correcto es 'hecatombe'.

más líder. 'Líder' implica la idea de 'el primero'; por tanto, no debe emplearse en expresiones como "el Barcelona es más líder tras la jornada de ayer", pues no se puede ser 'más el primero'. En esos casos, escríbase "el Barcelona aumenta su ventaja".

mass media. En inglés, 'los medios de masas o medios informativos'. No debe emplearse.

masters. En el tenis, los *masters* son aquellos torneos deportivos en los que participan sólo las figuras más destacadas del año. También cabe decir 'torneos de maestros'. En tenis y en golf, la palabra forma parte a veces del nombre propio del torneo (Máster Series de Madrid, Master de Augusta). En ese caso, se escribirá con mayúscula y en redonda.

En sistemas de producción por replicación (como en CD-ROM o discos compactos de música), el *'master'* es el ejemplar del que se obtienen las copias. Úsese la forma española 'matriz'.

Para los usos académicos del término se prefiere 'posgrado', 'cursos de posgrado' o 'cursos para licenciados' (frente a la españolización 'másters'). También se puede utilizar 'maestría', fórmula habitual en América.

match. Anglicismo innecesario. Dígase 'encuentro', 'partido', 'partida' o 'combate'. No obstante, en vela sí se podrá usar la expresión *'match race'* para la modalidad de regata en la que un barco se enfrenta a otro, como es el caso, por ejemplo, de la Copa del América. Véase **tenis.**

match ball. Véase **tenis.**

matiné, no *'matinée'*. Espectáculo, fiesta o reunión que se celebra por la mañana o en las primeras horas de la tarde.

mayor. En Estados Unidos, el 'alcalde de una ciudad'. No debe confundirse con *'major'*, graduación militar equivalente a 'comandante'. En España, 'graduación de un suboficial de la Armada, no de carrera', equiparable a la de 'subteniente'. En este caso, la palabra 'mayor' se escribe en redonda.

media parte. En castellano, los partidos de fútbol constan de la 'primera parte' y de la 'segunda parte'. La 'media parte' sería la mitad de una de ellas. Dígase por tanto 'el descanso'. Sin embargo, esta expresión es correcta en catalán: *"Aquesta obra era tan sonsa que van marxar a la mitja part"* ("esta obra era tan aburrida que nos marchamos en el descanso").

médica. Es el femenino de médico.

medios sociales. Equivalente recomendado en español para la expresión inglesa *'social media'* (pronúnciese *sóusial mídia),* que se refiere a las nuevas plataformas y canales de comunicación sociales, caracterizadas por la conversación y la interacción entre los usuarios.

medirse. Son incorrectas construcciones como "el Real Madrid se mide al Barcelona" o "Rajoy se mide hoy a la oposición", muy usadas por los periodistas. Lo adecuado es construir esas oraciones con la preposición 'con': "...se mide con el Barcelona" y "...se mide con la oposición".

meeting. Debe escribirse **'mitin'.**

mêlée (plural, *mêlées).* Tradúzcase por 'pelea' o 'refriega'. Puede emplearse, escrita en cursiva, cuando se refiera al rugby.

mellizos. Véase **gemelos.**

memorial. Es un anglicismo utilizar esta palabra con el significado de 'monumento'.

metrópoli, en singular mejor que 'metrópolis'. 'La metrópoli', 'las metrópolis'.

metrosexual. Se aplica al hombre de estética muy cuidada, que se preocupa mucho por su aspecto físico y que utiliza cosméticos y ropa de marca, por lo que se aparta del modelo masculino tradicional. Ha sido admitida por la Academia.

meublé (plural, *meublés).* Palabra francesa utilizada en Cataluña para 'casa de citas'. Es preferible no emplear esta expresión, poco conocida en el resto de España.

México. El nombre de este país latinoamericano y sus derivados se escribirán con *'x'*, al igual que otros topónimos americanos con igual arcaísmo ortográfico (Oaxaca, Texas). Se pronuncia como si estuviera escrito con *j.* Su capital es Ciudad de México (antes 'México DF'). Véase **azteca.**

México es uno de los tres estados de América del Norte y está fuera de la franja territorial mesoamericana. Por tanto, es un error llamarlo 'país centroamericano'.

Milán, Milan. 'Milán' es el nombre en español de una ciudad italiana. Se escribe con tilde, pero no así el nombre de su equipo de fútbol, el 'Milan AC', fundado por ingleses con el exónimo de la ciudad en ese idioma. (En la Cadena SER se respeta, pues, tanto la pronunciación como la grafía tradicional de origen, así como también en los casos similares de clubes no británicos pero fundados con nombre inglés: Sporting, Racing, Athletic, Newell's Old Boys, River Plate, etcétera, que no se traducen). En italiano, el nombre de la ciudad es **Milano.** Véase **Estrella Roja.**

Milano. El nombre español de esta ciudad italiana es **'Milán'.** El nombre de su equipo de fútbol, el 'Milan AC', se escribe sin acento.

mili. Forma apocopada de 'servicio militar'.

millardo. Mil millones. La Academia aprobó esta palabra en diciembre de 1995, a propuesta del presidente de Venezuela, el académico de aquel país Rafael Caldera. Se trata de un término sin tradición en español, que sí existe en francés *('milliard'),* en italiano *('miliardo')* y en inglés *('billion').* En la Cadena SER se prefiere el uso de 'mil millones' en lugar de 'un millardo', y de 'miles de millones' por 'millardos'.

minarete. Es un galicismo. Escríbase **'alminar',** de mayor tradición en español, para designar a la 'torre de una mezquita'.

minicumbre. No debe emplearse. Si la reunión se produce con el más alto nivel de sus participantes pero con carácter no oficial, no es cumbre; y tampoco se puede denominar así cuando no se celebra con el más alto nivel, por próximo que esté.

minijob. No debe emplearse. Dígase 'miniempleo', 'empleo a tiempo parcial', 'minijornada' o 'empleo precario', según proceda.

minusvalía. En la Cadena SER se prefiere no utilizar ni 'minusvalía' ni 'minusválido', palabras referidas a la situación desventajosa para alguien como consecuencia de una discapacidad que limita o impide su normal desenvolvimiento. Véanse **discapacidad** y **disminuido.**

misil (plural, misiles). Se denomina así al 'proyectil de guerra autopropulsado capaz de variar su trayectoria en vuelo —esta característica lo diferencia de las balas, proyectiles, bombas o cohetes— para alcanzar el objetivo contra el que es lanzado'.

mismo, misma. No debe usarse como elemento anafórico (con valor de pronombre), por superfluo. En vez de escribir o decir 'el mismo', 'del mismo', 'a las mismas', etcétera, empléense los pronombres pertinentes, adjetivos posesivos o (en la mayoría de los casos) suprímase sin más esa fórmula: "Compró la empresa, pero rápidamente vendió la sede de la misma" ("... pero rápidamente vendió su sede"); "llegó el tren y bajaron todos los pasajeros del mismo" ("llegó el tren y bajaron todos los pasajeros").

miss (plural, *misses*). Escríbase 'mis' y 'mises', españolizaciones propuestas por la Academia. Esta voz de origen inglés puede emplearse para referirse a las participantes en un concurso de belleza o similar ('las mises', pero 'Mis Universo'). Nunca, en cambio, como tratamiento. También se puede acudir a expresiones empleadas en Hispanoamérica, como 'reinas de belleza' o simplemente 'reinas' o 'señoritas': 'señorita Colombia', 'señorita Barranquilla'; "las reinas de belleza desfilaron por la pasarela".

míster. Puede usarse ocasionalmente, por hallarse muy extendida en el mundo futbolístico para designar al 'entrenador'. Pero se prefieren esta última palabra y sus sinónimos, 'preparador' o 'técnico'. También se usa para el concepto de 'ganador de un concurso masculino de belleza'. Nunca debe usarse como tratamiento.

mitin. Véase **pronunciar un mitin.**

mobbing. Véase **acoso laboral.**

modalidad, especialidad. El mundo del deporte acoge un abanico de 'modalidades', normalmente organizadas en torno a federaciones (internacionales, nacionales, regionales o locales). Cada modalidad (natación, por ejemplo) se subdivide en una cantidad aún mayor de 'especialidades' (sincronizada, saltos...), que, a su vez, se concretan en diferentes 'pruebas' (individuales, dúos, por equipos, etcétera). Como sinónimo de 'especialidad' se puede usar 'disciplina'.

modista. Aunque la Academia admite también 'modisto' debido a su extendido uso, lo más adecuado es 'el modista', como 'el periodista', 'el electricista', etcétera, pues la palabra se forma sobre la base 'moda' y el sufijo '–ista', que denota oficio o profesión y construye palabras de género común. No debe olvidarse, para los casos adecuados, la palabra 'sastre' (femenino, 'sastra').

moldavo. Diversas fuentes de la Unión Soviética hablaban del 'moldavo' como idioma, pero en puridad lingüística se trata del rumano, una lengua que pasó a escribirse con alfabeto cirílico cuando la URSS se anexionó, en 1940, los territorios que luego formaron parte de la República Socialista Soviética de Moldavia. En 1989 volvió a emplearse el alfabeto latino.

Mólotov. Nombre que de 1940 a 1957 tuvo la ciudad rusa de Perm en honor a Viacheslav Mólotov, político de la Unión Soviética apellidado realmente Scriabin pero apodado así por alusión a un 'martillo' (*'mólot'*). Véase **cóctel molotov.**

monarcas. Dos o más jefes de Estado coronados. Este plural es incorrecto si se refiere a un matrimonio real; el 'consorte' no es 'monarca'. Cuando se refiera al rey Felipe VI, se escribe con mayúscula. La reina Letizia no es 'monarca'.

Monarquía. Se escribe con mayúscula inicial cuando se refiera a la institución monárquica.

Moncloa, palacio de la. Sede de la Presidencia del Gobierno. Si se abrevia, se escribe 'La Moncloa'. Es incorrecta la forma sin artículo: "Se reunieron en Moncloa".

Moneda, palacio de la. Sede oficial de la presidencia de la República chilena. Si se abrevia, se escribe 'La Moneda'.

monitorear, monitorizar. 'Vigilar o seguir algo mediante un monitor'. Pueden emplearse ambas formas, pero sin olvidar equivalentes como 'controlar' o 'supervisar' cuando no se trate de procedimientos técnicos.

moro. Natural de la parte septentrional de África. En este caso no es sinónimo de **musulmán.** Sin embargo, este adjetivo se aplica igualmente a los musulmanes de Mindanao (Filipinas) y de otras islas de **Malasia.** Puede resultar despectivo (aunque originariamente no lo es), y es mejor no emplearlo.

mortalidad. Es la cualidad de mortal y también el número de defunciones en una población y un periodo determinados. No debe confundirse con **'mortandad',** que significa 'gran cantidad de muertes'.

mortandad. Véase **mortalidad.**

Mosad, no 'Mossad'. El servicio secreto israelí. El nombre proviene de un grupo clandestino de judíos creado en Ginebra (Suiza) hacia 1937: la 'Organización para la Segunda Emigración' (en hebreo, 'Mosas Lealiyah Beth'). Si se emplea, debe explicarse.

Mossos d'Esquadra. La policía autonómica de Cataluña. El nombre del cuerpo se escribirá en las ciberpáginas de la SER con mayúsculas iniciales y en redonda. En cambio, para los individuos se emplearán las minúsculas y la cursiva. Una vez que se haya citado el nombre completo puede escribirse 'el *mosso*' o 'los *mossos*', sin necesidad de añadir *'d'esquadra'*.

motel. Hotel de carretera con estacionamientos o cobertizos para vehículos de motor. En esta formación por vía de acrónimo se suprime la hache de 'hotel', como sucede en **apartotel** y **flotel.** En muchos países de Hispanoamérica, 'motel' puede tener la connotación de lo que en España se llamaría 'picadero'. El *Diccionario de americanismos* define así esta palabra: 'Establecimiento en el que se alquilan habitaciones a parejas para tener relaciones sexuales, y a las que se llega por medio de un vehículo' (se entiende que a las habitaciones).

motocross. Se prefiere esta grafía aunque la Academia ha aceptado 'motocrós'.

motor al aire. Expresión usada en el lenguaje de la aeronavegación para expresar que el avión remonta el vuelo tras frustrar su maniobra de aproximación por alguna circunstancia sobrevenida: "El avión hizo motor al aire". Úsese precisamente 'remontar el vuelo' para que la idea sea comprendida por un público amplio: "El avión remontó el vuelo". La fórmula 'remontar el vuelo' se usa también en el lenguaje cotidiano, en sentido figurado, para expresar la acción de quien salva una situación de apuro.

motorhome. Escríbase 'caravana'.

motriz. Es un adjetivo femenino, y por tanto no debe usarse junto a sustantivos masculinos (por ejemplo, 'sistema motriz'. Dígase 'sistema motor').

motu proprio, no 'propio'. En latín, 'por propia voluntad'. También un tipo de documento papal. En este segundo caso hay que explicar en qué consiste. Esta expresión latina jamás puede ir precedida de la preposición 'de'.

movida. Se escribe en redonda. Movimiento cultural, artístico y recreativo que se dio en Madrid en los años ochenta.

muecín, no *'muezzín'*. Almuédano, persona que desde el **alminar** de la mezquita convoca a los **musulmanes** a la oración. Es palabra castellana; por tanto, se escribe en redonda. Pero se prefiere **'almuédano'.**

muerte súbita. Tradicionalmente, se ha denominado así al 'juego que decide una manga en un partido de tenis cuando los jugadores están empatados a seis juegos'. También se emplea 'juego decisivo'. En inglés se utiliza la expresión *'tie break'*, pero ésta no debe emplearse en español. En cualquier caso, es mejor 'desempate'. Véase **tenis.**

mujer. Sólo se empleará en el caso de una mayor de 18 años. Ha de evitarse en lo posible el uso de esta palabra como sinónimo de 'esposa': 'su esposa' y no 'su mujer'.

multa económica. Es un **pleonasmo** que no debe usarse.

multitud de personas, una. Evítese este **pleonasmo.** Basta con 'una multitud'.

Mundial, Mundiales. En los torneos o competiciones que abarcan todo el mundo se debe cuidar la diferencia entre el singular y el plural, conforme al número de títulos que se pongan en juego. Se usará el singular cuando se trate de un campeonato de deportes de equipo (el Mundial de Fútbol en Brasil 2014), en los que sólo hay un título en juego, y también en algunos deportes individuales donde sólo haya un podio al que subirse o un trofeo que levantar (Mundial Match Play de Golf). En los Campeonatos del Mundo con varias disciplinas y categorías, será preferible el plural (Mundiales de Judo, Mundiales de Natación). Este mismo criterio será aplicable también para los Campeonatos de Europa (Europeo/Europeos) y de cada país (Nacional/Nacionales).

music hall. No debe emplearse. Escríbase 'revista musical'.

música, la. Puede usarse el femenino 'la música' para referirse a una mujer instrumentista o directora de orquesta, por ejemplo. No debe emplearse la alternativa 'la músico'. Ahora bien, el periodista debe evitar las ambigüedades de sentido. Ejemplo: "La música noruega triunfó en el Real". Véase **técnica, la.**

musulmán. La persona que profesa el **islam.** No es sinónimo de **árabe** ni de **moro.**

muyahidín, muyahidines. En árabe, 'muyahidín' significa 'los que hacen la Guerra Santa' (es un plural). En español significa 'combatiente islámico fundamentalista' (en singular), según la Academia. Aunque el singular árabe es *muyahid,* en la SER se dirá y escribirá 'muyahidín' para el singular y 'muyahidines' para el plural por su perfecto acomodo a la morfología de nuestra lengua. Véanse **talibán** y **fedayín.**

Myanmar, República de la Unión de. Nombre oficial del país que antes se llamó Birmania. Esta denominación ha sido admitida por la ONU y la **Unión Europea.** Véase **Birmania.**

N

nación, nacional. Se trata de términos polémicos y generalmente ambiguos. Etimológicamente, se pueden aplicar tanto a España como a algunas de sus comunidades autónomas ('nación' expresa el nacimiento o el lugar donde se nace; de ahí que también se hable por ejemplo de que una persona es 'ciega de nación'). Asimismo, puede considerarse que España es una 'nación de naciones' como en su momento fue un 'reino de reinos', o como Alemania o **Malasia** son 'Estados de Estados'.

Con todo, hay que extremar el cuidado para que estas palabras no resulten confusas. Por ejemplo, si se informa de que un autor ha sido 'premio nacional de literatura' deberá aclararse el ámbito de ese galardón.

La expresión 'nacional' por vía de antonomasia (es decir, si no se precisa otra cosa) será siempre relativa a la española: 'la selección nacional', 'la industria nacional', el 'producto nacional bruto'.

nacionalidad. La Constitución española se refiere al derecho a la autonomía de 'las nacionalidades y regiones', sin determinar cuáles se integran en cada una de esas dos categorías. Ese uso de la palabra 'nacionalidad' referida a un territorio, pese a figurar en la Ley Fundamental, es extraño a la lengua española. El *Diccionario* de 2014 incorporó como españolismo esta definición: 'Comunidad autónoma a la que, en su Estatuto, se le reconoce una especial identidad histórica y cultural' (lo cual equivale a que casi todas puedan reclamar para sí tal denominación, pues esos rasgos figuran en casi todos los estatutos). En la Cadena SER se empleará 'nacionalidad' como referencia a lo que señala el texto constitucional, pero en los demás casos, y para evitar confusiones con las demás acepciones de la palabra, se recomienda usar los términos 'país' (aceptado tanto por los nacionalistas como por la terminología legal española) o 'comunidad autónoma'.

nafta. Palabra de origen árabe que en algunos países de América es sinónimo de 'gasolina'. En su acepción más precisa, 'fracción ligera del petróleo natural, que se obtiene en la destilación de la gasolina como una parte de ésta'. Sus variedades se usan como materia prima en la petroquímica, y algunas como disolventes.

Nagorno Karabaj, y no 'Alto Karabaj', ni 'Nagorni Karabaj' ni 'Karabaj Montañoso'. Región autónoma de Azerbaiyán.

naíf. Esta palabra procedente del francés *naïf* (donde significa 'ingenuo') se acepta solamente para referirse a determinado estilo artístico. Se escribe con acento, nunca con diéresis, y en redonda. El plural es 'naífs' (y no *'naïves')*. En los demás casos, escríbase 'ingenuo'.

nailon, no *'nylon'* ni 'nilón'.

nano–. Este elemento compositivo de origen griego significa técnicamente 'una milmillonésima parte' (por ejemplo, 'un nanosegundo'). Sin embargo, se puede utilizar también como elemento de estilo para referirse a algo muy pequeño: "Esto es un nanoproblema".

necrológica. Es un adjetivo, no un sustantivo ('sección necrológica', 'noticia necrológica'). 'Necrología' sí es un sustantivo correcto ('escribe una necrología sobre esta persona'), pero de escaso uso. Puede emplearse **'obituario'** para denominar tanto una sección específica como las piezas que la compongan.

neerlandés. El idioma y el gentilicio de los habitantes de los Países Bajos u **Holanda** es **'holandés'.** El neerlandés es una lengua que se habla en los Países Bajos y Bélgica, y que tiene como dialectos el holandés y el flamenco. No obstante, la Academia admite la equivalencia entre neerlandés y holandés como gentilicio, pero debería evitarse en un lenguaje cuidado y riguroso. Véase **Holanda.**

negro. El hecho de que una persona sea de raza negra no debe citarse en las informaciones, a no ser que ello constituya un elemento fundamental de la noticia sin el cual carecería ésta de sentido. Podrá hablarse de la discriminación que sufre 'un barrio de negros', por ejemplo; pero nunca de que el protagonista de una información es negro si ello no aporta un dato relevante o cambia radicalmente el relato. Tampoco se pueden emplear expresiones despectivas como "esto es un trabajo de negros" o "trabaja como un negro". Igualmente, no debe utilizarse la expresión 'una persona de color', pues los blancos también son 'de color' (blanco). Sin embargo, sí se puede emplear la palabra 'negro' para referirse a alguien que escribe un texto que va a firmar otra persona, por no considerarse despectiva tal expresión.

networking. Voz inglesa muy utilizada para referirse al proceso de conocer o establecer comunicación con otras personas, sobre todo con fines profesionales o comerciales. En español existen las opciones 'hacer contactos' o 'hacer agenda'. Deben usarse estas locuciones, bien directamente o bien para explicar la palabra dicha en inglés.

new age. Literalmente, 'nueva era'. Estilo de música que se desarrolló especialmente en la década de los ochenta del siglo XX. Pretende llevar la relajación a los oyentes mediante una fusión de diversos estilos, la utilización de pinceladas minimalistas y la eliminación de estridencias. Al no estar tan extendido como jazz o **folk,** debe escribirse en cursiva.

newsletter. Úsese 'boletín'.

New York Times, The. Periódico de Nueva York. Aunque los norteamericanos le llaman 'el *Times*', el título se escribe siempre completo. Puede suprimirse el artículo en inglés si se escribe en español: "Lo publicó el *New York Times*", pero "Lo leí en el diario *The New York Times*".

nexo de unión. Es un **pleonasmo,** pues todos los nexos unen.

Níger. Estado africano. Capital, Niamey. Gentilicio, 'nigerino'.

Nigeria. Estado africano. Capital, Abuya. Gentilicio, 'nigeriano'.

night-club (plural, *night-clubs*). Dígase 'club nocturno' o 'sala de fiestas'.

Nikkei. Es el índice que recoge la media de los valores de 225 compañías que cotizan en la Bolsa de Tokio.

niña, niño. Empléense solamente para referirse a menores con una edad comprendida entre 1 y 12 años.

Nobel. Se escribe con mayúscula inicial tanto para nombrar el premio como para referirse al premiado. "Recibió el Premio Nobel". "José Saramago, Nobel de Literatura, falleció el 18 de junio de 2010". La acentuación de esta palabra es aguda. Se recomienda evitar el plural 'nobeles', aceptado por la Academia en el *Diccionario panhispánico de dudas,* y sustituirlo por la expresión en singular y con mayúscula: "Los premios Nobel españoles..." (y no "los nobeles españoles..."). Véase **premio.**

noche. No se deben emplear los artificiales 'en la noche de ayer', 'en la noche de hoy'... Utilícense los modestos 'hoy por la noche', 'ayer por la noche'. Exactamente lo mismo para 'día', 'mañana' y 'tarde'.

no comment. Se debe emplear el español 'sin comentarios'.

nominar. En español este verbo es sinónimo de 'nombrar'. Aunque la Academia ya lo ha admitido en su traducción literal del inglés, por la vía de **falso amigo,** con el significado de 'designar', 'proclamar candidato', 'obtener la candidatura'..., es preferible que se sigan utilizando estas expresiones. En lugar de decir que una película ha sido 'nominada' para el **Oscar** o que alguien ha sido 'nominado' candidato, dígase que fue 'designado' o 'proclamado' candidato, o que 'obtuvo' la candidatura, o que fue 'propuesto' o 'postulado'.

Norte. Se escribe con mayúscula inicial como punto cardinal ('el Norte'), y todo en minúsculas como parte de una zona —salvo que figure en un nombre propio—, y cuando indica dirección o se emplea en forma adjetiva ('Corea del Norte', 'el norte de España', 'al norte de España', 'España norte', 'la España del Norte').

Notre Dame, y no 'Nôtre Dame'. La catedral de París.

nouveau roman. Movimiento narrativo de vanguardia surgido en Francia en los años cuarenta y cincuenta. Se escribe en cursiva y todo en minúsculas. Esta expresión fue utilizada por primera vez por Jean-Paul Sartre en la introducción a *Portrait d'un inconnu,* de Nathalie Sarraute, 1948.

nouvelle vague. En francés, 'nueva ola'. Puede emplearse en las referencias a una generación de cineastas, pero explicando su traducción.

nova cançó. Movimiento de cantautores catalanes surgido en los últimos años del franquismo como oposición al régimen.

novela rosa. Se escribe en redonda.

nuclear. Se denomina con este término genérico toda liberación de energía provocada no por simples combinaciones químicas, como sucede con los explosivos clásicos, los cuales nunca pierden su identidad molecular, sino por la propia transformación nuclear de los materiales empleados en cada caso. Esta transformación puede ocurrir por la escisión del núcleo, a lo que se llama 'fisión', o por la combinación de dos núcleos en un tercero, o 'fusión'. La energía liberada por fisión se llama 'atómica' (caso de la bomba A); la liberada por fusión (caso de la bomba H), 'termonuclear'.

Nueva York, no 'New York'. Nombre de una ciudad y un Estado de Estados Unidos. Cuando se escriba o se hable de este último, tal circunstancia habrá que precisarla siempre. La ciudad cuenta con varios aeropuertos, razón por la que no es correcto decir 'el aeropuerto neoyorquino' sin precisar cuál. Son estos cuatro: Kennedy y La Guardia, en el Estado de Nueva York, y Teterboro y Newark, en el de Nueva Jersey.

Nuevo Hampshire, no 'New Hampshire'. La Academia ha establecido la españolización del primer elemento de este topónimo.

Nuevo México, no 'New Mexico'.

Nuevo Testamento. Pese a tratarse del título de un capítulo de la Biblia, se escribe en redonda en analogía con otros documentos religiosos.

nylon. Debe escribirse siempre **nailon.**

O

Oaxaca. Ciudad mexicana. Se pronuncia *Oajaca* y *Uajaca.*

obituario, mejor que **'necrológica'.**

obsoleto. Significa 'anticuado' o 'poco usado', pero no 'viejo' o 'antiguo'.

obús (plural, obuses). En uso no técnico, designa cualquier 'proyectil disparado por una pieza de artillería'. En uso técnico, significa 'pieza de artillería para disparar granadas', y en este caso no se debe confundir con el proyectil.

oenegé (plural, oenegés). Es palabra femenina y puede usarse. Véase **ONG.**

Oeste. Se escribe con mayúscula inicial como punto cardinal ('el Oeste') y como denominación equivalente a un nombre propio geográfico ('cambios políticos en el Oeste'); y todo en minúsculas si se refiere a una zona inconcreta. También en minúscula cuando indica dirección o esté empleado en forma adjetiva, salvo que forme parte de un nombre propio: 'Alemania del Oeste', 'el oeste de Alemania', 'al oeste de Alemania', 'Alemania oeste', 'la Europa del Oeste'. Véase **wéstern.**

oferta pública de adquisición (opa). Por su extendido uso, estas siglas se han convertido en palabra común (igual que **'sida', 'ovni'** o **'radar').** Véase **opa.**

ofertar. Úsese solamente cuando equivalga a 'proponer para contratar', 'ofrecer en venta un producto' o 'vender un producto con precio rebajado'. Para el resto de los casos se debe emplear el verbo 'ofrecer'.

off shore. 'Más allá de la orilla del mar', 'fuera de la playa' *('on shore'* significa 'en tierra'), o 'costa afuera'. Se puede traducir metafóricamente como 'en aguas internacionales', 'fuera del territorio'. En el lenguaje de la economía suele referirse esta expresión a 'paraísos fiscales' y 'lugares con escaso control monetario o tributario'. No debe usarse, y se prefiere alguna de estas explicaciones según proceda.

La locución 'paraíso fiscal' parece proceder de un error de traducción: *'tax heven'* ('refugio fiscal'), se confundió con *'tax heaven'* ('paraíso fiscal').

El exjuez Baltasar Garzón propuso la alternativa 'vertederos sociales'. En esa línea de buscar un término que no sea meliorativo sino más bien un disfemismo, se puede optar por fórmulas como 'vertederos opacos', 'países vertedero', o 'basureros de divisas', pues a esos países va normalmente el dinero sucio de los demás.

off the record. En inglés, 'a micrófono cerrado', 'extraoficialmente', 'confidencialmente'. No debe emplearse si no se explica.

oficial. En los Ejércitos de Tierra y Aire, el 'capitán', el 'teniente' y el 'alférez'. En la Armada, el 'teniente de navío', el 'alférez de navío' y el 'alférez de fragata'. En la Cadena SER, el femenino es 'la oficial'. Véase **juez.**

oír. Véase **escuchar.**

ojear. Significa 'dirigir los ojos y mirar con atención a determinada parte' o 'espantar la caza'. 'Hojear', en cambio, es no sólo 'pasar las hojas de un libro', sino también hacerlo 'leyendo deprisa algunos pasajes para tomar de él un ligero conocimiento'.

OK. Esta abreviatura de la palabra inglesa *'okay'* sólo podrá utilizarse en las citas textuales o cuando —sin olvidar su carácter excepcional— el relato gane en expresividad. Por ejemplo, en el siguiente caso: "El policía, masticando chicle, se limitó a responder: 'OK'".

okupa. Integrante de un movimiento que propugna la ocupación de viviendas deshabitadas. Se trata de un acortamiento de 'ocupante' cuya letra *k* refleja una voluntad de transgresión de las normas ortográficas, por lo cual se escribe en cursiva.

olimpiada/olimpíada. Ambas formas son igualmente válidas. En sentido estricto, la olimpiada es el periodo de cuatro años que separa unos **Juegos Olímpicos** de otros. Véase **Juegos Olímpicos.**

ONG. Siglas de organización no gubernamental, que se aplican, aunque tal denominación no lo exprese, a las entidades humanitarias. Por su gran arraigo y conocimiento, se puede escribir el deletreo **'oenegé'** (plural, 'oenegés').

on line, off line. Estos dos adjetivos, que pueden verse escritos de muchas maneras (*'online', 'on-line', 'on line'*) dan ciertos problemas de traducción, porque tienen varios equivalentes. *'Online'* se puede trasladar al español como 'en pantalla' ('ayuda en pantalla': *'online help'*), 'servicios electrónicos' o 'servicios por Internet' (*'online services'*), 'registro electrónico' o 'por Internet' (*'online registration'*). Y en sentido amplio se puede traducir como 'conectado', 'accesible' o 'disponible en una red'.

En el lenguaje periodístico se suele usar *'online'* cuando se puede sustituir por 'conectado' o 'disponible'. En vez de 'formación online', úsese 'teleformación'.

'Offline', por su parte, es 'navegación en desconexión' (*'offline browsing'*). Se refiere al hecho de visitar ciertas páginas, pero sin estar conectado a Internet y, por tanto, sin gastar teléfono. Para eso, las ciberpáginas pueden almacenarse en la memoria ***cache.*** En términos generales se puede traducir por 'desconectado'.

Onze de Setembre, no 'Once de Septiembre'. Fiesta **nacional** en Cataluña. Conmemora la derrota en 1714 de las tropas catalanas partidarias del archiduque austriaco Carlos de Habsburgo como rey de España, frente a las tropas borbónicas franco-españolas partidarias del francés Felipe V, nieto de Luis XIV. Véase **Guerra de Sucesión.**

opa. Oferta pública de adquisición de acciones. Se produce cuando una empresa lanza una oferta a los accionistas de otra para hacerse con su control. Son 'amistosas' cuando las dos sociedades se han puesto de acuerdo para cerrar la operación, y 'hostiles' cuando no existe acuerdo. Por su extendido uso se ha convertido en palabra común.

open. No debe emplearse esta palabra inglesa, fácilmente sustituible por 'abierto'; 'torneo o campeonato abierto'. El término deportivo procede de finales de los sesenta, cuando se organizaban campeonatos sólo para aficionados (teóricamente aficionados) y otros sólo para profesionales. En los 'abiertos' podían participar ya jugadores de las dos categorías. Para utilizar ahora *'open'* —cuando casi todos los torneos son 'abiertos'— sólo cabe como excepción que forme parte del nombre propio de un campeonato.

ordenador. Se pueden emplear también 'computador' y 'computadora', más usuales en América.

Tanto 'ordenador' como 'computar' y 'computación' figuraban ya en el primer diccionario de la Academia *(Autoridades,* siglo XVIII), si bien lógicamente con significados relativos a la raíz de esos verbos.

ordenanza. Es un término común en cuanto al género. Empleado subalterno en las oficinas, y también el soldado que cumple funciones similares en el Ejército (en este último supuesto no hay que confundirlo con el 'asistente', que es el soldado puesto al servicio personal de un jefe u oficial). El genérico 'ordenanza' no se debe emplear si tales tareas, unidas a las de policía, se realizan en estrados (tribunales de justicia, cámaras parlamentarias, etcétera), para lo que existe la palabra **'ujier',** o en establecimientos de enseñanza, en cuyo caso la palabra correcta es **'bedel'.**

Oriente Próximo. Desde la perspectiva española, es el área geográfica que incluye Arabia Saudí, Bahrein, **Qatar,** Chipre, Egipto, **Emiratos Árabes** Unidos, Irak, Irán, Israel, Jordania, Kuwait, Líbano, Libia, Omán, Siria, **Sudán,** Sudán del Sur y **Yemen.**

En Estados Unidos se llama 'Middle East' ('Oriente Medio') a lo que para España es 'Oriente Próximo'. Los topónimos que incluyen palabras como 'oriente' y 'occidente', 'próximo' o 'lejano' dependen a menudo de la perspectiva del país en el que se ha adoptado el nombre. Para un español, el 'Oriente Medio' es, geográficamente, la zona de Afganistán, **Pakistán, India** o **Malasia.**

Véase **Extremo Oriente.**

Osasuna. El nombre de este equipo de fútbol de Navarra no debe ir precedido de artículo, como excepción justificada por el uso, puesto que la *a* final es ya el artículo en euskera. Tan inadecuado es escribir o decir 'el Osasuna' como poner 'el *The Times'*. Véase ***New York, Times, The.***

Oscar (plural, *oscars).* Premios que concede anualmente la Academia de Ciencias y Artes Cinematográficas, con sede en Hollywood, Estados Unidos (en inglés, 'Academy of Motion Picture Arts and Sciences'). Se escribirá 'el Premio Oscar a la mejor dirección', con mayúscula inicial en la palabra 'premio' por tratarse de su nombre oficial, y sin tilde por tratarse del nombre en inglés. Pero con minúscula si se refiere a uno de sus ganadores: "José Luis Garci, premio Oscar a la mejor película extranjera". Y "este director logró un Oscar". Se recomienda evitar los plurales *oscars* y *oscares,* para lo cual se puede decir "ganó tres Oscar", "ganó tres premios Oscar". Véanse **nominar** y **premio.**

Osservatore Romano, L'. Vespertino que, aun cuando publica documentos oficiales, no puede considerarse órgano oficial de la Ciudad del Vaticano o de la Santa Sede. Esa función es de *Acta Apostolicae Sedis.* En cambio, *L'Osservatore Romano* puede calificarse como órgano oficioso. Nunca debe escribirse abreviadamente *L'Osservatore* porque se presta a confusión con un tercer periódico vaticano: *L'Osservatore della Domenica,* semanario que, no obstante su título, aparece los jueves. También en *L'Osservatore Romano* se produce una circunstancia curiosa, ante la que se debe extremar el cuidado: aparece con la fecha del día siguiente.

ostentar. No es sinónimo de 'desempeñar o ejercer un cargo'. Significa 'mostrar o hacer patente una cosa', 'hacer gala de grandeza, lucimiento y boato'. Véase **detentar.**

OTAN. Siglas de la Organización del Tratado del Atlántico Norte. Pueden utilizarse como primera referencia, sin necesidad de que vayan precedidas o seguidas del nombre completo. Se pueden emplear como sinónimos 'la Alianza Atlántica' y, si el contexto lo permite, 'la Alianza'. La OTAN es una alianza surgida del Tratado del Atlántico Norte, firmado el 4 de abril de 1949. Sus miembros fundadores fueron Bélgica, Canadá, Dinamarca, **Estados Unidos,** Francia, Islandia, Italia, Luxemburgo, Noruega, Países Bajos, Portugal y **Reino Unido.**

outdoor. Evítese esta expresión inglesa al hablar de una competición 'al aire libre'.

outlet. En inglés, 'salida'. *'To find an outlet for a product'* significa 'encontrar una salida (o un mercado) al producto'. No debe emplearse. Escríbase 'tienda de saldos' o simplemente 'saldos'.

output. Tradúzcase por 'salida' o 'producto'. En informática puede traducirse como 'salida de datos' o 'información de salida'. Véase ***input.***

outsider. Esta voz inglesa sirve en deportes para designar al competidor que no parte como favorito o que es poco conocido. Empléense estas alternativas.

outsourcing (pronúnciese *aut sórsing).* Anglicismo innecesario. En español, 'subcontratación' o 'contrata'.

overbooking. No debe emplearse. Tradúzcase por 'sobreventa', 'sobrevendido', 'sobrecontratación' o 'saturación'. La Academia incorporó esta palabra en 2001 pero luego decidió suprimirla del *Diccionario.*

ovni (plural, ovnis). Término formado con las primeras letras de la expresión 'objeto volador no identificado'. Se escribe toda en minúsculas y en redonda. No obstante, en informaciones no técnicas se puede utilizar también la expresión 'platillo volante'. No deben emplearse las siglas inglesas 'UFO' (de *'unidentified flying object')*. Sin embargo, se dirá 'ufología' o 'ufólogo' para el 'estudio' o 'estudioso' de los ovnis.

P

paddle. Escríbase 'pádel'. Este deporte de raqueta lo inventó en 1962 el mexicano Enrique Corcuera, en Acapulco, y le puso ese nombre en español: 'pádel'. Entró más tarde en España, en 1968, y luego se implantó en la mayoría de los países sudamericanos. Posteriormente se desarrolló en Australia, Canadá, Francia e Italia.

paddock. Aparcamiento donde se instalan los camiones y carpas de los pilotos en los circuitos de carreras. Se dirá 'aparcamiento', 'explanada' o 'parque', mejor que la españolización 'pádoc'. En los hipódromos, el 'prado' o 'lugar de ensillaje'.

paellera. Para el recipiente en que se elabora la paella pueden emplearse, indistintamente, las palabras 'paella' o 'paellera'. También se usa para referirse, por su forma, a una 'antena parabólica'. En ese caso se escribe en cursiva.

Pakistán, no 'Paquistán'. Pero 'paquistaní' (plural, paquistaníes) para lo relativo o perteneciente a Pakistán. Este nombre se formó en 1930 con las letras iniciales de los territorios que comprendía (Punjab, Afgán, Kashmir y Sind, en este último caso invirtiendo las dos primeras letras para facilitar su pronunciación), más la partícula '*stan*', que en persa significa 'tierra'.

paliativo. 'Que proporciona alivio pero no cura' ('cuidados paliativos').

palmar. Este verbo significa vulgarmente 'morir' (una persona) y 'perder' (en un juego). Por su bajo nivel de estilo, se prefieren otras expresiones más elegantes.

palmarés. La Academia ha establecido el plural 'palmareses'.

palo corto, palo largo. Estas expresiones forman parte de la jerga futbolística, pero suelen ser criticadas por quienes consideran que los dos palos de las porterías de fútbol son iguales en su tamaño y que por tanto no cabe ese sentido metafórico. Para evitar este problema, puede decirse 'primer palo' y 'segundo palo' También, 'palo próximo' y 'palo lejano'.

Palos de Moguer. El nombre de esta población de Huelva es Palos de la Frontera.

pamplonica. Es un adjetivo del lenguaje familiar. Los naturales de Pamplona son 'pamploneses'. En lo relativo a las fiestas de San Fermín, puede emplearse 'pamplonica'.

pan–. Prefijo utilizado para expresar totalidad. Se escribe sin guion de separación. Ejemplos: 'panruso', 'panárabe', 'panhispánico'.

panfleto. Es un término peyorativo, pues contiene en su significado las ideas de 'agresivo' o 'difamatorio'. Su uso implica una opinión sobre el contenido, y por tanto no debe emplearse en las noticias salvo que se trate indubitadamente de un texto con esas características.

panti (plural, pantis). Del inglés *'panty'.* En el español de España, prenda femenina que cubre de los pies a la cintura. Se diferencia de los leotardos en que éstos son generalmente de lana, mientras que el panti es de tejido fino y elástico.

Papa. Se escribirá con mayúscula inicial cuando no preceda a su nombre. Ejemplos: 'el Papa dijo', pero 'el papa Juan Pablo II'. La palabra 'papa' se prefiere a los otros títulos o tratamientos, como 'romano **pontífice',** 'santo padre', 'sucesor de Pedro', 'vicario de Cristo', 'obispo de Roma', etcétera.

paparazi (plural, paparazis). Adaptación del italiano *paparazzi* (plural a su vez del nombre propio 'Paparazzo') que ha incorporado la Academia para las referencias a los reporteros de la 'prensa del corazón'. Puede usarse para designar a los 'cazafotos' y 'cazanoticias' de la prensa rosa.

Paquistán. Escríbase **'Pakistán'.**

parada respiratoria o **cardiorrespiratoria.** No es la causa de una muerte sino la consecuencia, la muerte misma. Una persona intoxicada por botulismo puede morir de parada cardiorrespiratoria, pero la causa de su fallecimiento será el botulismo, no que se le pare el corazón y deje de respirar.

paradójicamente. La paradoja consiste en unir ideas aparentemente contradictorias o irreconciliables. Por ello, constituye un error utilizar este adverbio con el significado de 'curiosamente' o 'casualmente'. Sin embargo, sí debe ocupar el espacio del **falso amigo** 'irónicamente' (por influencia del inglés) cuando se remite a la referida idea de contradicción.

paraíso fiscal. Véase *off shore.*

paralimpiada, paralímpico. Por motivos legales, los Juegos para **discapacitados** se denominan 'paralímpicos' y no 'paraolímpicos'. Debe usarse esta fórmula, aun siendo menos correcta en español.

paraplejia, paraplejía. Las palabras que designan diferentes tipos de parálisis tienen en la mayoría de los casos dos acentuaciones válidas, si bien es más frecuente la forma acabada en '–plejia' (hemiplejia).

parking. La Academia propuso la grafía 'parquin' (plural, 'párquines') en el *Diccionario panhispánico de dudas,* pero no la incorporó luego al *Diccionario* de 2014 sino que mantuvo la escritura inglesa, en cursiva. La forma 'parquin' es extraña todavía en el lenguaje periodístico. Se puede evitar el uso de ambas mediante los equivalentes 'estacionamiento', 'aparcamiento subterráneo' o, simplemente, 'subterráneo': "Dejó el coche aparcado en el subterráneo". Si se trata de situar el coche al aire libre en un lugar reservado al efecto, utilícese 'aparcamiento' o 'estacionamiento'.

Se admiten también los americanismos 'parqueo', 'parqueadero' y el peruanismo 'playa' si se usan en un contexto hispanoamericano.

Parlament. El nombre del órgano legislativo de la **Generalitat** de Cataluña se dirá en castellano. 'Parlamento de la Generalitat' o 'Parlamento de Cataluña'. En las emisiones para Cataluña y para la Comunidad Valenciana puede utilizarse 'el Parlament' por vía de antonomasia.

Parlamento. Se escribe con mayúscula inicial aun cuando no sea este el nombre oficial de la cámara. Ejemplo: 'el Majlis, Parlamento iraní'. También con mayúsculas iniciales en el caso del 'Parlamento Europeo' o 'Parlamento de Estrasburgo'.

paro. En algunos países hispanoamericanos equivale a 'huelga', igual que sucedió en España durante la dictadura (en ese caso para evitar la palabra 'huelga'). Por ello, en textos o locuciones que puedan llegar a América se optará por el término 'desempleo'.

En España existen dos estadísticas de desempleo que se deben diferenciar porque no aplican mediciones iguales. Por un lado, el Servicio Público de Empleo Estatal (SEPE) sólo contabiliza el número de parados registrados en las oficinas de los Servicios Públicos de Empleo (es el llamado 'paro registrado'); y, por otro, la Encuesta de Población Activa **(EPA)**, elaborada trimestralmente por el Instituto Nacional de Estadística (INE), mide no sólo el número de desempleados (estén o no estén registrados), sino también las personas que quieren trabajar y buscan empleo.

paro cardiaco. Casi todas las muertes se producen, en última instancia, por paro cardiaco (originado a su vez por una insuficiencia renal, un problema hepático, una gran pérdida de sangre, etcétera). Por tanto, en la mayoría de los casos no tiene sentido escribir o decir "murió de un paro cardiaco", sino que ha de explicarse la circunstancia que lo ha causado. En muchas ocasiones, 'paro cardiaco' se confunde con 'infarto mortal' o con 'fallo cardiaco'. Véase **parada respiratoria.**

parquear. En América, 'aparcar'. Puede usarse en un contexto hispanoamericano.

partenaire, partner. Galicismo y anglicismo, respectivamente, que deben sustituirse, según el caso, por 'socio', 'pareja', 'partícipe', 'copartícipe'.

partidario, partidista. 'Partidista' define a alguien o algo que 'manifiesta o implica adhesión total a un partido, opinión o persona, que impide ser imparcial'. No hay que confundirlo con 'partidario', que define a aquella persona que apoya a alguien o a algo (en este caso no tiene matiz peyorativo). Por tanto, el 'partidario' siempre lo es 'de algo' o 'de alguien'. Se usa incorrectamente esta segunda palabra al hablar de 'los asuntos partidarios' (¿partidarios de quién?) en vez de 'los asuntos del partido'.

part time. Deben usarse sus equivalentes españoles 'trabajo por horas' o 'a tiempo parcial'. Si se utiliza esta expresión inglesa en una cita textual en español, escríbase en cursiva. Véase ***full time.***

party. Tradúzcase por 'fiesta'.

parvenu. Deben emplearse las palabras castellanas 'advenedizo', 'nuevo rico', 'rico improvisado', 'recién llegado'.

pasional, crimen o **asesinato.** No debe utilizarse.

pasma. En jerga, 'policía'. No debe emplearse, salvo en reportajes de ambiente.

passing shot. Tradúzcase, según el caso, por 'golpe paralelo' o 'golpe cruzado'. También 'golpe pasado' o 'pasante'. Véase **tenis.**

password. Tradúzcase por 'contraseña', 'palabra de acceso', 'clave' o 'ciberclave'.

pasteurizar, y no 'pasterizar' aunque esté aceptada también por la Academia. 'Esterilizar, higienizar la leche u otro líquido según el método establecido por Pasteur'.

patchwork. Tejido hecho con trozos de distintas telas. Escríbase 'almazuela'; pero debe explicarse.

paté (plural, patés). Se escribe en redonda. Pasta comestible y untable, no necesariamente elaborada a base de hígado de oca.

patera. Embarcación de escasísimo calado usada por magrebíes para cruzar el Estrecho en penosas condiciones.

patógeno. Microorganismo o agente biológico que causa una enfermedad.

patología. Patología es la 'parte de la medicina que estudia las enfermedades' y el 'conjunto de síntomas de una enfermedad'. Por tanto, no es sinónimo de enfermedad. Evítese hablar de 'patologías' (en plural) y empléese en su lugar 'síntomas'.

pay per view. Sistema de televisión en el que hay que pagar para ver un determinado programa. Se traduce por 'teletaquilla' o simplemente 'canal de pago': "Transmiten el partido por un canal de pago", "lo veré por teletaquilla".

PC. *'Personal computer'*, **'ordenador** personal': los ordenadores IBM y los que son compatibles con ellos, en oposición a los Macintosh. En español se usa directamente: "Me he comprado un *pecé*". Sin embargo, mientras que en España se dice 'el pecé', en muchos otros lugares hispanohablantes se dice 'la PC'.

pedigrí, no *'pedigree'*. 'Genealogía de un animal'. En sentido figurado, aunque no lo recoge el *Diccionario,* equivale a 'pureza', 'alcurnia', 'ascendencia' o 'linaje'. En la Cadena SER se prefieren estas palabras en español, más precisas que la voz 'pedigrí' con ese sentido metafórico.

pedofilia, pedófilo. Son galicismos innecesarios. Se deben emplear en su lugar 'pederastia' y 'pederasta' cuando se refiere a la comisión de abusos sexuales con niños, y 'paidofilia' y 'paidófilo' para la sola atracción sexual hacia los niños.

Pekín, no **'Beijing'.** Se usará el adjetivo 'pequinés'. Véase **pinyin.**

peligrosidad. Cualidad de peligroso. Se utiliza incorrectamente muchas veces cuando sustituye a 'peligro'. Ejemplo de uso incorrecto: "Fue una acción con mucha peligrosidad". Ejemplo de uso correcto: "La peligrosidad de la acción era indudable". Este error se suele dar también con la palabra **intencionalidad.**

pelotas, en. Lo más correcto es 'en pelota', y de mejor estilo. Esta expresión se relaciona con '*pellis*', en latín: 'piel'; y etimológicamente no tiene que ver con las redondeces (pese a la errónea etimología popular). De ahí que se diga 'en pelota picada' o 'en pelota viva'. En cualquier caso, para un lenguaje esmerado se prefieren fórmulas más elegantes como 'en cueros' o, simplemente, 'desnudo'.

pelouse, no '*pelousse*'. En los hipódromos, el 'prado' o 'lugar de ensillaje'. En los circuitos de carreras automovilísticas o de motos, la 'zona de talleres'. La palabra inglesa no debe utilizarse.

pendrive. Pequeño dispositivo para el almacenamiento de información digital. Es muy útil para el transporte personal de datos, y ha desplazado a los **cedés** y a los disquetes. Deben usarse en lugar de este anglicismo las alternativas españolas 'pincho' (pues se 'pincha' en el aparato) y 'lápiz electrónico'.

Peñón. Se escribe con mayúscula inicial cuando se refiera al de **Gibraltar** pero sin citar este nombre. Ejemplos: 'el peñón de Gibraltar', pero 'el Peñón'. En cambio, nunca debe escribirse 'la **Roca'.** Véase **Gibraltar.**

Pepsi-Cola. Una marca registrada; por tanto, se escribe con mayúsculas iniciales y en redonda. Pero cuando se refiera a este refresco ha de escribirse "se tomó una *pepsi-cola*" o 'una *pepsi*', en minúsculas y en cursiva.

per capita. Expresión latina. Como las demás locuciones tomadas de aquella lengua, se escribe en cursiva y sin tildes.

perestroika. Esta palabra rusa equivale a 'reestructuración', 'reorganización' o 'cambio radical'. Describe la acción de apertura emprendida en la Unión Soviética por Mijaíl Gorbachov.

performance. No debe emplearse este anglicismo. Sustitúyase, según los casos, por 'rendimiento', 'resultado', 'actuación' o 'interpretación' y 'hazaña'.

persona humana. Es un **pleonasmo.**

peseta. Dejó de ser la moneda oficial española en marzo de 2002. No debe usarse la expresión **'antiguas pesetas',** pues es de dominio público que ya no están en vigor.

petrodólares. Dólares obtenidos por la venta de petróleo fuera de Estados Unidos. Se escribe en redonda.

petrolífero. Significa 'que contiene o produce petróleo'. No debe emplearse en el sentido de 'relativo al petróleo', para lo que existe el adjetivo 'petrolero'. Hay países, yacimientos y pozos 'petrolíferos', e industrias, precios y barcos 'petroleros'.

phishing. Juego de pronunciación en inglés basado en *'fishing'*, 'pesca'; con la idea de falsedad o imitación reflejada en la propia grafía. Equivale a 'estafa' o 'suplantación'. Se denomina de ese modo la duplicación del original de una ciberpágina, normalmente de un banco, con fines delictivos. Consiste en el envío masivo de correos electrónicos con la invitación a entrar en esas páginas falsas para *pescar* así los datos de los incautos. Si se usa, debe explicarse.

pic-nic o **pícnic.** Debe emplearse la palabra española 'jira' (añadir 'campestre' es una redundancia).

pico. En jerga, 'pinchazo de heroína o morfina'. Sólo puede emplearse en crónicas o reportajes de ambiente, y después de haber explicado su significado.

piercing. Pequeño agujero que se practica en una parte del cuerpo distinta al lóbulo de la oreja, para insertar en él pendientes, aros u otros adornos. Sustitúyase por 'perforación'.

pin. 'Identificación', 'clave' o 'contraseña'.

pinchadiscos. Palabra aportada por el idioma español, y que se prefiere frente a ***'disc jockey'.*** También se puede usar el acortamiento *'pincha'*, en cursiva.

pincho. Véase ***pendrive.***

ping-pong. Debe escribirse 'pimpón' o decir 'tenis de mesa'.

pinta. Medida de capacidad empleada en el mundo anglosajón. En el caso de los líquidos equivale a 0,4732 litros; en el de los áridos, a 0,5506 litros.

pinyin. En chino, 'unificación de sonidos'. Sistema de escritura fonética del chino puesto en vigor por las autoridades de **Pekín** el 1 de enero de 1979 y destinado al exterior. En la Cadena SER se adoptan estas grafías del pinyin salvo en las excepciones señaladas por este *Libro de estilo* (por ejemplo, **'Pekín'** y no **'Beijing'**).

pirata informático. Tanto esta expresión como 'ciberpirata' o 'pirata' son traducciones adecuadas para la palabra inglesa ***'hacker'***.

pirómano. Es la persona que sufre la enfermedad de la piromanía y, por tanto, disfruta viendo o causando incendios. No hay que confundirlo con 'incendiario', pues este último puede provocar un fuego por afán de lucro o de venganza.

pírrico. Originalmente este adjetivo se aplicaba sólo a las victorias que se conseguían con más pérdidas para el vencedor que para el vencido; sin embargo, la Academia ha recogido otras dos acepciones: 'Conseguido con mucho trabajo o por un margen muy pequeño' y 'de poco valor o insuficiente, especialmente en proporción al esfuerzo realizado'. Pero no equivale a 'mínimo' o 'insignificante'.

El término procede del nombre Pirro, rey griego que en el siglo III antes de Jesucristo ganó a los romanos dos batallas con enormes pérdidas humanas que no compensó la victoria.

Pirulí, el. Se escribirá en cursiva como denominación popular dada a determinados edificios. Por ejemplo, Torrespaña, en Madrid, o la Residencia Almirante Vierca, en Vigo.

pitcher. En béisbol, 'lanzador'. Se prefiere esta opción en español frente a la palabra inglesa y a su adaptación 'pícher' (plural, píncheres), aceptada por la Academia.

pit lane. No debe usarse. En las carreras de motor, 'calle de talleres' o 'calle técnica'.

pívot. También denominado 'centro' (del inglés *'center'*) en algunas zonas de Hispanoamérica, es el jugador de baloncesto que ocupa la posición de *cinco*, esto es, el más alto y que suele jugar en ataque más cerca del tablero. Su plural es *pívots*. No hay que confundir esta palabra con 'pivote', que además de designar al jugador de referencia en ataque de un equipo de balonmano, se refiere a un lance del baloncesto que consiste en girar el cuerpo moviendo un pie en una o varias direcciones mientras que el otro se mantiene en la misma posición (pivotar). Véase **baloncesto.**

plan médico. Falso amigo del inglés *'medic plan'*. En español se debe usar 'seguro médico'.

planning. Tradúzcase por 'planificación' o 'plan', según cada caso.

plausible. No es sinónimo de 'posible' o 'viable', sino de 'digno de aplauso', 'atendible', 'admisible', 'recomendable'.

playback. En vez de esta palabra inglesa, que significa 'sonido grabado', utilícense las españolas 'previo', 'pregrabado' o, simplemente, 'grabado'. En algunos países de América se dice 'cantar en mímica', locución que puede emplearse también.

play off. Sustitúyase esta expresión innecesaria en español por alguna de las muchas equivalencias en nuestro idioma para cada caso: 'fase final', 'liguilla final', 'semifinales', 'eliminatorias finales', 'serie semifinal', 'serie final' o 'series finales'. En golf se llama *play off* al encuentro que se juega para deshacer un empate. En este caso, será preferible la voz española 'desempate'.

pleonasmo. Redundancia de significado, como sucede en 'nieve blanca', 'carbón negro', 'completamente repleto' o 'por total unanimidad'. Sólo se permite si añade expresividad, lo cual sucede en muy contadas ocasiones y generalmente con frases hechas: "Lo vio con sus propios ojos", "lo escribió de su puño y letra". Véase, por ejemplo, **absolutamente.**

plug-in. 'Conector' o 'programa complementario'. A veces, para ver ciertas imágenes o películas en Internet, es preciso tener instalado un *'plug-in'* en el programa de navegación. Utilícese 'conector', 'conectado', 'enchufe' o 'enchufado'.

plusmarquista. Deportista que posee la mejor marca en su modalidad, especialidad o prueba. Se prefiere a ***'recordman'*** o ***'recordwoman'***.

podcast. Se admite como excepción el uso de este término. La palabra '*podcast*' procede de la contracción de 'iPod' ('reproductor de bolsillo de sonido digital') y '*broadcasting*' ('difusión'). Su primer uso público llevaba la firma del periodista británico Ben Hammersley el 12 de febrero de 2004 en *The Guardian*. (En realidad, escribió *'podcasting'*, de donde derivó *'podcast')*. El significado fue cambiando, pero el significante permanece. En español se ha aportado como equivalente la voz 'audio', que también puede utilizarse si queda claro su significado concreto en cada caso: "Escuche nuestros audios", "puede escuchar nuestro programa en los audios de la Cadena SER". Del mismo modo, los *podcasts* de imágenes se pueden denominar 'vídeos'.

podemita. Dígase 'podemista' como referencia a un miembro del partido español Podemos. Cuando se vinculan con nombres propios, el sufijo '-ista' refleja que alguien está a favor de una idea o una persona ('marxista', 'peronista', 'socialista', 'comunista', 'anarquista', 'ugetista'...), mientras que '-ita' sugiere una relación religiosa ('jesuita', 'carmelita', **'israelita'**...) o un gentilicio ('moscovita', 'vietnamita', 'selenita').

poetisa. Femenino correcto de 'poeta'. La Academia admite también 'la poeta'.

pole position. Tradúzcase por 'primera posición', 'la mejor posición' o 'posición de cabeza'. Escríbase "Carlos Sainz ganó la clasificación", "Carlos Sainz ganó la cronometrada" o "Carlos Sainz saldrá en cabeza", en vez de "Carlos Sainz ocupará la *pole*". Es un error escribir *'pool position'*, que sería 'posición de piscina' o 'posición de billar'. Véase ***pool.***

policía. Se escribe con minúscula salvo que forme parte de un nombre completo: "la Policía Municipal incrementó el número de multas". "Será reestructurado el Cuerpo Nacional de Policía". Pero "la policía no puede resolver todos los delitos".

Polisario. Acrónimo del 'Frente *Po*pular para la *Li*beración de *Sa*guia el Hamra y *Río* de *O*ro', convertido por el uso en palabra común: 'Polisario'. Puede escribirse, indistintamente, 'el Polisario' o 'el Frente Polisario', pero no hacer unas siglas de otras siglas: 'FP'. Los miembros de esta organización son 'polisarios', en redonda y singular o plural, según el caso.

polla. En algunos países de América, 'apuesta' o 'lotería'. La palabra se ha usado también en el español de España para designar una 'puesta' en los juegos de naipes (dinero que se pone para seguir jugando). Puede usarse si se explica su significado, y siempre que se incluya en un reportaje ambientado en algún lugar de Hispanoamérica en el que se emplee esa acepción.

poner énfasis. Falso amigo de la expresión inglesa *'to put emphasis on'*. En español debe emplearse 'hacer hincapié'.

poner en valor. Galicismo innecesario en español, pero muy habitual en el lenguaje político. Sustitúyase por 'poner de relieve', 'valorar', 'resaltar', 'destacar', 'elogiar', etcétera.

Pontífice. Se escribe con mayúscula o minúscula inicial según los mismos criterios que **Papa.**

pool. Acuerdo o agrupación entre medios informativos para la cobertura de un acontecimiento. Se usa en la jerga periodística, pero no es de dominio común y, por tanto, no debe emplearse en antena. Puede sustituirse en ese y en otros casos por 'pacto entre medios', 'acuerdo', 'consorcio', 'agrupación', 'grupo' o 'equipo'. No obstante, se puede usar en las firmas de fotos o vídeos, junto al nombre del autor, para explicar que tal imagen procede de ese tipo de acuerdos. Véase ***pole position.***

pop, música o arte. Por su uso generalizado, esta palabra inglesa se escribirá en redonda. Excepto cuando, por ir acompañada de otra que sí ha de escribirse en cursiva, toma esta última forma. Ejemplo: '*pop art*'.

populista. Término habitualmente despectivo que se refiere a quienes pretenden atraerse a las clases populares por el método de satisfacer fácilmente los deseos más elementales o primitivos de una colectividad, aun a costa de otras consecuencias éticas o económicas. Se puede usar en espacios de opinión, pero no debe formar parte de una información neutral y objetiva. Ningún partido llamado 'populista' se denomina a sí mismo con ese vocablo.

pop-up. Tradúzcase por 'ventana emergente' o 'ventana anuncio'.

porque, porqué. Se escribe junto y sin acento cuando es conjunción causal: "Dimitió porque no le apoyaban". En cambio, se acentúa cuando es sustantivo y sinónimo de la causa o la razón. Ejemplo: "Los ciudadanos quieren saber el porqué de la dimisión". Cuando es interrogativo o dubitativo —aunque no figure expresamente entre interrogaciones—, va separado y con acento en 'qué'. Ejemplo: "No me explico por qué no vino". Véase ERRORES IMPERDONABLES, **porque, porqué, por qué, por que,** páginas 129-130.

portal. Cibersitio que ofrece de forma integrada y sencilla el acceso a recursos y servicios en Internet. Véase **web.**

pos-, no 'post'. Prefijo para indicar 'detrás' o 'después de'. Se escribirá sin guion de separación y unido a la palabra, salvo que ésta comience por *s*. Ejemplos: 'posguerra', 'pos-socialismo'.

pose. Galicismo que significa 'afectación', 'actitud o postura fingida'. Debe sustituirse por estas palabras castellanas. La Academia ha admitido para el verbo 'posar' la acepción, de origen francés, de 'permanecer en determinada postura para retratarse o servir de modelo a un pintor o escultor'.

posgraduado. Dígase 'graduado'. En cambio, es correcto 'estudios de posgrado' o 'curso de posgrado'.

posibilidad. No debe confundirse con 'probabilidad'. Si hay una opción para que ocurra una cosa, ésta ya es posible.

posicionamiento, posicionar, posicionarse. Estas formas tan artificiosas ya figuran en el *Diccionario* de la Academia, pero por razones de estilo se prefieren 'postura', 'decisión', 'decidirse', 'definirse', 'situar', 'colocar', 'tomar posición', **'concretar',** etcétera.

post. Comentario, texto, artículo o nota publicado en Internet. No debe emplearse. Úsense mejor esas expresiones en español.

póster (plural, pósteres). No debe emplearse si se puede decir 'cartel'.

post-it. 'Papel de pega y despega, cuyo nombre procede de una marca comercial'. Se descubrió por casualidad en 1970 en un laboratorio norteamericano, pero no se le halló utilidad hasta 10 años después. Sirve para dejar notas y órdenes en el trabajo y en casa, generalmente de contenido poco importante. Puede obviarse con expresiones como "le dejó una nota pegada en el frigorífico".

posverdad. Procede del inglés *'post-truth'*. Neologismo aceptado por la Academia que designa el hecho de que hoy en día se busca más que un mensaje provoque emociones rentables para quien lo emite que la transmisión de hechos verdaderos en su contenido. Por tanto, esta palabra puede convertirse en un **eufemismo** o una ocultación de términos más precisos, como 'bulo', 'mentira', 'falsedad' o 'embuste'. Así pues, la 'era posverdad' sería la 'era de las mentiras' o 'era de la manipulación'.

Las trampas de lenguaje de la llamada 'era posverdad' se basan en el sensacionalismo, los sobrentendidos, la insinuación, la alusión, la presuposición y los eufemismos.

Por otro lado, en español el prefijo **'pos-'** puede preceder a un sustantivo ('posguerra'), a un adjetivo ('posbélico') o a un verbo ('posponer'). Cuando se antepone a un sustantivo suele señalar un periodo posterior a una acción ('cuidados posparto') o a un tiempo histórico ('el posfranquismo'); o significar la época que sigue al auge de un movimiento cultural o político ('el posmodernismo'). Sin embargo, 'verdad' no es una acción, ni un tiempo histórico, ni un movimiento cultural, y por eso la palabra 'posverdad' resulta extraña a este idioma.

Potsdam, no 'Postdam'. Del 17 de julio al 2 de agosto de 1945, esta localidad alemana oriental fue escenario de la tercera y última conferencia de los tres *grandes:* Truman, Stalin y Churchill (este último sustituido al final por Clement Attlee).

práctica totalidad. Dígase 'casi todos'.

precarización. No debe emplearse, por razones de estilo (salvo en una cita textual). Sus equivalentes más correctos pueden ser 'deterioro', 'desgaste', 'inseguridad', 'eventualidad', 'temporalidad'. Sin embargo, es correcto el adjetivo 'precario'.

preferentemente. Este adverbio no es sinónimo de 'especialmente' ni de 'destacadamente'.

premier. Sólo debe emplearse en el caso del primer ministro del **Reino Unido** o de otro país de habla inglesa si tal cargo recibe esta denominación. En los restantes casos, empléese 'primer ministro', 'jefe de Gobierno' o **'canciller',** según lo que corresponda. Si se refiere a la Liga de fútbol inglesa, escríbase con mayúscula y en redonda: 'la Premier' o 'la Premier Leage'.

première. No debe emplearse esta palabra francesa para referirse al 'estreno', 'primera exhibición' o 'presentación' de una obra cinematográfica o teatral.

premio. Esta palabra se escribe con mayúscula inicial cuando se trata del nombre oficial y en minúscula cuando se refiera al premiado. Ejemplos: "Mañana se entrega el Premio **Nobel** de Literatura"; "Camilo José Cela, premio Nobel de Literatura". Para referirse a uno o varios premiados, el nombre del galardón se usará con mayúscula y siempre en singular: 'Los Nobel españoles', "Pedro Almodóvar, **Oscar** en 1999 a la mejor película extranjera, vuelve a ser candidato".

prescripción del delito. Causa de extinción de la responsabilidad penal, inaplicable al delito de genocidio, basada en que haya transcurrido un plazo prefijado en la ley para cada caso. En este sentido, el verbo 'prescribir' es intransitivo ("el delito prescribió").

presencial. Significa 'perteneciente o relativo a la presencia', y se aplica a la persona que está presente: 'testigo presencial', 'alumnos presenciales' (pero no 'enseñanza presencial').

president. El presidente del Gobierno autónomo de Cataluña, de la Comunidad Valenciana o de Baleares. Se escribe y se dice en castellano: 'presidente' (salvo en las emisiones para esas comunidades).

presidente. En España y otros países, los expresidentes del Gobierno siguen recibiendo el tratamiento de 'presidente'. En la Cadena SER se puede utilizar de ese modo, pero siempre que quede claro que se trata de una cortesía y no del cargo que desempeña.

pressing. No debe emplearse. Dígase 'presión'.

press release. Tradúzcase por 'comunicado'.

préstamo blando. También, 'préstamo favorable'.

presunto. La presunción se aplica a la inocencia, no a la culpabilidad ('presunción de inocencia'). No se debe decir ni escribir, por tanto, '**presunto** culpable' ni 'presunto delito'. En su lugar, dígase 'supuesto culpable' o 'supuesto delito' para casos en que no exista **sentencia** firme. Así lo aconsejan las recomendaciones del informe elaborado por la Comisión para la Mejora del Lenguaje Jurídico en 2010. También se puede escoger el término que resulte adecuado a cada fase del proceso, como 'acusado', 'sospechoso', 'inculpado', 'detenido', **'imputado'** (en España, para casos anteriores a la última reforma legal al respecto), 'procesado' o 'juzgado'.

prêt-à-porter (plural, *prêts-à-porter).* En francés, 'listo para llevarse'. Se puede emplear, referido a la moda en el vestir.

pretencioso. Es preferible sustituir este galicismo por 'presuntuoso'.

preveer. Lo correcto es 'prever'.

prevaricación. Este delito puede aplicarse, con carácter general, a tres tipos de situaciones: un juez prevarica cuando dicta a sabiendas una resolución injusta; el funcionario prevarica cuando dicta a sabiendas una resolución administrativa injusta o deja maliciosamente de promover la persecución y castigo de los delincuentes; y un abogado o procurador prevarican cuando, con **dolo** o negligencia, perjudican a su cliente, descubren sus secretos o defienden, asesoran o representan a la parte contraria en el mismo negocio. Véase **delitos de corrupción.**

previamente a. Dígase 'antes de'.

prima de riesgo. Habitualmente se utiliza para hablar del diferencial entre los distintos tipos de interés de la deuda emitida por diversos Estados (deuda soberana), que depende de la seguridad que ofrecen como tales al inversor (es decir, el mayor o menor riesgo de impago). En la **eurozona,** la prima de riesgo mide la diferencia entre los bonos emitidos por los países y los de Alemania, en puntos básicos (1% equivale a 100 puntos básicos).

prima donna (plural, *prime donne).* Sólo se debe emplear para la música.

primera instancia. Primer grado jurisdiccional en el que se producen las alegaciones y pruebas de las partes, se concreta el objeto del procedimiento y hay una primera decisión judicial.

prime time. Escríbase 'horario estelar', 'horario de máxima audiencia', 'horario principal'.

prístino. 'Antiguo', 'primero', 'primitivo', 'original'; no 'limpio' ni 'puro'.

privacidad. Es preferible el término tradicional español 'intimidad' frente al anglicismo 'privacidad' derivado de *'privacy'.* Las definiciones académicas de estas dos palabras son confusas y no precisan con claridad los límites entre ellas, cosa que sí sucede con los términos 'íntimo', 'privado' y 'público'. Puede existir un lugar privado (una finca, por ejemplo) que no sea íntimo.

problemática. Dígase 'los problemas' en vez de 'la problemática'. No es de buen estilo utilizar esta palabra como sustantivo. Se puede decir 'esto es problemático', pero no 'la problemática de la enseñanza'. En este último caso debe sustituirse por 'los problemas', 'las dificultades' o 'el conjunto de problemas'.

prodigarse. En su uso como pronominal, este verbo significa 'excederse indiscretamente en la exhibición personal'. Por tanto, es imposible 'prodigarse poco'.

pro domo sua. Expresión latina traducible al español por 'barrer para casa'. Por su valor opinativo, no debe utilizarse en una noticia, salvo cita textual.

producto interior bruto (PIB). Es el valor de todos los bienes y servicios producidos en un país durante un periodo determinado y constituye el principal indicador de la actividad económica. Se puede emplear la forma abreviada en español PIB, que se pronunciará *pe-i-bé* y no *pib.*

producto nacional bruto. Es el valor de todos los bienes y servicios producidos por los nacionales de un país durante un tiempo determinado, generalmente un año. Se excluye a los extranjeros que trabajan en el país y se incluye a los nacionales que trabajan en el extranjero. Su sigla es PNB, que se pronunciará *pe-ene-bé.* Su uso es menos extendido que el PIB, y debe evitarse su mención solamente con siglas.

prófugo. Úsese solamente para designar a quien huye de la justicia, no a quien huye de la injusticia (por ejemplo, los inmigrantes o desplazados que buscan asilo o refugio en otro país).

progre. Apócope de 'progresista'. Tiene cierto sentido irónico. No debe utilizarse en una noticia.

progresivamente. De manera que se avance. No es sinónimo de 'paulatinamente', que significa 'que aumenta poco a poco'.

prolongar. No equivale a 'durar'. Significa 'alargar en el espacio' y, también, 'hacer durar más tiempo'. "La reunión se prolongó dos horas" significa que duró dos horas más de lo previsto.

pronunciar un mitin. Sustitúyase, según el caso, por 'pronunciar un discurso' o 'celebrar un **mitin**'.

propuesta de providencia. Decisión del secretario de un tribunal sobre asuntos de trámite que propone al juez. No debe emplearse en una noticia, es mejor ir al grano y decir que 'el secretario propuso' lo que sea. Véase **providencia.**

protagonizar. Significa 'representar un papel en calidad de protagonista'; y 'protagonista' es el 'personaje principal' de una obra o de un suceso. Por tanto, no se puede decir "decenas de personas protagonizaron una manifestación", puesto que todas a la vez no desempeñan el papel principal. La etimología en español deriva del griego *'protos',* 'primero', y *'agonystés',* 'actor'. En cambio el *'starring'* inglés, que tal vez induce a confusión, procede de *'star'* ('estrella'), y por tanto implica una lógica distinta. Véase Errores imperdonables, **protagonizar,** página 130.

protrusión (no 'protusión'). Del latín *'protrudĕre':* 'empujar hacia delante'. Se refiere a una parte del cuerpo o de un órgano que se desplaza hacia delante, o que sobresale de sus límites normales (ya sea de forma natural o patológica).

providencia. Decisión judicial mediante la que se resuelven los actos procesales de puro trámite, de simple ordenación del proceso. No se debe confundir ni con **auto** ni con **sentencia.**

provocado. No es noticia que un incendio sea provocado. Todos lo son (por alguien o por algo; todos tienen una causa u origen). Lo que no siempre está claro es que sean 'intencionados'. Igualmente, no debe hablarse de incendio 'provocado' cuando se pretenda expresar que se trata de un fuego 'intencionado'. Todos los incendios son 'provocados' por algo, ya sea un rayo, un cortocircuito o la cerilla de una persona. Véase **provocar.**

provocar. No es sinónimo de 'causar', sino de 'excitar' o 'inducir'. Se 'causa' algo cuando la acción recae directamente en la persona o cosa. Y se 'provoca' cuando esa causa genera otra acción de la persona o cosa. Se 'provoca' una reacción, pero se 'causa' un daño. Es incorrecto decir, por ejemplo: "La bala le provocó una herida en la pierna". Para comprender mejor la diferencia entre 'causar' y 'provocar', analícense los sustantivos: 'causa' y 'provocación'.

pseudo–. La Academia prefiere esta forma, excepto en **'seudónimo'** y 'seudópodo'.

psico–. Todas las palabras derivadas del griego *'psyjé'* ('alma') se escribirán con *ps.* No es necesario, sin embargo, marcar esas dos consonantes en una locución en antena. Puede pronunciarse *sicología.*

pub (plural, *pubs).* Puede emplearse. No obstante, se prefiere el uso de equivalentes españoles, como 'bar' o 'taberna'.

puenting. Palabra inexistente en inglés y en español. Escríbase 'puentismo'. Práctica que consiste en arrojarse desde un puente o torre de gran altura, atado con cuerdas elásticas a la barandilla, para quedar colgando a pocos metros del agua o del suelo.

pulla. Expresión con la que se pretende herir a alguien. No confundir con puya. La pulla se dice, la puya se clava. No obstante, en algunos contextos metafóricos pueden ser intercambiables.

pullman o **pulman.** Escríbase 'autobús' (recorridos fijos urbanos) o 'autocar' (recorridos largos por carretera), según el caso. Si se pretende referirse a unos vehículos especialmente cómodos o lujosos, añádanse precisamente esos adjetivos.

pull-over o **pulóver.** Dígase 'jersey'.

punch. En el boxeo, 'puñetazo'. Empléese la palaba española.

punk (plural, punkis). Se escribe en redonda por estar castellanizada.

punto y final. Es incorrecta esta expresión. Dígase 'punto final'.

puntual. Para un mejor estilo, úsese solamente con el significado de 'que llega o actúa a la hora precisa o convenida'; y no con los sentidos de 'concreto', 'ocasional' o 'aislado', para los cuales ya se dispone de esas palabras más precisas.

purgar responsabilidades. No se debe emplear este **eufemismo.** Ese sentido de 'purgar' se aplica a las personas, no a los conceptos abstractos. Escríbase 'castigar a los culpables', 'separar a los responsables', 'identificar a los autores', 'buscar a los ejecutores', etcétera. Véase **depurar responsabilidades.**

putt. Golpe que, en el **golf,** se produce cerca del hoyo. Se prefiere "falló en los golpes cortos" a "falló en el *putt*". Y '*putt*' es el 'golpe corto', no el 'palo'; éste se llama '*putter*' en inglés.

puya. Véase **pulla.**

puzle (del inglés *puzzle*). Se prefiere 'rompecabezas'.

pyme. Siglas de 'pequeña y mediana empresa'. Son las que cuentan con menos de 250 empleados. Se escribe como nombre propio común, y forma el plural 'pymes'.

Q

Qatar (no 'Catar', ni 'Quatar' ni 'Katar'). **Emirato árabe** independiente situado en una península de la costa meridional del **golfo Pérsico.** Es miembro de la Organización de Países Exportadores de Petróleo (OPEP). Tiene su capital en Doha. La Cadena SER prefiere la transcripción con la letra *q* por ser la adoptada internacionalmente y por el diferente matiz de sonido respecto a la letra *k* en el nombre árabe, al estar situada a principio de palabra, pese a que la Academia recomienda 'Catar'. Véase **Quneitra.**

quarterback. En fútbol americano, el principal lanzador de balones para que sus compañeros consigan un ensayo. En México se le denomina 'mariscal de campo', expresión que puede adoptarse. Si se emplea '*quarterback*', explíquese su significado en la primera referencia.

que. El pronombre 'que' se emplea preferentemente detrás de nombres de cosas. Detrás de nombres de personas hay que usar 'quien'. No debe decirse "es el Congreso de los Diputados quien debe decidir", sino "es el Congreso de los Diputados el que debe decidir". Pero sí "es el presidente quien debe decidir".

querella criminal. Es un **pleonasmo,** puesto que no hay 'querellas civiles', sino **'demandas'.**

quermés. Se prefiere 'fiesta popular'.

queroseno, no 'keroseno'. Producto derivado del petróleo.

quiebra. Véase **concurso de acreedores.**

quien. Este pronombre debe usarse como relativo de una persona. Ejemplos: "Es el ministro quien estudia el caso"; pero no "es el Ministerio quien estudia el caso", sino "es el Ministerio el que estudia el caso".

quilate. Unidad de peso para las perlas y piedras preciosas que equivale a 205 miligramos. Esta palabra de origen árabe no tiene relación con 'kilo'.

quinqui (plural, quinquis). Individuo de una determinada extracción socioétnica, generalmente de vida ambulante y vendedor de mercancías varias (quincalla). Se le conoce también con el nombre de *'merchero'* (no debe confundirse con *'mechero')*. Aplicado en principio a los *'mercheros'* delincuentes, hoy su uso se ha generalizado para nombrar a cualquier tipo de delincuente.

quiosco, no 'kiosco' ni 'kiosko'. La Academia admite también 'kiosco' (pero no 'kiosko').

quizá o **quizás.** Ambas fórmulas son igualmente válidas, si bien etimológicamente es más correcta la primera de ellas. Se recomienda escribir 'quizás' delante de vocal: "Quizás a alguien le importaba" (para evitar la cacofonía 'quizá a').

Quneitra, no 'Kuneitra'. Ciudad siria. Véase **Qatar.**

quórum (igual en plural). 'Número de individuos necesario para que un cuerpo deliberante tome un acuerdo válido'. También, 'proporción de votos favorables que requiere un acuerdo'. La Academia ha ido modificando su criterio sobre este término (recomendaba el plural 'los quórum' y cambió a 'los quórums', y más tarde prefirió la grafía 'cuórum'). En la Cadena SER se prefiere la fórmula tradicional latina, pero escrita en redonda por ser ése el uso común en español.

R

radar (plural, radares). Término formado con las letras iniciales de las palabras inglesas *'radio detecting and ranging'* ('descubrimiento y medición por radio'). Se escribe en redonda.

radical. No debe usarse nunca como sinónimo de 'violento'. En el ámbito político, significa 'partidario de reformas extremas', 'extremoso', 'tajante', 'intransigente'.

radiactividad, mejor que 'radioactividad'.

Radio Vaticana, no 'Radio Vaticano'.

rafting (del inglés *'raft'*, 'balsa'). En español se dice 'balsismo'. Si se usa el término inglés, debe explicarse. Se trata de una práctica deportiva que consiste en descender en embarcaciones por aguas rápidas.

ralentizar. Frente a este galicismo existen las alternativas 'lentificar', 'enlentecer' y 'frenar'.

rally (plural, rallies), no *'rallye'*. La Academia ha incorporado las grafías 'rali' y 'ralis', que se usarán en la SER.

ranking o **ranquin.** Debe sustituirse por 'clasificación', 'escalafón', 'tabla' o 'lista'. Si se escribe en alguna cita textual, úsense las grafías aceptadas 'ranquin' y 'ránquines'. Véase ***rating.***

rapto. En la Cadena SER, secuestro con móvil sexual o de una persona menor de edad. Para el resto de los casos, úsese 'secuestro'.

ratero. En la jerga policial, un 'ladronzuelo'. Se escribe en redonda.

rating. Porcentaje o número de telespectadores que en determinado momento del día tienen conectado su aparato de televisión o están viendo un programa. Debe obviarse el uso de esta palabra con expresiones como "el problema de esta cadena es su escasa audiencia" (y no 'su escaso *rating*'), "los índices de audiencia no nos preocupan" (y no "los *ratings* no nos preocupan"). Si se trata de una cita textual, úsese en cursiva. No ha de confundirse con ***ranking.***

También, calificación que se hace de una empresa (especialmente de entidades bancarias) para definir su solvencia y evaluar el **riesgo** de una emisión. Por influencia del inglés está muy extendida la expresión 'agencias de *rating*' (*'rating agencies'*), pero en español se prefiere utilizar 'agencias de calificación'. Las más conocidas son Standard & Poor's y Moody's y Fitch.

reajustar, recortar. Evítense estos verbos que muchas veces se emplean desde los poderes públicos y empresas como **eufemismos** de 'despedir', 'disminuir' o 'reducir' cuando se trata de plantillas laborales o sueldos. 'Reajustar' también se utiliza como eufemismo de aumentar o subir los precios. Por todo ello, se optará por estos otros verbos que explican con mayor claridad los hechos. Y cuando se recojan 'reajustar' o 'recortar' en citas textuales, cabe puntualizar que se trata de eufemismos.

real time. Literalmente, **'en tiempo real'** o 'simultáneamente'. Término muy informático que quiere decir que 'algo sucede instantáneamente, mientras se está viendo, oyendo o viviendo'. Sería lo contrario de 'diferido'. Es algo en 'directo'. Por ejemplo: "Esta página te da información meteorológica sobre Cuenca en tiempo real"; es decir, da información instantánea y recopilada en ese mismo momento. Se prefieren 'simultáneo', 'simultáneamente' o 'al instante'.

reanudar. Continuar algo en el lugar donde se dejó. No debe confundirse con **reiniciar.**

recepcionar. No debe emplearse. Úsese 'recibir'.

recesión. Fase del ciclo económico que se caracteriza por la disminución de la actividad económica. Técnicamente, se muestra por un decrecimiento o contracción del **producto interior bruto (PIB)** durante al menos dos trimestres consecutivos. Si no, se tratará de un periodo de 'enfriamiento' económico. Por el contrario, cuando el estado de recesión supera los dos trimestres y se prolonga, normalmente se describe como 'depresión'.

récord (plural, récords). Aunque se trata de un término de uso muy común, conviene emplear también alternativas como 'marca', 'plusmarca', 'mejor registro' o 'nuevo registro'. Es una redundancia decir 'un nuevo récord'.

recordman, recordwoman. Evítense estos falsos anglicismos, acuñados en Francia (en inglés se emplea la expresión *'record holder'*, que sirve tanto para el masculino como para el femenino). En español, lo correcto es **plusmarquista.**

recuento de votos. Dígase **'cómputo de votos'** o 'escrutinio' si se cuentan por primera vez. 'Recontar' es 'comprobar' o 'volver a contar'.

recurso. El recurso es el término genérico que designa la acción de una parte contraria a una resolución judicial para que se vuelva a considerar esa decisión y, en su caso, se anule o modifique. Lo decide o bien un órgano jurisdiccional superior (recurso de **apelación** o de alzada) o bien el mismo tribunal que ha dictado la resolución (recurso de reforma o de reposición). El 'recurso de casación' es el que se interpone ante el Supremo; el 'recurso de amparo' es el que un particular presenta ante el Tribunal Constitucional cuando considera que se ha vulnerado alguno de sus derechos fundamentales.

recusación. Petición de una de las partes o del ministerio fiscal para que se sustituya a un juez o a un magistrado por sospechar de su falta de imparcialidad ante el caso.

Red. Se escribe con mayúscula si equivale al nombre propio 'Internet': 'la Red'.

redactado. Es incorrecto escribir o decir 'el redactado de la ley'. En todo caso, es correcto el participio en 'lo redactado'; o bien 'la redacción de la ley'.

redimensionar. No debe emplearse como **eufemismo** de 'reducir'.

reeditar. Significa 'volver a editar una obra'. No es sinónimo de volver a hacer cualquier cosa. En esos casos se dice 'repetir', 'revalidar', 'reproducir', etcétera.

réferi/referí. Adaptación del inglés *'referee'* que se utiliza en el español rioplatense y en otras zonas de América como sinónimo de árbitro. Mientras que en Argentina la acentuación mayoritaria es aguda *(referí)*, en otros países como México es esdrújula *(réferi)*. En España debe usarse 'árbitro'; y se ha de cuidar el supuesto sinónimo **'colegiado'**, pues no en todos los países están organizados en un colegio.

regidor. Esta palabra se usa a menudo como sinónimo de 'alcalde', sobre todo en segundas referencias. Sin embargo, desde el siglo XVIII se define en español como 'la persona destinada en las ciudades, villas o lugares para el gobierno económico' (además de como 'el que rige o gobierna'). A partir del siglo XIX, ese término pasa a referirse a cualquier **concejal.** Finalmente, y tras diversas modificaciones, en el siglo XX el *Diccionario* define también regidor como 'concejal que no ejerce ningún otro cargo municipal'. Y en 2001 pasa a ser 'alcalde o concejal', definición que permanece en la edición de 2014. Están documentadas expresiones como "alcalde y regidores, recibid a todo el pueblo" que atestiguan esa diferencia de significado entre ambos términos. Por todo ello, 'regidor' puede ser sinónimo de 'alcalde', pero también de 'concejal'.

reglamentario, tiempo. La duración reglamentada para un partido de fútbol es de 90 minutos. Si el **árbitro** lo prolonga en atención a las pérdidas de tiempo registradas durante el juego, deberá hablarse de que se ha superado el 'tiempo reglamentado', pero no el 'tiempo reglamentario', puesto que las normas del fútbol prevén precisamente esa prolongación del tiempo, que sigue siendo, por tanto, 'reglamentario'.

reiniciar. Significa 'volver al comienzo'. No debe confundirse con **'reanudar'.**

reino. Se escribe con mayúscula inicial cuando ésa sea o haya sido la forma política de un Estado. Ejemplos: "El Reino de España", pero "dijo que su reino no es de este mundo".

Reino Unido. Inglaterra, Gales y Escocia forman Gran Bretaña y, junto con Irlanda del Norte, el Reino Unido de Gran Bretaña e **Irlanda del Norte,** nombre oficial del país. Así pues, se escribirá o se dirá 'el Reino Unido', por ser una denominación más completa, cuando se trate de una referencia a esta nación y no a alguna de sus partes. No obstante, los ciudadanos del Reino Unido son 'británicos'. En el empleo de estos términos hay que tener sumo cuidado con las referencias geográficas o las históricas. El 'norte de Inglaterra' no se corresponde con 'el norte del Reino Unido', que es donde está Escocia. No es lo mismo escribir que "la *leyenda negra* fue creada por Inglaterra hace 400 años, a raíz de la intentona de la Armada Invencible", que atribuírsela al Reino Unido, pues no es hasta el año 1707 cuando ingleses y escoceses acuerdan (Act of Union) constituir un **Parlamento** único. Los mismos criterios, e idénticas precauciones, valen para los adjetivos 'anglo', 'inglés' o 'británico'.

En cuanto al artículo que precede al nombre propio 'Reino Unido', se puede y se debe usar, como sucede con otras denominaciones de países en singular que no son los topónimos tradicionales: 'el Reino Unido', 'la Unión Soviética', 'la **República Dominicana'**. Véase **islas Británicas.**

reivindicar. Significa 'reclamar algo a lo que se cree tener derecho'. Por extensión, 'peticiones de los trabajadores o de una colectividad'. La Academia admite en su *Diccionario* que, referido a una acción, es 'reclamar para sí la autoría'. Así pues, se puede 'reivindicar' un atentado. Pero es preferible la forma 'atribuirse'.

relanzar. La Academia ha admitido también su significado de 'volver a lanzar' (además de 'rechazar', 'repeler'). Sin embargo, para esos casos se prefiere el uso de 'reactivar la economía', 'impulsar el comercio', 'reimpulsar la publicación'.

relax. Sustitúyase este anglicismo, según el caso, por 'descanso', 'retiro', 'relajamiento' o 'relajación' (y sus correspondientes verbos).

relevante. Por vía de **falso amigo,** se traduce a veces 'relevante' en vez de 'pertinente', 'apropiado'. En español significa 'destacado' o 'sobresaliente'. También está desplazando, por abuso, a la palabra 'importante'.

remake. No debe utilizarse. Sustitúyase, según el caso, por 'versión', 'adaptación' o 'remedo'.

remarcable. Es un extranjerismo. Escríbase 'notable', 'señalado', 'interesante', 'conspicuo', 'sobresaliente', 'digno de atención', 'digno de observación', 'importante', 'peculiar', 'singular', 'significativo', 'excepcional' o 'sugestivo'.

remarcar. Este verbo significa 'volver a marcar'. Aunque la Academia ya acepta su uso con el significado de 'destacar' o 'hacerse notar', no hay que olvidar verbos como 'subrayar', 'recalcar', 'advertir', 'apuntar', 'hacer hincapié', 'reparar', 'manifestar', 'poner de manifiesto', 'poner de relieve' o 'llamar la atención'.

remontada. En competiciones deportivas, la remontada se produce cuando un deportista o un equipo que empieza perdiendo el partido o la eliminatoria acaba venciendo a su rival; conseguir un empate no es remontar un resultado.

rentrée. No debe utilizarse. Escríbase 'regreso', 'vuelta' o 'retorno'.

reo. Palabra de límites ambiguos porque sirve tanto para un acusado como para un culpable. Puede usarse como segunda referencia si ya ha quedado clara la condición de la persona aludida.

reposición. Revocación por un juez de una resolución que había tomado, por la solicitud de una parte.

república. Se escribe con mayúscula inicial cuando ésa sea o haya sido la forma política de un Estado. Ejemplos: 'la República Popular China', 'la Segunda República Española', pero 'la república de las letras'.

República Checa. Denominación oficial de una de las dos repúblicas en que se dividió **Checoslovaquia** el 1 de enero de 1993. La capital es Praga; y el gentilicio, **'checo'.** En los titulares de las ciberpáginas de la SER puede usarse 'Chequia': "Chequia aceptó la propuesta".

República de Irlanda. No es necesario escribir o decir siempre su nombre completo, salvo cuando en el mismo texto se mencione a **'Irlanda del Norte'** (que forma parte del **Reino Unido).** En cambio, no se debe emplear 'Eire' como sinónimo de 'República de Irlanda'. Ese nombre oficial (en irlandés) estuvo en vigor desde 1937 hasta 1949. Véase **Irlanda.**

República del Congo. Véase **Congo.**

República de la Unión de Myanmar. Véase **Birmania.**

República Democrática del Congo. Véase **Congo.**

República Dominicana. Denominación oficial del Estado que comparte con Haití la isla de Santo Domingo, en las Antillas, y cuya capital se llama Santo Domingo. Para los titulares se puede usar 'Dominicana': "Dominicana aceptó la propuesta".

requirements. Su traducción correcta es 'requisitos' y no 'requerimientos' por vía de **falso amigo.** Se refiere a los 'requisitos que necesita cumplir un ordenador para instalar un programa' (tener determinada memoria, determinado disco duro, etcétera).

rescate. esta palabra, que se refiere a aquello que se recupera o se libera de un peligro o daño, va seguida de la preposición 'de' y no 'a', por lo que se dirá 'rescate de la banca' en lugar de 'el rescate a la banca'.

El periodista debe permanecer alerta ante ciertos eufemismos y rodeos que pretenden ocultar lo que significa este término, como 'puesta en valor de los activos', o 'venta de activos de riesgo para mejorar los índices de solvencia'.

Reserva Federal (FED). Sistema bancario central de Estados Unidos de América, creado en 1913.

resetear, reseteo. En español, úsese **'reiniciar'** o 'reinicio' cuando se regrese al punto de partida; y **'reanudar'** o 'reanudación' cuando se regrese al punto en el que se dejó una tarea.

resort. Anglicismo que no debe emplearse para designar a los 'centros vacacionales' o 'complejos hoteleros'.

responsabilidad civil. También conocida como 'responsabilidad extracontractual' o (por influencia del derecho anglosajón) 'derecho de daños'. Se refiere a la obligación que nace para un sujeto de indemnizar por el daño que ha ocasionado a un tercero al actuar de manera negligente o culpable. También puede tener su origen en la comisión de un delito, y consiste en indemnizar a la víctima por el daño moral o material causado.

responsabilidad penal o responsabilidad criminal. Obligación jurídica de responder ante la sociedad por la comisión de un delito o falta y que se traduce en el cumplimiento de una pena. Son responsables criminalmente tanto los autores como los cómplices, los inductores y cooperadores necesarios.

reticente. Este adjetivo es sinónimo de 'reservado', 'receloso' o 'desconfiado'; pero no de 'reacio', 'remiso' o 'renuente', que significan 'contrario a una acción o que muestra resistencia a realizarla'.

retransmitir. 'Transmitir desde una emisora de radiodifusión lo que se ha transmitido a ella desde otro lugar'. Por tanto, es válido para la gran mayoría de los acontecimientos deportivos, pero no para los programas producidos en los mismos estudios de la emisora. Así, no podría hablarse de 'la retransmisión del telediario', pero sí de 'la retransmisión de la final de Wimbledon'.

retroactividad. Principio conforme al cual se extiende la aplicación de las leyes nuevas a las situaciones y relaciones jurídicas anteriores a su entrada en vigor. En el derecho español y en los ordenamientos jurídicos de los países democráticos rige el principio de irretroactividad de las normas sancionadoras y restrictivas. Sólo son retroactivas las normas favorables al **acusado.**

reverter. Significa 'rebosar'. No debe confundirse con **'revertir'**, que es 'volver a un estado o condición anterior'.

revertir. Véase **reverter.**

revival. No puede utilizarse. Empléense 'evocación', 'resurgimiento', 'remedo', 'retorno', 'el renacer', etcétera.

revolución. Se escribe con mayúscula inicial sólo cuando se refiera a un hecho de trascendencia histórica, determinante, acuñado como nombre propio. Ejemplos: 'Revolución de Octubre', 'Revolución Francesa', la 'Revolución Cultural china'; pero 'la revolución sandinista, en Nicaragua'.

Richter, escala de. Esta escala para medir los **seísmos** comprende en la práctica 10 niveles, pero nada impide en teoría que se produzca un movimiento telúrico de magnitud superior. Cada punto de esta escala significa multiplicar por diez la fuerza del terremoto. Por tanto, el nivel 2 es diez veces superior al 1; y el nivel 3, diez veces más que 2; y así sucesivamente. No debe hablarse de 'grados' en la escala de Richter, sino de 'puntos'.

riesgo. En el ámbito financiero, la probabilidad de que los fondos invertidos no sean recuperados. Así, se llama 'riesgo de crédito' a la probabilidad de que el prestamista no recupere el dinero junto con los intereses generados, o al menos de que no recupere una parte. Igualmente, el 'riesgo de mercado' es el que se refiere a las pérdidas por variaciones en el mercado en su conjunto. Asimismo, se utiliza la expresión 'riesgo país' para hablar de la probabilidad de sufrir pérdidas al invertir en un país determinado o comerciar con sus empresas.

ring (plural, *rings*). Sustitúyase por 'cuadrilátero' en las informaciones sobre boxeo.

río. Se escribe en minúscula, salvo que forme parte de un nombre propio. Ejemplos: 'el río Genil', 'la ciudad de Río de Janeiro', 'Explosivos Río Tinto'.

Rioja, La. 'La Rioja' (región vinícola, y una comunidad autónoma española), pero 'un rioja'.

roaming. Subcontratación de un servicio de una red de telefonía móvil en un país extranjero; o capacidad de un teléfono móvil para conectarse fuera del país de origen. Debe decirse 'itinerancia'.

road show. Se puede traducir como 'gira', 'ronda de visitas' o 'exposición itinerante'. Se suele usar para referir que una empresa (normalmente antes de salir a Bolsa o de vender un proyecto) emprende una ronda de visitas a compañías de inversión y analistas por toda la nación, o incluso por varios países. Empléese alguna de las citadas alternativas en español.

robot (plural, robots). Palabra que inventó el dramaturgo **checo** Carel Kapek, derivada de la raíz eslava para 'trabajo' *('robota')*. No debe olvidarse la palabra 'autómata'.

Roca. Nunca debe emplearse este anglicismo como sinónimo de **Gibraltar,** pues se trata de una traducción literal e incorrecta de *the Rock*. Escríbase 'el **Peñón'.**

rock. Por su extendido uso, en las ciberpáginas de la Cadena SER va en redonda (igual que 'jazz' o **'folk').** En cambio, se escribirá en cursiva cuando se refiera su nombre completo en inglés *('rock and roll'*, nunca *'rock'n'roll')* o cuando acompañe a otra palabra escrita en cursiva. Ejemplos: *'country rock'*, pero 'jazz rock' o 'rock sinfónico'.

rockero, no *'rocker'*. Persona a quien le gustan el **rock** y la forma de vida que se ha ido creando en torno a este tipo de música. Se escribe en redonda.

rol. Del francés *rôle*. Son de mejor estilo 'papel' o 'función'. Sí puede emplearse 'juego de rol'. Pero ha de escribirse 'desempeñar un papel' y no el galicismo 'jugar un rol'.

rollo. Esta palabra, en el sentido de 'asunto', sólo puede usarse en contextos de lenguaje poco formal. Aun así, no puede utilizarse genéricamente, sino aplicada a una actividad concreta o en relación con ella: "Tu hermano está en ese rollo". Lo mismo sucede con 'enrollarse'. Ni el sustantivo ni el verbo pueden usarse en mensajes informativos como sinónimo de **'ligue',** 'aventura' o 'relación pasajera'.

rookie. Término muy utilizado en los deportes de las grandes ligas profesionales norteamericanas (béisbol, baloncesto o fútbol americano) para designar al 'novato', 'principiante' o 'debutante' en una competición. Úsese cualquiera de estas equivalencias.

roulotte. Escríbase 'caravana' o 'remolque', según sea el caso.

round (plural, *rounds)*. Empléese la palabra española 'asalto'.

royalty (plural *royalties)*. No debe utilizarse este anglicismo. Ha de ser traducida por 'patente', 'regalía', 'derechos' o 'canon'.

rutinario. Lo que se hace sin saber muy bien por qué, sin razonar. A veces se utiliza erróneamente esta palabra en lugar de 'habitual', 'ordinario', 'por costumbre': la expresión 'un registro rutinario' debe ser sustituida por 'un registro ordinario', a no ser que se cumpla precisamente como una 'rutina' ('hábito de hacer las cosas por mera práctica y sin razonarlas'). Este último concepto es, por tanto, peyorativo.

S

***safety car*.** No debe usarse. En las carreras de motor, el 'coche de seguridad'.

saga. Esta palabra no es sinónima de 'familia', sino (en expresión no muy precisa) de 'aventura', 'leyenda' o 'relato'. Etimológicamente se refiere a las leyendas escandinavas, pero la sucesión de títulos en España como la serie televisiva *La saga de los Rius* o *La saga de los Porretas* (un exitoso serial de la Cadena SER en los años ochenta) indujo a identificar 'saga' con 'relato novelesco referido a una familia a través de varias generaciones', y así fue admitido por la Academia en 1992. Con todo y eso, 'saga' equivale al 'relato' o a la 'leyenda', no a 'familia'. Antes de usar esta palabra con ese sentido, el redactor debe plantearse otras tal vez más adecuadas, como 'estirpe', 'linaje', 'ascendencia' o 'dinastía'. Y, por supuesto, 'familia'.

Sahel. Escríbase 'región subsahariana'.

Sam, tío. Nombre con el que los norteamericanos designan familiarmente al 'Gobierno' y a la 'Administración' en su conjunto. El apelativo proviene de Samuel Wilson, quien en la guerra contra los ingleses (1812-1815) obtuvo la contrata del suministro de carne y otros alimentos a las tropas norteamericanas. A su fama contribuyó grandemente el hecho de que las iniciales de 'tío Sam' en inglés ('U.S.', de *'uncle Sam')*, pues así era conocido popularmente, coincidieran con las de 'Estados Unidos' ('United States'), pintadas durante la campaña en los carromatos de aprovisionamiento. Este nombre puede servir para espacios distendidos y de lenguaje coloquial, pero no para las noticias.

san. Se escribe todo en minúsculas, salvo que forme parte de un nombre propio. Ejemplos: 'san Blas', pero 'el barrio de San Blas'.

sándwich (plural, sándwiches). Voz inglesa incorporada al *Diccionario de la lengua española.* Se prefiere el uso de la palabra 'emparedado'.

Sandwich, islas. Debe decirse 'islas Hawái'.

San Fermín. Si se refiere al santo, se escribe 'san Fermín'. Si se refiere a las fiestas de Pamplona, 'San Fermín'. Y si se utiliza la denominación popular de éstas, 'sanfermines'.

Santa Cruz, palacio de. La sede del Ministerio de Asuntos Exteriores español y, por extensión, éste. No debe emplearse como sinónimo si no queda clara la referencia.

saudí, no 'saudita', según el criterio de la Cadena SER.

savoir faire. Úsense las palabras castellanas 'habilidad', 'destreza', 'tacto' o 'mano izquierda'.

saxo. Forma apocopada de **saxófono.** La palabra se debe al inventor de este instrumento, el belga Adolphe Sax (1814-1894).

saxófono, mejor que 'saxofón'. No obstante, se prefiere **saxo.**

scalextric o **scaléxtric.** Escríbase 'paso elevado'. Para referirse a la marca de un juguete, 'Scalextric'.

scanner. Véase **escáner.**

scoop. En inglés, 'buena ganancia' o 'golpe afortunado'. En la jerga periodística, 'primicia', 'exclusiva' o 'pisotón' (en Colombia, 'chiva'). No debe emplearse.

scooter. Se debe escribir 'escúter' (plural, escúteres). Puede emplearse también 'motoneta', palabra usada en América.

–scopia, –scopía. Las palabras que se forman con este elemento compositivo de origen griego suelen designar procedimientos o técnicas de exploración visual. Admiten dos acentuaciones: 'laringoscopia' o 'laringoscopía', 'microscopia' o 'microscopía'. Las formas con diptongo (–ia) son las preferidas en España, mientras que las que terminan en hiato (–ía) son más comunes en el español americano.

screening. Voz inglesa bastante extendida en Latinoamérica que debe sustituirse por equivalencias en castellano como 'detección sistemática', 'identificación sistemática' o 'cribado'.

script, script-girl. Estos términos forman parte de la jerga del cine.

Sustitúyanse por 'anotador' y 'anotadora'.

scudetto. Título nacional de la Liga de fútbol italiana; escudo que lucen en su camiseta los jugadores del equipo ganador de la Liga. Si se usa, debe quedar claro su significado.

secuela. Puede tener un significado ambiguo por sus acepciones peyorativas ('trastorno que permanece tras una enfermedad'). Para evitarlo al hablar de películas, escríbase 'segunda parte' o 'continuación'; y no 'la secuela de esta película'.

securities. Debe traducirse por 'valores de renta fija'.

sede. Son muy artificiales las expresiones 'en sede judicial' o 'en sede parlamentaria', tan repetidas en el lenguaje político. Escríbase 'en el juzgado', 'en el **Parlamento'.**

seguras (fuentes). Las fuentes son 'fidedignas' o 'dignas de crédito'. Pero estas expresiones no deben utilizarse en la Cadena SER. Se entiende que todas las fuentes utilizadas reúnen esa condición.

seísmo, no 'sismo'. Se prefiere la primera, aun cuando todas las demás relacionadas con terremotos ('sismógrafo', 'sísmico', 'sismólogo') se deriven de la segunda, que es más usada en América.

selfie. Autorretrato realizado con un aparato móvil, generalmente para transmitirlo vía Internet o redes sociales. Escríbase 'autofoto' o 'autorretrato': "Obama, Cameron y Helle Thorning-Schmidt se hicieron una autofoto". En la mayoría de las ocasiones, el uso de un verbo reflexivo permite obviar esta palabra: "Me hice una foto con la catedral de fondo", "te envío esta foto que nos tomamos los dos en la nueva casa".

self-service. Escríbase 'autoservicio'.

sendos. Este adjetivo, que significa 'uno cada uno', no es sinónimo de 'ambos'.

sensible. No debe emplearse este **falso amigo** del inglés *'sensible'* como equivalente de 'delicado' o 'confidencial'.

sentencia. Resolución judicial que decide de forma definitiva sobre las cuestiones en litigio. Se dice que es una sentencia firme cuando la dicta una instancia ante la que no cabe la interposición de ningún **recurso,** ordinario o extraordinario; o cuando, transcurrido el plazo previsto en la ley, no ha sido recurrida.

seny. Palabra catalana con la que se expresa el sentido de ponderación, de orden mental, de prudencia en el juicio y en la acción. Por su extendido uso, puede utilizarse sin traducción.

senyera (plural, senyeras; no *senyeres).* En catalán, 'bandera'. Al pasar a un contexto castellano, significa 'bandera catalana', y, por extensión, la 'bandera de Cataluña' (también las de la Comunidad Valenciana y Baleares). Se escribe en redonda y se castellaniza su plural, como sucede con **'ikurriña'.**

señalizar. Es 'poner señales'. No debe confundirse con 'señalar'. Por tanto, es incorrecto decir "el árbitro señalizó el penalti".

septiembre, mejor que 'setiembre'. En el calendario romano, el 'séptimo mes'; de ahí su nombre y la mejor coherencia etimológica de la primera grafía.

SER. Siglas de la Sociedad Española de Radiodifusión. Por su uso generalizado, estas siglas se pueden emplear como única referencia, sin necesidad de hacerlas preceder del nombre completo. En las ciberpáginas de este medio se escribirá 'la Cadena SER'.

sería. Véase **habría, estaría.**

seropositivo. Portador del virus de inmunodeficiencia humana. El afectado no es un 'enfermo de sida', pero sí 'está afectado, con posibilidades de desarrollar la enfermedad'. Véase **sida.**

servidor. Se da este nombre a un 'ordenador que cumple funciones de asistencia a algún proceso cuya orden proviene de otra máquina (llamada cliente)'. La palabra es una traducción del inglés *'server'.* Con frecuencia un 'ordenador anfitrión' (o ***'host')*** —ya sea de una red local o de Internet— ejecuta funciones de servidor; por eso en la práctica a veces se le llama indistintamente *'host'* o 'servidor'. En español se integra muy bien la traducción 'servidor', que comparte la raíz latina con el inglés *'server'.*

set (plural, *sets).* Sólo puede utilizarse esta palabra en informaciones de **tenis,** y en todo caso combinada con las palabras españolas 'manga' y 'parcial'. (Véase **tenis).** En los otros supuestos, utilícese 'plató' o 'estudio'. También se emplea, y es un anglicismo inaceptable, para designar un 'conjunto de elementos que sirven para el mismo fin o tienen una función común': "Este *set* dental está compuesto por un cepillo, una pastilla reveladora de placa bacteriana y una pasta dentífrica". Sustitúyase por 'lote' 'conjunto' o 'juego'.

seudónimo, no 'pseudónimo'.

severo. Falso amigo del inglés *'severe'*, muy presente en las informaciones de salud y en las de economía. No significa 'severo', sino 'grave'. Las enfermedades pueden ser 'graves'; los requisitos, 'estrictos', y los castigos, 'severos'.

sex appeal. No debe usarse, como tampoco la transcripción que propuso la Academia: 'sexapil'. Su traducción castellana es 'atracción sexual' o 'atractivo sexual', si bien este adjetivo se sobrentiende a menudo.

sex symbol (plural, *sex symbols).* Sustitúyase por 'símbolo sexual'.

sexy. Se prefiere 'atractivo', 'erótico', mejor también que la transcripción académica 'sexi'.

sheriff. Puede utilizarse en el contexto de las películas del **Oeste** y para designar a quien desempeñe actualmente ese cargo de representante de la ley en un condado de **Estados Unidos.** En el resto de los casos, dígase 'comisario'.

sherpa (plural, sherpas). Nombre de una **etnia** nepalí habituada a las grandes alturas del Himalaya. Con ese sentido se escribe en redonda. Esta palabra se aplica también en alpinismo como nombre genérico para designar a los porteadores de altura o guías especializados en escaladas, sean o no de esa etnia. En tal caso, se escribe en cursiva. Y también si se emplea en sentido metafórico: 'Necesito un *sherpa* para no perderme en Nueva York'.

shiies (singular, *shií).* Escríbase **'chií'** y 'chiies'.

shock. Escríbase 'choque' o conmoción.

shorts. Empléese su equivalente español: 'pantalón corto'.

show (plural, *shows).* No debe emplearse. Sustitúyase siempre por 'espectáculo', 'función' 'exhibición' o 'exposición', salvo que esta palabra inglesa forme parte de un nombre propio.

show-business. No debe emplearse. Tradúzcase por 'el mundo del espectáculo'.

sic. Este adverbio latino se empleará en las citas, escrito en cursiva y entre paréntesis, cuando se quiera indicar que una palabra o una frase, que pudiera parecer o ser inexacta, es textual.

sida. Siglas de 'síndrome de inmunodeficiencia adquirida'. El uso las ha convertido en palabra común. Por tanto, se escribirá toda en minúsculas y en redonda: 'sida'. Puede utilizarse igualmente 'sídico', como adjetivo relativo al sida, pero se deberá evitar el término 'sidoso' para referirse a un afectado. Aunque esta palabra esté bien construida morfológicamente (igual que 'griposo', por ejemplo), puede percibirse como despectiva. No deben confundirse 'enfermo de sida' y **'seropositivo'.** Este último no ha desarrollado necesariamente la enfermedad. Por tanto, es un error grave la expresión 'enfermo de VIH'. Véase **seropositivo.**

Sídney, no Sydney. Se adapta al español, incluida la tilde, a partir del nombre propio Sydney (por lord Sydney), como sucede con **Johanesburgo** (y no 'Johannesburgo') o Luisiana (y no 'Louisiana'). Sin embargo, debe respetarse el nombre original al citar el periódico *'The Sydney Morning Herald'* (así como sucede con ***'The New York Times').***

sigue valiendo. En las narraciones deportivas se dice a menudo "sigue valiendo el gol de Fulano". Obviamente, los goles siguen valiendo una vez que el **árbitro** los da como válidos. Escójanse otras fórmulas, como "sigue venciendo el equipo local por 1-0, gracias al gol de Fulano" y otras similares.

simpapeles. Neologismo aceptable. Define a las personas que no poseen la documentación necesaria para la situación en que se encuentren: 'emigrantes simpapeles'. Véase **ilegal.**

síndrome. Es un conjunto de síntomas, no una enfermedad en sí misma ('síndrome de Asperger', 'síndrome de Down').

singladura. La distancia recorrida por una nave en 24 horas. Por tanto, es una incorrección hablar de 'una larga singladura' para referirse por ejemplo a una trayectoria profesional.

single (plural, *singles).* Se prefiere el uso de 'disco sencillo'. Tampoco debe usarse cuando equivale a 'soltero' o 'sin pareja'.

siniestrabilidad. La expresión correcta es 'siniestralidad', pero se considera de mejor estilo hablar de 'los siniestros', 'los accidentes'. "Aumentaron este año los accidentes en las carreteras", y no "aumentó este año la siniestralidad en las carreteras".

sinólogo, no **'chinólogo'.** Experto en cuestiones chinas.

sintecho, sin techo. Aunque la Academia ha admitido 'sin techo' como equivalente de 'persona que carece de vivienda y, generalmente, de cualquier medio de vida', se prefiere evitar este calco de ***'homeless'*** y usar 'desamparado', 'vagabundo', 'mendigo', 'pordiosero', 'indigente' o 'desvalido'.

sintomatología. Rama de la medicina que se dedica al estudio de los síntomas de las enfermedades. Su utilización es inadecuada con el significado de 'conjunto de síntomas'. Para ese supuesto, úsense esa locución y también **'síndrome'.**

sionista. Partidario del establecimiento de una comunidad judía autónoma en Palestina, en la *tierra prometida* del monte Sion, lugar donde estuvo el antiguo templo de Jerusalén. Véanse **israelí, israelita** y **judío.**

sir (plural, sires). Si se usa este tratamiento honorífico inglés, hay que tener en cuenta que se antepone al nombre, nunca al apellido. Se escribe con minúscula y en redonda, y en antena se pronuncia algo así como *ser.* Véase **lord.**

sismo. Véase **seísmo.**

site. No debe usarse. En inglés, 'emplazamiento', 'local'. 'Sitio' o 'página' en Internet.

sitio o **cibersitio.** Un emplazamiento en Internet o 'página web' (pero se prefiere 'ciberpágina'). Así, se dice "conozco un sitio de hockey", "he descubierto un cibersitio sobre leyendas rumanas".

skeleton. En inglés, 'esqueleto'. Modalidad deportiva (y como tal se escribe en redonda) que forma parte de los Juegos Olímpicos de Invierno, y que consiste en el descenso con un minitrineo sobre el que se posa boca abajo el competidor.

sketch (plural, *sketches).* En inglés, 'boceto', 'apunte'. Suele sustituir a expresiones españolas como 'escena', 'escena chistosa', 'chiste', 'chiste escenificado', 'lance gracioso'. Si se usa, debe explicarse.

slalom. Escríbase **'eslalon'.**

slice (plural, *slices).* Véase **golf.**

slicks. Ruedas lisas. Escríbase "Alonso tuvo problemas con las ruedas lisas", y no "tuvo problemas con los *slicks*".

slide. Escríbase 'diapositiva' o 'filmina'

slip (plural, *slips).* La Academia ha incorporado la grafía 'eslip', pero es preferible 'calzón corto' o 'calzoncillos'. También puede emplearse el americanismo 'pantaloneta', usado tanto para la prenda interior como para la prenda deportiva.

slogan. Véase **eslogan.**

slot. En inglés, 'hueco', 'hendidura'. En el lenguaje de la aeronavegación, 'permiso' para aterrizar o despegar. Úsense las opciones en español.

smartphone. Teléfono móvil que tiene pantalla táctil, ofrece la posibilidad de conectarse a Internet, dispone de memoria interna, gestiona cuentas de correo electrónico y posee funciones similares a la de un pequeño **ordenador** personal. Existen en español las alternativas 'teléfono inteligente' y, en lenguaje coloquial, 'listófono'. En la mayoría de las ocasiones, no es necesario decir más que 'teléfono', 'teléfono móvil' o 'móvil', pues por el contexto suele deducirse que se trata de un aparato que además ejecuta otras funciones ("respondí tu mensaje desde el móvil"). Una de las marcas más conocidas en el mercado es iPhone, cuyo plural es invariable ('los iPhone').

smash. Tradúzcase por 'mate'. Véase **tenis.**

smog. Tradúzcase por 'niebla tóxica' o 'contaminación' a pesar de que existen la adaptación española 'esmog' y la alternativa académica 'neblumo'. El vocablo *'smog'* procede de la contracción de las palabras inglesas *'smoke'* ('humo') y *'fog'* ('niebla').

smokin. Escríbase **'esmoquin'.**

SMS. Siglas del inglés *Short Message Service.* Úsense 'mensaje' o 'mensaje de móvil' (o 'mensajito' si se quiere destacar su brevedad), pero también sirve SMS si queda claro su significado por el contexto. Véase **cibermensaje.**

snack-bar. Utilícese 'cafetería'.

snail mail. Literalmente, 'correo caracol'. Término humorístico, pero muy extendido en inglés, que se opone a ***'e-mail'.*** La traducción debe ser, simplemente, 'correo postal'; o 'correo caracol' y 'correo tortuga' si se desea resaltar su lentitud.

snowboard. Esquí que se practica con una sola tabla. Como modalidad deportiva, se escribe en redonda, al igual que otros anglicismos, como **squash, surf,** etcétera.

soberanía monetaria. Es la capacidad de un Estado para decidir y controlar las cuestiones relacionadas con el dinero, incluida la cantidad que hay en circulación, los tipos de interés, los tipos de cambio entre divisas, etcétera. Los países miembros de la **eurozona** no tienen la soberanía monetaria al contar con una moneda cuya regulación está en manos del Banco Central Europeo.

sobre. Esta preposición se usa a menudo inadecuadamente en las narraciones deportivas, al decir "comete falta sobre el delantero" o "penalti sobre el atacante". Dígase "comete falta al delantero" o "hace penalti al atacante".

sobredimensionamiento. No debe utilizarse. Escríbase 'exceso', 'exageración'.

sobreseimiento. Decisión judicial que suspende una instrucción sumarial o deja sin curso ulterior un procedimiento penal, por resultar que los hechos no constituyen delito, no han quedado debidamente acreditados o porque los cargos son insuficientes para formular una acusación. Es un verbo transitivo ("la Justicia argentina terminó sobreseyendo la causa"). Aunque el hecho de suspender una instrucción sumarial implique la absolución de los **acusados,** no debe usarse 'sobreseer' con el significado de 'absolver': se sobresee un proceso, una causa, un juicio, etcétera, y se absuelve a una persona.

A veces se decreta el 'sobreseimiento provisional', pero eso puede constituir una mera formalidad, y no significa que se esté a la espera de la aparición de pruebas sino que de momento no existe ninguna que justifique la continuación del proceso (lo cual no hace suponer que vayan a existir).

sofisticado. En español este adjetivo significa tradicionalmente 'artificial', 'rebuscado', 'adulterado', 'falso', 'falto de naturalidad', 'afectadamente refinado' o 'exagerado'. Es un **falso amigo** del inglés '*sophisticated*' si se emplea con el sentido de 'complicado', 'avanzado', 'perfeccionado' o 'moderno'. Pero la Academia ha admitido ya ese uso cuando se refiere a un aparato, a una técnica o a un mecanismo. Antes de usarlo con ese sentido, vale la pena plantearse si no será más precisa alguna de las citadas alternativas.

software. En el 99,9% de los casos, esta palabra puede traducirse por 'programa'. Sólo cuando se refiere a las 'líneas de programación (al código) que ha tenido que escribir un programador para inventar un programa' habrá de traducirse de otra manera ('código', 'código fuente'). También se puede traducir '*software*' mediante el neologismo 'programática' con valor de sustantivo: "La programática de este equipo que compré es extraordinaria".

sólo. La Academia considera que las posibles ambigüedades entre el adjetivo 'solo' y el adverbio 'sólo' ("estoy yo solo", "estoy yo sólo") se resuelven mediante el contexto, y por eso es partidaria de suprimir la tilde en el adverbio. Asimismo, incorporó en la nueva *Ortografía,* de 2010 (apartado 3.4.3.3.), algunos comentarios que pueden ser válidos para textos extensos en general: esas ambigüedades entre adjetivo y adverbio, señala, "siempre pueden resolverse por otros medios, como el empleo de sinónimos *(solamente* o *únicamente,* en el caso del adverbio solo), una puntuación adecuada, la inclusión de algún elemento que impida el doble sentido o un cambio en el orden de las palabras que fuerce una sola de las interpretaciones". Sin embargo, en el trabajo periodístico no siempre están disponibles esos recursos, ya sea por causa del espacio asignado o por la rapidez inherente a este oficio. Los escritos periodísticos (especialmente los titulares y destacados, sobre todo si se trata de reportajes) disponen de un contexto muy breve; y lo que facilita la distinción entre esos dos significados es precisamente la tilde. Un reportaje puede titularse: 'Solo en casa' o 'Sólo en casa', de modo que esas palabras cubran todo el ancho tipográfico disponible y no quepa mayor precisión ni resulte posible escribir 'Únicamente en casa'.

Así pues, y teniendo en cuenta que la propia *Ortografía* académica admite la opción de no acentuar 'sólo' como potestativa y no como obligatoria (en su página 269 señala que *'se podrá* prescindir de la tilde en estas formas incluso en casos de doble interpretación'), la Cadena SER permite a sus redactores y editores escribir 'sólo' (con tilde) en sus ciberpáginas cuando se trata de un adverbio.

solvencia. No se debe confundir con **'liquidez'.** Solvencia es la capacidad para satisfacer las deudas (conforme a los plazos de vencimiento), mientras que 'liquidez' se refiere a la capacidad de hacer frente de forma inmediata a las obligaciones financieras.

sonar (igual en plural). 'Exploración náutica del sonido' (en inglés, *'sound navigation and ranging').* Este acrónimo se ha convertido con el uso en palabra común: 'sonar'. La Academia le ha dado ya acentuación aguda.

sonotone. Tradúzcase por audífono.

sorprendente, sorpresivo. Lo que causa sorpresa es 'sorprendente'; lo que se produce por sorpresa, 'sorpresivo'.

SOS. Señal radiotelegráfica de gran peligro adoptada por una conferencia internacional reunida en Londres en 1912. Por extensión, 'llamada de socorro en general'. Estas letras no corresponden a ninguna inicial. Se han relacionado con la frase inglesa *'save our souls'* ('salvad nuestras almas'), pero su llamado tiene que ver más bien con salvar los cuerpos.

souvenir (plural, *souvenirs).* Debe emplearse la palabra 'recuerdo' aunque se trate de un objeto turístico. Si se emplea en una cita oral o textual, escríbase 'suvenir' y 'suvenires', grafía adoptada por la Academia.

Spa. Localidad belga que ya en la época romana era famosa por sus baños. En la actualidad esta palabra, por vía del inglés y escrita con minúscula, se aplica a una instalación (generalmente con alojamiento) que ofrece cuidados mediante el uso del agua, la cual puede ser de origen fluvial: 'un spa'. Siempre que sea posible, tradúzcase por 'hotel termal' o 'hidroterapia'. Es falsa la supuesta etimología latina de *'salutem per aquam (SPA)'.* La palabra 'balneario' se suele emplear para instalaciones con aguas de efectos medicinales; y 'termas' o 'caldas', para aguas minerales calientes.

spam, spamming. Se llama así en inglés a la 'ciberbasura', al envío indiscriminado de correo publicitario o propagandístico, o con intenciones de daño. El *spam* recibe también el nombre de *'junk mail'* ('correo basura') o *'mail bombing'* ('bombardeo postal', 'ciberbombas'). Úsense siempre las expresiones españolas.

sparring. No debe emplearse si no se explica. Usado sobre todo en el mundo del boxeo, este término se refiere al 'entrenador', 'adiestrador', 'contrincante previo', 'fingidor', 'adversario de prueba' o 'contrincante simulado' de alguien que se está preparando para una prueba, un debate o un combate. La Academia ha incorporado la adaptación 'esparrin' y 'espárrines', que se puede usar para citas orales o textuales.

speaker (plural, *speakers).* No debe usarse como sinónimo de 'locutor'. Pero sí, escrita en cursiva, cuando se trate del 'título que reciben los presidentes de las cámaras legislativas del **Reino Unido** y de **Estados Unidos'.** En este caso, en la primera cita debe añadirse 'presidente' entre paréntesis.

speech. No debe emplearse. Escríbase 'discurso', 'conferencia', 'arenga', **'alocución'** o 'parlamento', según los casos.

spin off. Es una entidad creada gracias a la escisión de una mayor. También, una derivación argumental nueva a partir de un personaje o un pasaje de una serie o película. En ambos casos puede decirse en español 'esqueje', sin olvidar 'escisión' o 'derivación'.

spoiler. Este sustantivo o adjetivo se forma en inglés a partir del verbo *to spoil,* que significa 'estropear' o 'echar a perder'. Por tanto, *'spoiler'* sería en español 'estropeador' o 'el que echa algo a perder'. Evítense expresiones como "mi amigo me hizo *spoiler"* (que equivaldría a "mi amigo me hizo estropeador", lo cual carece de sentido), "cuidado, que vas a hacer spoiler" ("cuidado, que vas a hacer estropeador") o "no sigo hablando para no hacer spoiler" ("no sigo hablando para no hacer estropeador"); y díganse "mi amigo me estropeó el final", "cuidado, que vas a destripar el final", o "no sigo hablando para no contarte cómo termina". La mejor equivalencia de *'spoiler'* en español como sustantivo es 'destripe', que figura desde 1884 en el *Diccionario* con el sentido de anticipar el desenlace de un relato. Para el adjetivo, puede usarse 'reventador' ("hay que darle una colleja a tu primo por reventador"). Y para el verbo, 'destripar' o 'reventar'.

spot (plural, *spots).* No debe emplearse. Tradúzcase por 'anuncio', 'espacio publicitario', 'publicidad' o 'cuña' (incluso para la televisión).

spray. No debe emplearse. Dígase en su lugar 'pulverizador', 'nebulizador', 'aerosol' o 'vaporizador', mejor que 'espray'.

sprint. Véase **esprín.**

squash. Deporte inventado en Inglaterra a mediados del siglo XIX. Juego semejante al frontón —pero con cuatro paredes, una de ellas transparente— que se practica en un espacio muy reducido, con raquetas especiales y una pequeña pelota de caucho. Se escribe en redonda, como todos los deportes y sus modalidades.

squatter (plural, *squatters).* Ocupante ilegal de una vivienda. Debe evitarse el uso de esta palabra. Se puede usar ***'okupa'.***

staff. Tradúzcase, según los casos, por 'equipo directivo', 'dirección', 'plana mayor', 'personal' o 'estado mayor'.

stage. Tradúzcase, según el caso, por 'prácticas', 'periodo de formación', 'pasantía' o 'estadía'. Esta última opción es la más indicada para las pretemporadas de equipos deportivos que se concentran durante parte del verano en algún lugar que les sirve para hospedarse y efectuar sus primeros entrenamientos.

stand (plural, *stands*). Tradúzcase por 'puesto', 'caseta', 'expositor' o 'pabellón'. En algunas zonas del centro de España se usa 'estaribel' (instalación provisional).

stand by. Escríbase 'en reposo', 'en suspenso', 'en espera', 'pendiente', 'parada temporal', 'pausa', 'paréntesis'...

standing. Tradúzcase por 'categoría', 'posición' o 'nivel'.

start-up. Empresa de reciente creación y gran crecimiento, generalmente en el terreno tecnológico. No debe emplearse. Escríbase 'empresa emergente'.

statu quo. Situación establecida. La pronunciación de 'quo' es aguda *(estátu-quó)*. Puede utilizarse, pero nunca con la grafía 'status quo' (ni siquiera si se usa en plural).

status. Aunque ya se ha españolizado como 'estatus', no se debe olvidar que, según cada caso, existen 'estatuto', 'situación', 'posición' o 'estado', sea éste económico, social, etcétera.

stent. Muelle que se coloca en una arteria para evitar o corregir su estrechamiento. Puede usarse, en cursiva, pero con la aclaración ('muelle') a continuación. En la comunicación oral, dígase "le colocaron un stent, o muelle, para corregir el estrechamiento de la arteria".

stock (plural, *stocks*). Se prefiere el uso de 'surtido', 'existencias', 'reservas' o 'almacenado'.

stop and go. Sanción de 'parar y arrancar' en las carreras de automóviles. Dígase "fue sancionado con parada y arranque".

Stradivarius. Valiosísima serie de violines fabricados por el italiano Antonio Stradivari (nacido en torno a 1643 y fallecido en 1737).

stress. Véase **estrés.**

stress-test. Tradúzcase por 'prueba de esfuerzo' o 'prueba de resistencia'.

stringer (plural, *stringers*). Término usado en periodismo como referencia a un 'colaborador o corresponsal que no está en plantilla'.

striptease. Puede emplearse si se refiere a un tipo de espectáculo erótico. En los demás casos, sustitúyase por el verbo 'desnudarse' y sus derivados. No debe escribirse "un joven hizo *striptease* en el centro del estadio", sino "se desnudó en el centro del estadio". Pero sí "ayer acudió a ver un *striptease* en un club muy concurrido". La Academia ha adoptado las formas 'estriptis' (los 'estriptis'), como palabra llana, y 'estriptís' (los 'estriptises'), como palabra aguda; así como el sustantivo 'estríper' (los o las 'estríperes'). No hay que olvidar la opción 'baile erótico' y 'bailarín' o 'bailarina' 'eróticos'.

súbdito. Esta palabra, dadas sus claras connotaciones políticas, no debe emplearse como sinónimo de 'ciudadano'.

sub iudice. Como expresión latina, se escribe sin tilde. Significa 'pendiente de resolución judicial'.

subsidiario. Anglicismo que debe traducirse por 'filial', o por 'auxiliar' cuando se refiere a una empresa que es delegada en el extranjero de una empresa multinacional: "Trabaja en una empresa filial en Suecia".

subsidio. No debe confundirse, por vía de **falso amigo** de *subsidy,* con 'subvención'.

Sudamérica, no 'Suramérica'. Geográficamente la componen los siguientes países: Argentina, Bolivia, Brasil, Chile, Colombia, Ecuador, Paraguay, Perú, Uruguay y Venezuela, más la República de Guyana (anterior posesión británica), Surinam (antes posesión holandesa) y la Guyana francesa. Políticamente, sin embargo, estos tres últimos son asimilados al grupo de las Pequeñas Antillas. Véase **Latinoamérica.**

Sudán. Dos países comparten actualmente tal nombre: Sudán y Sudán del Sur. Este último obtuvo la independencia del primero en 2011, tras 22 años de conflicto y dos millones de muertos. Su capital es Yuba (no Juba); y el gentilicio, **'sursudanés'.** Por su parte, Sudán tiene como capital Jartum (anterior capital de todo el territorio), y mantiene el gentilicio anterior, 'sudanés'.

suéter (plural, suéteres), no *'sweater'.*

suicidio. Darse muerte a sí mismo. La persona que atenta contra su vida pero sobrevive no es 'suicida'. Véase **homicidio.**

suite (plural, *suites).* Palabra francesa que significa 'serie', pero que en el contexto español ha adoptado dos significados muy concretos: 'obra musical constituida por una serie de piezas' y 'conjunto de estancias, a manera de apartamento, que se alquila en un hotel'. Se escribe en cursiva, pese a que existe la reciente adaptación académica 'suite'.

sumario. Fase del proceso penal en la que se desarrolla la **instrucción,** previa al juicio oral. Y carpeta o carpetas donde se recogen todos los documentos relativos al caso.

sumiller (plural, sumilleres), no '*sommelier*'. El encargado del servicio de bebidas en los grandes restaurantes.

suní (plural, suníes), no 'sunita'. **Musulmán** ortodoxo.

superávit. Situación que se produce cuando los ingresos son mayores que los gastos. Su plural es 'superávits'. Véase **déficit.**

Superior, Tribunal. Puede usarse 'el Superior' en los titulares y en segundas referencias para cualesquiera de los tribunales superiores de ámbito autonómico ('Tribunal Superior de Justicia' en cada caso), en analogía con 'el Constitucional' o 'el Supremo', si bien habrá de quedar claro el ámbito territorial del que se trate. Ejemplo: "Ha sido condenado por el Superior de Galicia", "el consejero andaluz ha sido citado por el Superior". Evítese la sigla TSJ siempre que se pueda.

suplicatorio. Escrito que dirige uno de los poderes del Estado a otro de ellos para pedirle algo. Generalmente se usa para el caso en que un juez o un tribunal solicita a una Cámara legislativa autorización para proceder contra uno de sus miembros (que tiene por ello la condición de **aforado**). Al ser el continente de una petición y no el contenido, el suplicatorio se presenta o se envía, pero no se concede ni se aprueba; en todo caso, se aprueba conceder lo solicitado en dicho escrito. Véase ERRORES IMPERDONABLES, **suplicatorio,** página 131.

supporter. Tradúzcase por 'hincha'. Puede emplearse en crónicas de ambiente referidas a hinchas británicos, siempre que quede claro su significado. Véase ***hooligan.***

supuestamente. Es un anglicismo si se emplea en lugar de 'probablemente'.

supuesto. Véase **presunto.**

supresión de artículos. No deben construirse oraciones mediante supresión de artículos como algunas que son habituales en los relatos deportivos: "Carvajal avanza por banda derecha" o "Keylor estará bajo palos". Son tan incorrectas como "ese mendigo camina por acera", "tu primo duerme bajo puente" o "me duele muela" y "me gusta paella".

Sur. Se escribe con mayúscula inicial como punto cardinal ('el Sur') y como denominación equivalente a un nombre propio geográfico ('cambios políticos en el Sur'); y todo en minúsculas si se refiere a una zona inconcreta. También en minúscula cuando indica dirección o esté empleado en forma adjetiva. Ejemplos: 'Corea del Sur', 'el sur de España', 'al sur de Alemania', 'Burgos sur', 'la Europa del Sur'.

surf. Como toda modalidad deportiva, se escribe en redonda.

surfear. En informática, dígase 'navegar', porque se entiende que Internet, el ciberespacio, es como un gran océano.

surrealismo. Deriva del francés *'surréalisme'*, que fue mal traducido al español como 'surrealismo'. El prefijo francés *sur* corresponde en español a 'supra', 'super' o 'sobre' (en francés, 'debajo' corresponde a la partícula *sous).* Por tanto, *'surréalisme'* quiere expresar en francés 'algo que está por encima de lo real'. Así pues, lo correcto en español sería 'suprarrealismo' o 'superrealismo', términos estos que no hay que desechar, aunque el uso haya impuesto 'surrealismo'.

sursudanés. Gentilicio de **Sudán** del Sur.

susceptible. Este adjetivo supone 'capacidad de recibir', no de 'hacer'. Se construye con un complemento introducido por la preposición 'de'.

suspense. Esta palabra inglesa, incorporada por la Academia, puede emplearse con el significado de 'impaciencia o ansiedad por el desarrollo de una acción'. En América se dice 'suspenso', voz que también puede emplearse.

suspensión de pagos. Véase **concurso de acreedores.**

sweater. Escríbase **'suéter'.** Pero se prefiere jersey.

T

tableta. Es el término recomendado para referirse a las computadoras portátiles con tecnología táctil, en lugar del anglicismo *tablet.* La marca más conocida se llama iPad y se pronuncia *áipad.*

tac. Acrónimo de la sigla TAC (tomografía axial computarizada), que designa el conjunto de imágenes seriadas de secciones de un órgano o tejido. En la Cadena SER se usará como voz masculina, opción impuesta por el uso pese al género femenino del sustantivo 'tomografía'.

tag. En informática, empléese 'etiqueta'.

talibán, talibanes. Integristas afganos —de la etnia pastún— que tomaron Kabul el 27 de septiembre de 1996. En pastún —variante dialectal persa también llamada 'pasto' o 'pashtu'—, el singular *'tálib'* significa 'el estudiante' (y *'talibán',* 'los estudiantes'). Sin embargo, se emplearán las españolizaciones 'talibán' para el singular y 'talibanes' para el plural. Véanse **fedayín** y **muyahidín.**

talk-show. Anglicismo en retroceso que se refiere a un espectáculo dialogado en televisión. Programas donde se cuentan intimidades, se hacen confesiones ante el público o se practica la terapia de grupo. Se debe escribir o decir 'programa de diálogo' o 'programa de intimidades'.

tándem (plural, tándems). Bicicleta para dos personas. También, la modalidad deportiva en la cual se compite con ese vehículo, ya sea con dos, tres o cuatro corredores. La palabra procede del inglés, pero está incorporada al español y además se emplea en redonda porque se trata de una modalidad deportiva.

tanque. Puede emplearse con el significado de 'carro de combate' siempre que no se trate de informaciones especializadas.

tanqueta. Vehículo blindado de poco tonelaje y ligero.

Tartaristán, no 'Tatarstán'. Nombre en español de una de las Repúblicas de Rusia o Federación Rusa. El topónimo 'Tartaria' se puede usar como referencia histórica y literaria a la región, más amplia, que incluye el territorio de esta República (de ahí 'salsa tártara' y el gentilicio 'tártaro').

Tbilisi. Denominación oficial de la capital de Georgia. Antes se usaba la forma rusa Tiflís (nombre empleado antiguamente por persas, **árabes** y turcos, así como por los rusos hasta 1936), y el *Diccionario panhispánico* recomienda esta última grafía (si bien con acentuación llana) pese a que ya no está vigente en aquel país. En la prensa española se ha venido empleando la forma autóctona georgiana: Tbilisi; que es la preferida en la Cadena SER. Pronúnciese *Ti-bi-li-si.*

técnica, la. Puede usarse el femenino 'la técnica' para referirse a una entrenadora; y no debe emplearse la alternativa 'la técnico'. Ahora bien, el periodista debe evitar las ambigüedades de sentido. Ejemplo: "La técnica del Betis femenino decidió el partido". Véase **música, la.**

tedeum (plural, tedeums). Cántico religioso solemne de acción de gracias. Recibe el nombre de sus primeras palabras en latín: *'Te Deum'.*

tee. 'Salida'. Véase **golf.**

teen-ager (plural, *teen-agers).* Esta expresión inglesa, empleada como sinónimo de 'adolescente' o 'quinceañero', se refiere sólo a quienes tienen de 13 a 19 años, por tratarse de números que terminan en *teen.* No debe utilizarse en una noticia.

Tel Aviv, no 'Tel-Aviv'. Véase **Jerusalén.**

tele. En una noticia no debe emplearse este abreviamiento de 'televisión', salvo que se trate de una cita textual; y tampoco 'tv' o 'TV'.

Tele 5, no 'Telecinco'. Cadena de televisión privada española.

telefilme (plural, telefilmes), no 'telefilm'.

telepromter. También se llama *'autocue'* o *'auto-cue'.* Es el 'apuntador visual' que se sobreimpresiona en el objetivo de una cámara y que permite mostrar a los locutores y presentadores de televisión los textos que deben ir leyendo. No es una palabra conocida por el gran público, y por tanto debe explicarse.

telespectador, no 'teleespectador'.

televisión. Nunca se debe emplear la abreviatura 'TV' en sustitución de la palabra. Distinto es que forme parte de una sigla.

tema. Esta palabra se lleva la palma entre los tópicos más usados. Pero no es 'tema' (asunto de un escrito, de una conversación o de una obra de arte) todo lo que llamamos 'tema'. La mayoría de las veces se trata de 'asunto', 'cuestión', 'materia', 'problema', 'objeto', 'negocio', 'propósito', etcétera. Nunca equivale a 'canción'.

temática. Mejor, 'los **temas'** o 'temario' según el contexto.

temático, parque. Se prefiere 'parque de atracciones' y no este calco del inglés.

tener lugar. Sustitúyase este galicismo por 'celebrarse', 'desarrollarse', 'ocurrir', 'producirse'... Puede emplearse si a continuación se menciona el sitio en el que se va a desarrollar el acto, nunca si no se menciona el lugar.

tenis. Palabra de origen inglés (*'lawn-tennis'*) adoptada ya en el idioma español (con una sola *n)* como ha sucedido con los nombres de otros deportes (fútbol, béisbol, etcétera). El vocabulario del tenis contiene muchas expresiones inglesas que deben traducirse. A continuación se ofrecen algunas explicaciones que incluyen en cursiva la expresión anglosajona y, entre paréntesis, el equivalente español que ha de utilizarse. De las expresiones inglesas, solamente se podrá emplear el término ***set*** pero combinado con 'manga' y 'parcial': "Del Potro gana el primer parcial por 6-4".

El tenis es un deporte sin límite concreto de tiempo, por lo que habrá de especificarse en las informaciones amplias la duración del partido, que viene derivada de la igualdad o desigualdad de los contrincantes. Se trata, por tanto, de un dato de interés.

Los partidos se suelen disputar al mejor de cinco *'sets'* o 'mangas', o al mejor de tres. Es decir, en el primer caso obtiene la victoria quien antes gane tres mangas; y en el segundo, quien antes gane dos. Gana cada manga el jugador (o los jugadores, en el caso de que se dispute en la modalidad de doble) que obtenga antes seis ***'games'*** ('juegos'), siempre que lo haga por una diferencia de dos. Esto se debe a que en cada juego hace el 'saque' (tiene el 'servicio') un jugador, alternativamente, y se considera que quien pone la bola en juego disfruta por ello de cierta ventaja, a veces determinante. Cuando un tenista gana un juego frente al saque del contrario, consigue un *'break'* ('ruptura', 'romper el servicio').

En el caso de que los dos contendientes alcancen la igualdad a seis juegos (si bien las normas varían según los torneos), la manga se resuelve generalmente con un ***'tie break'*** ('juego decisivo' o 'desempate'), en el que el saque ya no corresponde a un solo jugador sino que se van alternando: el primer saque lo hace uno; los dos siguientes, el otro; y se cambian el servicio sucesivamente cada dos puntos. Quien logra el séptimo tanto, o un número superior a éste, siempre con dos puntos de diferencia, gana el desempate y, por tanto, el *set* o manga.

Para adjudicarse cada juego es preciso hacer cuatro tantos o más de cuatro, y siempre con una diferencia de dos sobre el contrario. La costumbre de este deporte ha impuesto que el primer tanto se denomine '15'; el segundo, '30'; el tercero, '40', y el cuarto, 'juego'. Tal puntuación tiene su origen en los cuartos de un reloj: 15, 30, 45 —se abrevió luego a 40— y 60 o juego. Si se da un empate a 40, se produce un *'deuce'* ('iguales'). A partir de ese momento, el siguiente tanto se llama *'advantage'* ('ventaja'), ya sea del 'servicio' (el 'jugador que hace el saque') o del 'resto' (el 'jugador que devuelve el saque'). Si el tenista que lleva ventaja hace el siguiente punto, obtiene el 'juego'. Si no, se produce de nuevo igualada, que vuelve a llamarse 'iguales'. Así, pueden irse sucediendo las igualadas y las ventajas hasta que un jugador logra los dos tantos seguidos que son necesarios para obtener el juego. Un punto puede terminar de tres maneras: con un 'error' ('arrojar una bola fácil a la red o lanzarla fuera del campo'), un 'error forzado' ('la dificultad de una bola propicia el fallo') o con un *'winner'* ('tanto ganador'), golpe este último con el que un jugador hace imposible la respuesta del contrario.

Algunos tipos de golpes son los siguientes: *'lob'* ('globo'), *'passing shot'* ('golpe pasante', que puede ser 'paralelo' o 'cruzado'), ***'drive'*** ('natural'; o 'zurdazo' y 'derechazo', según proceda), 'revés', ***'ace'*** ('saque ganador', 'tanto de saque', 'saque directo'), *'smash'* ('mate' o 'remate'), ***'liftado'*** ('acelerado', o efecto que hace rotar la bola hacia delante), 'cortado' o 'cortada' (efecto en que la bola rota hacia atrás), 'dejada' (se toca suavemente la bola corta para que bote dos veces antes de que llegue a ella el rival) y 'volea' (golpe en que no se deja botar la pelota, generalmente conectado cerca de la red).

Cuando un jugador tiene la oportunidad de adjudicarse un juego, una manga o un *'match'* ('partido') ganando la siguiente bola, dispone de una 'bola de juego', 'bola de manga' o 'bola de partido'. Si la 'bola de juego' corresponde al saque del contrario, se denomina 'bola de *break'* ('bola de ruptura' o 'bola de rotura'). Cuando la bola roza la cinta divisoria y pasa al campo del rival con bote dentro del rectángulo reglamentario, el árbitro grita *'let'* o *'net'*, lo que debe traducirse en ambos casos como 'red' (si bien *'let'*, se utiliza sólo en el servicio y equivale a 'permitir' o 'consentir' un saque más).

tercermundista. Este adjetivo puede tener matiz peyorativo. Puede usarse en ese caso el **eufemismo** 'en vías de desarrollo'.

Tercer Mundo. Los países subdesarrollados de Asia, África y **Latinoamérica.** La expresión —que utilizaron por vez primera, en 1956, los sociólogos franceses Alfred Sauvy y Georges Balandier— refleja una situación de hecho, mientras que otras expresiones, como 'No Alineados', tienen cierto matiz de militancia.

terminal. Tiene género variable: masculino como 'extremo de un conductor eléctrico' y femenino como el 'extremo de una línea de transportes'. Ejemplos: 'el videoterminal', 'la terminal de Barajas'.

términos reales, términos nominales. La expresión 'términos reales' se usa en macroeconomía para definir el crecimiento de un dato económico descontando la **inflación;** si no se descuenta la inflación, se habla de 'términos nominales' o 'términos monetarios'. Siempre que se trate de un dato o porcentaje de crecimiento se dejará claro a qué términos se refiere, con el fin de no cometer errores ni dar pie a malas interpretaciones.

test. Este anglicismo cuenta con términos equivalentes en español como 'prueba', 'examen', 'control', 'análisis' o 'cuestionario'. Si hubiera que utilizar esta palabra en alguna cita textual, el plural es 'los test', para evitar la dificultad de pronunciar 'tests'.

testigo. Se admite el posible **pleonasmo** 'testigo presencial' para distinguir esta expresión de 'testigo ocular' (alguien que puede ver algo por medios técnicos o electrónicos) y de otro tipo de testigos en un juicio (por ejemplo, el que da fe de la veracidad de un documento o el que escuchó una conversación).

tête-à-tête. Sustitúyase siempre por 'conversación a solas' o 'cara a cara'.

tetrabrik. Caja de cartón forrado interiormente por un derivado del aluminio. Inventado en Suecia en 1952, sirve para envasar leche, vino, agua... Se prefiere el uso de la palabra 'cartón': "Fui a comprar dos cartones de leche".

Texas, no 'Tejas'. En cualquier caso, se pronuncia *Tejas.* Nombre de un Estado de **Estados Unidos.** El gentilicio para la Cadena SER es 'tejano' (la Academia admite igualmente 'texano'), así como un tipo de pantalones también llamados 'vaqueros'.

thriller. Género cinematográfico que procede de la novela policiaca popular norteamericana y que se basa en una intriga sostenida. Puede escribirse en cursiva, y no debe confundirse con **tráiler.** Sin embargo, se prefieren opciones como 'obra de intriga' o 'de suspense' ('suspenso' en América): "Fuimos a ver una película de intriga".

tiburón. En la jerga bursátil, el 'comprador silencioso de grandes paquetes de un determinado valor, que actúa sigilosamente para hacerse con el control de una empresa'. Se escribe en cursiva, pero el contexto debe dejar claro su significado.

ticket. Véase **tique.**

tictac, no 'tic-tac'. Plural, 'tictacs'.

tie break. En el **tenis,** el sistema de 'desempate'. Utilícese esta palabra en español, y no **'muerte súbita'.** No debe confundirse con el *'tea break',* que es el 'descanso para tomar el té'.

tiempo real, en. No debe usarse este calco del inglés. Escríbase 'al instante', 'simultáneo'. Véase ***real time.***

tifo. Los 'mosaicos' que se muestran desde la grada en los prolegómenos de un partido se han empezado a llamar en España 'tifos'. Este término llegó al italiano desde el griego clásico, y comparte raíz con 'tifus' (etimológicamente, 'calentura', 'fiebre', 'ofuscamiento'). En el italiano actual, significa 'fiebre deportiva', y de ahí deriva 'tifoso' (plural, **tifosi**). De ese modo, *"fare il tifo per la Juve"* significa 'ser forofo de la Juve'. Cuando en una transmisión en italiano se dice *"fare il grande tifo"* no se está diciendo 'construir un gran mosaico', sino apoyar apasionada y visiblemente. Algún error derivado quizás de que esa frase acompañara a una foto o una imagen en televisión de un mosaico en la grada hizo que el periodismo español identificara ambas cosas; pero en italiano *'tifo'* no significa 'mosaico', pues esa idea se expresa con la locución *'coreografia di cortoncini'*. Por todo ello, es preferible usar 'mosaico' en español y desechar el confuso término traído erróneamente de Italia.

tifón (también llamado 'ciclón tropical' o 'baguío'). Fenómeno atmosférico caracterizado por una intensa depresión, con vientos muy fuertes que giran alrededor de un 'ojo' central. Es comparable con una pequeña borrasca muy energética, con espesas masas nubosas que giran en espiral y causan lluvias y tormentas frecuentemente devastadoras. Los tifones tienen trayectorias muy aleatorias, pero siempre nacen sobre el mar cálido de los trópicos. Mueren después de llegar a tierra, tras devastar la zona costera, o bien cuando su trayectoria errática los lleva a mares de aguas más frías, donde pierden su actividad de forma gradual. No se debe emplear **'huracán'**, que ha de reservarse para el caso de un viento muy fuerte.

tifosi (singular, *tifoso),* con una sola *f.* Palabra italiana aplicada a los 'hinchas o forofos de un equipo'. No debe emplearse, salvo —a título excepcional— cuando se escriba de un club de fútbol italiano. En cualquier caso, nunca debe escribirse o decirse *'tifosi* italianos', puesto que en un contexto de español es una redundancia. Véase ***tifo.***

tildar. Este verbo se emplea incorrectamente cuando se le da el significado de 'llamar' o 'calificar'. En su tercera acepción, la Academia lo define así: 'Señalar a alguien con alguna nota denigrativa'.

Times, The. Periódico de Londres. No debe llamarse de este modo al neoyorquino ***The New York Times,*** aunque así lo hagan los norteamericanos, pues se presta a confusión.

tique. Castellanización de la palabra inglesa *'ticket'*. No obstante, se deben emplear las palabras 'billete', 'boleto', 'bono', 'entrada' o 'recibo'. En América se usa también 'boleta'.

tolerancia cero. Puede usarse por su valor de énfasis, pese a que equivale a 'intolerancia'.

tomar tierra. Empléese 'aterrizar'.

toples. Adaptación de *'top less'*. Debe obviarse su uso con expresiones como 'sin sujetador', 'con el pecho al aire', 'pechos desnudos', 'sin la pieza superior', etcétera. Puede emplearse para designar un local público cuyas camareras trabajan con el pecho desnudo: "Mi amiga trabaja en un toples".

top-model. Dígase 'supermodelo'.

topo. Persona infiltrada en una organización.

top secret. 'Alto secreto'. No debe utilizarse.

top spin (plural, *top spins).* Véase **golf.**

Torino. El nombre español de esta ciudad italiana y de su equipo de fútbol ('Torino Football Club' en su denominación oficial) es 'Turín'.

tory (plural, *tories).* Miembro del Partido Conservador británico ('Tory Party'). Se puede usar, pero debe quedar claro su significado por el contexto.

tótem. Su plural es tótems.

Tour. Puede emplearse con mayúscula inicial y en redonda pero sólo en el caso de la carrera ciclista francesa. 'Tour' o 'Vuelta a Francia', pero no 'Tour de Francia'. Siempre que se escriba o se diga simplemente 'Tour', se referirá a la ronda francesa. En los demás casos de pruebas de ciclismo, debe escribirse o decirse el nombre completo: 'Tour de Normandía'.

tour operator. Dígase 'turoperador', 'operador turístico', 'agente de viajes'.

trabajo sucio. A menudo se usa esta expresión peyorativa (significa 'trabajo contrario a la legalidad o la ética') cuando se quiere decir 'trabajo oscuro' o 'trabajo sordo'.

trade mark. Tradúzcase por 'marca registrada'.

trader. Tradúzcase como 'operador financiero' o 'agente de Bolsa'.

Trade Union Congress. Asociación de sindicatos británicos con gran influencia en el Partido Laborista.

trade unions. En inglés, 'sindicatos'.

trading. En la Bolsa significa 'comercio'.

tráiler. Admitida por la Real Academia con los significados de 'avance' de una película y 'remolque' de un vehículo. No deben olvidarse estas alternativas en español.

training. Empléense en su lugar 'entrenamiento', 'adiestramiento' o 'perfeccionamiento'.

transcurso, en el. Sustitúyase esta larga expresión por 'durante'.

transexual. Dígase 'el transexual' si se trata de un hombre que ha sido mujer y 'la transexual' si ha sucedido al revés. Véase **LGTBfobia.**

transfer. Permiso para que un jugador se desempeñe en otro país, una vez verificados los requisitos del fichaje. Deben usarse 'pase internacional' o 'licencia'.

transfobia. La aversión o el odio a los transexuales. Véanse **homofobia** y **LGTBfobia.**

tránsfuga. En sentido estricto, 'persona que pasa huyendo de una parte a otra'. En sentido figurado, y que puede utilizarse, 'persona que pasa de un partido a otro'.

transparency. Tradúzcase esta palabra inglesa por 'diapositiva', 'filmina', 'transparencia' o 'proyección'.

trantrán, al. No 'al tran tran'. Expresión no recogida por la Academia, pero de cierto uso en las páginas deportivas y en otros ámbitos. Significa 'dejándose llevar', 'sin interés', 'sin esfuerzo'. "El Betis ganó jugando al trantrán". En las ciberpáginas de la Cadena SER se escribe como palabra aguda, todo junto y con tilde.

trascendente, trascendental. No siempre pueden utilizarse como sinónimos. 'Trascendental', además de referirse a aquello que trasciende, se puede emplear para decir que algo es de mucha importancia o gravedad. 'Trascendente' significa a su vez 'que está más allá de los límites de cualquier conocimiento posible'.

traspié. 'Tropezón' y 'tropiezo o equivocación'. Su plural es 'traspiés'. No se considera correcto el uso de la forma 'traspiés' para el singular.

trata de blancas. Esta expresión figura en el *Diccionario,* pero no debe utilizarse en la Cadena SER. Escríbase 'trata de mujeres', 'trata de personas', 'trata de esclavos', etcétera. Este uso de 'trata' se refiere al tráfico de personas que consiste en atraerlas mediante coacción o engaño a centros de explotación o prostitución.

trávelin. Adaptación de la Academia para la palabra inglesa *'trave-*

lling'. En cine, 'desplazamiento de la cámara a fin de acercarla al objeto'.

travesti, mejor que 'travestí' y 'travestido' o 'travestida'. 'Persona que se viste con ropa del sexo contrario'. Por tanto, sirve tanto para un hombre como para una mujer.

trekking. Esta palabra inglesa se puede traducir por 'caminata', pero en español se aplica al 'senderismo'.

trending topic. No debe usarse esta expresión, que se basa en las palabras inglesas *'trend'* ('tendencia', 'moda') y *'topic'* ('asunto', 'tema') y se refiere a los 'temas de interés' (siempre fugaces) en una red social. Se puede sustituir por el calco 'tendencia' ("ese tema fue tendencia en Twitter"), pero serían mejor opciones, por ejemplo: "Figuró entre los temas del momento", "fue tema destacado del día".

triaje. Acción de entresacar o seleccionar (de 'triar'). En los hospitales españoles designa el departamento desde el que se distribuye a los enfermos al lugar o especialistas que correspondan, una vez evaluados en un primer examen.

trillón. Significa 'un millón de billones' (es decir, un uno seguido de 18 ceros). Nunca se debe emplear en español con el significado inglés de 'mil billones'.

trino. Véase ***tweet.***

tripulación. En los aviones y buques de guerra no existe 'tripulación', sino 'dotación'.

triquini. Biquini en el que las dos partes van unidas por delante con un pequeño enlace. Véase **Bikini.**

troika. En sentido estricto, esta palabra se refiere a un trineo arrastrado por tres caballos, popular en Rusia. Por extensión, en el ámbito político de la Unión Soviética significaba 'comisión compuesta por tres miembros'. En la actualidad se aplica al trío formado por la Comisión Europea, el Banco Central Europeo y el Fondo Monetario Internacional, entidades supranacionales que actúan conjuntamente para evaluar la situación económica de uno o varios países. Fuera de este uso, se prefiere 'triunvirato' ('junta de tres personas') si se quiere designar una comisión de tres partes, a fin de establecer diferencias respecto al citado grupo de las tres instituciones.

trol. Adaptación de la Academia para la palabra noruega *troll,* que designa un ser mitológico que habita en bosques o grutas. Su plural es 'troles'. No confundir con ***troll.***

troll. El sustantivo *'troll'* significa en inglés literalmente 'duende', pero no se debe emplear una palabra tan simpática para un hecho tan reprobable, pues designa a la persona (y *'trolling'*, la acción) dedicada a desvirtuar un debate en Internet. Tradúzcanse como 'provocador' 'grosero' o 'gamberro'; y 'provocación'.

troyano. No se trata, en rigor, de un virus informático, porque no se multiplica. Es un programa en cuyo interior se ocultan instrucciones nocivas para el ordenador o sus datos.

trust. En la práctica es sinónimo de **'cartel',** y se prefiere esta última palabra. Significa 'unión de sociedades o empresas con el objeto de dominar el mercado para imponer precios y condiciones de venta. Si se usa, debe explicarse.

trustee. Tradúzcase por 'fiduciario'.

tuit, tuitear. Véase ***'tweet'.***

Tupac Amaru. Nombre de un jefe indígena que luchó contra la colonización española en Sudamérica, y que ha inspirado dos movimientos guerrilleros. El primero de ellos, en Uruguay, operó en los años setenta. El segundo apareció en Perú en 1984 y comenzó su declive en 1992, tras la captura de su líder, Víctor Polay. Pero resurgió con fuerza el 17 de diciembre de 1996 mediante el asalto a la residencia del embajador de Japón en Lima y el secuestro de 500 rehenes que asistían a una fiesta. Los miembros del grupo guerrillero uruguayo fueron conocidos como 'tupamaros' (de 'Tupac Amaru'). En cambio, los guerrilleros peruanos toman el nombre de 'emerretistas' (derivado de las siglas 'MRTA': 'Movimiento Revolucionario Tupac Amaru').

tupamaros. Véase **Tupac Amaru.**

turf. Tradúzcase siempre por 'hipódromo' o 'las carreras de caballos'.

Turmix. Una marca registrada. Pero no una *'túrmix'*, sino una 'batidora'.

tweed. En inglés, 'mezcla' o, más bien, 'mezclilla'; cierto tipo de tejido. Puede emplearse, en cursiva, si se explica.

tweet (plural, *tweets*). Mensaje enviado a través de **Twitter.** Se admite la españolización **'tuit'** para el mensaje, pero se mantiene Twitter para el nombre comercial. A la actividad de enviar este tipo de mensajes se le denomina **'tuitear'**, y si se reenvía lo publicado por otra persona se le llama 'retuitear' (en inglés, '*to tweet*' y '*to retweet*'). Asimismo, para el mensaje enviado o reenviado se utilizan los términos 'tuiteo' y 'retuiteo'. 'Tuit' es un sustantivo de género masculino (su plural es 'tuits', 'retuits').

En el español de América (especialmente en Colombia) se usa la traducción '*trino*', que también es válida y puede emplearse escrita en cursiva para distinguirla de su sentido tradicional. "Álvaro Uribe lanzó su primer *trino* el 6 de mayo de 2010".

Twiterrea o ***tuiterrea.*** Escribir continuamente ***tweets.***

Twitter. En español, 'gorjeo' o 'trino'. Marca registrada, nombre de una red social. Véase ***tweet.***

txakoli. Escríbase 'chacolí'.

txapela. Se puede usar esta grafía vasca, pese a que existe la adaptación **'chapela'** en castellano ('boina de gran vuelo').

txipirones. Se debe escribir 'chipirones'.

txistu. Se puede usar esta grafía vasca en cursiva, pese a que existe la adaptación 'chistu' en castellano ('flauta recta de madera con embocadura de pico, usada en el País Vasco' y en Navarra).

txistulari. El que toca el ***txistu.*** Puede utilizarse la grafía vasca, en cursiva.

txoko. En vascuence, 'rincón'. Se aplica por extensión a las 'sociedades recreativo-gastronómicas'.

U

ucranio, no 'ucraniano'. Las dos formas son correctas, pero en la Cadena SER se prefiere 'ucranio' por ser la utilizada tradicionalmente debido a tres razones: su mayor brevedad, su mayor antigüedad en español y su analogía con otros gentilicios de la zona.

'Ucranio' es anotado por primera vez en un diccionario español (el de Gaspar y Roig) en 1855, obra que no incluye 'ucraniano'. 'Ucranio' entra en el *Diccionario* académico en 1925, edición que no registra tampoco la voz 'ucraniano'. Este segundo término no llega al léxico de la Academia hasta 1984. Sin embargo, en esa edición se sigue recomendando 'ucranio' frente a 'ucraniano', forma que sólo prevalece a partir de 1992 (sin invalidar la que en todo ese periodo de tiempo se había venido usando). En resumen, 'ucranio' está en el diccionario oficial desde 1925; y 'ucraniano', desde 1984.

Por otro lado, decimos 'estonio' y no 'estoniano'; 'armenio' y no 'armeniano'; 'lituano' y no 'lituaniano', etcétera, ejemplos que ofrecen una analogía para este caso.

ufología. Puede emplearse esta palabra en el sentido de 'estudio de los **ovnis',** basada en las siglas inglesas. Y, por lo mismo, 'ufólogo'.

ujier. Escríbase 'la ujier'. Véase **ordenanza.**

Úlster. (La Academia ha tildado su letra inicial). En sentido estricto no es sinónimo de **'Irlanda del Norte'.** De los nueve condados que históricamente componen esta provincia irlandesa, seis pertenecen al **Reino Unido** —con el nombre de Irlanda del Norte—; y los otros tres, a la **República de Irlanda.** No obstante, el término se emplea internacionalmente con ese significado (los seis condados del

Reino Unido) y, por tanto, puede utilizarse en la Cadena SER. Pero siempre que, por el contexto, quede claro que nos referimos sólo a esos seis condados británicos.

ultimátum (plural, ultimatums). No es sinónimo de 'amenaza'. Significa 'resolución definitiva'; y por extensión, la última palabra que se dice sobre algo, las condiciones finales previas a un posible acuerdo.

undécimo. Se prefiere a 'decimoprimero' o 'décimo primero'. Véase **décimo.**

underground. Tradúzcase, según el caso, por 'marginal', 'clandestino' o 'subterráneo'.

Unión Europea. La Unión Europea, denominación adoptada en 1993 con la entrada en vigor del Tratado de Maastricht, es el resultado de un proceso de cooperación e integración que comenzaron seis países en 1952: Bélgica, Alemania, Francia, Holanda, Italia y Luxemburgo. En 2013 eran ya 28 los miembros de la Unión Europea que ingresaron en el año que figura entre paréntesis:

Alemania (1952), Austria (1995), Bélgica (1952), Bulgaria (2007), Chipre (2004), Croacia (2013), Dinamarca (1973), Eslovaquia (2004), Eslovenia (2004), España (1986), Estonia (2004), Finlandia (1995), Francia (1952), Grecia (1981), Holanda (1952), Hungría (2004), Irlanda (1973), Italia (1952), Letonia (2004), Lituania (2004), Luxemburgo (1952), Malta (2004), Polonia (2004), Portugal (1986), Reino Unido (1973), República Checa (2004), Rumania (2007) y Suecia (1995).

El Reino Unido, que se incorporó al proyecto europeo en 1973, fue el primero en decidir abandonarlo, mediante un referéndum celebrado en junio de 2016. El Gobierno británico comunicó en marzo de 2017 a Bruselas la decisión de dejar la UE (movimiento denominado '***Brexit***') y, de acuerdo con los tratados de la Unión, ambas partes tienen dos años para negociar las condiciones de salida de Londres y el marco de relación bilateral futura.

En 2017, los países candidatos al ingreso en 2017 eran la Antigua República Yugoslava de Macedonia, Islandia, Montenegro, Serbia y Turquía.

Las principales instituciones de la Unión Europea son:

1. Consejo Europeo. Está compuesto por los jefes de Estado o de Gobierno de los Estados miembros de la Unión Europea, así como por el presidente de la Comisión Europea. Las reuniones del **Consejo Europeo** son conocidas como 'cumbres europeas'. No debe confundirse con el Consejo de Europa, que es un organismo internacional sin relación alguna con la Unión Europea.

2. Consejo de la Unión Europea, que representa a los Gobiernos de cada uno de los Estados miembros. La presidencia la ocupa cada país durante seis meses de forma rotatoria.

3. Comisión Europea. Sin ser un Ejecutivo en el sentido clásico, aplica las políticas comunitarias, es el guardián de los tratados y, por tanto, representa los intereses de la Unión Europea en su conjunto.

4. Parlamento Europeo. Formado por 751 eurodiputados elegidos por sufragio universal directo cada cinco años.

Otras instituciones de la Unión Europea son el Tribunal de Justicia (con sede en Luxemburgo), el Banco Central Europeo (con sede en Fráncfort) y el Comité de las Regiones (con sede en Bruselas).

Universidad. En las ciberpáginas de la Cadena SER se escribirá con mayúscula inicial cuando se hable de ella como institución o cuando forme parte de un nombre propio. Ejemplos: "Hay que potenciar la Universidad", 'la Universidad de Salamanca', 'la Universidad Internacional Menéndez Pelayo'.

upload. No debe usarse, pues se puede traducir por 'cargar' o, coloquialmente, 'subir'. Acción que consiste en tomar un documento de nuestro ordenador y llevarlo a una página o un servidor en Internet. Puede emplearse también 'copiar'. Véase ***download.***

urbi et orbi, no *'urbi et orbe'.* Expresión latina. Literalmente, 'a la ciudad y al orbe'; en sentido amplio, 'a los cuatro vientos', 'a todas partes'. No debe emplearse en un texto noticioso, salvo que se refiera a la bendición papal.

URSS. Siglas de la Unión de Repúblicas Socialistas Soviéticas, o Unión Soviética (en ruso, 'Soyuz Soviétskij Sotsialistícheskij Respúblik'). Tras su proceso de desintegración (1991-1992), su escaño en el Consejo de Seguridad de la ONU fue heredado por la Federación Rusa. A partir del 2 de marzo de 1992, la ONU admite como miembros de pleno derecho a varias de las repúblicas soviéticas, hasta terminar el 31 de julio con la admisión de Georgia, última en solicitarlo. Las repúblicas hoy independientes que integraban la URSS son: Armenia, Azerbaiyán, Bielorrusia, Estonia, Georgia, Kazajistán, **Kirguistán,** Letonia, Lituania, Moldavia, Rusia, Tayikistán, Turkmenistán, Ucrania y Uzbekistán.

USA. Salvo que formen parte del nombre de una entidad, deben emplearse las siglas EE UU, sin puntos al final de cada pareja de letras pero con un espacio de separación.

usabilidad. Es un atributo de calidad que evalúa la facilidad de uso de las ciberpáginas. Puede emplearse.

V

vallenato. Género musical típico de Colombia. Se escribe en redonda, aunque esta palabra no figure en el *Diccionario* de la Real Academia Española. El vallenato procede de un valle colombiano (Valledupar) y más exactamente de los nacidos en él (los 'valle-natos').

valorar. Este verbo (que no debe confundirse con 'evaluar') siempre tiene un significado positivo: 'Señalar el precio de algo' o 'apreciar un mérito'. Por tanto, se refiere a personas, hechos o cosas a los que damos un valor, sea mucho o poco. Se cae en **pleonasmo** al decir 'valora positivamente', y en contradicción en los términos con 'valora negativamente'. Para el primer caso, escríbase 'juzga satisfactorio', 'elogia', 'aprueba', 'muestra su conformidad', 'manifiesta su acuerdo', etcétera. Para el segundo, 'rechaza', 'considera reprobable', 'juzga insatisfactorio', 'expresa su desacuerdo o su disconformidad'. El vocablo 'valorar' se está empleando también, incorrectamente, como sinónimo de 'analizar' y 'estudiar'. Cuando se usa 'valorar los daños' se está utilizando también mal, puesto que lo correcto es 'evaluar'.

vapear. 'Fumar un cigarro electrónico'. Puede usarse, en cursiva, si se explica de qué se trata.

variante. Ramal de una autopista o carretera.

variétés. Tradúzcase por 'variedades'.

vascuence. Palabra válida para designar en castellano a la lengua vasca o **euskera.** Procede del adverbio latino *'vasconice':* hablar 'a la manera vasca' o 'vascamente'. Aunque a veces se ha querido ver un sentido despectivo en esta denominación, etimológicamente no lo tiene.

Vaticano. Se prefiere esta palabra para todas aquellas referencias a la actividad temporal de la Iglesia católica. Ejemplos: "El Vaticano quiere negociar con Israel" o 'un enviado vaticano', pero no "la Santa Sede quiere negociar con Israel" ni 'un enviado pontificio'. Véase **Radio Vaticana.**

vatio, no *'watio'.*

vedetismo. Actuar en plan de primera figura. Se prefiere 'protagonismo', pero puede utilizarse. Véase **protagonizar.**

vedette (plural, *vedettes).* Esta palabra, escrita en cursiva, sólo debe emplearse en el caso de las 'artistas de variedades'. La Academia propuso 'vedet' y 'vedets', pero por la poca difusión de esta grafía se prefiere la voz francesa escrita en cursiva.

venture catalys. Debe traducirse como 'catalizador de riesgo'. Es un 'intermediario que se dedica a asesorar a los emprendedores en su búsqueda de financiación'.

verdes. En cursiva, si se trata de 'los miembros o las posturas de un partido ecologista'. En redonda, si forma parte de un nombre propio. Ejemplos: "El Partido Verde ganó las elecciones", pero "los *verdes* ganaron las elecciones".

veredicto. En los juicios con jurado, el 'veredicto' es la decisión que éste toma. No debe confundirse con el **'fallo'** o la **'sentencia'** que dictan un juez o un tribunal tras recibir el veredicto.

vergonzante. No es lo mismo que 'vergonzoso'. 'Vergonzante' ha de aplicarse a la 'actitud de hacer algo ocultándose, sin manifestarse públicamente'. El mendigo que se tapa la cara para que no le reconozcan, por ejemplo, mantiene una actitud 'vergonzante'. En síntesis, la actitud 'vergonzante' es la de quien tiene vergüenza; y 'vergonzosa', la de quien la causa.

Verja. Se escribe con mayúscula inicial cuando se refiera a la de **Gibraltar:** 'la Verja', pero 'la verja de Gibraltar'.

vermú (plural, vermús), no *'vermouth'.* Se recomienda 'vermú', pero también puede escribirse 'vermut' y 'vermuts'.

versátil. A su acepción original ('de género o carácter voluble o inconstante') se suma ahora la de 'capaz de adaptarse con facilidad y rapidez a las diferentes funciones'.

versus. No debe utilizarse nunca esta expresión latina (ni tampoco la abreviatura *'vs.')* que en un contexto anglosajón toma el significado de 'contra' o 'frente a'. Así se emplea en el lenguaje jurídico del idioma inglés, en la jerga de los filólogos estructuralistas (para expresar una oposición entre términos gramaticales) y ahora en el léxico de los enfrentamientos deportivos en algunos medios en español. Sin embargo, tanto en latín como en español, *'versus'* significa 'hacia' (Camilo José Cela escribe en *Cristo versus Arizona:* "Cristo va hacia Arizona y hacia todo el mundo, Cristo no va en contra de nadie porque es poderoso y humilde"). De esa preposición latina salen el francés *'vers'* y el italiano *'verso'* ('hacia' en ambos casos). La palabra usada en inglés procede a su vez del participio del verbo *'verto'* (infinitivo, *'vertere'):* 'volver'. Literalmente, 'Smith vuelto contra Morgan'.

Por tanto, úsense siempre 'el Betis contra el Sevilla' o 'libertad frente a seguridad', y no 'El Betis *versus* el Sevilla' o 'libertad *versus* seguridad'.

vigente. Están vigentes las leyes, las normas, los reglamentos, los estilos, las costumbres, las modas; pero no los campeones. No debe decirse 'el vigente campeón' (además, ninguno deja de estarlo para el futuro, pues es el vigente campeón de su año correspondiente) ni 'el vigente año', sino 'el último campeón', 'el anterior campeón' y 'el presente año'.

vigorexia. Trastorno generalizado por una obsesión patológica de desarrollar los músculos. No figura en el *Diccionario,* pero puede usarse.

Vilna. Véase **Vilnius.**

Vilnius. Es la capital de Lituania. Aunque la Academia usa 'Vilna', esta opción debe evitarse. Los lituanos la asocian a la época en que el país estuvo bajo dominación rusa. Oficialmente se llamó 'Vilna' hasta 1918, y Wilno de 1919 a 1939, nombre este último asociado a la dominación polaca. Durante la etapa soviética se llamó 'Vilnius', designación que se mantiene.

violonchelo, no *'violoncello'.* Se puede emplear la forma apocopada **'chelo',** pero no *'cello'.*

viricida (no virucida). Término correcto para referirse a aquello que mata o elimina virus. Véase **antibiótico.**

virulento. Significa 'ponzoñoso', 'vírico', 'purulento'. Y hablando de estilos, discursos o escritos, 'ardiente, sañudo, ponzoñoso o mordaz en grado sumo'. No es sinónimo de 'violento'.

virus. Se puede usar también con el sentido de 'programa informático creado para estropear un ordenador'.

visa. Escríbase 'visado'.

vis-à-vis. Tradúzcase del francés por 'frente a frente', 'cara a cara'. Puede usarse si se refiere a los encuentros a solas autorizados en una cárcel.

visibilizar. No equivale a 'idear' o 'imaginar', sino a 'hacer visible artificialmente lo que no puede verse a simple vista'. Véase **visualizar.**

visionar. Úsese solamente en un contexto técnico del cine o la televisión: 'Examinar técnica o críticamente, en una sesión de trabajo, un producto cinematográfico, televisivo, etcétera'. En los demás supuestos, sustitúyase por 'ver', 'revisar' o 'presenciar', según el caso. Y por 'ver visiones' en lo que se refiere a la primera acepción de este verbo ('creer que son reales cosas inventadas').

víspera. No significa necesariamente 'ayer'. Es 'el día o el lapso de tiempo que antecede inmediatamente a otro'.

vista. Sesión pública de un proceso judicial. Aunque en el lenguaje popular es equivalente el término 'juicio', debe tenerse en cuenta que jurídicamente 'juicio' es todo el proceso o litigio, y no sólo su momento culminante.

vistilla. En el lenguaje del derecho, vista referida a una cuestión incidental o de trámite.

visualizar. No es sinónimo de 'ver'. Se ve directamente con los ojos, pero se visualiza mediante la imaginación o mediante imágenes ópticas y medios técnicos. Véase **'visibilizar'.**

volatilidad. Relación entre el precio de un valor y la variación de un índice bursátil en un periodo concreto, lo que permite saber si un valor tiene más oscilaciones de cotización que el resto del mercado.

voleibol. Nombre oficial del deporte que también se puede llamar 'balonvolea'.

volframio. Véase **wolframio.**

vórtice. 'Torbellino, remolino, centro de un ciclón'. No se debe decir o escribir 'en el vértice de un **huracán'.**

vox populi. Expresión latina, 'de dominio público'. No debe emplearse en un texto noticioso.

voyeur. Utilícese la palabra española 'mirón', mejor que la adaptación académica 'voyerista'.

vs. Abreviatura inglesa para ***'versus'.*** No debe utilizarse.

vuelta rápida. En las competiciones de motor, casi todas lo son. Escríbase 'vuelta más rápida' o 'mejor vuelta', y no esa mala traducción de *'fastest lap'*.

W

warm up (pronúnciese *guom ap).* Deben usarse 'calentamiento' o 'vuelta de calentamiento' (en pruebas de motor).

water (de *'water closet').* Escríbase 'retrete', 'servicios', 'baño', 'cuarto de baño', 'inodoro' o 'lavabo', mejor que la españolización 'váter'.

wearables. Ropa, accesorios o complementos personales con tecnología. Por ejemplo, el reloj inteligente *('smartwatch'),* o las pulseras, collares y camisetas que miden la salud o el ejercicio físico. Se puede traducir como 'tecnología vestible', 'portable' o 'llevable'.

web (plural, webs). La mejor manera de traducir esta palabra es suprimirla, porque a menudo la hace innecesaria el contexto. En los supuestos en que eso no ocurra (generalmente cuando 'web' tiene valor de adjetivo), se puede emplear el prefijo **'ciber-'.** Por ejemplo, 'ciberpágina' o 'cibersitio' en vez de 'una web'. En otras ocasiones, la palabra 'web' equivale a 'la **Red'** o a **'Internet',** y entonces debería escribirse con mayúscula inicial, pero se prefieren las dos citadas alternativas. No obstante, la voz 'web' ha sido admitida por la Academia.

A la página de inicio de un 'cibersitio' se la llama en inglés ***'home page',*** y en español 'portada'.

webcam. Voz inglesa que se puede traducir por 'cámara web' o 'cibercámara'.

website. Cuando las ciberpáginas empezaron a ser más de una (es decir, cuando formaron ya un 'cuaderno'), se inventó este término *('Web Site', 'web-site', 'website').* Algunos lo traducen como 'sitio web' o 'sede web'. En la Cadena SER se prefieren 'ciberpágina' (aunque se trate en realidad de un cibercuaderno) o 'cibersitio'.

wedge (plural, *wedges).* Véase **golf.**

weekend. Tradúzcase siempre por 'fin de semana'. En espacios distendidos se admite la abreviación 'finde'.

welfare state. Dígase **'Estado de bienestar'.**

weltanschauung. Dígase 'concepción del mundo' o 'ideología'.

wéstern (plural, wésterns). Adaptación gráfica de la Real Academia para la palabra inglesa *'western'* ('occidental') cuando se aplica a las 'películas del Oeste'. Se prefiere esta opción en español ('películas del Oeste'), pero puede usarse 'wéstern' cuando se refiera al género cinematográfico.

WhatsApp (pronunciado *guótsap*). El WhatsApp Messenger es una aplicación de mensajería que funciona a través de dispositivos móviles y que, a diferencia del **SMS,** es gratuita. A este tipo de mensajes se le ha pasado a denominar popularmente *wasap* o *guasap* (de género masculino).

whisky (plural españolizado, whiskys). No debe emplearse **'güisqui'.**

wifi. Acrónimo de *Wireless Fidelity.* Término que ha pasado a usarse como un sustantivo común que se refiere a una red de comunicación inalámbrica ('ordenador con dispositivo wifi'). En el español de América se usa con la pronunciación inglesa *(way fai).*

wiki. Vocablo técnico que define un tipo de sitio electrónico colaborativo. Wikipedia, Wikilengua, etcétera. Puede emplearse.

wild card (pronunciado *guaild card).* Así se denomina a la tarjeta de invitación con que se autoriza la participación de manera excepcional de un deportista o de un equipo en un torneo, normalmente porque lo invita la organización. Esta palabra de género femenino (una *wild card)* se usa sobre todo en **tenis** y en **golf,** y se puede sustituir por 'invitación'. En el fútbol americano, los *wildcards* son los 'equipos comodín', aquellos que han de disputar una 'ronda previa' a las eliminatorias finales (encuentros *wild card* o *wild card play offs)* tras haber sido los dos mejores segundos clasificados en cada conferencia durante la liga regular.

windsurf. Por tratarse de un deporte, este nombre no español se escribe en redonda cuando se refiera a un campeonato oficial. No obstante, en usos de diversión y entretenimiento puede utilizarse la denominación española 'tabla vela'.

winner. Véase **tenis.**

wolframio, no 'volframio'. Escríbase 'tungsteno'.

worm. Literalmente, 'gusano'. Tipo de virus que va infectando el ordenador poco a poco, se propaga solo y va creciendo como un gusano. Suele emplearse 'virus tipo gusano'.

WWW. En informática, 'World Wide Web' ('Telaraña Mundial'). Toda pretensión de traducir estas siglas ha sido fútil. Decir 'WWW' es como decir 'la **Web',** pero basta con decir **'Internet'** o 'la **Red',** aunque técnicamente no sean lo mismo.

X, Y, Z

xenofobia. La pronunciación de esta palabra no es exactamente 'chenofobia', sino que la equis adquiere un tono más suave, similar a 'shenofobia'.

xenotrasplante. Neologismo que designa el trasplante de órganos entre especies animales diferentes.

yanqui (plural, yanquis; no yanquies). No es sinónimo de norteamericano. 'Yanqui' es el 'habitante de Nueva Inglaterra, zona del norte de Estados Unidos'. No debe emplearse. Tiene matiz despectivo.

Yemen. La República Árabe de Yemen o Yemen del Norte (capital, Saná) y Yemen Democrático o Yemen del Sur (capital, Adén) se unificaron el 21 de mayo de 1990. La República de Yemen, nueva denominación oficial, tiene su capital en Saná. Para referencias en plural, siempre anteriores a 1990, se hablará de 'los dos Yemen', pero no 'los dos Yémenes'.

yidis. Adaptación académica de la voz inglesa '*yiddish*': 'Dialecto hablado por los judíos askenazíes'. Esta lengua se escribe con caracteres hebreos, y está compuesta de alemán medieval y hebreo, con agregados de ruso, polaco, lituano, letón, etcétera, según en qué zona se hable.

yihad. En **árabe,** 'guerra santa'. No debe emplearse sin explicar su significado o sin que lo haga el contexto.

Yihad Islámica. Literalmente, 'Guerra Santa Islámica'. Fue el nombre de una banda terrorista egipcia desgajada del grupo de los Hermanos Musulmanes en los años setenta del siglo XX. Con posterioridad han surgido grupos con el mismo nombre en otros países. En la primera cita debe explicarse su traducción.

yinkana, no 'gincana' ni '*gymkhana*'. Grafía admitida por la Academia para esta voz angloindia de género femenino. Prueba deportiva de habilidad con motocicleta o coche. En sentido metafórico, un camino lleno de dificultades.

yonqui (plural, yonquis). En jerga, 'gran consumidor de droga *dura;* especialmente, heroína'. No puede emplearse sin explicar su significado.

yóquey (plural, yoqueis), no 'jockey'. Jinete profesional de carreras de caballos.

Youtube. Su pronunciación es *iutiúb.*

yuppy (plural, *yuppies).* Profesional en una situación económicamente acomodada, instalado en el sistema. Puede sustituirse por 'joven ejecutivo'. Es un acrónimo de '*young up wardly-mobile people*', o 'gente joven en ascenso'. No puede utilizarse sin explicar su significado. Se suele emplear con un sentido peyorativo.

zapeo. Adaptación de la Academia para la voz onomatopéyica inglesa '*zapping*': 'Cambio reiterado de canal de televisión por medio del mando a distancia'. Por cuestión de estilo, si así lo desea el periodista, se pueden utilizar otras fórmulas que obvien esta palabra: "Estaba husmeando en los canales de televisión cuando decidió ver un documental"; "le gusta picotear en las televisiones si no hay un buen partido de fútbol". Una alternativa frustrada en español fue 'canalear', que puede recuperarse.

Zarzuela, palacio de la. Residencia oficial del rey de España. Aplíquese el mismo criterio que para **La Moncloa.**

zinc (plural, zincs). Úsese esta grafía y no 'cinc', igualmente correcta, por hallarse más extendida. Procede del alemán '*Zink*'.

zombi (plural, zombis). Admitida por la Real Academia. Pero no hay que olvidar la expresión 'muerto viviente'.

zoo. Pese a tratarse de un abreviamiento de zoológico, se le da el mismo tratamiento que a 'foto', 'cine' o 'metro', por su uso extendido y no solamente coloquial.

zulo (plural castellanizado, zulos). 'Lugar oculto y cerrado dispuesto para esconder ilegalmente cosas o personas secuestradas'. Además de esta palabra del euskera pueden utilizarse 'agujero' o 'escondrijo'.

zulú (plural, zulúes). No debe usarse con sentido despectivo ("tu hermano es un zulú"), pese a estar recogido en el *Diccionario* ('bárbaro', 'salvaje', 'bruto'). Se denomina así uno de los pueblos de raza negra que habita en el África austral y los individuos que forman ese grupo.

Anexo 1

Lo que opinan los comunicadores más recordados y conocidos de la Cadena SER

Hay alguien al otro lado

Pedro Blanco

Conversación con Iñaki Gabilondo, Pepa Bueno, Àngels Barceló, Carles Francino, José Antonio Marcos, Dani Garrido, Gemma Nierga, Javier del Pino, Macarena Berlín, Manu Carreño, Isaías Lafuente

Quizá podría ser el primer mandamiento, la norma fundamental de todo comunicador radiofónico. La reflexión la hace Iñaki Gabilondo y tiene la indiscutible virtud de servir de marco referencial para estas páginas que contienen un buen puñado de pensamientos, de opiniones, de vivencias sobre el arte, permítanme esta licencia, de comunicar en radio. Dice Gabilondo: "Lo primero que hay que hacer es acordarse de que el oyente existe. Esto, que parece una simpleza, es sin embargo tan fundamental que puedo asegurar que el 95% de la gente que le habla a un micrófono sabe que le están oyendo pero no recuerda que le están oyendo".

El tú y el usted para el oyente

¿Cómo debería dirigirme a ustedes? Todavía hoy los profesionales de la radio debatimos sobre la distancia que debemos adoptar respecto a usted. ¿O mejor, respecto a ti, oyente? Hemos formulado la misma pregunta a las voces que participan en esta reflexión sobre el oficio de la radio. Pepa Bueno les llamaría "de usted, salvo en determinadas circunstancias". "Me gustan los matices en general y también en este caso". Àngels Barceló sostiene que "ante todo hay que guardar respeto al oyente sin que eso obligue a tratarle de usted. En el *tú* puede haber mucho respeto. Lo fundamental es hacerle ver que todo lo que nos cuenta es importante".

Macarena Berlín defiende que "la relación con el oyente tiene que ser cálida y respetuosa pero con cierta distancia". De madrugada, dice, ella siempre llama de usted al oyente, salvo que le pidan el tuteo.

Gemma Nierga también cree en el usted como forma de relación con el oyente aunque en su caso ocurre algo peculiar que ella misma reconoce como extraño: "Al oyente le trato de usted según el tono de su voz. Si el oyente entra en antena y demuestra una confianza, una simpatía hacia mí, me voy al tú".

Carles Francino lo tiene claro: "De entrada uso el usted, aunque para apelar a los oyentes se puede utilizar una fórmula muy socorrida, un modelo doble con el ustedes y el vosotros".

Manu Carreño reivindica la naturalidad en el trato: "Si te sale llamar de tú a los aficionados, si te sale natural, ese tuteo no chirría. En la información deportiva hablas como hablan los aficionados y eso quita tensión. En todo caso, siempre hay que marcar una línea que permita distinguir entre el periodista y el oyente".

La educación y el respeto, sostiene Isaías Lafuente, "no está en el tú o en el usted, hay gente que habla de usted y es muy maleducada. El respeto está en el tono". Eso sí, Isaías defiende que "debe existir un criterio objetivo que todo el mundo deba respetar".

En el programa de Javier del Pino son poco habituales las intervenciones de los oyentes. Pero cuando eso ocurre, "inmediatamente sabes si tienes que tratarle de tú o de usted, es un mecanismo cerebral", explica. En todo caso, Del Pino defiende que lo fundamental es "tratar al oyente con respeto intelectual y no tanto gramatical".

José Antonio Marcos pone el acento en el tipo de radio que se practica. "En la radio informativa es más apropiado el usted que el tú. En la radio donde lo fundamental es que el oyente sienta la cercanía del comunicador puede ser más apropiado el tú".

Dani Garrido también establece una diferenciación, en este caso según el contenido del mensaje: "Cuando es puramente deportivo, apelo al oyente utilizando el tú. Si se trata de un mensaje que tiene un contenido social, que describe una situación comprometida, tiendo a usar el usted".

El tú y el usted para el entrevistado

En casi todas las conversaciones que alimentan este apéndice se produjo un fenómeno similar: se empezaba reflexionando sobre cómo tratar al oyente y se acababa trasladando esa misma reflexión a la relación con el entrevistado.

La entrevista es el género quizá más comprometido para el comunicador. Una entrevista nunca satisface a todo el mundo... Pepa Bueno sostiene que el usted sirve "para marcar una distancia crítica respecto al entrevistado porque el oyente tiene que saber qué posición ocupa cada uno de los actores de esa conversación".

Ella recuerda una entrevista a Hugo Chávez en la que el entonces presidente de Venezuela usaba 'Pepita' para dirigirse a ella. "A cada 'Pepita', yo le decía dos veces: 'señor Presidente, señor Presidente'", recuerda Bueno.

El usted, insiste Gemma Nierga, ayuda a marcar una posición entre el entrevistado y el entrevistador. Sin embargo, reconoce que los planes pueden desmoronarse. "Yo he preparado una entrevista a Núria Espert, he decidido que la trataré de usted durante la conversación y cuando ella se sienta y me dice 'Gemma, maja, ¿cómo estás?', inmediatamente la trato de tú."

Javier del Pino apela a la transparencia que caracteriza este medio para concluir: "Si tú eres amigo de alguien, ¿por qué vas a ocultarlo tratando a esta persona de usted?".

Àngels Barceló apuesta por que las entrevistas no sean ni debates ni interrogatorios. Desde el tratamiento de usted, "no hay que ser grosero, el trabajo del periodista es intentar conseguir las respuestas y es el entrevistado el que queda en evidencia si las niega".

José Antonio Marcos apuesta por que "en una entrevista informativa se use siempre el usted para evitar la sensación de compadreo. En una entrevista política o sobre un asunto de interés público, el tuteo no aporta nada y resta credibilidad".

Para Carles Francino, el trato al entrevistado, al igual que decía de los oyentes, "tiene que ser de entrada el usted". "En una entrevista", añade, "siempre hay ocasiones para apearse y acabar en el tú. Aunque hay excepciones cuando hay una relación personal con la persona a la que entrevistas."

Por su parte, Manu Carreño distingue por el perfil del entrevistado. "Si se trata de un futbolista, de un deportista, le trato de tú y me siento muy cómodo en esa cercanía. Si se trata de un dirigente, un presidente de un club, un exjugador de relevancia, acudo al usted. Si mañana entrevistara a Iribar, a quien admiro, le trataría de usted". Manu Carreño insiste en esa distinción. Él cree que "no es lo mismo entrevistar al secretario de Estado para el Deporte que hacerlo con Joaquín, jugador del Betis. Entre esos dos extremos hay muchos perfiles y hay que adaptar el tratamiento a cada uno de ellos".

La proyección de la figura, el ámbito al que pertenece o representa, debe moldear, en opinión de Macarena Berlín, el tratamiento al entrevistado. Hay casos, relata, "en los que entrevistas a alguien con quien has coincidido mucho y a quien te une una gran complicidad. En esas situaciones incluso les aviso fuera de micrófono de que les trataré de usted para que no malinterpreten esa distancia como frialdad".

La voz es la piel

La radio tiene piel y es, probablemente, el medio más epidérmico de todos. Pero ¿qué nos distingue de los demás, qué hace diferente o especial la comunicación radiofónica? Pepa Bueno lo explica gráficamente: "La comunicación en radio es horizontal, mientras que la que se establece en televisión es vertical, en la televisión estás en una especie de púlpito".

La cercanía con el oyente es una constante en la descripción que hacen de este medio sus grandes comunicadores. La voz, cree Pepa Bueno, es mucho más transparente que la imagen. La voz, asegura, "te desnuda mucho más porque al micrófono sólo le puedes engañar un segundo, cuando no tienes más herramienta que tu voz, eres más tú y ofreces un retrato más auténtico de ti misma".

La autenticidad de la voz también es, para Gemma Nierga, parte de la esencia de este medio. "La voz no puede engañar a nadie, siempre he tenido la sensación de que es más fácil el engaño con una sonrisa que con la voz".

Sin embargo, ella está fascinada por el silencio. "Supongo que es una herencia del *Hablar por hablar*, me acostumbré a la ausencia de palabra. Ésa es una de las grandes riquezas del mundo de la radio, hacer un silencio que dice tantas cosas".

La radio como medio

"La comunicación en radio es más directa", apunta Manu Carreño, quien cree además que este medio da "para pensar, para opinar, hacer una pausa, permite ser más incisivo, incidir en algo, preguntarte cosas".

Una relación directa que hace, opina Àngels Barceló, que el oyente crea que "le estás hablando a él personalmente y no a todos los demás oyentes". Barceló defiende que la comunicación en radio tiene que ser "mucho más directa que en otros medios, sin florituras ni envoltorios. Es la palabra y la voz y el uso que haces de ellas".

"La radio", añade Javier del Pino, "es el medio más transparente, la voz lo es en el sentido de que te hace posible conocer las cualidades de la persona que habla". Para él, la voz "permite saber si alguien es afable o tiene malas pulgas, si dice la verdad o hay mala voluntad en él".

Dani Garrido cree que este medio "es más reflexivo, más cálido, más cercano; y lo es todavía más desde que se ha desarrollado la portabilidad absoluta, un fenómeno que hace que este medio sea todavía mucho más cercano de lo que ya era". Macarena Berlín resume la esencia del medio en cuatro conceptos: "La inmediatez, la cercanía, la capacidad de reacción y la calidez".

Isaías Lafuente suele dar un consejo a los invitados: "Olvida que te están escuchando cientos de miles de personas y háblame a mí porque esta es una conversación de tú a tú y es lo que se va a transmitir después a quien nos está escuchando". Además cree que los profesionales de la radio tienen que valorar la palabra hablada: "Durante mucho tiempo se hablaba en la radio como si se leyera un periódico".

Iñaki Gabilondo destaca las condiciones en las que se produce la escucha. "Nuestro destinatario nos recibe en una variada gama de situaciones que van desde el puro oír mientras hace otras cosas, a una actitud de escucha plena. Esta forma de comunicación no garantiza que el destinatario nos esté prestando atención".

Para José Antonio Marcos "la radio es algo más que entretenimiento, que información, algo más que compañía. Todo eso sumado con un sentimiento produce un cóctel mágico que sólo se da en este medio".

Carles Francino tiene claro que la ausencia de imagen "obliga a una riqueza del lenguaje superior a la televisión". Él no lo compararía con la escritura, "pero es cierto que la naturaleza de este medio exige emplear todos los recursos lingüísticos pero también expresivos: el uso de la voz, las inflexiones, las pausas".

EL LENGUAJE

El lenguaje, el uso que hacemos de él, puede provocar un alejamiento de nuestra audiencia, así que es inevitable que una parte de la discusión sobre la comunicación en radio se plantee en estos términos: ¿debemos hablar como habla la gente para conseguir una mayor cercanía? Pepa Bueno alerta del riesgo de vulgarizar el lenguaje en un intento de parecernos a nuestros oyentes. La audiencia, destaca, "es amplia y variada y nuestra responsabilidad es hablar un español completo, correcto y culto. No debemos renunciar a la riqueza, a la estética que nos ofrece el idioma. Tenemos que ser capaces de elaborar discursos complejos pero comprensibles y ése es el reto, unir el español culto con un lenguaje eficaz para la comunicación en radio".

Para Macarena Berlín, la norma debe ser en este caso el sentido común. "El tipo de lenguaje y la forma de utilizarlo debe servir para hacernos entender. Si en algún momento tenemos que hablar como habla la calle no podemos olvidar que la radio siempre tiene que aportar algo más, el oyente tiene que llevarse algo de la radio".

Para Iñaki Gabilondo no hay que asumir que "la moda de la informalidad autorice un lenguaje chabacano, gramaticalmente incorrecto". "El sujeto concuerda con el verbo por muy simpático y ameno que te quieras poner", añade. "La forma de comunicar es una comunicación añadida a la comunicación a la que doy mucha importancia".

José Antonio Marcos introduce un matiz interesante: "En la radio hablamos como habla la gente cuando la gente piensa lo que dice". Defiende que "el lenguaje tiene que ser claro, directo, sencillo, pero no vulgar. El objetivo último es que el oyente te entienda y te entienda bien".

Dani Garrido asegura que él no cree que la gente hable mal. "No me gusta pensar que la gente habla mal o que usa un lenguaje demasiado coloquial. En todo caso, cuando diriges un programa como *Carrusel* tienes que acercarte a la grada, a la persona que está en un estadio, y hablar como ellos con la propia emoción del momento. Eso no es malo, aunque el estándar que se ha de respetar es siempre el de la corrección".

Carles Francino no comparte la opinión de quienes creen "que hay que hacer una sobreactuación del lenguaje popular para llegar a más gente, ése no es el secreto". Y alerta del riesgo de "solemnizar, teatralizar y darle un aire muy elevado al lenguaje radiofónico". "Porque eso sí nos aleja de la gente", precisa. "Pero dedicarnos a copiar el lenguaje de los bares para acercarnos a cierto público es un error".

Gemma Nierga plantea a su vez una pregunta muy oportuna: "¿Qué es hablar como habla la gente? ¿Cómo habla un ministro, un *youtuber*, un artista o un rapero? A mí me gusta la formalidad en la radio, yo suelo acudir a ese registro. No me gustan ciertas expresiones, nunca he dicho un taco en antena ni lo diré".

Isaías Lafuente se plantea las mismas preguntas que Gemma y concluye: "No hay nada peor que forzar la manera de hablar porque eso acaba embarrando la comunicación. Además, los periodistas debemos huir de ciertos lenguajes, maneras de hablar en el mundo político, empresarial o tecnológico que pretenden encriptar el mensaje".

Javier del Pino niega que ahora haya quien hable con excesiva solemnidad en la SER. "Es una línea fina sobre la que hay que caminar y en la que yo prefiero pecar de solemnidad que de coloquialismo, aunque ninguna de las dos cosas sean un pecado en la radio".

Para Manu Carreño, "un comunicador nunca debe olvidar su responsabilidad. Puedes camuflarte en el lenguaje, ser camaleónico; pero nunca terminar siendo como es la gente en ciertos contextos. Ante el micrófono, tú eres el periodista y no debes comportarte como lo harías en un bar".

El idioma y sus acentos

El mapa de España es también un mapa de sus acentos. Tradicionalmente, la radio ha pretendido enmascarar la apariencia sonora de los diferentes territorios. ¿Qué hacemos con los acentos en la radio?

Pepa Bueno cuenta que tuvo la mala suerte de sufrir un director preconstitucional en la década de los noventa del siglo pasado que le obligó a utilizar un español neutro. "Cuando se encendía el piloto rojo, evitaba mi acento extremeño y regresaba a él cuando se apagaba". Bueno tiene claro que "los acentos forman parte de la realidad española y tienen que estar presentes, pero de forma que no sufra la comprensión del mensaje".

En España, recuerda Isaías Lafuente, "uno de cada cinco habitantes es andaluz", y se pregunta: "¿Por qué deberíamos proscribir de la antena ese acento?".

José Antonio Marcos recuerda una realidad: "Hace unos años los acentos estaban mal vistos. Hoy en día la situación es diferente, el acento es perfectamente válido si se utiliza como se usa en una conversación normal, con un tono correcto".

Gemma Nierga no tiene dudas de que "hay que potenciar los acentos". La radio, como muchos otros oficios, es también una suma de vivencias. Y Nierga recuerda ésta. "Ocurrió en mi época de *Hablar por hablar.* Un oyente me dijo que le caía muy bien pero que no le gustaba nada mi acento catalán. Yo le respondí que a mí, en cambio, me encantaba su acento andaluz".

Cuando Iñaki Gabilondo llegó a Radio Sevilla, se encontró con que sus compañeros "hablaban con acento sevillano, pero cuando se situaban frente al micrófono se ponían campanudos". "Eso es una falsificación", asegura, "necesito tu autenticidad, que hables correctamente y respetes las normas pero con tu propio acento". Gabilondo cree que seguimos teniendo una visión "un poco imperial, antigua, que hace que nos pongamos estupendos ante ciertos acentos. Si a un español le resulta chocante el acento andaluz o el catalán, tenemos un problema; pero no en la radio sino en España".

Dani Garrido defiende: "Cada uno tiene que mostrar su identidad, su personalidad. Eso es fundamental en la radio porque mostrarte como eres es lo que te hace llegar al oyente. Y uno también es su propio acento, no hay que ocultarlo".

Macarena Berlín se suma a quienes defienden que los acentos enriquecen: "Muchas veces lo importante no es el acento sino la forma de comunicar, de leer, el respeto a la sintaxis, a las entonaciones naturales". Javier del Pino aplica una mirada de recorrido más largo y recuerda que una de las primeras decisiones que tomó al frente del programa que dirige fue incluir una tertulia de corresponsales extranjeros.

Ese espacio, dice Del Pino, "se ha convertido en uno de los más emblemáticos del programa. ¿Cómo es posible que hasta hace unos años no se escucharan esos acentos en nuestra radio?".

Carles Francino lo deja muy claro: "Estoy absolutamente en contra del acento neutro. Tampoco creo que haya que forzarlo para buscar cumplir ciertas cuotas".

Manu Carreño mira al mapa y extrae esta conclusión: "En un país con muchos acentos no debe existir una radio que sólo tenga uno. Yo los trataría con naturalidad, sin potenciarlos pero sin esconderlos, de la misma manera que se dan en la sociedad".

Cómo manejar las emociones

Este oficio nos enfrenta, de forma relativamente habitual, a situaciones en las que el comunicador debe gestionar un torbellino de emociones. Noticias de especial impacto ante las que resulta muy difícil comportarse con una frialdad impostada. ¿Qué hacer en esos casos con los sentimientos, cómo gestionar el dolor, la rabia, el enfado, la ira?

Isaías Lafuente invierte la carga de la prueba y nos emplaza a preguntarnos qué debería hacer un oyente cuando nos escucha: "¿Debería contener sus emociones o dejarlas fluir?". Lafuente se responde: "Si yo no me emociono es muy difícil que el oyente lo haga. Tenemos que transmitir las emociones con cierta contención pero no de manera neutra. Tenemos que emocionarnos antes de transmitir las emociones".

Gemma Nierga siente que es "una de las personas que más se emociona en la antena de la SER" y eso, asegura, le ha obligado a hacer un ejercicio de contención: "Mi libro de estilo particular me dice que mi alma debe quedarse dentro de mí. Y sí, yo he llorado en antena dos o tres veces en mi vida profesional porque no lo he podido evitar y, cuando me lo recuerdan, se me crispa el gesto porque no me gusta haberlo hecho".

Iñaki Gabilondo apuesta por un equilibrio. "El control de las emociones es necesario para no acabar desbordado por ellas, pero es ridículo reprimirlas. El comunicador es un ser vivo que habla a seres vivos, no es una fría transmisión de datos". Gabilondo defiende: "Hay que relajarse algo porque lo que uno es es más importante que lo que uno dice. No puedes traicionar todas las mañanas porque acabarás siendo descubierto". Pepa Bueno agrega: "No hay plantillas que se deban aplicar a un modelo de comunicación, el de la radio, en el que la vida te puede sorprender en cualquier momento". Ella recuerda que el comunicador está al servicio de quien recibe la información y eso "obliga a contener las emociones pero no a encerrarlas en una prisión".

Javier del Pino no cree "en el periodista frío, capaz de contar las cosas sin demostrar que le afectan personalmente". "Somos humanos, basta ya de pensar que un comunicador está por encima del bien y del mal", añade.

Y Àngels Barceló: "Tenemos emociones y no tenemos por qué esconderlas". Ella apuesta por que el comunicador modere la expresión de sus emociones. Aunque "hay momentos en los que te puedes tomar alguna licencia", el trabajo del periodista es relatar los hechos y no convertir en un elemento fundamental del relato las emociones propias. Y pone el ejemplo del asesinato de José Couso. "En ese momento yo trabajaba en televisión, ese día hice el informativo y era fácil que la gente viera lo afectada que estaba. No quise que eso ocurriera porque mi trabajo era explicar a la gente lo que había sucedido lo mejor que podía".

Conducir el *Hablar por hablar,* recuerda Macarena Berlín, es situarse ante historias en muchos casos cargadas de emotividad a las que no hay que sumarle nada más "porque se corre el riesgo de caer en un patetismo romántico". "Hay momentos en la vida que se narran mal y en los que el silencio puede ser un buen instrumento".

José Antonio Marcos asume que "el sentimiento forma parte del proceso de comunicación. Se traslada a través de la voz, del tono. Pero el comunicador no debe dejarse arrastrar por él". A Dani Garrido le produce reparo mostrar sus colores en antena. "En un programa como *Carrusel* es muy importante el clima emocional que se genera en acontecimientos como la Champions, pero hay que ser cuidadoso para que esa emoción no se desborde en el comunicador. A mí me cuesta mucho trasladar de qué equipo soy o cuál es mi jugador favorito".

El comunicador tiene una gran responsabilidad en el uso que hace del lenguaje. Las palabras que elegimos para describir la realidad pueden contribuir a transformarla o, en el peor de los casos, a enquistar prejuicios, extender estigmas o ahondar en desigualdades y naturalizarlas.

Estamos llegando al final de este ejercicio de revisión sobre nuestro oficio y es muy oportuno traer aquí una de las reflexiones de Iñaki Gabilondo: "Es curioso que estas conversaciones entre colegas de la radio de tantos años no sean algo habitual, debería ser algo constante para establecer un código de funcionamiento en el uso de las palabras adecuadas para que no produzcan ofensas. Tenemos que ser mucho más exigentes con nuestra capacidad expresiva, ser más ricos para evitar despachar las cosas que tenemos que decir de forma muy barata".

Carles Francino asume la obligación "de eliminar aquellas expresiones que tengan un carácter peyorativo pero sin forzar las situaciones". "En aras del uso de un lenguaje políticamente correcto que no ofenda a nadie corremos el riesgo de cargarnos expresiones que forman parte del lenguaje cotidiano", resalta.

Manu Carreño asume el papel de los comunicadores como parte de una conciencia social. "Hay graves problemas ahí fuera ante los que tenemos una responsabilidad, no podemos hacer como que no existen. La violencia en el fútbol, los insultos en la grada... Ante esas realidades los comunicadores podemos orientar y educar a quienes nos escuchan. Es verdad, en todo caso, que a veces hay una delgada línea entre una broma y un uso del lenguaje frívolo".

Macarena Berlín lo resume así: "El lenguaje hace mundo. Los comunicadores somos conscientes de ello, pero no de que debemos revisarlo continuamente". Y pone un ejemplo: "Las expresiones patriarcales que nos parecen normales pero que deberíamos cambiar. Habría que feminizar los contenidos para acercarnos a la mitad de la población".

Gemma Nierga da un paso más en la reflexión y plantea la oportunidad de "corregir a algún oyente que entra en antena y con la libertad con la que se expresa, utiliza un lenguaje racista o sexista". "Los que nos ponemos delante de un micrófono no podemos bajar la guardia, no nos lo podemos permitir".

El lenguaje, la elección de las palabras, los adjetivos, el uso de los términos adecuados para cada relato "es una de nuestras mayores responsabilidades", asegura Pepa Bueno, quien recuerda que durante años presentó en televisión un programa de sucesos. "Los adjetivos, las calificaciones, las denominaciones de origen en ciertos casos conviene ponerlas en cuestión porque se puede estigmatizar a colectivos de forma gratuita".

Dani Garrido recuerda la campaña organizada entre la SER y Unicef que llevaba por lema "Sin respeto no hay juego". Y destaca "la gran responsabilidad" que tienen los comunicadores. "En un programa como *Carrusel,* de muchas horas de duración, se exige un esfuerzo de concentración mayor para evitar comentarios machistas o sexistas".

José Antonio Marcos no tiene duda de "la fuerza del lenguaje como un elemento de dinamización social. La radio está siendo pionera en la adaptación del lenguaje a la sensibilidad lingüística de la población. Y un ejemplo claro es la distinción cada vez mayor entre lo masculino y lo femenino".

Isaías Lafuente destaca el proceso de aprendizaje de la palabra. "Se hace por impregnación, uno llega al colegio y ya sabe utilizar la palabra hablada. Por eso tenemos una gran responsabilidad en el uso que hacemos de ella, porque el oyente confía tanto en nosotros que da por buena una nueva forma de expresar realidades y puede acabar asumiendo como normal un estereotipo".

Además, Isaías defiende que hay que dejar de repetir los eufemismos que utiliza la gente y que los periodistas trasladan a la antena como si fueran la marioneta del ventrílocuo. "Hablar de 'crecimiento negativo', por ejemplo, es una patochada".

Javier del Pino tiene asumido que éste es un filo sobre el que se camina permanentemente en la radio. "¿Cuántas veces hemos dicho que hay un grupo de refugiados que intenta asaltar la valla de Melilla? No, ellos no asaltan, están intentando encontrar una vida mejor".

"Vivimos un momento muy delicado para cometer errores de ese tipo en nuestro lenguaje". Sin embargo, pide cierta indulgencia "por los pequeños errores que se cometen cuando se pasa tanto tiempo hablando".

Anexo 2

Guía de pronunciación de nombres en otros idiomas

Normas generales

La pronunciación de palabras extranjeras y nombres en otros idiomas diferentes al español deberá ser siempre lo más parecida posible a la que tengan en sus lenguas originarias. No obstante, se ha de evitar cualquier exceso petulante o estridente que pueda provocar rechazo o incomprensión por la audiencia.

La pronunciación adecuada de voces no castellanas nunca ha de estar reñida con la naturalidad; deberá ejecutarse sin romper nunca la cadena hablada y manteniendo una vocalización inequívoca y clara.

Los periodistas de la Cadena SER tendrán especial cuidado en aquellos casos en los que el sonido de una palabra difiere notablemente de su forma escrita. En todo momento se garantizará que el oyente sepa de qué o de quién se está hablando. La inteligibilidad de los mensajes ayuda a lograr la eficacia comunicativa.

Se deben evitar vicios y errores comunes, como 'traducir' a la fonética española nombres y vocablos extranjeros (*Wimbledon* se dice [uímbeldon] no [uímbledon]). No obstante, se preferirá la voz castellanizada a la original cuando se trate de topónimos o antropónimos que ya cuentan con una equivalencia tradicional en castellano, tanto gráfica como sonora, y que sea reconocida y aceptada por los oyentes (*Múnich* [múnich] en vez de *München* [mínjen]); *Dumas* se dirá [dúmas] y no [dimá]).

Se eludirá el error habitual de pronunciar cualquier palabra de otro idioma como si siempre procediera del inglés (*Michael Schumacher* no es [máikel shumáker] sino [mijáel shumájer]; o *Paul Klee,* que no es [pol kli] sino [paul klee]).

Los sonidos que no existan en español se pronunciarán de la manera más parecida posible a su forma original. En el caso de las vocales, dado que en otros idiomas hay una mayor variedad (las hay largas y breves, abiertas y cerradas...), nos ajustaremos a los sonidos de las cinco vocales del español.

Muchas veces el aprendizaje se produce gracias a la experiencia y a la casuística particular, pero es conveniente tener en cuenta algunas normas, relativas a las correspondencias entre grafemas y fonemas más comunes en cada uno de los idiomas, y aunque la fonética de éstos no siempre sea regular.

Para todo ello, el profesional de la Cadena SER deberá estar familiarizado con las reglas elementales de pronunciación de las lenguas extranjeras más conocidas y frecuentes (el inglés, el francés, el alemán, el portugués y el italiano) y, en el caso de España, de las lenguas que conviven con el español y que son oficiales en sus respectivos territorios autonómicos (el catalán, el euskera y el gallego).

A continuación se exponen unas breves guías de pronunciación al respecto.

1. INGLÉS

1.1. Vocales. Dada la complejidad e irregularidad de las vocales en la lengua inglesa, donde un fonema puede estar representado por diversos grafemas o viceversa, se muestran aquí las reglas y correspondencias más habituales, que en todo caso serán aproximativas.

1.1.1. Las vocales suelen sonar simples (no diptongadas) cuando van seguidas de doble consonante o de consonante final de la palabra: *cup* [kap], *Murphy* [má:rfi], *penn* [pen]...

1.1.2. La pronunciación más habitual de las vocales es:

a [ei] (*Casey* [kéisi])
[a] (*Manhattan* [manjátan])
e [i] (*Steve* [sti:f])
[e] (*Kenny* [kéni])
i [ai] (*Times* [táims])
o [o] (*Scott* [skot])
[ou] (*Jones* [yóuns])
u [a] (*Sullivan* [sálivan])
[u] (*Fulham* [fúlam])
[iu] (*Usain* [iúsain])

1.1.3. A diferencia del español, en inglés las vocales pueden ser cortas o largas (éstas, con el signo : tras ellas). Para distinguir cuándo un grafema equivale a un sonido más prolongado o no, podemos aplicar la regla de la *e* muda.

Cuando la vocal va seguida de una consonante o de una consonante y otra vocal (normalmente la *e)*, el sonido es largo:

a [ei] *(Casey)*
e [i:] *(Pete, Steve)*
i [ai] *(Michael)*
o [ou] *(Silverstone)*
u [iu] *(United* [iunáitid])

En cambio, cuando antecede a uno o dos grafemas consonánticos, es breve:

a [ae] *(hat, Matthew)*
e [e] *(Jessicah)*
i [i] *(Sidney* [sídni])
o [o] *(Tottenham* [tótenam])
u [a] *(Dundee* [dandí:])

1.1.4. Pronunciaciones más habituales de dígrafos vocálicos:

ai, ay [ei] *(Bailey)*
[i] *(Murray* [márri])
au, aw [o:] *(Auckland* [ó:klan], *Paul, Milwaukee)*
ea [i:] *(Eaton, Keane)*
[i] *(Chelsea)*
[e] *(weather)*
ee [i:] *(Dundee, Brownlee)*
[e] *(Greenwich* [grénich])
ei, ey [ei] *(Lleyton)*
[i] *(Bradley* [brádli])
ew, eu [u:] *(Andrews)*
ie [ai] *(die)*
[i:] *(Westfield)*
oa [ou] *(Oakland)*
oi, oy [oi] *(Lloyd's* [lóids])
oo [u] *(Rooney, Cook)*
[a:] *(blood, flood)*
ou, ow [au] *(Downing, Brown)*
[u:] *(group)*
ua [a:] *(Guardian* [gá:rdian])

1.2. Consonantes. El sistema consonántico del inglés es muy diferente al del español, ya que muchos grafemas se leen con fonemas que no existen en nuestro idioma, como ocurre con *-sh* (Sheridan, show), otros se articulan de forma ligeramente distinta (la *t*, por ejemplo) y cuenta con más posibilidades combinatorias entre consonantes, como *-sp* o *-st* (*-s* líquida).

A continuación señalaremos aquellas consonantes que presentan más diferencias respecto a la pronunciación que haríamos al leerlas en español:

c [k] (delante de *a, o, u; Carlisle* [ka:rláil])

[s] (delante de *e, i; Cincinatti, Francis)*

g [g, gu] *(Gainsborough, Gibson* [guíbson])

[y] *(George)*

h [h] (como una jota aspirada, muy suave; *Harper, Hearts, Howard).* Es muda delante de *heir, honour, honest* y *hour* y en terminaciones *-nham* o *-gham (Twickenham, Nottingham)*

j [y] (sonido parecido a la *yé* argentina; *James, Jones)*

m [m] (no debe sustituirse por 'n' al final de palabra: *Beckam* y no *Beckan; James, Jones)*

s [sh] *(Sean,* o en terminaciones *-sion* o *-tion*: *position, posession)*

z [s] (recuerda al zumbido de un insecto; *Wizards, Buzzfeed)*

1.2.1. Dígrafos:

cc [k] *(soccer)*

gh [g] *(Buckingham* [bákingam], *Birmingham)*

[f] *(enough)*

muda *(Wright, through* [zrú])

ll [l] *(Lleyton, Caroll)*

ph [f] *(Phoenix, Murphy)*

qu [ku] *(square* [skuéar], *queen)*

sh [sh] *(Sheffield)*

th [d] *(Motherwell)*

[t] *(Thompson, Thomas* [tómas])

[z] *(Bath, Southampton* [sauzámpton])

wh [w] *(Whittaker)*

2. Francés

2.1. El francés cuenta con reglas más definidas que el inglés, pero tiene numerosas excepciones. Los sonidos de sus vocales son más variados que en español, así como el número de combinaciones grafemáticas que dan origen a sonidos distintos.

2.2. Las reglas fundamentales de pronunciación en este idioma son:

2.2.1. Los acentos ortográficos (agudo, grave y circunflejo) no indican dónde recae el acento prosódico.

2.2.2. El acento circunflejo funciona como una especie de 'marcador genético' respecto de una palabra que en ese lugar tuvo un fonema *s (fenêtre, fenestra).*

2.2.3. Las terminaciones *-e, -es* y *-ent* son mudas, así como la mayor parte de las consonantes en posición final: *Christophe* [kristóf], *Rennes* [genn].

2.2.4. Son excepciones a esta regla las letras *c, f, l, r* y *n,* así como muchos nombres propios: *National* [nasjionál], *Marc* [magk], *Québec* [kebék].

2.2.5. Las vocales no acentuadas que van seguidas de *n* o de *m* se nasalizan: *Général* [yenerál], *Jérémy* [yeremí].

2.2.6. El sonido de la letra *r* también se nasaliza y suena como una *g* suave.

2.2.7. La *h* es muda, como en español.

En estos casos debemos respetar los sonidos de la lengua original, pero sin caer en una afectación que cause la pérdida de naturalidad en el discurso hablado.

2.3. Vocales. El número de sonidos vocálicos en francés es mayor que en el español. Aunque muchos de esos fonemas pueden adaptarse más o menos a nuestra pronunciación, otros resultan difíciles de reproducir.

2.3.1. Pronunciaciones más habituales:

a [a]

e [e]

i [i]

[a] *(Moulin* [mulán], *Villepin* [vilpán])

o [o]

u [i] (los labios se cierran como si se fuera a pronunciar una *o)*

2.3.2. Diptongos y triptongos:

ai [e] *(Saint-Germain* [senyegmén])

ay [ei] *(Raymond* [reimón])

[e] *(Lucennay* [lisené])

au [o] *(Laurent* [logán])

ea [a] *(Jean* [yan])

eu [e] *(Matthieu* [matié])

oe [e] *(Loeb* [leb])

oi [ua] *(Charleroi* [shagleguá])

ou [u] *(Lacourt* [lacúg])

aou [u] *(aôut* [ut])

eau [o] *(bateau* [bató])

oeu [e] *(boeuf* [bef])

2.4. Consonantes. En algunas consonantes la correspondencia entre grafema y fonema difiere siempre o en ocasiones del sistema de pronunciación en español:

c [s] (ante *y, i, e; Bercy* [begsí])

ç [s] *(Françoise* [fransuá])

g [y] (ante *y, i, e;* sonido parecido a la *y* argentina; *Giroud* [yirú], *Brigitte* [briyít])

j [y] *(jour* [yur])

r [r] (sonido entre nasal y gutural; *Renault* [genó])

x [s] *(six* [sis], *Auxerre* [osé:g])

z [s] (sonora; *Benzema* [bensemá])

2.4.1. Dígrafos:

ch [sh] (delante de vocal; *Chevalier* [shevalié])

[k] (delante de consonante; *Chrétien* [kretián])

gn [ñ] *(Magny-Cours* [mañí kúg])

ll [l] *(Camille* [kamíl], *Villeurbanne* [vilegbán])

ph [f] *(Philippe* [filíp])

rr [r] (mismo sonido que la *r* simple)

sc [s] *(science* [siáns])

th [t] *(Thomis* [tomí])

3. ALEMÁN

3.1. En alemán no existen unas normas uniformes de pronunciación, por lo que siempre habrá excepciones a las reglas generales.

3.1.1. En alemán, la sílaba tónica suele recaer en la primera sílaba: *Liechtenstein* [líjtenshtain].

3.1.2. Al igual que en español, en alemán suenan todas las letras finales: *Schultze* [shúltse].

3.1.3. Aunque la terminación *-er* suena como una *a (Schumacher* [shúmaja]), se podrá pronunciar 'a la española', manteniendo la *e* y una *r* muy suave ([shúmajer]), con el fin de procurar que el oyente sepa de qué o de quién estamos hablando en todo momento.

3.2. Vocales. También en este caso hay que diferenciar entre vocales breves y largas. Normalmente, la duración va asociada a la abertura: largas cerradas y breves abiertas.

3.2.1. Una vocal es breve cuando va seguida de una consonante duplicada o bien va trabada por dos o más consonantes: *Hannover* [jánofa], *Schild* [shílt].

3.2.2. Por el contrario, una vocal se alarga cuando aparece duplicada *(Aachen)*, cuando la sílaba acaba en *h* o, en el caso de la letra *i*, cuando va seguida de *e: Kiel* [kí:l]. Asimismo, tiende a prolongarse el sonido de la vocal cuando esta va seguida de una *r.*

3.2.3. Vocales con diéresis:

ä [e]

ö [e] *(Schröeder* [schréder])

ü [i] (los labios se cierran como si se fuera a pronunciar una *u; Müller* [míla], si bien en este caso está muy extendida la pronunciación [múler])

3.2.4. Diptongos:

au [au] *(Kaiserslautern* [káiserslautern])

äu [oi] *(Schäuble* [shóible])

ei [ai] *(mein* [máin])

eu [oi] *(Freud* [fróid])

ie [i:] *(Kiel* [kí:l])

oe [e] *(Goethe* [gué:te])

3.3. Consonantes. Respecto a las consonantes que pueden presentar una pronunciación diferente al español habrá que tener en cuenta una serie de reglas.

3.3.1. Pronunciaciones más habituales:

g [gue] *(Engelberg* [énguelberg])

h (muda cuando aparece tras vocal)

[h] (como jota aspirada, muy suave, en posición inicial de sílaba; *Hoffenheim* [jófenjaim])

j [y] *(Karajan* [kárayan])

r [r] (sonido gutural, como una *gue; Rudolf* [gúdolf])

v [f] *(Vettel* [fétel])

w [v] *(Wiesbaden* [ví:sbaden])

z [ts] *(Zurbriggen* [tsúrbriguen])

3.3.2. Dígrafos y trígrafos:

ch [j] (tras *a, e, o, au; Michael* [míjael])

[k] (delante de *r; Christel* [krístel])

chs [ks] *(Sechs* [séks])

ph [f] *(Stephan* [shtéfan])

pf [f] *(Pfeiffer* [fáifer])

qu [k] *(Quellen* [kélen])

sch [sh] *(Schiller* [shíla])

sp [shp] *(Spiegel* [shpíguel])

st [sht] *(Steiner* [shtáina])

th [t] *(Thomas* [tómas])

4. PORTUGUÉS

4.1. Esta guía de pronunciación supondrá una simplificación de la fonética portuguesa dado que la correspondencia entre fonema y grafema resulta mucho más compleja que en español. Asimismo, habrá que tener en cuenta que existen diferencias entre el portugués europeo y el brasileño.

4.1.1. La mayor parte de las palabras en portugués son llanas.

4.2. Vocales. Aunque por escrito las vocales en portugués son las mismas que en español, pueden representar hasta 14 sonidos vocálicos distintos. Las vocales pueden ser orales o nasales y, además, las vocales *a, e, o* pueden ser abiertas o cerradas. En todo caso, trataremos de no caer en la afectación y optaremos por pronunciaciones que se aproximen lo máximo posible a los sonidos del idioma original.

4.2.1. Cuando una vocal lleva una virgulilla o tilde nasal (~), se pronuncia seguida de *n* o *m.*

4.2.2. La *o* se convierte en *u* cuando se sitúa en una sílaba tónica: *Carvalho* [karvállu].

Pronunciaciones aproximadas:

ã [an] *(Covilhã* [cuvillán])

ão [aun] *(Portimão* [purtimáun])

ãe [ain] *(Guimarães* [guimaráinsh])

õe [oin] *(Camarões* [camaróinsh])

4.3. Consonantes. En portugués existen todos los sonidos del español con excepción de [z], [j] y [rr]. La *h* es muda.

4.3.1. Pronunciaciones más habituales de grafemas con sonidos diferentes al español:

c [s] (ante *e, i; Ceará* [siará])

ç [s] *(Gonçalves* [gonsálvesh])

g [y] (ante *e, i; Rogério* [ruyério])

j [y] (como la yé argentina; *Jose* [yosé])

l [ul] (cuando va seguida de consonante o está al final de la palabra; *Geral* [yerául])

s [sh] (cuando va seguida de consonante o está al final de la palabra; *Gomes* [gómesh])

z [s] *(Cruzeiro* [cruséiru])

[sh] *(Luz* [lúsh])

4.3.2. Dígrafos:

ch [sh] *(Chaves* [shávesh])

lh [ll] *(Coelho* [koéllo])

nh [ñ] *(Marcelinho* [marselíñu])

5. ITALIANO

5.1. La grafemática del italiano es una de las fieles a la fonética, por lo que resulta más sencillo que en otras lenguas, incluso las románicas, aprender las normas de pronunciación.

5.1.1. Si atendemos a la ortografía, sólo se pone tilde en las palabras agudas terminadas en vocal *(università)*. Para el resto, podemos recurrir a cierta analogía con las normas de pronunciación del español, ya que en italiano la mayoría de las palabras suelen tener la misma sílaba tónica que en nuestro idioma, aunque hay excepciones.

5.2. Vocales. En italiano los sonidos vocálicos son los mismos que en español.

5.3. Consonantes.

5.3.1. Al igual que en castellano, la *h* es muda.

5.3.2. Las consonantes dobles se pronuncian dobles, con una pequeña pausa entre ambas.

5.3.3. Correspondencias entre grafema y fonema que difieren del español:

c [ch] (ante *e, i; Calcio* [cálcho])

g [g] *(a, o, u;* [gue] [gui])

[y] *(e, i; Perugia* [perúya])

j [i] *(Juventus* [iuvéntus])

q [k] *(que* [kué], *qui* [kuí]; *Quinta* [kuínta])

z [ts]

5.3.4. Dígrafos o trígrafos:

ci [ch] *(cia, cie, cio* y *ciu; catenaccio* [catenácho])

ch [k] *(Chiara* [kiára])

gh [g] *(Alighieri* [aliguiéri])

gi [y] *(a, e, o, u; Giovanni* [yiován.ni])

gl [ll] *(Quaglia* [kuálla])

gn [ñ] *(Bargnani* [barñáni])

sc [sk] *(Scafati* [scafáti])

[sh] (seguida de *e; scena* [shéna])

sci [sh] *(sciare* [shiáre])

6. Escritura y pronunciación de nombres propios en catalán, euskera y gallego

6.1. Catalán. Éstas son las normas de pronunciación del catalán y sus variantes (el valenciano y el balear) de sonidos vocálicos y consonánticos que difieren del español.

6.1.1. Vocales. La mayor parte de las vocales se pronuncian como se escriben, al igual que en castellano, excepto cuando la *e* o la *o* se encuentran en sílabas átonas. En estos casos la *e* pasa a pronunciarse como *a* y la *o* como *u*.

a [e] *(Pere* [péra], *Jaume* [Yáuma])

o [u] *(Colom* [culóm])

6.1.2. Consonantes. En catalán no existen los sonido [z] (la zeta se pronuncia como [s]) ni [j] (la *g* y la *j* suenan como [y].

b [p] (al final de palabra o de sílaba; *club* [clúp], *dissabte* [disápta])

c [s] (ante *e, i; Cervera* [Servéra])

ç [s] *(Barça* [Bársa])

g [y] (ante *e, i; Rovira i Virgili* [Robíra i Biryíli])

j [y] *(Jordi* [Yórdi])

l·l [l] (*ele* prolongada; *Paral·lel* [paralél])

r (no suena en terminación *-er; carrer* [carré])

s (sonora, como el zumbido de una abeja; *Sitges* [ssíches])

ss (sorda, como la *s* española; *Rosselló* [ruselló])

x [sh] (*Xavier* [Shabié], *La Caixa* [La Cásha])

6.1.3. Dígrafos:

ig [ch] *(Puigcerdá* [puchsardá], *Roig* [Róch])

ny [ñ] *(Companys* [kumpáñs], *Alemany* [Alemáñ])

qu [k] *(Miquel* [Mikél])

tj-tg-tx [tch] *(cotxe* [cócha])

tz [ts] *(dotze* [dótsa])

6.1.4. Listado de nombres, escritura y pronunciación:

Alicante

Andratx [Andrátch]

Arenys de Mar [Aréñs de Mar]

Artur Mas [Artúr Mas]

Baleares o Illes Balears

Banyoles [Bañólas]

Bellpuig [Bellpúch]

Benicàssim

Castellón

Cataluña

Cesc Fàbregas [Sesk Fábregas]

Col·legi [Culéyi] de Periodistes de Catalunya

Consell [cunséll] de l'Audiovisual de Catalunya

conseller en cap [cunseyé an cap]

El Celler de Can Roca [El Sallé de Can Roca]

Elche

Figueres [Figuéras]

Generalitat [Yeneralitát] de Catalunya

Gerard Deulofeu [Yerárd Deuluféu]

Girona [Yiróna]

Josep Antoni Duran Lleida [Yusép Antóni Durán Lléida]

La Caixa [La Cásha]

L'Hospitalet de Llobregat [Luspitalét de Llobregát]

Lleida

Montjüic [Montyuíc]

Olga Bertomeu [Olga Bartoméu]

Ontinyent (mejor que Onteniente)

Oriol Junqueras [Uriól Yunqueres]

RAC 1 [Rac ú]

Terrassa [Tarrása]

TV3 [tebetrés]

Villarreal (o Vila-real)

Vinaroz (o Vinaròs)

Xàtiva (mejor que Játiva)

6.2 EUSKERA. En euskera no hay tildes. Las palabras en esta lengua son generalmente llanas o bien llevan el acento sonoro en la sílaba anterior a la antepenúltima sílaba. Las vocales se pronuncian igual que en castellano.

6.2.1. Consonantes:

g [gu] (ante *e, i; Getxo* [guécho], *Berasategi* [berásategui])

j [y] (*Joseba* [Yoséba])

x [sh]

z [s] (similar a la zeta inglesa)

6.2.2. Dígrafos:

tx [ch] (*Etxebarria* [Echebarría])

tz [ts] (*Ertzaintza* [Ertsáintsa])

6.2.3. Listado de nombres, escritura y pronunciación:

Aritz Aduriz [Árits Adúris]

Arrasate (en español Mondragón). En la primera referencia deberá señalarse también el nombre del topónimo en castellano.

Barakaldo (no Baracaldo)

Beasain [Beásain]

Bilbao

Donostia o San Sebastián

Eibar (sin tilde) [Éibar]

Euskadi: se podrá usar indistintamente con País Vasco

Gernika [Guerníka]

Getxo [guécho]

Gurpegi [Gurpégui]

Hondarribia (mejor que Fuenterrabía)

Iker Muniain [Íker Muniáin]

Irún

Joseba Egibar [Yoséba Eguíbar]

Julen Aginagalde [Yúlen Aguinagálde]

Lehendakari

Lehendakaritza [leéndakaritsa]

Leioa (no Lejona)

Martin Berasategi [Mártin Berásategui]

Navarra (no Nafarroa)

Vitoria

Vizcaya

Zarautz [saráuts]

6.3. Gallego. Las reglas generales de uso de la tilde son muy parecidas a las del castellano. Su pronunciación es similar excepto en este sonido:

x [ks] (entre vocales)

x [sh] (*Xosé* [Shosé], *Xunta* [Shúnta])

6.3.1. Listado de nombres, escritura y pronunciación:

A Coruña

BNG [be-ne-gá]

Ferrol

Mondariz (no Mondáriz, es palabra aguda)

Ourense

Real Academia Galega

Rías Baixas (no Rías Bajas)

Sanxenxo [Sanshénsho]

Universidade de Santiago de Compostela

Vilagarcía de Arousa

Xosé Manuel Beiras [Shosé Manuel Beiras]

Xunta de Galicia [Shúnta de Galicia]

Anexo 3

Uso de cuentas corporativas en redes sociales

En este capítulo consideramos necesario incluir una guía jurídica del uso de las redes que incluya y aclare aspectos como éstos:

a. Cómo citar.

b. Qué se puede 'embeber' o no.

c. Consecuencias legales del uso de fotos sin permisos adecuados y, para evitarlo, formato tipo para solicitar este permiso de forma correcta.

d. Aclaración de los contenidos informativos y comerciales. En algunos casos, acciones de la radio responden a ambos criterios. Es, por ejemplo, el caso de programas patrocinados o eventos con clientes detrás. ¿Se tuitean de forma idéntica en las mismas cuentas que usamos para difundir contenidos informativos?

e. Cómo abordar la intoxicación que a veces provocan los 'trolls'.

Las redes sociales en Prisa Radio

Las redes sociales constituyen una parte esencial del quehacer periodístico diario porque permiten conectar mejor con el público y llegar a nuevas audiencias, recoger participación de los oyentes, recabar información útil de las fuentes y generar tráfico en los medios de Internet.

Las visitas que llegan a las ciberpáginas desde las redes sociales van en aumento. Por ello se hace imprescindible que los mensajes en los espacios oficiales de las emisoras de Prisa Radio en Facebook o en Twitter, entre otras redes, conduzcan hacia sus medios en la web. Se deberán vincular tanto noticias en audio como en texto, vídeo o fotografía, o cualquier otro formato de directo o grabado.

Las redacciones de informativos y de programas trabajarán de forma coordinada con los periodistas de la web y con el equipo de Redes Sociales a fin de buscar la manera más adecuada de interacción y participación de los oyentes (pedir que envíen fotos, que cuenten sus propias experiencias, etcétera). Por tanto, las redes sociales pueden servir como valiosa fuente de información.

Los periodistas de Prisa Radio tienen libertad para crear sus propias cuentas personales, pero ello no les hará olvidar que sus nombres están vinculados a la marca, y por ello se mostrarán en todo momento respetuosos y correctos en las formas. En su presentación deberán precisar, en cualquier caso, que expresan opiniones personales que no vinculan a su emisora.

Asimismo, nunca deberán anticipar en sus propias cuentas noticias o asuntos que conciernan a su trabajo en la empresa o de los que hayan tenido conocimiento gracias a su empleo.

Normas de uso de cuentas corporativas

1. Debe usarse el sentido común. El periodista actúa en todo momento en nombre de su cadena.

2. Las noticias se cuentan primero en la radio (antena y web) y luego en las redes sociales, enlazando a la página web. Las noticias de última hora se dan en primer lugar en las cuentas de la cadena y del programa correspondiente, y después en las cuentas personales, siempre mediante enlace con la web.

3. Los periodistas de Prisa Radio escribirán en las redes sociales sin faltas de ortografía, y con los criterios generales establecidos en este libro de estilo. No se puede poner 'q' en vez de 'que', 'd' en lugar de 'de' o cualquier otra abreviatura extraña.

4. Las mayúsculas son gritos en internet. Sólo se usarán para poner 'ÚLTIMA HORA' o 'EN DIRECTO'. Para las ampliaciones, escríbase "Ampliamos ÚLTIMA HORA", y no "AMPLIAMOS ÚLTIMA HORA".

5. Las emisoras de Prisa Radio siguen en las redes sociales a periodistas, técnicos, colaboradores y demás personal de la radio. No a medios, políticos ajenos a la empresa, periodistas, famosos, deportistas, etcétera. Eso sí se puede hacer, en cambio, mediante cuentas privadas.

6. Antes de crear una cuenta personal o modificar algún aspecto de la que ya se tiene, el periodista de Prisa Radio debe ponerse en contacto con el equipo de Redes Sociales para informarle al respecto.

7. Todo tuit deberá llevar un enlace. Si hay una última hora y todavía no se dispone de URL se enlazará con la portada de la web. En el caso de las entrevistas, con el audio o vídeo disponibles.

8. Las cuentas corporativas no opinan, sólo informan.

9. Para las cuentas en Twitter se podrán enviar nuevos mensajes cada 15 o 20 minutos, siempre que se haya producido alguna novedad relevante. En el caso de Facebook, se recomienda una actualización cada hora, aproximadamente.

10. No se vincularán cuentas de Facebook con Twitter, ni viceversa, porque es contraproducente.

11. Los redactores de las noticias serán mencionados, pero no se retuitearán sus mensajes ni se citará a los oyentes que hagan comentarios al respecto.

12. Las cuentas tienen que estar vivas durante el programa al que corresponden, pero también el resto del día (se adelantan contenidos de ese día o del día siguiente, se facilitan audios del programa cuando haya terminado, se responde a los oyentes, se fomenta la participación...). En el caso de los programas semanales, se actualizarán las cuentas, al menos, dos veces al día.

13. Las cuentas oficiales de Prisa Radio pueden sumarse a una etiqueta preexistente siempre que ello no suponga sumarse a campañas partidistas ni se comprometa la independencia informativa.

14. Para la creación de etiquetas propias se seguirán estas normas:

14.a. En casos de entrevistas, la etiqueta incluirá el nombre del invitado (nombre y apellido preferentemente) y el de la cadena correspondiente: por ejemplo, #RosaDíezEnLaSER.

14.b. Si el invitado (entrevistado, colaborador, programa, medio...) tiene cuenta en Twitter, se le mencionará con ella. En caso de duda sobre la autenticidad de la cuenta, se evitará la referencia.

14.c. Las declaraciones de entrevistados o invitados que se reproduzcan en las redes sociales serán siempre entrecomilladas, pero con escrupuloso respeto a todas las palabras que haya pronunciado (sin omisiones que puedan alterar el sentido del mensaje). Ejemplo: "Haremos un último esfuerzo", asegura @AndrésIniesta (enlace) #AndrésIniestaenlaSER.

15. Los tuits personales no deben incluirse en cuentas corporativas.

Para evitarlo, deben seguirse estas normas:

15.a. Desde el ordenador: se manejará la cuenta personal de Twitter a través de la web; y se empleará una aplicación de escritorio (Tweetdeck, Hootsuite...) para tuitear desde la cuenta de la radio. También se pueden usar navegadores distintos para cada cuenta.

15.b. Dispositivos móviles. Si se tuitea desde un teléfono o una tableta, se usará una aplicación para la cuenta personal y otra distinta para la corporativa.

15.c. Si a pesar de tomar estas precauciones se escapa un tuit personal desde una cuenta corporativa, el periodista avisará de inmediato al departamento de Redes Sociales.

Bibliografía

AA. VV. (1997), *Clave (Diccionario de uso del español actual),* Madrid, S. M.

AA. VV. (2004), *Código de Autorregulación sobre Contenidos Televisivos e Infancia,* Madrid (acuerdo entre Gobierno de España y los principales canales de televisión: TVE, Antena 3, Cuatro, Telecinco, La Sexta y la Forta).

Alcudia, Mario (2006), *Los boletines horarios radiofónicos,* Madrid, Fragua.

— (coord.) (2008), *Nuevas perspectivas sobre los géneros radiofónicos,* Madrid, Fragua.

Aleza, Milagros (coord.) (2011), *Normas y usos correctos en el español actual,* Valencia, Tirant lo Blanch.

Aznar, Hugo (2005), *Pautas éticas para la comunicación social,* Valencia, Universidad Cardenal Herrera-CEU.

Balsebre, Armand (1996), *El lenguaje radiofónico,* Madrid, Cátedra.

—, Mateu, Manuel, y Vidal, David (1998), *La entrevista en radio, televisión y prensa,* Madrid, Cátedra.

BBC (2005), *Editorial Guidelines,* Londres, BBC.

Blanco, Alfonso Ignacio, y Fernández Martínez, Pilar (coords.) (2004), *El lenguaje radiofónico: la comunicación oral,* Madrid, Fragua.

Blanco Pons, Josep Maria (2003), *Retransmisiones deportivas. Técnicas de narración radiofónica,* Barcelona, Cims 97.

Canal Sur Televisión (2004), *Libro de Estilo de Canal Sur Televisión y Canal 2 Andalucía,* Sevilla, RTVA.

Cantavella, Juan (1996), *Manual de la entrevista periodística,* Barcelona, Ariel.

— (2004), "La crónica en el periodismo: explicación de hechos actuales", en Cantavella, Juan, y Serrano, José Francisco (coords.) *Redacción para periodistas: informar e interpretar,* Barcelona, Ariel, págs. 395-418.

Caracol radio (1997), *Manual del periodista Caracol*, Bogotá, Caracol Radio, 1997.

Cebrián henrique, Bernardino José (2004), "Los lugares y los momentos de la documentación", en Cantavella, Juan, y Serrano, José Francisco (coords.), *Redacción para periodistas: informar e interpretar.* Barcelona, Ariel, págs. 289-300.

Cebrián Herreros, Mariano (1992), *Géneros informativos audiovisuales.* Madrid, Ciencia 3.

— (1994), *Información radiofónica: mediación técnica, tratamiento y programación*, Madrid, Síntesis.

Código de Ética de El Universal, México.

Código de Ética del Colegio de Periodistas de Chile (2008).

Código de Ética del CPB (Círculo de Periodistas de Bogotá) (1990).

Código de Ética del Foro de Periodismo Argentino (FOPEA) (2006).

Código deontológico de la Profesión Periodística de la FAPE (1993).

Código Deontológico del Colegio de Periodistas de Cataluña (1992).

Código Europeo de Deontología del Periodismo (1993), Estrasburgo, Parlamento Europeo.

Código Internacional de Ética Periodística (1983), París, Unesco.

Código latinoamericano de ética periodística (1979), Caracas, Federación Latinoamericana de Periodistas (FELAP).

Code of Ethics de la Society of Profesional Journalists (SPJ) de Estados Unidos (1996).

Colegio de Periodistas de Cataluña, *Manual de estilo sobre minorías étnicas.*

Cortés, Óscar Saúl, y Zorro, María Stella (2001), *Guía de estilo periodístico para informar sobre discapacidad*, Bogotá, Asociación Colombiana para el Desarrollo de Personas con Discapacidad (Ascopar).

Crucianelli, Sandra (2013), "¿Qué es el periodismo de datos?", *Cuadernos de Periodistas.* http://www.cuadernosdeperiodistas.com/que-es-el-periodismo-de-datos/.

Dary, David (1970), *Manual de noticias radiofónicas*, México, Diana.

De Fontcuberta, Mar (1995), *La noticia. Pistas para percibir el mundo*, Barcelona, Paidós.

Declaración de principios del periodismo (1993), Centro Latinoamericano de Periodismo.

Declaración de Principios sobre la Conducta de los Periodistas (1954-1986), Burdeos/Elsinor (Dinamarca), Federación Internacional de Periodistas (FIP).

DIEZHANDINO, M.ª Pilar (1994), *Periodismo de Servicio*, Barcelona, Bosch.

EFE (2011), *Libro del estilo urgente*, Madrid, Galaxia Gutenberg.

— (2005), *Manual de español urgente* (16.ª edición), Madrid, Cátedra.

EL PAÍS (1990, 2014), *Libro de estilo*, Madrid, El País.

EL PERIÓDICO (2007), *Libro de estilo*, Barcelona, Primera Plana.

FEAFES. *Salud mental y medios de comunicación, Guía de Estilo*, Madrid, Confederación Española de Agrupaciones Familiares y Enfermos Mentales.

FERNÁNDEZ ARRIBAS, Javier, y NOBLEJAS, Myriam (1997), *Cómo informar sobre infancia y violencia*, Valencia, Centro Reina Sofía.

FRANCO, Guillermo (2008), *Cómo escribir para la web*, Austin, Centro Knight para Periodismo en las Américas.

GARGUREVICH, Juan (1982), *Géneros periodísticos*, Quito, Ciespal.

GARRIDO, Joaquín (1997), *Estilo y texto de la lengua*, Madrid, Gredos.

GÓMEZ FONT, Alberto (2006), "El español que se habla en los medios", en AA. VV., *Lectura, escritura y comunicación*, Málaga, VG Ediciones, págs. 35-50.

GÓMEZ TORREGO, Leonardo (2008), "El *Diccionario panhispánico de dudas* y el *Manual de español urgente*", en FERNÁNDEZ MARTÍNEZ, Pilar, y BLANCO, Ignacio (coords.), *Diccionarios y libros de estilo*, Madrid, Fragua, págs. 11-19.

— (2011), *Hablar y escribir correctamente. Gramática normativa del español actual*, Madrid, Arco Libros.

GOMIS, Lorenzo (2008), *Teoría de los géneros periodísticos*, Barcelona, UOC.

GRIJELMO, Álex (1997), *El estilo del periodista*, Madrid, Taurus.

GUARINOS, Virginia (1999), *Géneros ficcionales radiofónicos*, Madrid, MAD.

— (2009), *Manual de narrativa radiofónica*, Madrid, Síntesis.

GUERRERO SALAZAR, Susana (2007), *La creatividad en el lenguaje periodístico*, Madrid, Cátedra.

GUTIÉRREZ GARCÍA, María, y PERONA, Juan José (2002), *Teoría y técnica del lenguaje radiofónico*, Barcelona, Bosch.

GUTIÉRREZ PALACIO, Juan (1984), *Periodismo de opinión*, Madrid, Paraninfo.

HALPERÍN, Jorge (1995), *La entrevista periodística. Intimidades de la conversación pública*, Buenos Aires, Paidós.

HAUSMAN, Carl, BENOIT, Philip, y O'DONNELL, Lewis B. (2004), *Modern Radio Production: Production, Programming and Performance*, Belmont, Wadsworth-Thomson.

HERRERA DAMAS, Susana (2007), "El reportaje en radio. Anatomía de un género", en *Ámbitos*, 16, págs. 91-105.

Huertas, Amparo, y perona, Juan José (1999), *Redacción y locución en medios audiovisuales: la radio,* Barcelona, Bosch.

Instituto Mexicano de la Radio (2003), *Código de Ética y Manual práctico de estilo radiofónico,* México DF, IMER.

Kalbfeld, Brad (2001), *Associated Press Broadcast News Handbook,* Nueva York, McGraw-Hill.

Kaplún, Mario (1978), *Producción de programas de radio: el guion, la realización,* Quito, CIESPAL.

Keith, Michael C. (1987), *Radio Programming. Consultancy and Formatics,* Boston, Focal Press.

La Voz de Galicia (2002), *Libro de estilo,* Arteixo (A Coruña), La Voz de Galicia.

Lázaro Carreter, Fernando (1997), *El dardo en la palabra,* Madrid, Galaxia Gutenberg.

Legorburu, José María (2004), "La radio generalista: las técnicas en programación", en Martínez-Costa, María del Pilar (coord.), *Programación radiofónica. Artes y técnica del diálogo entre la radio y su audiencia,* Barcelona, Ariel Comunicación.

López Morales, Humberto (1998), *La aventura del español en América,* Espasa, Barcelona.

Martí, Josep Maria (1991), *Modelos de programación radiofónica,* Barcelona, Feed-Back Ediciones.

Martín Vivaldi, Gonzalo (1987), *Géneros periodísticos: reportaje, crónica, artículo (análisis diferencial)* (4.ª edición), Madrid, Paraninfo.

Martínez Albertos, José Luis (1983), *Curso general de redacción periodística,* Barcelona, Mitre.

— (1992), *Curso general de redacción periodística: lenguajes, estilos y géneros periodísticos en prensa, radio, televisión y cine,* Madrid, Paraninfo.

Martínez costa, María del Pilar (2002), *Información radiofónica,* Ariel, Barcelona.

— (2004). "Los géneros radiofónicos en la teoría de la redacción periodística en España. Luces y sombras de los estudios realizados hasta la actualidad", en *Comunicación y Sociedad,* 1, págs. 115-143.

—, y Díez, Juan Ramón (2005), *Lenguaje, géneros y programas de radio. Introducción a la narrativa radiofónica,* Pamplona, Eunsa.

— y Herrera, Susana (2007), "La crónica radiofónica: entre las rutinas profesionales y la calidad informativa", en *Comunicación y Hombre,* 3, págs. 69-80.

—, y Moreno, Elsa (2004), *Artes y técnica del diálogo entre la radio y su audiencia,* Barcelona, Ariel Comunicación.

Martínez de Sousa, José (2007), *Manual de estilo de la lengua española,* Gijón, Ediciones Trea.

McLeish, Robert (1985), *Técnicas de creación y realización en radio,* Madrid, IORTV.

Merayo, Arturo (1992 y 2000), *Para entender la radio,* Salamanca, Universidad Pontificia de Salamanca.

Moreno, Elsa (coord.) (2004), *Programación radiofónica. Artes y técnica del diálogo entre la radio y su audiencia,* Barcelona, Ariel Comunicación, págs. 47-69.

—, y García, Aurora (2004), "La identidad de la emisora en el mercado: la programación como imagen de marca", en Martínez Costa, María del Pilar, y Moreno, Elsa (coords.), *Programación radiofónica. Artes y técnica del diálogo entre la radio y su audiencia,* Barcelona, Ariel Comunicación, págs. 141-159.

Norberg, Eric G. (1998), *Programación radiofónica: estrategias y tácticas,* Madrid, IORTV.

Onda Cero (1996), *Guía de estilo de Onda Cero Radio,* Madrid, Onda Cero Radio.

Prado, Emilio (1985), *Estructura de la información radiofónica,* Barcelona, ATE.

Radio Nacional de España (1980), *Manual de estilo para informadores de radio,* Madrid, RTVE.

Real Academia Española (2001), *Diccionario de la lengua española* (22.ª edición), Madrid, Espasa Calpe.

—, y Asociación de Academias de la Lengua Española (2005), *Diccionario panhispánico de dudas,* Madrid, Santillana.

— (2009), *Nueva gramática de la lengua española,* Madrid, Espasa.

— (2010), *Diccionario de americanismos,* Madrid, Santillana.

— (2010), *Ortografía de la lengua española,* Madrid, Espasa.

— (2014), *Diccionario de la lengua española,* Madrid, Espasa.

Rodero, Emma (2005), *Producción radiofónica,* Madrid, Cátedra.

— (2011), *Creación de programas de radio,* Madrid, Síntesis.

Rojas Torrijos, José Luis, y Cuenca Villarín, M. Heliodora (2013), *Alto y claro. Guía de pronunciación para la cobertura periodística de grandes eventos deportivos internacionales,* Madrid, Visión Libros.

Sánchez Noriega, José Luis (1997), *Crítica de la seducción mediática: comunicación y cultura de masas en la opulencia informativa,* Madrid, Tecnos.

Seco, Manuel (1998), *Diccionario de dudas y dificultades de la lengua española,* Madrid, Espasa Calpe.

—, y otros (1999), *Diccionario del español actual*, Madrid, Aguilar.

Soengas, Xosé (2003), *Informativos radiofónicos*, Madrid, Cátedra.

Tapia Fernández, Jesús (1994), *Las noticias por la radio*, Barcelona, Marzo 80.

— (1986), *Formatos para noticias en radio*, Madrid, IORTV.

Tulloch, Christopher D. (2010), "El tratamiento informativo del terrorismo", en Alsius, Salvador, y Salgado, Francesc (coords.), *Ética informativa vista por los ciudadanos*, Barcelona, UOC, págs. 205-224.

Vigara Tauste, Ana María (y Consejo de Redacción de *ABC)* (2001), *Libro de Estilo de ABC* (2.ª edición), Barcelona, Ariel.

White, Aidan (2008), *The Ethical Journalism Initiative*, Bruselas, Federación Internacional de Periodistas.

Este libro
se terminó de imprimir en
Madrid (España)
en el mes de octubre de 2017